1949

新时代

起凤书系

国家出版基金项目
NATIONAL PUBLICATION FOUNDATION

"十四五"国家重点图书出版规划项目

金惠敏 主编

中国文化自信之路

当代卷

马紫晨 李昕揆 著

山西出版传媒集团 山西教育出版社

·太原·

图书在版编目（CIP）数据

中国文化自信之路．当代卷 / 马紫晨，李昕撰著．
太原 ：山西教育出版社，2025．5．-- ISBN 978-7
-5703-4528-1

Ⅰ．G129

中国国家版本馆 CIP 数据核字第 2024F1S119 号

中国文化自信之路 · 当代卷

ZHONGGUO WENHUA ZIXIN ZHI LU · DANGDAI JUAN

选题策划　郭志强
责任编辑　崔　璨
复　　审　刘晓露
终　　审　郭志强
装帧设计　王春声　薛　菲
印装监制　蔡　洁

出版发行　山西出版传媒集团 · 山西教育出版社
（太原市水西门街馒头巷 7 号　电话：0351-4729801　邮编：030002）
印　　装　山西新华印业有限公司

开　　本　720 mm×1020 mm　1/16
印　　张　27.75
字　　数　333 千字
版　　次　2025 年 5 月第 1 版　2025 年 5 月山西第 1 次印刷
书　　号　ISBN 978-7-5703-4528-1
定　　价　108.00 元

总　　序

金惠敏

中国参与全球治理，以中国智慧、中国方案、中国实力解决世界乃至人类普遍性问题，不再是从前那种国际主义和浪漫主义的豪言壮语，而是切切实实地正在发生着的伟大历史事件。与经济、科技、军事和政治上的大国地位日益凸显的过程相呼应，从1980年代至1990年代在民间开始酝酿，到中央层面上2011年胡锦涛首先关注[①]，2016年习近平两次隆重阐述[②]，接着2017年在十九大开幕会上庄严昭告[③]，直到2022年二十大报告的重申和融贯，文化自信已经逐渐演变为现今政治宣传、学术研究和日常生活中最活跃的话题之一。四个自信即“道路自信、理论自信、制度自信、文化自信”，文化自信荣居一席，而且被视为“一个国家、一个民族发展中更基本、更深沉、更持久的力

---

① 胡锦涛：《在庆祝中国共产党成立90周年大会上的讲话》(2011年7月1日)，《人民日报》2011年7月2日第2版。

② 习近平：《在哲学社会科学工作座谈会上的讲话》(2016年5月17日)，《人民日报》2016年5月19日第2版；习近平：《在庆祝中国共产党成立95周年大会上的讲话》(2016年7月1日)，《人民日报》2016年7月2日第2版。

③ 习近平：《决胜全面建成小康社会，夺取新时代中国特色社会主义伟大胜利——在中国共产党第十九次全国代表大会上的报告》，人民出版社2017年版。

量”，其地位攀升至从未有过的历史高度[①]。

文化自信“信”什么？当然是信“自”了，是对自身的信心与骄傲。但“自”“自身”又是什么呢？对此，习近平在十九大报告中有最权威的表述。他指出，文化自信就是对于“中国特色社会主义文化”的自信，这种文化首先由两大部分构成：一是“中华民族五千多年文明历史所孕育的中华优秀传统文化”，二是中国共产党“领导人民在革命、建设、改革中创造的革命文化和社会主义先进文化”。然则更加重要的是，这种文化绝不停留于一种观念或话语的形态，相反，它“植根于中国特色社会主义伟大实践”[②]。由于其实践性品格，由于其被宣示的“不忘本来、吸收外来”“和而不同、兼收并蓄”，以及“尊重世界文明多样性”“文明交流”“文明互鉴”“文明共存”而非“文明隔阂”“文明冲突”“文明优越”等基本原则，这样的文化当然也是“立足当代中国现实，结合当今时代条件”而“创造性转化、创新性发展”了包括外来文明成果在内的一切人类文明成果的文化，是本土文化的当代化，是外来文化的本土化，是作为话语的人类一切优秀文化的具身化和现实化[③]。对此，《党的十九大报告辅导读本》中讲得非常清晰：“创造创新是文化的生命所在，是文化的本质特征。任何一个国家和民族文化的发展，都离不开继承传统和借鉴外来，更离不开创造性转化和创新性发展。凡是源远流长、历久弥新的文化，既渗透着历史基因又浸润着时代精神，既延续着本土文化的血脉又吸纳着外来文明的精

① 习近平：《决胜全面建成小康社会，夺取新时代中国特色社会主义伟大胜利——在中国共产党第十九次全国代表大会上的报告》，人民出版社2017年版，第5、17、19、23、41页。

② 习近平：《决胜全面建成小康社会，夺取新时代中国特色社会主义伟大胜利——在中国共产党第十九次全国代表大会上的报告》，人民出版社2017年版，第41页。

③ 习近平：《决胜全面建成小康社会，夺取新时代中国特色社会主义伟大胜利——在中国共产党第十九次全国代表大会上的报告》，人民出版社2017年版，第23、25、59页。

华。”[①]这即是说，如果就其来源而论，中国特色社会主义文化也一定是“我中有他”“我中有异”的，当然此时的我中之他、我中之异已非先前之他、之异，它们因脱离其原先的语境而不再是其自身。它们获得了新的归属，即成为中国特色社会主义文化的一个有机部分。

文化自信事关国家命运、民族强盛，事关人类命运共同体的建构。换言之，文化自信既是中国的问题，也是世界的问题，是全人类的问题。文化自信是显示一个国家软实力的核心标志，或简言之，文化自信即文化软实力。众所周知，“提高文化软实力，不仅关系到一个国家在世界文化格局中的地位，而且关系到一个国家的国际影响力、感召力、塑造力”[②]。一个被扭曲了的文化自信如极端文化民族主义，不是文化软实力，而是文化破坏力，必将误国误民，并殃及世界。职是之故，如何正确把握、熔铸和传扬我们的文化自信便是一项亟待研究的政治课题和学术课题了。

作为一项关乎国家前途未来及其与世界关系的重大课题，文化自信已经有了堪称全方位的研究，其内涵，其性质，其范围，其现实针对性，以及其具体实现措施等，基本上都有相应学术成果的产出。但相对来说，学界对于中国文化自信的历史，其坚实的脚印，其顽强的求索精神，其经验教训，尚缺乏足够的梳理、研究和评价。本书考察一个长时段的文化自信之路，具有填补学术空白的作用。然而，本书选择从历史角度研究文化自信，主要还不是着意于学术上的查缺补漏、补足空白，而更是基于如下认识：

其一，凡自信之确立，通常都表现为一个文化的和心理的过程，

① 刘奇葆：《推动社会主义文化繁荣兴盛》，参见本书编写组：《党的十九大报告辅导读本》，人民出版社2017年版，第38页。

② 刘奇葆：《推动社会主义文化繁荣兴盛》，参见本书编写组：《党的十九大报告辅导读本》，人民出版社2017年版，第36页。

因而从历史角度观察和描述文化自信的发展轨迹，是由文化自信这一研究对象的特殊性所决定的。文化不同于理论或话语，它不是一种纯粹观念性的存在，而是落实和体现在日常生活实践甚至无意识之中的；它也不是精英性的，而必须在人民大众的土壤中生根、发芽、成长。这都需要一个濡化成俗的过程，不可能一蹴而就。然而文化一旦成型，就会变成一种根深蒂固的传统，代代相传，弦歌不绝。就此而言，所谓文化就表现和蕴含在传统之中、历史之中，在传统和历史中展开、显身。研究文化自信实乃研究作为一种传统、一种历史的文化自信。

其二，自1840年鸦片战争以来的“现代”中国史实质上就是中西之间的交流和碰撞史。丝绸之路尽管古已有之，但由于没有一个强势“他者”的出现，古丝绸之路史基本属于中华帝国政治、经济和文化的单向“传播”史、“外溢”史，是以“华”变“夷”史。严格地说，此时根本不存在所谓的中西“关系”史，因为西方对于中国无“关”紧要，非“命运共同体”之所“系”。只有自鸦片战争以来的中国史才是真正的中西“关系”史，西方对于中国才成为有意味、有影响的“他者”，因为这一他者不能以中华既有的认知框架予以整合且对中华文化体系造成动摇乃至颠覆，这时“文化自信”便作为一个问题出场了。“自”信乃是在与他者相遇之时所发生的对自身的质疑、反思和再确认。如果说中西关系是180余年来中国史的主轴和实质，那么文化自信就是这一时段中西文化关系史的核心内容，甚至也可以说，是这一时期全部中国史的精神内蕴。不了解文化自信的历史，就等于没有抓住这一时代的历史精神，近现代史研究就是缺乏灵魂的表面文章；反过来，研究文化自信而不将其置于近现代的整体历史之中，则将失去其历史的丰满和现实的针对性，或者说，也可能沦为一种概念游戏。

其三，历史不是以理论的完满性前进的，或者说，它总是以片面的方式前进。这意味着对于其时代而言，一种理论一方面是必须如此，必然如此，是适用的和正确的，而在另一方面，它也不可能是对过去的复制、照搬，而是有所丢弃，有所选择。但从长远来看，那些被筛选掉的理论并非永久性失效。当新的历史条件成熟，它们有可能会“死灰复燃”，重新焕发其效能。我们永远不能轻视那些被历史所捐弃的东西，那可能是一次暂时的告别或雪藏。历史研究因而也被称为一种打捞历史的研究：不是要复原历史，而是要从历史中寻找走向未来的灵感；历史的怀旧一定是面向未来的。对文化自信的历史研究即有从历史中汲取经验、继往而开来的考虑。诚然，历史学就是“历史”学，但终归也是“未来学”。这是我们撰写《中国文化自信之路》的意义所在。

后现代史学将历史书写作为“故事”或“叙事”，其错误一目了然，但这也未始不是在提醒我们所有历史研究的建构性和主观性。我们时时牢记历史研究的真理性追求，不能对历史事实进行主观随意的阐释。但无意的主观性也不是可以随便避免的。作为一项历史研究，本书一定存在不少历史的局限，以及作者自身学识的局限。我们渴望来自读者的批评指正，以便更进一步地接近真理。

文化自信是一个需要长期地、持续不断地进行研究的重大课题。只要世界以国家为单元、以文化为单元存在，只要世界是一种“星丛共同体”或“差异共同体”，就必然存在文化差异、文化身份、文化间性以及“文化自信”的问题。相应地，文化自信研究也一定会作为一个课题长期持续下去。但愿我们的文化自信研究能够成为这一研究不可忽略的一个历史阶段。

是为序。

目录

绪论

当代文化自信的发展与演进

1840年鸦片战争之后，以西方文化为代表的现代文化开始大量涌入中国，对中国社会的方方面面产生了极大冲击。在此过程中，面对西方列强和西方现代化的一次次冲击，以宋明理学为代表的封建专制主义文化和意识形态体系已无法完全适应现代社会发展需要而逐渐走向衰落，中国传统文化现代转型问题成了无可回避的时代课题。这一问题又具体表现在两个方面：一是文化的“古今问题”，即以儒家文化为代表的中国传统文化如何适应现代社会的发展需要；二是文化的“中外问题”，即中国传统文化如何面对外来文化的冲击。也可以说，从1840年起，现代意义上的中华文化转型正式拉开了序幕。

从1840年至今，在这180多年的历史进程中，中华文化始终围绕着突破传统、重建传统、再造传统的主题而展开。从洋务运动以来的器道之争到五四时期的文化革命，再到新中国成立之后的新文化建设，改革开放以来的文化热潮，乃至今天的文化自信，如何对待传统文化（古今问题），如何对待外来文化（中外问题），是否有可能以及如何重建一种符合时代需要的全新的文化形态，中国人在一步步地寻找着支撑民族自立、自强、自信的文化精神价值。用费孝通先生的话说：“在过去100年的历史进程中，我们对自己文化的认识和把握，不能说不存在问题。在现代化的过程中，失去对自己文化的信心，并因此对时势做出与民族利益相矛盾的判断与选择，是必须引起我们关注的大问题。”①

我们又可以以1949年新中国的成立为界，将这180年划分为两个大的历史阶段：第一阶段是新中国成立之前的约110年（1840—1949）。这一时期的中国是在战乱、政权更迭和社会动乱中度过的，两次鸦片

① 费孝通：《对文化的历史性和社会性的思考》，《文化与文化自觉》，群言出版社2010年版，第441页。

战争、太平天国运动、甲午中日战争、八国联军侵华战争、义和团运动、维新变法、辛亥革命、军阀混战、五四运动、三次国内革命战争、土地革命战争、抗日战争……在这一个多世纪的时间里，“动乱的中国只是在最紧迫的政治问题上让历史做出了选择。从建设的角度讲，这一百年不过是文化震荡期，并没有真正成型的成果出现”①，这一时期，中国的文化秩序被打得七零八落，中国文化之花只是在少数知识分子顽强的坚持下才没有完全败落。第二阶段是新中国成立以来（1949年至今）的70多年。这一阶段，虽然前30年国内政治运动不断，但没有分裂和内战，中国政治经济发展整体处于相对平稳的时期，有识之士得以在相对稳定的社会环境中思考文化问题。本书主要讨论的就是第二阶段的文化问题，即新中国成立70多年来，在我国现代化、全球化的进程中，中国人对于文化（传统文化、外来文化）的认识、评价乃至重建问题。具体来说，主要包括以下三个方面：第一，在对本民族文化进行思考和认识的过程中，明白本民族文化“是什么”“有什么”，并在此基础上，对本民族优秀传统文化进行继承和发扬。第二，在同外来文化进行比较的过程中，明白本民族文化“缺什么”，并在此基础上，根据本国社会实践的客观需要，吸收借鉴外来先进文化，以充实、补充本民族文化。第三，充分认识本民族文化在国家政治、经济、社会建设过程中的重要作用，对文化建设的地位和发展前景有科学的长期规划，明白本民族文化将来“怎么样”，从而能在时代变化和社会变革中对本民族文化的发展充满信心。简单来说，上述第一条是“文化的自我觉醒”，第二条是“文化的比较反思”，第三条是“文化的自我创建”。

按照“文化自信”在我国当代发展过程中的基本史实和内在演进

① 许明等:《当代中国的文化发展》，中国大百科全书出版社2008年版，第15页。

逻辑（文化自立——文化自省——文化自觉——文化自信），将1949年以来我国的“文化自信史”划分为四个阶段：

第一个阶段为从新中国的成立到改革开放，即“文化自立”阶段。这一阶段始于1949年9月21日毛泽东在全国政协会议第一届全体会议上发表的著名讲话——《中国人民站起来了》。讲话指出，“随着经济建设的高潮的到来，不可避免地将要出现一个文化建设的高潮。中国人被人认为不文明的时代已经过去了，我们将以一个具有高度文化的民族出现于世界”。对“具有高度文化的民族”的这一期许，以及随后发起的建立中华民族的新文化（即民族的科学的大众的文化）的文化建设运动，成为谱写我国当代文化自信思想史的起点。经过过渡时期（1949—1956）的“学习+改造+批判”（即开展普遍的政治学习，发动有针对性的知识分子思想改造，从具体文学作品和文艺思想入手进行文化批判），到1956年中国共产党提出了“双百”方针，要求全党和全社会以自由、民主的状态推动文化建设。客观地说，“双百”方针反映了中国共产党对文化自身发展规律认识的深化，对于打破当时被苏联学说所禁锢的文化“僵局”具有积极意义，体现出了中国共产党高度的文化自信（包容多元文化）。可以说，“双百”方针不仅是新中国成立后第一次大规模的思想解放，也是“十七年”时期关于“文化自信”最重要的理论成果。

第二个阶段大体指20世纪80年代，即“文化自省”阶段。在经历了“文化大革命”以“破四旧”名义把中国传统文化加以“封资修”“大洋古”之名予以打击的暴风骤雨之后，传统文化在20世纪80年代再度焕发出凤凰涅槃般的威力。可以说，整个80年代，我国思想文化界的最大焦点就是所谓的“文化热”。这里的“文化”，主要就是中国传统文化。在“文化自省”阶段，与“文化自信”密切相关的是来自

“文化民族主义”（或曰“文化保守主义”“中国文化复兴论”）的声音。其中，最具理论代表性的，当属张岱年于1987年重新提出并被方克立持续阐发的“文化综合创新论”，以及季羡林于1989年提出并不断阐发的“河东河西论”。他们的共同特点是都具有一定的文化保守性，偏重强调中华传统文化不同于西方文化的特殊性，注重以中华传统文化为本位、本体（即“中体”）。事实上，“中国文化复兴论”自20世纪80年代以来一直没有中断，颇具代表性的事件有：2001年，由李伯淳执笔并由张岱年、季羡林等76位学者署名的《中华文化复兴宣言》；2004年，在由许嘉璐、季羡林、任继愈、杨振宁、王蒙发起的“文化高峰论坛”闭幕会上发表的《甲申文化宣言》及引起的批评；2004年，蒋庆选编《中华文化经典基础教育读本》在北京首发及引发的争议；2009年，在“百年儒学”学术研讨会上发表的《中国文化的转折与开新——百年儒学宣言》等。这些可以说都是“中国文化复兴论”在当代的余响。

第三个阶段大体包括20世纪90年代和21世纪的第一个十年，即“文化自觉”阶段。这一阶段始于1990年费孝通在其80岁寿宴上发表的《人的研究在中国——个人的经历》演讲中提出的“十六字箴言”——“各美其美，美人之美，美美与共，天下大同”。1997年，在北京大学重点学科汇报会上，费孝通以《开创学术新风气》为题，正式提出了自己晚年思想之集大成者的“文化自觉”思想。在这一阶段，颇具理论代表性的，除了费孝通的“文化自觉”理论，还有以李慎之、周有光在同季羡林“河东河西论”争论中提出的相关理论，以及成立于2004年，以陈来、甘阳、黄平、刘小枫、童世骏、汪晖、朱苏力等为理事的历届中国文化论坛对于“文化自觉”的理论建树。“文化自觉”可以看作中国在新时代来临之际，对自身文化的一种确切把握和认知。

第四个阶段为2010年以来，即“文化自信”阶段。2010年，时任中共中央政治局委员、中宣部部长刘云山同志在《红旗文稿》上发表文章《文化自觉、文化自信、文化自强》，提出要做到文化自信“关键是不忘本来，吸收外来，着眼将来”。2011年7月，在中国共产党成立90周年庆祝大会上，胡锦涛同志将“文化自信”提高到国家政治层面使用。2016年，在中国共产党成立95周年庆祝大会上，习近平同志从国家总体性文化建设层面将“文化自信”与“道路自信”“理论自信”“制度自信”并列，并认为“文化自信是更基础、更广泛、更深厚的自信”。自此，“文化自信”成为国人思想话语场中最重要的关键词之一，成为观览未来中国文化走向必须涉足其间的“众妙之门”。此后，国内学术界、思想文化界对“文化自信”积极回应，取得了许多理论成果。其中，颇具理论代表性的是金惠敏的“全球对话主义”“文化星丛共同体”理论以及对“文化自信”理解中重要误区的廓清，赵旭东对“文化自信”的系列论述等。可以说，经历了“文化自立”“文化自省”“文化自觉”诸阶段后的“文化自信”，是新时代条件下产生的对于当前中国自身文化价值的总判断，是一种发自内心的对自身文化具有深切清晰自觉之后而有的方向性把握，它讲究既有“自知之明”，又有“知人之明”；既有“主体意识”，又有“他者关怀”；既不“妄自菲薄”，也不“妄自尊大”。坚持“古为今用”与“洋为中用”、“不忘本来”与“吸收外来”并举，是超越了之前“文化民族主义”“中国文化复兴论”“文化保守主义”之中西文化二元对立思维的全球对话主义新思维，必将为解决世界问题、全人类问题提供中国智慧和中国方案。

本书每章首先讨论的都是当时中国共产党人的文化思想，其中既包括中国共产党人对马克思主义的社会主义文化的看法，也包括中国共产党人在新中国文化建设过程中，对于中国古代传统文化、西方资本主义外来文化的态度。在各章讨论到不同学者、流派有关文化自信思想时，也都包含有对于文化古今问题、中西问题的探讨，如果该学者、流派在讨论中涉及对马克思主义的社会主义文化的看法时，也会在行文中予以介绍。

第一章

文化自立：改革开放前的文化反思（1949—1978）

笔者将从新中国的成立到改革开放称作“文化自立”阶段。这一阶段始于1949年9月21日毛泽东同志在全国政协会议第一届全体会议上发表的著名讲话——《中国人民站起来了》。在讲话中，毛泽东同志指出，“随着经济建设的高潮的到来，不可避免地将要出现一个文化建设的高潮。中国人被人认为不文明的时代已经过去了，我们将以一个具有高度文化的民族出现于世界”。对“具有高度文化的民族”的期许，以及随后发起的建立中华民族的新文化的文化建设运动，成为谱写我国当代文化自信思想史的起点。经过过渡时期（1949—1956）的“学习+改造+批判”（即开展普遍的政治学习，发动有针对性的知识分子思想改造，从具体文学作品和文艺思想入手进行文化批判），到1956年中国共产党提出了“双百”方针，要求全党和全社会以自由、民主的状态推动文化建设。客观地说，“双百”方针反映了中国共产党对文化自身发展规律认识的深化，对于打破当时被苏联学说所禁锢的文化“僵局”具有积极意义，体现出了中国共产党高度的文化自信（包容多元文化）。可以说，“双百”方针不仅是新中国成立后第一次大规模的思想解放，也是“十七年”时期关于“文化自信”最重要的理论成果。

新中国成立以后，对东西方文化的看法，还有一条知识分子的线索。一些当时的中国知识分子在对东西方文化比较的过程中，系统反思了东西方文化各自的优劣和沟通交流的可能性。他们认为，中西文化可以相互学习，通过弘扬中国传统文化的固有精神，并在此基础上引入西方文化中弥补中国文化不足的因素，不仅有助于对中国传统文化的涤荡、弘扬和复兴，而且对于推动新中国的文化建设具有重要意义。在这群知识分子中，梁漱溟的文化思想及其对新中国文化建设的理论与实践，以及以唐君毅、张君劢、牟宗三、徐复观等为代表的海外新儒家们在《为中国文化敬告世界人士宣言》中对中国文化的认识及对世界文化的期望，颇具代表性。

第一节　作为新中国文化建设理论储备的新民主主义文化

中国共产党自诞生之日起，就是一个具有高度文化自觉的政党。这种文化自觉随着中国共产党将马克思主义不断中国化的伟大历程而不断增强。李大钊、陈独秀等早期中国共产党人很早就充分认识到：要改变旧中国的面貌，必须从根本上改变旧文化。此后，以毛泽东为代表的中国共产党人始终坚持高度的思想文化自觉，密切联系时代条件，准确把握时代主题和党的中心任务，据此提出并阐明党的奋斗目标和文化纲领以及切实有效的文化方针和政策，指明了文化发展的方向。

在五四运动之前，中国文化战线上的斗争主要是资产阶级和封建阶级之间旧文化的斗争，起到与中国封建思想作斗争的革命作用，为旧时期的中国资产阶级民主革命服务。但是，因为中国资产阶级自身的软弱性和世界进入帝国主义时代，这种资产阶级思想最终被帝国主义和封建复古思潮所收编；在五四运动之后，中国共产党人所领导的新民主主义文化思想，即共产主义的宇宙观和社会革命论，登上了中国的社会舞台，与一切可能的力量联盟，向着帝国主义文化和封建文化展开了英勇进攻。自此，新民主主义文化在我国历经了发展和成熟的整个过程，具有较高的理论价值和实践价值，为新中国的文化建设作好了理论储备。

一、新民主主义文化的历史背景

新民主主义文化的发展经历了三个阶段：新民主主义文化观从五四运动到1926年前后，是始基阶段；从1928年对无产阶级革命文学的倡导到1937年抗日战争全面爆发前文艺界“两个口号”论争前后，是新民主主义文化观的初步形成阶段；从全面抗战爆发前后到1940年代初期，是新民主主义文化观的系统完成阶段。

自鸦片战争失败到五四运动之前，西方“新学”开始在中国自发或被动地传播，资产阶级改良主义者康有为、严复、梁启超、谭嗣同等，以及封建地主阶级洪秀全、洪仁玕等，间接或直接地吸收西方资产阶级的文化思想，试图“以西方之学术，灌输于中国，使中国日趋于文明富强之境”。[①]在西方“新学”传播期间，马克思主义思想、资产阶级和小资产阶级的社会改良思想也蔚然成风，只不过“中国的资产阶级、小资产阶级的革命派，从他们的观点出发，片段地将马克思、恩格斯的‘共产党宣言’随同其他的所谓社会主义学说译介到中国来，也错误地把无政府主义作为社会主义的一种流派而加以介绍”。[②]总体观之，西方“新学”在中国传播的过程，也就是资产阶级新文化与封建阶级旧文化相斗争的过程，“在‘五四’之前，学校与科举之争，新学与旧学之争，西学与中学之争，都带着这种性质”。[③]但是，无论是科举制度还是尊孔复古的反攻，都无法违背“五四新文化运动”勃兴的历史潮流。

以五四运动为界，前期新文化运动以“新青年”为阵地，并提倡白话文、文学革命运动和国语运动，基本上还没有超出资产阶级思想

---

① 李新等：《中国新民主主义革命时期通史》（第一卷），人民出版社1962年版，第38页。

② 李新等：《中国新民主主义革命时期通史》（第一卷），人民出版社1962年版，第40页。

③ 李新等：《中国新民主主义革命时期通史》（第一卷），人民出版社1962年版，第41、42页。

的范畴；“五四”后，就不限于以上内容，而且把学习马克思主义和俄国革命的问题提到重要的地位。受五四运动的影响，毛泽东站在运动的前列，推动了湖南学生联合会的成立，并以学联为骨干，成立了湖南各界联合会，领导湖南各阶层人民的爱国民主运动。1919年7月，毛泽东创办了“湘江评论”，并在此刊物上发表了重要论文《民众的大联合》，将研究实际和劳动群众相结合。随后，“据不完全统计，从1921年至1925年五卅运动前，共出现的文艺团体约有一百三十多个，刊物约有一百种，新文学著作和翻译有千种左右”。①

1924年，新民主主义革命开始高涨、工农革命势力日益增长，中国共产党在文化思想战线上的斗争逐渐加强。首先，因列宁的逝世，扩大了马克思列宁主义的宣传，譬如1925年4月出版的《新青年》专门创立了“列宁专号”以译载列宁原著及介绍列宁的文章。其次，党直接主办了一些刊物，如《向导》《中国青年》《前锋》《中国工人月刊》《工人周刊》，还通过统一战线的关系，特别是在毛泽东代理国民党中央宣传部部长期间，由党主编了国民党的一些刊物，并在刊物上宣传马克思主义的观点，如《政治周报》《中国农民月报》。

1927年，毛泽东领导湖南秋收起义部队向井冈山进军，在建立第一个农村革命根据地的同时，针对革命根据地能否长期存在和发展，提出了关于建立红色政权的理论，“毛泽东在1928年10月所写的《中国红色政权为什么能够存在?》和1930年1月所写的《星星之火，可以燎原》等论文，就是从理论上圆满地给予这一重大问题以马克思列宁主义的回答”②。接下来，随着农村革命根据地的扩大和军队发展，党员数目日益增长，毛泽东提出了关于建党的理论：“毛泽东认为党的建

① 李新等：《中国新民主主义革命时期通史》（第一卷），人民出版社1962年版，第168页。

② 李新等：《中国新民主主义革命时期通史》（第二卷），人民出版社1962年版，第58页。

设工作，必须首先着重在思想上、政治上进行。因为党的建设的根本问题是保证党的团结统一和党的战斗力的问题，因而首先需要取得全党思想上、政治上的一致，即一致的马克思列宁主义的世界观、一致的奋斗目标和一致的战略策略。”[①]

除了红色政权理论和建党理论，在第二次国内革命战争的背景下，阶级斗争日益尖锐，文艺战线上的思想斗争也更加复杂。1928年，革命的文学阵营内部提出了“无产阶级革命文学”口号，在党的直接领导和支持下，通过鲁迅等人的努力，1930年，中国左翼作家联盟于上海成立，“中国左翼作家联盟的成立，标志着中国新文艺运动的进一步高涨和深入，标志着中国革命作家在党的领导下的团结和统一，同时也标志着马克思列宁主义文艺思想在中国新文艺运动中的重大指导作用和胜利”[②]。“左联理论纲领”提出，“我们不能不站在无产阶级的解放战争的战线上，攻破一切反动的保守的要素，而发展被压迫的进步的要素”[③]，标志着中国的新文学运动沿着社会主义现实主义的方向迈进。1932年，在左联的领导下，中国诗歌会成立了，致力于诗歌的大众化。1935年，中国诗歌会又提出了“国防诗歌”的口号，发展出以抗日救亡为主题的诗歌创作。

随着华北事变和一二·九运动的爆发，全国抗日运动高涨，党提出了建立抗日民族统一战线的主张，希望团结除汉奸以外的一切文艺工作者，以文艺作为武器，参加抗日救亡的工作。为此，左联在1936年自动宣布解散，以便集中力量团结一切可以团结的作家进行民族斗争。顺应党的主张，周扬提出“国防文学”的口号，鲁迅则提出了“民族革命的大众文学”的口号，之后产生了两个口号之间的交锋。

---

① 李新等:《中国新民主主义革命时期通史》(第二卷)，人民出版社1962年版，第62页。
② 李新等:《中国新民主主义革命时期通史》(第二卷)，人民出版社1962年版，第91页。
③ 李新等:《中国新民主主义革命时期通史》(第二卷)，人民出版社1962年版，第91页。

在抗日战争时期，随着红色区域经济政治改革的进行，其文化教育事业也有相应的发展，正如毛泽东所指示：“在于以共产主义的精神来教育广大的劳苦民众，在于使文化教育为革命战争与阶级斗争服务，在于使教育与劳动联系起来，在于使广大中国民众都成为享受文明幸福的人。”[①]文艺工作在红色区域和红军部队中，都得到普遍的开展，例如各种工农剧社和戏剧队，创造了许多话剧、歌舞剧，并改造了各种地方戏；劳动人民当中，流传着各种歌谣，歌唱参军、生产和革命斗争，充满了崭新的思想和感情；红色区域出版业也较为活跃，教科书、一般图书和报纸杂志都受到了革命群众的喜爱。

在延安时期，毛泽东以马克思主义唯物史观为指导，提出了“文化建设”“建立中华民族的新文化”的构想，为新中国的文化建设提供了重要的理论准备。1938年12月21日，毛泽东在中共中央书记处会议上提议，“陕甘宁边区今后须注重经济建设和文化建设，准备收集材料作报告并讨论一次工作”。[②]

1939年12月13日，中共中央政治局召开会议，听取艾思奇关于准备陕甘宁边区文代会报告内容的介绍。会上，毛泽东将新文化的特征概括为“民族化、民主化、科学化、大众化”四个方面，“新文化用下面四大口号为好：民族化（包括旧形式），民主化（包括统一战线），科学化（包括各种科学），大众化（鲁迅提出的口号，我们需要的）”。[③]

1940年1月9日，毛泽东在陕甘宁边区文化协会第一次代表大会上

---

① 李新等：《中国新民主主义革命时期通史》（第二卷），人民出版社1962年版，第212页。

② 中共中央文献研究室编：《毛泽东年谱（一八九三——一九四九）》（中卷），中央文献出版社2013年版，第102页。

③ 中共中央文献研究室编：《毛泽东年谱（一八九三——一九四九）》（中卷），中央文献出版社2013年版，第151页。

发表长篇演讲《新民主主义的政治与新民主主义的文化》（此演讲稿于同年2月15日在延安出版的《中国文化》创刊号发表，题目仍为《新民主主义的政治与新民主主义的文化》；在同年2月20日出版的《解放》第九十八、九十九期合刊上登载时，题目更名为《新民主主义论》）。这篇演讲回答了中国向何处去的问题，直接提出了要建立“中华民族的新文化”的任务：“我们共产党人，多年以来，不但为中国的政治革命和经济革命而奋斗，而且为中国的文化革命而奋斗；一切这些的目的，在于建设一个中华民族的新社会和新国家。在这个新社会和新国家中，不但有新政治、新经济，而且有新文化……建立中华民族的新文化，这就是我们在文化领域中的目的。”①

1940年6月9日，毛泽东出席鲁迅艺术文学院成立二周年纪念大会并在会议上发表讲话，他指出艺术在革命中的重要性，并阐述在抗战中文化统一战线的重要性，指出为了建立中国的新文化，我们必须向各方面学习，向老百姓学习。6月21日，毛泽东出席延安新哲学会第一届年会并讲话：“要知道革命如不提高革命理论，革命胜利是不可能的。过去我们注意的太不够，今后应加紧理论研究。”②

二、新民主主义文化的具体内涵

“中华民族的新文化”究竟是什么样子的呢？按照毛泽东的说法：“同这种资本主义新经济同时发生和发展着的新政治力量，就是资产阶级、小资产阶级和无产阶级的政治力量。而在观念形态上作为这种新

① 毛泽东：《新民主主义论》，载中共中央文献编辑委员会编：《毛泽东著作选读》（上册），人民出版社1986年版，第349页。

② 中共中央文献研究室编：《毛泽东年谱（一八九三——一九四九）》（中卷），中央文献出版社2013年版，第194页。

的经济力量和新的政治力量之反映并为它们服务的东西，就是新文化。”[①]其要点主要包括以下方面：

第一，新文化是反映新政治和新经济的观念形态，为新政治和新经济服务，反之，中华民族的新政治和新经济是中华民族的新文化的根据。结合我国具体情况而言，“在中国，有帝国主义文化，这是反映帝国主义在政治上经济上统治或半统治中国的东西……在中国，又有半封建文化，这是反映半封建政治和半封建经济的东西，凡属主张尊孔读经、提倡旧礼教旧思想、反对新文化新思想的人们，都是这类文化的代表”。[②]这两类反动文化都为帝国主义和封建主义服务，新文化建立在打倒这两类文化的政治和经济基础之上，而新文化的力量，就是中国的革命力量，等同于新的政治力量、新的经济力量。

第二，抗日战争时期的文化性质，不是“旧民主主义的”，也不是“社会主义的”，而是“新范畴的民主主义”，是“新民主主义的”。这是因为，中国资产阶级民主革命，以第一次帝国主义世界大战和第一次胜利的社会主义十月革命为界，分为前后两个阶段：此前的民主革命，属于旧的世界资产阶级民主主义革命的一部分，那时的文化在性质上是“旧民主主义的”；此后的民主革命就已经是世界无产阶级社会主义革命的一部分。但是，此时的文化，在性质上并不是“社会主义的”，“就整个社会来说，我们现在还没有形成这种整个的社会主义的政治和经济，所以还不能有这种整个的社会主义的国民文化”，“现在整个新的国民文化的内容还是新民主主义的，不是社会主义的”。[③]但

① 毛泽东：《新民主主义论》，载中共中央文献编辑委员会编：《毛泽东著作选读》（上册），人民出版社1986年版，第385页。

② 毛泽东：《新民主主义论》，载中共中央文献编辑委员会编：《毛泽东著作选读》（上册），人民出版社1986年版，第384页。

③ 毛泽东：《新民主主义论》，载中共中央文献编辑委员会编：《毛泽东著作选读》（上册），人民出版社1986年版，第396页。

不可否认，新民主主义由无产阶级领导，其包含的政治、经济和文化，都具有起决定作用的社会主义因素，只是就整体政治、经济和文化情况来说，却还不是社会主义的。“所谓新民主主义的文化，一句话，就是无产阶级领导的人民大众的反帝反封建的文化。”[①]

第三，新民主主义文化遍及社会科学领域和文学艺术领域，声势浩大、动员广泛。新民主主义文化“不论在哲学方面，在经济学方面，在政治学方面，在军事学方面，在历史学方面，在文学方面，在艺术方面（又不论是戏剧，是电影，是音乐，是雕刻，是绘画），都有了极大的发展”。[②]1915年1月15日，陈独秀在《新青年》杂志上发表的《〈新青年〉罪案之答辩书》中，大力提倡“德先生”和“赛先生”，彰显了新民主主义文化在社会科学领域中的萌芽。在文学方面，鲁迅作为中华文化革命的主将，不但是伟大的文学家，而且是伟大的思想家和革命家，他所在的方向，就是新民主主义文化的方向。“无产者文学是为了以自己们之力，来解放本阶级并及一切阶级而斗争的一翼，所要的是全般，不是一角的地位。”[③]鲁迅在《“硬译”与“文学的阶级性”》中通过批驳以梁实秋为代表的新月派，表明了自己的无产阶级革命态度和对马克思主义文艺理论的重视。

第四，新民主主义文化是民族的、科学的、大众的文化，这三个方面是新民主主义文化的基本特点。一是新民主主义文化具有民族特征。“民族”之定义肇始于斯大林，斯大林在《马克思主义和民族问题》的第一章“民族”中提到：“民族是什么？民族首先是一个共同

---

① 毛泽东：《新民主主义论》，载中共中央文献编辑委员会编：《毛泽东著作选读》（上册），人民出版社1986年版，第388页。

② 毛泽东：《新民主主义论》，载中共中央文献编辑委员会编：《毛泽东著作选读》（上册），人民出版社1986年版，第387页。

③ 鲁迅：《鲁迅全集》（第四卷），人民文学出版社1973年版，第220页。

体，是由人们组成的确定的共同体。”“民族不是种族的共同体，也不是部落的共同体，而是历史上形成的人们的共同体。”“民族不是偶然的、昙花一现的混合物，而是由人们组成的稳定的共同体。”[①]民族的特征在于：共同的语言、共同的地域、共同的经济生活及经济联系、共同的心理素质、共同的命运及性格。1929年，斯大林关于民族的定义被引介到了中国，李达在《民族问题》中率先引用了斯大林对民族的定义：“所谓民族，是历史所形成的常住的人们共同体，并且是因共同的言语，共同的居住地域，共同的经济生活及表现于文化的共同心理而结合的人们共同体。”[②]毛泽东在指出新民主主义文化的特征时提出：“这种新民主主义的文化是民族的。它是反对帝国主义压迫，主张中华民族的尊严和独立的。它是我们这个民族的，带有我们民族的特性。”[③]这种“带有我们民族的特性”的文化，同时体现在内容和形式两个方面，即必须同时具备“新民主主义的内容”和“民族的形式”，“民族的形式，新民主主义的内容——这就是我们今天的新文化”[④]。

在内容上，新民主主义文化必然根植于中华民族的土壤之中，反映中华民族自身的政治、经济、文化、社会和人民现实生活的基本精神，同时，“它同一切别的民族的社会主义文化和新民主主义文化相联合，建立互相吸收和互相发展的关系，共同形成世界的新文化”[⑤]，但是，它不会和任何别的民族的帝国主义反动文化相联合，而是持续秉

---

① ［苏］斯大林：《马克思主义和民族问题》，人民出版社1954年版，第4、5页。

② 李达：《李达文集》（第一卷），人民出版社1980年版，第564页。

③ 毛泽东：《新民主主义论》，载中共中央文献编辑委员会编：《毛泽东著作选读》（上册），人民出版社1986年版，第397页。

④ 毛泽东：《新民主主义论》，载中共中央文献编辑委员会编：《毛泽东著作选读》（上册），人民出版社1986年版，第398页。

⑤ 毛泽东：《新民主主义论》，载中共中央文献编辑委员会编：《毛泽东著作选读》（上册），人民出版社1986年版，第397页。

持我们作为革命民族的文化。关于“外国文化和新民主主义文化”之间的关系，“中国应该大量吸收外国的进步文化，作为自己文化食粮的原料，这种工作过去还做得很不够。这不但是当前的社会主义文化和新民主主义文化，还有外国的古代文化，例如各资本主义国家启蒙时代的文化，凡属我们今天用得着的东西，都应该吸收”①。但是，外国的文化，必须取其精华、去其糟粕，决不能“全盘西化”，切忌形式主义；相较而言，马克思主义也是如此，“中国共产主义者必须将马克思主义的普遍真理和中国革命的具体实践完全地恰当地统一起来”②，换言之，马克思主义在我国的运用，必须具有民族性。

在形式上，新民主主义文化“应有自己的形式”，它是能够满足中华民族自身需要，有利于表达中国革命现实诉求的“民族的形式”。早在1938年10月的中共中央六届六中全会，毛泽东在所作报告《论新阶段》中就指出：“马克思主义必须和我国的具体特点相结合并通过一定的民族形式才能实现。”③1942年5月在《在延安文艺座谈会上的讲话》中毛泽东也讨论了文化的“民族形式”的问题，提倡写出“真正为工农兵的文章”“真正无产阶级的文章”。1956年8月，在《同音乐工作者的谈话》中，用毛泽东的话说，“表现形式应该有所不同，政治上如此，艺术上也如此。特别像中国这样大的国家，应该‘标新立异’”，当然，这种标新立异应该是“为群众所欢迎的标新立异”，这种标新立异，“越多越好，不要雷同……形式到处一样就不好……还是要多样化

① 毛泽东：《新民主主义论》，载中共中央文献编辑委员会编：《毛泽东著作选读》（上册），人民出版社1986年版，第397页。

② 毛泽东：《新民主主义论》，载中共中央文献编辑委员会编：《毛泽东著作选读》（上册），人民出版社1986年版，第398页。

③ 毛泽东：《毛泽东选集》（第二卷），人民出版社1991年版，第534页。

为好”，“民族形式可以掺杂一些外国东西”。[①]彼时，我国对农业、手工业和资本主义工商业的社会主义改造基本完成，我国新文化的内容从“新民主主义”转变为“社会主义”：“社会主义的内容，民族的形式，在政治方面是如此，在艺术方面也是如此。西洋的一般音乐原理要和中国的实际相结合，这样就可以产生很丰富的表现形式。”[②]

二是新民主主义文化的科学性要求。凭借对“求真”和“实用”的追求，1919年，青年毛泽东在《〈湘江评论〉创刊宣言》中写道：“在学术方面，主张澈底研究。不受一切传说和迷信的束缚，要寻着什么是真理。”[③]因此，毛泽东所主张的新民主主义文化是以科学的马克思主义理论为指导的文化，它不仅要反对国外的帝国主义，也要彻底反对国内的封建主义，帮助人们学会从实际出发，实事求是、理论联系实际地去认识问题、研究问题并解决问题。毛泽东指出：“这种新民主主义的文化是科学的。它是反对一切封建思想和迷信思想，主张实事求是，主张客观真理，主张理论和实践一致的。”[④]

对于“科学问题”，1940年2月，陕甘宁边区自然科学研究会成立，毛泽东在大会上发表讲话：“马克思主义包含有自然科学，大家要来研究自然科学，否则世界上就有许多不懂的东西，那就不算一个最好的革命者。”[⑤]1944年8月，在《致秦邦宪》的信中，毛泽东再次提到：“简言之，新民主主义社会的基础是机器，不是手工。我们现在还

---

① 毛泽东：《同音乐工作者的谈话》，载中共中央文献编辑委员会编：《毛泽东著作选读》（下册），人民出版社1986年版，第750页。

② 毛泽东：《同音乐工作者的谈话》，载中共中央文献编辑委员会编：《毛泽东著作选读》（下册），人民出版社1986年版，第747页。

③ 毛泽东：《毛泽东早期文稿》，湖南出版社1990年版，第293页。

④ 毛泽东：《新民主主义论》，载中共中央文献编辑委员会编：《毛泽东著作选读》（上册），人民出版社1986年版，第398页。

⑤ 武衡：《抗日战争时期解放区科学技术发展史资料》（第1辑），中国学术出版社1983年版，第6页。

没有获得机器，所以我们还没有胜利。如果我们永远不能获得机器，我们就永远不能胜利，我们就要灭亡。”[①]新民主主义时期，一般而言，“科学”是指自然科学，然而自然科学之方法和精神明显地影响了社会科学。1920年4月，陈独秀在《新文化运动是什么?》一文中初步辨析了自然科学和社会科学之间的关系：“科学有广狭二义：狭义的是指自然科学而言，广义的是指社会科学而言。社会科学是拿研究自然科学的方法，用在一切社会人事的学问上，像社会学、伦理学、历史学、法律学、经济学等，凡用自然科学方法来研究、说明的都算是科学；这乃是科学最大的效用。”[②]

彰显新民主主义文化的科学性特征，就是要坚持辩证的方法，这种辩证的方法既是批判的、革命的，又是具有建设性的。这种辩证的方法表现在对待中国文化方面，毛泽东在《同音乐工作者的谈话》中指出，“要反对教条主义，反对保守主义”；在对待西方文化方面，“文化上对外国的东西一概排斥，或者全盘吸收，都是错误的”。对待中外文化，总的来说，就是要坚持“古为今用，洋为中用”的方针，但这种“为我所用”，绝不是不加批判地全盘接受，而是辩证地分析、科学地对待，认真剖析其中精华的部分和糟粕的部分，取其精华、弃其糟粕。对于反动的、唯心的、腐朽的东西，要予以剔除；对于进步的、民主的、科学的以及一切有利于新文化建设的内容，要予以学习。1955年3月，毛泽东在《在中国共产党全国代表会议上的开幕词》中鲜明地概括道：“只要我们更多地懂得马克思列宁主义，更多地懂得自然科学，一句话，更多地懂得客观世界的规律，少犯主观主义错误，我们的革命工作和建设工作，是一定能够达到目的的。”[③]

① 毛泽东：《毛泽东书信选集》，人民出版社1983年版，第239页。

② 陈独秀：《陈独秀文集》（第二卷），人民出版社2013年版，第1页。

③ 毛泽东：《毛泽东文集》（第六卷），人民出版社1999年版，第393页。

三是新民主主义文化的大众化立场。新民主主义革命是无产阶级领导的人民大众反对帝国主义和封建主义的革命，它的出发点是人民大众，它的依靠力量是人民大众，它的目标是实现人民大众的根本利益，这就决定了新民主主义文化的大众化立场。毛泽东指出："这种新民主主义的文化是大众的，因而即是民主的。它应为全民族中百分之九十以上的工农劳苦民众服务，并逐渐成为他们的文化"；[①]"新民主主义的文化，同样应该是'为一般平民所共有'的……决不应该是'少数人所得而私'的文化"，这里的"全民族中百分之九十以上的工农劳苦民众"、这里的"一般平民"，就是毛泽东所说的"人民大众"，他们是"工人、农民、兵士和城市小资产阶级"，"这四种人，就是中华民族的最大部分，就是最广大的人民大众"。[②]大众化建立在肯定人民大众主体地位对于革命斗争的重要作用之上，1919年7月，毛泽东在《民众的大联合》中明确号召农夫、工人、学生、教师、警察等不同职业和阶层的人联合起来："'群'和'社会'就是我所说的'联合'。有大群，有小群，有大社会，有小社会，有大联合，有小联合，是一样的东西换却名称。所以要有群，要有社会，要有联合，是因为想要求到我们的共同利益。共同利益因为我们的境遇和职业不同，其范围也就有大小的不同。"[③]继而以小联合为基础，过渡到民众的大联合："然而各行各业的公会，各种学会，研究会等，则纯粹平民及学者的会集。至最近产出的学生联合会，各界联合会等，则更纯然为对付国内外强权者而起的一种民众的联合。我以为中华民众的大联合的动

① 毛泽东：《新民主主义论》，载中共中央文献编辑委员会编：《毛泽东著作选读》（上册），人民出版社1986年版，第399页。

② 毛泽东：《毛泽东选集》（第三卷），人民出版社1991年版，第855、856页。

③ 毛泽东：《毛泽东早期文稿》，湖南出版社1990年版，第373页。

机，实伏于此。”[①]新民主主义文化要成为大众的，还必须解决好以下问题：（一）立足点的问题，即“为什么人的问题”。毛泽东强调，“为什么人的问题，是一个根本的问题，原则的问题”。[②]新民主主义时期，无论是以无产阶级为主的还是以小资产阶级为主的文艺工作队伍，在文艺创作上都有某种程度脱离群众的倾向：“他们在许多时候，对于小资产阶级出身的知识分子寄予满腔的同情，连他们的缺点也给以同情甚至鼓吹。对于工农兵群众，则缺乏接近，缺乏了解，缺乏研究，缺乏知心朋友，不善于描写他们；倘若描写，也是衣服是劳动人民，面孔却是小资产阶级知识分子。他们在某些方面也爱工农兵，也爱工农兵出身的干部，但有些时候不爱，有些地方不爱，不爱他们的感情，不爱他们的姿态，不爱他们的萌芽状态的文艺（墙报、壁画、民歌、民间故事等）。”[③]若这一原则问题得不到根本解决，不仅无法站在无产阶级的立场上创作，还不能解决其他衍生问题，如文艺界的宗派主义。毛泽东说：“什么叫大众化呢？就是我们的文艺工作者的思想感情和工农兵的思想感情打成一片。”[④]我们的立足点，“一定要在深入工农兵群众、深入实际斗争的过程中，在学习马克思主义和学习社会的过程中，逐渐地移过来，移到工农兵这方面来，移到无产阶级这方面来。只有这样，我们才能有真正为工农兵的文艺，真正无产阶级的文艺”。[⑤]（二）普及与提高的关系问题。由于中国的主要群众是农民，他们受教

---

① 毛泽东：《毛泽东早期文稿》，湖南出版社1990年版，第392页。

② 毛泽东：《毛泽东选集》（第三卷），人民出版社1991年版，第857页。

③ 毛泽东：《在延安文艺座谈会上的讲话》，《毛泽东选集》（第三卷），人民出版社1991年版，第857页。

④ 毛泽东：《在延安文艺座谈会上的讲话》，《毛泽东选集》（第三卷），人民出版社1991年版，第851页。

⑤ 毛泽东：《在延安文艺座谈会上的讲话》，《毛泽东选集》（第三卷），人民出版社1991年版，第857页。

育的机会太少，所以首先的和主要的任务是进行文化的普及工作。“大众文化，实质上就是提高农民文化”[①]，普及文化，有助于提高大众觉悟，强调大众的主体性，鼓励大众自觉组织革命，为争取民主权利而斗争。1927年3月，毛泽东在《湖南农民运动考察报告》中提到：“菩萨是农民立起来的，到了一定时期农民会用他们自己的双手丢开这些菩萨，无须旁人过早地代庖丢菩萨。共产党对于这些东西的宣传政策应当是：‘引而不发，跃如也。’菩萨要农民自己去丢，烈女祠、节孝坊要农民自己去摧毁，别人代庖是不对的。”[②]其次，在人民群众中，也要对工农干部的文化加以普及，“要把教育革命干部的知识和教育革命大众的知识在程度上互相区别又互相联结起来”[③]，“切实地鼓励工农干部加紧学习，提高他们的文化水平，使工农干部的知识分子化和知识分子的工农群众化”[④]。不过，着重做好普及工作并不意味着提高工作的不重要，而是要做到“把提高和普及互相区别又互相联结起来”[⑤]。对于人民群众中文化较高的部分，仅仅进行普及工作不能满足他们对文化生活的需求，必须把普及工作和提高工作有机地结合起来：“普及工作和提高工作是不能截然分开的……我们的提高，是在普及基础上的提高；我们的普及，是在提高指导下的普及。”[⑥]（三）大众化

① 毛泽东：《新民主主义论》，《毛泽东选集》（第二卷），人民出版社1991年版，第692页。

② 毛泽东：《湖南农民运动考察报告》，《毛泽东选集》（第一卷），人民出版社1991年版，第33页。

③ 毛泽东：《新民主主义论》，载中共中央文献编辑委员会编：《毛泽东著作选读》（上册），人民出版社1986年版，第399页。

④ 毛泽东：《大量吸收知识分子》，《毛泽东选集》（第二卷），人民出版社1991年版，第620页。

⑤ 毛泽东：《新民主主义论》，载中共中央文献编辑委员会编：《毛泽东著作选读》（上册），人民出版社1986年版，第399页。

⑥ 毛泽东：《在延安文艺座谈会上的讲话》，《毛泽东选集》（第三卷），人民出版社1991年版，第862页。

的实现方式问题。首先，既要有进步的革命文化工作者，又要有人民大众的文化军队，革命文化工作者是文化战线上的指挥员，他们创立的革命文化“在革命前，是革命的思想准备；在革命中，是革命总战线中的一条必要和重要的战线”[①]。并且，“没有革命的理论，就不会有革命的运动”[②]，革命文化作为革命的理论“武器”，不但起到了引领作用，还需要人民大众配合进行革命的实践运动。其次，若新的文化工作要为最广大人民群众服务，文化工作者就必须主动与他们“接近”，因为“革命的文化人而不接近民众，就是‘无兵司令’，他的火力就打不倒敌人”[③]。而要真正实现大众化，“文字必须在一定条件下加以改革，言语必须接近民众”，因为“民众就是革命文化的无限丰富的源泉”。[④]

毛泽东对“建立中华民族的新文化”的构想和其新民主主义文化理论，是新民主主义革命时期我国共产党人领导我国人民争取民族独立和民族解放，实现国家富强的重要思想武器，它指导了新民主主义革命的具体实践，有力推动了新民主主义革命的历史进程，标志着我国共产党人对新民主主义文化问题认识的成熟。

① 毛泽东：《新民主主义论》，载中共中央文献编辑委员会编：《毛泽东著作选读》（上册），人民出版社1986年版，第399页。

② 毛泽东：《新民主主义论》，载中共中央文献编辑委员会编：《毛泽东著作选读》（上册），人民出版社1986年版，第399页。

③ 毛泽东：《新民主主义论》，载中共中央文献编辑委员会编：《毛泽东著作选读》（上册），人民出版社1986年版，第399页。

④ 毛泽东：《新民主主义论》，载中共中央文献编辑委员会编：《毛泽东著作选读》（上册），人民出版社1986年版，第399页。

第二节 “古为今用，洋为中用”：中国共产党人的中外文化观

1964年9月27日，毛泽东在《致陆定一》的信中写道，“古为今用，洋为中用”[1]，作出了对待传统文化和外来文化的批示，为新中国成立之后，针对如何对待我国长期以来积淀的各种文化，如何对待来自世界其他国家和民族的文化提供了理论指导。

一、“古为今用，洋为中用”中外文化观的历史背景

《致陆定一》的信，是为了答复中央音乐学院学生陈莲9月1日写给毛主席的信，此信对实行音乐革命化、民族化和群众化等提出了建议，同时也符合毛泽东对当时国内国际政治形势的战略构想。在此之前，毛泽东已经经过了半个世纪的革命实践和深思熟虑，为“古为今用，洋为中用”的基本方针作了铺垫。

1915年9月6日，毛泽东在《致萧子升信》中已提出：“观中国史，当注意四裔，后观亚洲史乃有根；观西洋史，当注意中西之比较，取于外乃足以资于内也。”[2]此观点可以视为毛泽东“洋为中用”的先声。

1938年10月14日，在中国共产党第六届中央委员会扩大的第六次全体会议上的政治报告《论新阶段》中，毛泽东指出：“学习我们的历史遗产，用马克思主义的方法给以批判的总结，是我们学习的另一任务。我们这个民族有数千年的历史，有它的特点，有它的许多珍贵品。

① 毛泽东：《毛泽东书信选集》，中央文献出版社2003年版，第558页。
② 毛泽东：《毛泽东早期文稿》，湖南人民出版社2008年版，第22页。

对于这些，我们还是小学生。今天的中国是历史的中国的一个发展；我们是马克思主义的历史主义者，我们不应当割断历史。从孔夫子到孙中山，我们应当给以总结，继承这一份珍贵的遗产。”[①]其中，毛泽东强调应该“继承我们这个民族数千年的历史”中留给我们的“珍贵的遗产”。这可以视作毛泽东“古为今用”思想的早期表达。在《论新阶段》中，毛泽东还指出：“把国际主义的内容和民族形式分离起来，是一点也不懂国际主义的人们的做法，我们则要把二者紧密地结合起来。”[②]毛泽东强调要将马克思列宁主义应用于我国的具体环境，废止“洋八股”和“空洞抽象的调头”，通过一定民族形式实现马克思主义，展现出新鲜活泼、为中国老百姓所喜闻乐见的“中国作风”和“中国气派”。

1940年1月9日，毛泽东在陕甘宁边区文化协会第一次代表大会上所作的演讲中，就如何对待外国文化和民族文化作了系统论述。在对待外国文化方面，毛泽东指出：“中国应该大量吸收外国的进步文化，作为自己文化食粮的原料，这种工作过去还做得很不够……外国的古代文化，例如各资本主义国家启蒙时代的文化，凡属我们今天用得着的东西，都应该吸收。但是一切外国的东西，如同我们对于食物一样，必须经过自己的口腔咀嚼和胃肠运动……把它分解为精华和糟粕两部分，然后排泄其糟粕，吸收其精华，才能对我们的身体有益，决不能生吞活剥地毫无批判地吸收。所谓‘全盘西化’的主张，乃是一种错误的观点。形式主义地吸收外国的东西，在中国过去是吃过大亏的。中国共产主义者对于马克思主义在中国的应用也是这样，必须将马克

① 毛泽东：《中国共产党在民族战争中的地位》，《毛泽东选集》（第二卷），人民出版社1991年版，第533、534页。

② 毛泽东：《中国共产党在民族战争中的地位》，《毛泽东选集》（第二卷），人民出版社1991年版，第534页。

思主义的普遍真理和中国革命的具体实践完全地恰当地统一起来，就是说，和民族的特点相结合，经过一定的民族形式，才有用处，决不能主观地公式地应用它。”[①]毛泽东再次强调应该避免公式化地套用马克思主义，中国文化应该有自己的民族形式，例如，“吃过大亏”指我国照搬俄国革命模式，坚持攻打大城市，导致革命力量受损，具体表现为广州起义和南昌起义的失败。1927年9月9日，以秋收起义为转折点，毛泽东率领工农革命军创建了井冈山革命根据地，开辟了“工农武装割据”的道路，把马克思主义理论和中国革命实践相结合。此外，对待外国文化，要发掘它“今天用得着的东西”，毛泽东认为对这些东西“应该吸收”，但这种“吸收”，不是“形式主义地吸收”，不是“主观地公式地应用”，更不是“全盘西化”，而是要将之作为“自己文化食粮的原料”，将精华的部分“和民族的特点相结合”，以服务于建立“我们今天的新文化”的目的。在对待中国传统文化方面，毛泽东指出：“中国的长期封建社会中，创造了灿烂的古代文化。清理古代文化的发展过程，剔除其封建性的糟粕，吸收其民主性的精华，是发展民族新文化提高民族自信心的必要条件；但是决不能无批判地兼收并蓄。必须将古代封建统治阶级的一切腐朽的东西和古代优秀的人民文化即多少带有民主性和革命性的东西区别开来。中国现时的新政治经济是从古代的旧政治经济发展而来的，中国现时的新文化也是从古代的旧文化发展而来，因此，我们必须尊重自己的历史，决不能割断历史。但是这种尊重，是给历史以一定的科学的地位，是尊重历史的辩证法的发展，而不是颂古非今，不是赞扬任何封建的毒素。”[②]这就是说，

① 毛泽东：《新民主主义论》，《毛泽东选集》（第二卷），人民出版社1991年版，第706、707页。

② 毛泽东：《新民主主义论》，《毛泽东选集》（第二卷），人民出版社1991年版，第707、708页。

由于“中国的长期封建社会中，创造了灿烂的古代文化”，加之“中国现时的新文化也是从古代的旧文化发展而来”，因此，在对待中国传统文化方面，毛泽东强调不仅“不能割断历史”，而且要“尊重自己的历史”。但这种“尊重”，“是给历史以一定的科学的地位”，它“不是颂古非今”，“不是赞扬任何封建的毒素”，不是“无批判地兼收并蓄”，而要对之进行“清理”，区别出“腐朽的东西”和“带有民主性和革命性的东西”，“剔除其封建性的糟粕，吸收其民主性的精华”，最终达到“发展民族新文化”的目的。从毛泽东在《新民主主义论》中的论述可以看出，尽管在对待中外文化方面还没有明确地提炼为“古为今用，洋为中用”的方针，但这一方针所包含的丰富内涵已经得到了非常详尽的阐述。

1942年5月23日，毛泽东在《在延安文艺座谈会上的讲话》中谈到如何对待古代和外国的文学艺术：“实际上，过去的文艺作品不是源而是流，是古人和外国人根据他们彼时彼地所得到的人民生活中的文学艺术原料创造出来的东西。我们必须继承一切优秀的文学艺术遗产，批判地吸收其中一切有益的东西，作为我们从此时此地的人民生活中的文学艺术原料创造作品时候的借鉴。有这个借鉴和没有这个借鉴是不同的，这里有文野之分，粗细之分，高低之分，快慢之分。所以我们决不可拒绝继承和借鉴古人和外国人，哪怕是封建阶级和资产阶级的东西。但是继承和借鉴决不可以变成替代自己的创造，这是决不能替代的。文学艺术中对于古人和外国人的毫无批判的硬搬和模仿，乃是最没有出息的最害人的文学教条主义和艺术教条主义。”[①]古今中外的文学艺术，是根据当时当地的情况和背景所作，既不具有典范性也

① 毛泽东：《在延安文艺座谈会上的讲话》，《毛泽东选集》（第三卷），人民出版社1991年版，第860页。

并非天然独创，因此“继承和借鉴”古今中外“一切有益的东西”，不能是“毫无批判的硬搬和模仿”，不能“替代自己的创造”，而要“批判地吸收”和“批判地借鉴”，最终服务于“从此时此地的人民生活中的文学艺术原料创造”的作品。

1945年4月24日，在中国共产党第七次全国代表大会上所作的政治报告《论联合政府》中，毛泽东再次就对待外国文化和中国古代文化作了辩证的阐述：“对于外国文化，排外主义的方针是错误的，应当尽量吸收进步的外国文化，以为发展中国新文化的借镜；盲目搬用的方针也是错误的，应当以中国人民的实际需要为基础，批判地吸收外国文化。苏联所创造的新文化，应当成为我们建设人民文化的范例。对于中国古代文化，同样，既不是一概排斥，也不是盲目搬用，而是批判地接收它，以利于推进中国的新文化。”[①]这里是说，无论对待外国文化还是中国古代文化，一概排斥是不对的，盲目照搬也是错误的，而要“以中国人民的实际需要为基础”，“以利于推进中国的新文化”“发展中国新文化”“建立新民主主义的民族的、科学的人民大众的新文化和新教育”为目的，进行“批判地吸收”。至于如何吸收外国文化和中国古代文化，毛泽东认为：“一切奴化的、封建主义的和法西斯主义的文化和教育，应当采取适当的坚决的步骤，加以扫除。”而“对于旧文化工作者、教育工作者的态度”，应该“采取适当的方法教育他们，使他们获得新观点、新方法，为人民服务”。[②]

1956年4月25日，毛泽东在中央政治局扩大会议上发表了《论十大关系》的讲话，在“中国和外国的关系”部分讲到对待外国文化应当采取的态度：“我们提出向外国学习的口号，我想是提得对的……我

① 毛泽东：《论联合政府》，《毛泽东选集》（第三卷），人民出版社1991年版，第1083页。
② 毛泽东：《论联合政府》，《毛泽东选集》（第三卷），人民出版社1991年版，第1083页。

们的方针是，一切民族、一切国家的长处都要学，政治、经济、科学、技术、文化、艺术的一切真正好的东西都要学。但是，必须有分析、有批判地学，不能盲目地学，不能一切照抄，机械搬运。他们的短处、缺点，当然不要学……对外国的科学、技术和文化，不加分析地一概排斥，和前面所说的对外国东西不加分析地一概照搬，都不是马克思主义的态度，都对我们的事业不利。”[①]对外国的科学、技术和文化要采取“马克思主义的态度”，即在向外国学习过程中，既不能“不加分析地一概排斥”，也不能“一切照抄，机械搬运”“盲目地学”，而“必须有分析、有批判地学”，“一切真正好的东西都要学”，“短处、缺点，当然不要学”，这就是“马克思主义的态度”。其次，要学的东西“属于普遍真理”，并且“学习一定要与中国实际相结合”。再次，“穷”和“白”既是我国的缺点，也是我国的优点，运用好“穷”和“白”对我国有好处，因为“穷就要革命”且“我国是一张白纸，文化水平、科学水平不高，正好写字”，毛泽东告诫道：“将来我们国家富强了，我们一定还要坚持革命立场，还要谦虚谨慎，还要向人家学习，不要把尾巴翘起来。”[②]

1956年8月24日，毛泽东在《同音乐工作者的谈话》中，继续就如何对待中外文化发表了自己的看法，其中，在学习外国方面讲得尤为详细：“外国的许多东西都要去学，而且要学好……要向外国学习科学的原理。学了这些原理，要用来研究中国的东西……自然科学、社会科学的一般道理都要学……应该学外国的近代的东西，学了以后来研究中国的东西……要把外国的好东西都学到。比如学医，细菌学、生物化学、解剖学、病理学，这些都要学……近代文化，外国比我们

① 毛泽东：《论十大关系》，《毛泽东著作选读》（下册），人民出版社1986年版，第740—742页。

② 毛泽东：《论十大关系》，《毛泽东著作选读》（下册），人民出版社1986年版，第743页。

高，要承认这一点……我们接受外国的长处，会使我们自己的东西有一个跃进。中国的和外国的要有机地结合，而不是套用外国的东西。学外国织帽子的方法，要织中国的帽子。外国有用的东西，都要学到，用来改进和发扬中国的东西，创造中国独特的新东西。搬要搬一些，但要以自己的东西为主……要向外国学习，学来创作中国的东西……文化上对外国的东西一概排斥，或者全盘吸收，都是错误的……要反对教条主义，反对保守主义，这两个东西对中国都是不利的。学外国不等于一切照搬。向古人学习是为了现在的活人，向外国人学习是为了今天的中国人。中国的和外国的，两边都要学好……西洋的东西也是要变的。西洋的东西也不是什么都好，我们要拿它好的。我们应该在中国自己的基础上，批判地吸收西洋有用的成分。吸收外国的东西，要把它改变，变成中国的……应该学习外国的长处，来整理中国的，创造出中国自己的、有独特的民族风格的东西。"[①]概括来说，在对待外来文化上，毛泽东此处讲到了学习内容、学习方法、学习目的这三个方面的问题：第一，学习的内容，即"学什么"的问题。要学习外国的"科学的原理"，"自然科学、社会科学的一般道理都要学"，要学"外国的近代的东西"，学"外国的好东西"，学"外国有用的东西"，"要拿它好的"："比如学医，细菌学、生物化学、解剖学、病理学，这些都要学。"第二，学习的方法，即"怎么学"的问题。毛泽东要求，对于外国好的、对我们有用的东西，不仅要"去学"，而且要"学好""学到"。怎么"学好""学到"呢？首先，要承认"近代文化，外国比我们高"这一点。其次，要明确这种"学"，不是"中学为体，西学为用"，因为学"是中外一致的，不应该分中西"。再次，要科学地学、

① 毛泽东：《同音乐工作者的谈话》，《毛泽东文集》（第七卷），人民出版社1999年版，第77—83页。

辩证地学，“反对教条主义，反对保守主义”，既不能“一概排斥”，也不能“一切照搬”“全盘吸收”，更不能机械地“套用”，而“要以自己的东西为主”，“在中国自己的基础上，批判地吸收西洋有用的成分”，“有机地结合”。最后，学习的目的，即“怎么用”的问题。毛泽东强调，学习外国，最终目的是“用来研究中国的东西”，“用来改进和发扬中国的东西”，把它“变成中国的”，“创造出中国自己的、有独特的民族风格的东西”，“使我们自己的东西有一个跃进”。另外，在此次谈话中，毛泽东提到也要重视中国自己的东西：“历史总是要重视的……我们历史久，也有它的好处……也要把中国的好东西都学到。要重视中国的东西。”①

在对待中国文化方面，毛泽东支持中国“特色”走出国门：“中国的豆腐、豆芽菜、皮蛋、北京烤鸭是有特殊性的，别国比不上，可以国际化。”②并且对资产阶级文化采取包容的态度：“中国的资产阶级和他们的知识分子，人数虽少，但是他们有近代文化，我们现在还是要团结他们……资产阶级在近代文化、近代技术这些方面，比其他阶级要高，因此必须团结他们，并且把他们改造过来。”③重要的是，毛泽东坚持“文化自信”：“要重视中国的东西，否则很多研究就没有对象了……近代文化，外国比我们高，要承认这一点。艺术是不是这样呢？中国某一点上有独特之处，在另一点上外国比我们高明。小说，外国是后起之秀，我们落后了。鲁迅对于外国的东西和中国的东西都

① 毛泽东：《同音乐工作者的谈话》，《毛泽东文集》（第七卷），人民出版社1999年版，第78、81页。

② 毛泽东：《同音乐工作者的谈话》，《毛泽东文集》（第七卷），人民出版社1999年版，第78页。

③ 毛泽东：《同音乐工作者的谈话》，《毛泽东文集》（第七卷），人民出版社1999年版，第79、80页。

懂，但他不轻视中国的。”[①]最终，毛泽东认为中国文化的发展应该“越搞越中国化，而不是越搞越洋化”，“中国的和外国的，两边都要学好。半瓶醋是不行的，要使两个半瓶醋变成两个一瓶醋”，“应该学习外国的长处，来整理中国的，创造出中国自己的、有独特的民族风格的东西。这样道理才能讲通，也才不会丧失民族信心”。[②]

1956年9月27日，在中国共产党第八次全国代表大会通过的《关于政治报告的决议》中再次申明：“对于中国过去和外国的一切有益的文化知识，必须加以继承和吸收，并且必须利用现代的科学文化来整理我国优秀的文化遗产，努力创造社会主义的民族的新文化。”[③]可以说，无论是对待中国古代文化还是外国文化，毛泽东始终强调要坚持辩证地分析、批判地接受，并根据具体条件加以采用，摒弃其糟粕，吸收其精华，使之适合中国的实际。

1960年12月24日，在同古巴妇女代表团和厄瓜多尔文化代表团谈话时，就中国的封建主义文化，毛泽东指出：“对中国的文化遗产，应当充分地利用，批判地利用。中国几千年的文化，主要是封建时代的文化，但并不全是封建主义的东西，有人民的东西，有反封建的东西。要把封建主义的东西和非封建主义的东西区别开来。封建主义的东西也不全是坏的。我们要注意区别封建主义发生、发展和灭亡不同时期的东西。当封建主义还处在发生和发展的时候，它有很多东西还是不错的。反封建主义的文化也不是全部可以无批判地利用的。封建时代

① 毛泽东：《同音乐工作者的谈话》，《毛泽东文集》（第七卷），人民出版社1999年版，第81页。

② 毛泽东：《同音乐工作者的谈话》，《毛泽东文集》（第七卷），人民出版社1999年版，第82、83页。

③ 毛泽东：《中国共产党第八次全国代表大会关于政治报告的决议》，《建国以来重要文献选编》（第九册），中央文献出版社1994年版，第348页。

的民间作品，也多少都还带有封建统治阶级的影响。”[①]也就是说，毛泽东对封建时代的文化和反封建主义的文化都持辩证的态度，在如何辩证地看待两种文化的具体方法上，毛泽东认为：“我们应当善于进行分析，应当批判地利用封建主义的文化，而不能不批判地加以利用。反封建主义的文化当然要比封建主义的好，但也要有批判、有区别地加以利用。”[②]其次，就中国画家、音乐家和文学家抄袭西方的现象，毛泽东认为“他们看不起自己国家的文化遗产”[③]，对这种行为进行了批评。

实际上，在中国近代史上，面对外来文化的涌入，既有夜郎自大式的排外主义以及与之有千丝万缕联系的种种复古主义思潮，又有因盲目崇拜西方文化而对本民族文化采取虚无主义的偏向。反省新中国成立初期照搬苏联模式的教条主义倾向，总结长期以来思考的积淀，1964年9月27日，毛泽东针对中央音乐学院学生陈莲在来信中反映该院在音乐教学和演出中存在的问题，在中共中央办公厅秘书室编印的《群众反映》第79期空白处写了一段批示文字，毛泽东明确提出了要坚持“向外国人学习是为了今天的中国人”的“洋为中用”方针和坚持“向古人学习是为了现在的活人”的“古为今用”方针。下面，我们就这段批示的一些历史材料作简单交代，以加深对毛泽东“古为今用，洋为中用”思想的理解。1964年6月5日，全国京剧现代戏观摩演出大会在北京人民大会堂开幕。周恩来总理亲自指导这次观摩大会，并在6月23日召开的现代戏座谈会上发表重要讲话，高度评价京剧革命的伟

① 毛泽东：《应当充分地批判地利用文化遗产》，《毛泽东文集》（第八卷），人民出版社1999年版，第225页。

② 毛泽东：《应当充分地批判地利用文化遗产》，《毛泽东文集》（第八卷），人民出版社1999年版，第225页。

③ 毛泽东：《应当充分地批判地利用文化遗产》，《毛泽东文集》（第八卷），人民出版社1999年版，第226页。

大成果。毛泽东观看了《智取威虎山》（上海市演出团）、《芦荡火种》（北京市京剧团）、《奇袭白虎团》（山东省演出团）、《红嫂》（青岛市京剧团和淄博市京剧团联合演出）等多场演出，并且每次看完都登台接见演员并合影留念。随后《人民日报》《红旗》等报刊大力宣传报道并发表社论，全国京剧界呈现出一派全新气象。此时，就读于中央音乐学院音乐学系二年级的陈莲同学，正在思考这样的问题：为什么戏剧革命轰轰烈烈，音乐界却冷冷清清？为什么戏剧反映现实取得了如此成果，而音乐学院的教材、课堂却充斥着大量外国的、古代的曲目而缺乏时代气息？音乐界究竟应该怎么办？经过一段时间的思考、反复构思和修改，1964年9月1日，陈莲完成了写给毛泽东主席的信。她在信中说，由于长期地、大量地、无批判地学习西方资产阶级的音乐文化，资产阶级思想给中央音乐学院师生以极深的影响。她在信中讲了四点情况：一、有些学生政治观点模糊，不热爱工农兵，不愿为他们演出；二、形形色色的个人主义学习目的；三、有些人迷恋西洋音乐，轻视民族音乐，对音乐革命化、民族化、群众化有抵触情绪；四、西欧的音乐和小说对学生的思想感情、生活作风有极严重的影响。她认为，产生上述问题的原因是学校的教学只教继承，不教批判，或者说"抽象地批判，具体地继承"。为此，她强烈希望解决这些问题，以求音乐的新生。陈莲这封信的内容摘要，由中共中央办公厅秘书室刊登在1964年9月16日编印的《群众反映》第79期上，题目是《对中央音乐学院的意见》。毛泽东看到陈莲这封信的摘要后，在刊物空白处给时任中央书记处书记、中宣部部长的陆定一写了一段批示：

定一同志：

此件请一阅。信是写得好的，问题是应该解决的。但应采取征求群众意见的方法，在教师、学生中先行讨论，收集意见。

毛泽东

九月二十七日

古为今用，洋为中用。

此信表示一派人的意见，可能有许多人不赞成。

这个批示对陈莲来信的评价（“信是写得好的”）、所提问题的重要性（“问题是应该解决的”）、解决的方法（“采取征求群众意见的方法，在教师、学生中先行讨论，收集意见”）、可能出现的情况（“可能有许多人不赞成”）等，都表达了明确意见。陆定一接到批示后，责成中宣部副部长兼文艺处处长林默涵加以落实。林默涵找到时任中央音乐学院党委书记赵沨，让他研究解决问题的方法步骤。赵沨很快召开院党委会，研究如何贯彻毛泽东的批示并制订计划。紧接着又召开一系列会议，进行广泛动员，认真贯彻毛泽东的批示。一段时间内，各系教师、学生每周开一次座谈会，揭露教学中不符合“三化精神”（革命化、民族化、群众化）的问题，讨论改进方法；大胆敞开思想，相互辨析提高，学院出现生机勃勃的新气象，产生了良好的效果。可以说，毛泽东之所以对中央音乐学院一个学生的信件作出批示，从根本上说是这位学生提出的问题和观点，符合毛泽东历来关于如何继承中外文化遗产的思想。这从前面讲到的毛泽东的《新民主主义论》《在延安文艺座谈会上的讲话》《论联合政府》《论十大关系》《同音乐工作者的谈话》《应当充分地批判地利用文化遗产》等系列论述中，能够明显地看到。

二、“古为今用，洋为中用”中外文化观的核心要点

“古为今用，洋为中用”要注意两点，一是“古”和“今”的界定问题，二是如何“用”的问题。“古”指什么？一、把握中国古代文化的内容，应该循着工农兵自己的方向去探寻。毛泽东认为：“人民生活中本来存在着文学艺术原料的矿藏，这是自然形态的东西，是粗糙的东西，但也是最生动、最丰富、最基本的东西；在这点上说，它们使一切文学艺术相形见绌，它们是一切文学艺术的取之不尽、用之不竭的唯一源泉。”[①]继承优秀的古代文化遗产不能简单地从“书本”中汲取，应该看到从古至今“人民生活”才是文化之“源”，文艺工作者应该立足此时此地的人民生活，让优秀的来源于古代人民生活的古代文化作为创作的原料，服务于工农兵的文学作品。二、中国古代文化的形式可以加以运用。毛泽东认为“过去时代的文艺形式”必须经过改造方可利用，“加进了新内容，也就变成革命的为人民服务的东西了”[②]。至于旧文化的内容，则大多是颠倒是非、混淆黑白。三、中国传统的手工艺要恢复并要搞得更好。“提高工艺美术品的水平和保护民间老艺人的办法很好，赶快搞，要搞快一些。你们自己设立机构，开办学院，召集会议。”[③]四、继承并发展中国古代文化中的民主萌芽。毛泽东认为古代文学“楚辞体”中有批判封建主义的思想苗头，指出：“骚体是有民主色彩的，属于浪漫主义流派，对腐败的统治者投以批判

① 毛泽东：《在延安文艺座谈会上的讲话》，《毛泽东选集》（第三卷），人民出版社1991年版，第860页。

② 毛泽东：《毛泽东文艺论集》，中央文献出版社2002年版，第57页。

③ 毛泽东：《毛泽东文艺论集》，中央文献出版社2002年版，第142页。

的匕首。”[1]毛泽东将枚乘《七发》和民主思想相结合，“且夫出舆入辇，命曰蹶痿之机。洞房清宫，命曰寒热之媒。皓齿蛾眉，命曰伐性之斧。甘脆肥脓，命曰腐肠之药”。[2]对应“现在我国在共产党的领导下，无论是知识分子，党、政、军工作人员，一定要做些劳动，走路、游水、爬山、广播体操，都是在劳动之列，如巴夫诺夫那样，不必说下放参加做工、种地那种更踏实的劳动了”。[3]“用说服而不用压服的方法，用摆事实、讲道理的方法，见效甚快。这个法子，有点像我们的‘处理从宽’。”[4]在读《西游记》和《聊斋志异》的批语中，毛泽东同样也发现了反封建的倾向：“‘千日行善，善犹不足；一日行恶，恶常有余。’乡愿思想也。孙悟空的思想与此相反，他是不信这些的，即是说作者吴承恩不信这些。”[5]“一篇好文章，反映了个性解放的强烈要求，人与人的关系应是民主的和平等的。”[6]五、继承中国古代文化所创造的许多生动的文学语言。1959年至1973年，毛泽东在《谈〈红楼梦〉》中肯定了《红楼梦》的历史价值，并称之为：“中国古代小说写得好的是这一部，最好的一部。”[7]在《红楼梦》中，出现了一些耐人寻味的诗句，例如：“贾不假，白玉为堂金作马。阿房宫，三百里，住不下金陵一个史。东海缺少白玉床，龙王来请金陵王。丰年好大雪，珍珠如土金如铁。”1964年1月27日，在《对〈毛主席诗词〉若干词句的解释》中，毛泽东应英译者的建议，对自己诗词中的词句作了进一步的解释，例如：“‘怅寥廓，问苍茫大地，谁主沉浮？’这句是指在

---

① 毛泽东：《毛泽东文艺论集》，中央文献出版社2002年版，第201页。
② 毛泽东：《毛泽东文艺论集》，中央文献出版社2002年版，第201、202页。
③ 毛泽东：《毛泽东文艺论集》，中央文献出版社2002年版，第202页。
④ 毛泽东：《毛泽东文艺论集》，中央文献出版社2002年版，第202页。
⑤ 毛泽东：《毛泽东文艺论集》，中央文献出版社2002年版，第246页。
⑥ 毛泽东：《毛泽东文艺论集》，中央文献出版社2002年版，第248页。
⑦ 毛泽东：《毛泽东文艺论集》，中央文献出版社2002年版，第209、210页。

北伐以前，军阀统治，中国的命运究竟由哪一个阶级做主？”[①]“今”指什么？一般指社会主义文化和新民主主义文化，两者相互吸收和发展，共同形成新文化，在此之中，还有大量的外国进步文化，作为中国文化食粮的原料，例如资产阶级唯物论和自然科学。“洋为中用”是毛泽东站在中华民族的立场上提出来的，1953年2月7日，在《全国政协一届四次会议闭幕会上的讲话》中，毛泽东指出：“关于学习苏联的问题。我们要进行伟大的五年计划建设，工作很艰苦，经验又不够，因此要学习苏联的先进经验。”[②]“我们这个民族，从来就是接受外国的先进经验和优秀文化的。在封建时代，唐朝兴盛的时候，我国曾经和印度发生密切的关系。我们的唐三藏法师，万里长征去取经，比较后代学外国困难得多。有人证明，我们现在用的乐器大部分是西域来的，就是从新疆以西的地区来的。我们这个民族，从来不拒绝接受别的民族的优良传统。”[③]毛泽东的“洋为中用”始终以“民族”为原则和底线，1954年7月9日，毛泽东在一份中医工作的指示中提出：“中西医团结问题没有做好，原因是西医存在很大问题，主要是西医有宗派作风。西医传到中国来以后，有很大一部分人就把中医忽视了。必须把中医重视起来。把中医提得过高也是不正确的。团结中医的目的，是为了发展中国医药科学。”[④]“但什么都是‘舶来品’好，这是奴化思想的影响。看不起中国的东西，不尊重民族文化遗产，这是极端卑

---

① 毛泽东：《毛泽东文艺论集》，中央文献出版社2002年版，第219页。

② 毛泽东：《在全国政协一届四次会议闭幕会上的讲话》，《毛泽东文集》（第六卷），人民出版社1999年版，第263页。

③ 毛泽东：《在全国政协一届四次会议闭幕会上的讲话》，《毛泽东文集》（第六卷），人民出版社1999年版，第264页。

④ 毛泽东：《在全国政协一届四次会议闭幕会上的讲话》，《毛泽东文集》（第六卷），人民出版社1999年版，第258页。

鄙恶劣的资产阶级的心理在作怪。”[①]在此基础上，毛泽东鼓励从“民族”走向“世界”，思虑长远：团结中医“不仅是为了中国的问题，同时是为了世界”[②]。

如何去“用”？一、政治标准第一，“由于现时中国革命不能离开中国无产阶级的领导，因而现时的中国新文化也不能离开中国无产阶级文化思想的领导，即不能离开共产主义思想的领导”[③]。“当作国民文化的方针来说，居于指导地位的是共产主义的思想，并且我们应当努力在工人阶级中宣传社会主义和共产主义，并适当地有步骤地用社会主义教育农民及其他群众。”[④]也就是说，将社会主义和共产主义思想视为文化的指导思想，牢牢抓住无产阶级的文化领导权。毛泽东的愿景是：“我们在政治上经济上有社会主义的因素，反映到我们的国民文化也有社会主义的因素。”[⑤]二、实事求是、与时俱进，具有中国特色。实事求是，就是“要把外国的好东西都学到……你们是‘西医’，但是要中国化，要学到一套以后来研究中国的东西，把学的东西中国化”[⑥]。运用西学先进的“基本原理”研究中国传统文化，发掘其规律，使中国传统文化得以发展。与时俱进，就是在政治和艺术上，“特别像中国这样大的国家，应该‘标新立异’，但是，应该是为群众所欢

① 毛泽东：《在全国政协一届四次会议闭幕会上的讲话》，《毛泽东文集》（第六卷），人民出版社1999年版，第258页。

② 毛泽东：《在全国政协一届四次会议闭幕会上的讲话》，《毛泽东文集》（第六卷），人民出版社1999年版，第258页。

③ 毛泽东：《新民主主义论》，《毛泽东选集》（第二卷），人民出版社1991年版，第705页。

④ 毛泽东：《新民主主义论》，《毛泽东选集》（第二卷），人民出版社1991年版，第704页。

⑤ 毛泽东：《新民主主义论》，《毛泽东选集》（第二卷），人民出版社1991年版，第705页。

⑥ 毛泽东：《同音乐工作者的谈话》，《毛泽东文集》（第七卷），人民出版社1999年版，第81页。

迎的标新立异”[①]。毛泽东所提出的“标新立异”主要指符合大众需要的“创新”：“为群众所欢迎的标新立异，越多越好，不要雷同。雷同就成为八股。过去有人搞八股文章，搞了五六百年。形式到处一样就不好。妇女的服装和男的一样，是不能持久的。在革命胜利以后的一个时期内，妇女不打扮，是标志一种风气的转变，表示革命，这是好的，但不能持久。还是要多样化为好。”[②]毛泽东反对僵化不变，而支持革新化和多样化。三、古为今用、洋为中用偕同并举。“中国的和外国的，两边都要学好。半瓶醋是不行的，要使两个半瓶醋变成两个一瓶醋。”[③]“艺术有形式问题，有民族形式问题。艺术离不了人民的习惯、感情以至语言，离不了民族的历史发展。艺术的民族保守性比较强一些，甚至可以保持几千年。古代的艺术，后人还是喜欢它。”[④]古为今用和洋为中用都是振兴中国文化的方式，并行不悖。

第三节　“百花齐放，百家争鸣”：中国共产党人的文化建设观

随着1949年10月1日宣告中华人民共和国成立，中国开始迈入全

① 毛泽东：《同音乐工作者的谈话》，《毛泽东文集》（第七卷），人民出版社1999年版，第80页。

② 毛泽东：《同音乐工作者的谈话》，《毛泽东文集》（第七卷），人民出版社1999年版，第80页。

③ 毛泽东：《同音乐工作者的谈话》，《毛泽东文集》（第七卷），人民出版社1999年版，第82页。

④ 毛泽东：《同音乐工作者的谈话》，《毛泽东文集》（第七卷），人民出版社1999年版，第77页。

新的历史阶段。建立与新的政治、经济相适应的新文化，成为新的历史阶段亟待解决的重要问题。作为中华人民共和国的主要缔造者，毛泽东非常重视新中国的文化建设，他确立了马克思主义在思想文化领域的指导地位，明确了文化为人民大众服务的发展方向，不仅提出了对待传统文化和外来文化的“古为今用，洋为中用”方针，还在1956年4月28日中共中央政治局扩大会议上的总结讲话中提出了“百花齐放，百家争鸣”的文化发展方针，认为应该在艺术问题上“百花齐放”，学术问题上“百家争鸣”，并对“建立什么样的新文化，怎样建立新文化”这一根本问题进行了不懈的探索。

一、“百花齐放，百家争鸣”文化建设观的历史背景

事实上，早在1940年1月的《新民主主义论》中，毛泽东就提出了要“建立中华民族的新文化”的历史任务，并将“新文化”与新政治、新经济并列，“新文化是在观念形态上反映新政治和新经济的东西，是替新政治新经济服务的”①，三者共同作为“中华民族的新社会、新国家”建设的重要内容，同时毛泽东也肯定：“没有资本主义经济，没有资产阶级、小资产阶级和无产阶级，没有这些阶级的政治力量，所谓新的观念形态，所谓新文化，是无从发生的。”②他指出：“我们共产党人，多年以来，不但为中国的政治革命和经济革命而奋斗，而且为中国的文化革命而奋斗；一切这些的目的，在于建设一个中华民族的新社会和新国家。在这个新社会和新国家中，不但有新政治、新经济，而且有新文化。这就是说，我们不但……要把一个被旧文化

① 毛泽东：《新民主主义论》，《毛泽东选集》（第二卷），人民出版社1991年版，第695页。
② 毛泽东：《新民主主义论》，《毛泽东选集》（第二卷），人民出版社1991年版，第695页。

统治因而愚昧落后的中国，变为一个被新文化统治因而文明先进的中国。一句话，我们要建立一个新中国。建立中华民族的新文化，这就是我们在文化领域中的目的。”[①]

在《新民主主义论》中，毛泽东还就“建立什么样的新文化，怎样建立新文化”作出了自己的探索和回答。对于“建立什么样的新文化”这一问题，由于“中国革命的历史进程，必须分为两步，其第一步是民主主义的革命，其第二步是社会主义的革命”[②]，而当时尚处于新民主主义革命阶段，因此，在新民主主义革命阶段，要建立的中华民族的新文化是“新民主主义的文化”：“所谓中华民族的新文化，就是新民主主义的文化”[③]，它“是新民主主义性质的文化，属于世界无产阶级的社会主义的文化革命的一部分”[④]，它是“民族的科学的大众的文化”[⑤]，是“无产阶级领导的人民大众的反帝反封建的文化”[⑥]，还是“抗日统一战线的文化”[⑦]，因此“这种文化，只能由无产阶级的文化思想即共产主义思想去领导，任何别的阶级的文化思想都是不能领导了的”[⑧]。对于“怎么建设新民主主义的新文化”这一问题，根据《新民主主义论》中的论述，主要包括以下七个方面：第一，新文化要以新政治和新经济为依据。“我们要建立的这种中华民族的新文化，它也不能离开中华民族的新政治和新经济……中华民族的新政治和新经济，乃是中华民族的新文化的根据。”[⑨]第二，新文化要以鲁迅的方向

① 毛泽东：《新民主主义论》，《毛泽东选集》（第二卷），人民出版社1991年版，第663页。
② 毛泽东：《新民主主义论》，《毛泽东选集》（第二卷），人民出版社1991年版，第665页。
③ 毛泽东：《新民主主义论》，《毛泽东选集》（第二卷），人民出版社1991年版，第665页。
④ 毛泽东：《新民主主义论》，《毛泽东选集》（第二卷），人民出版社1991年版，第698页。
⑤ 毛泽东：《新民主主义论》，《毛泽东选集》（第二卷），人民出版社1991年版，第708页。
⑥ 毛泽东：《新民主主义论》，《毛泽东选集》（第二卷），人民出版社1991年版，第698页。
⑦ 毛泽东：《新民主主义论》，《毛泽东选集》（第二卷），人民出版社1991年版，第698页。
⑧ 毛泽东：《新民主主义论》，《毛泽东选集》（第二卷），人民出版社1991年版，第698页。
⑨ 毛泽东：《新民主主义论》，《毛泽东选集》（第二卷），人民出版社1991年版，第664页。

为方向。“鲁迅是中国文化革命的主将……鲁迅的方向，就是中华民族新文化的方向。”[①]第三，新文化要由无产阶级的文化思想来领导。“新民主主义的文化……只能由无产阶级的文化思想即共产主义思想去领导，任何别的阶级的文化思想都是不能领导了的。”[②]第四，新文化建设要以吸收古今中外的进步文化作为必要条件。“中国应该大量吸收外国的进步文化，作为自己文化食粮的原料。”[③]要“清理古代文化的发展过程，剔除其封建性的糟粕，吸收其民主性的精华，是发展民族新文化提高民族自信心的必要条件”[④]。第五，新文化要为人民大众服务。“新民主主义的文化是大众的，因而即是民主的。它应为全民族中百分之九十以上的工农劳苦民众服务。”[⑤]第六，新文化要为中华民族的尊严和独立服务。“这种新民主主义的文化是民族的。它是反对帝国主义压迫，主张中华民族的尊严和独立的。它是我们这个民族的，带有我们民族的特性。它同一切别的民族的社会主义文化和新民主主义文化相联合，建立互相吸收和互相发展的关系，共同形成世界的新文化；但是决不能和任何别的民族的帝国主义反动文化相联合，因为我们的文化是革命的民族文化。”[⑥]第七，新文化反对一切封建迷信，为科学服务。“主张实事求是，主张客观真理，主张理论和实践一致……中国无产阶级的科学思想能够和中国还有进步性的资产阶级的唯物论者和自然科学家，建立反帝反封建反迷信的统一战线；但是决不能和任何反动的唯心论建立统一战线。共产党员可以和某些唯心论者甚至

---

① 毛泽东：《新民主主义论》，《毛泽东选集》（第二卷），人民出版社1991年版，第698页。

② 毛泽东：《新民主主义论》，《毛泽东选集》（第二卷），人民出版社1991年版，第698页。

③ 毛泽东：《新民主主义论》，《毛泽东选集》（第二卷），人民出版社1991年版，第706页。

④ 毛泽东：《新民主主义论》，《毛泽东选集》（第二卷），人民出版社1991年版，第707、708页。

⑤ 毛泽东：《新民主主义论》，《毛泽东选集》（第二卷），人民出版社1991年版，第708页。

⑥ 毛泽东：《新民主主义论》，《毛泽东选集》（第二卷），人民出版社1991年版，第706页。

宗教徒建立在政治行动上的反帝反封建的统一战线，但是决不能赞同他们的唯心论或宗教教义。”①

1942年5月23日，毛泽东在延安文艺座谈会上就提出过：“应该容许包含各种各色政治态度的文艺作品的存在。”②

1949年9月21日，在全国政协会议第一届全体会议上发表的著名讲话《中国人民站起来了》中，毛泽东指出：“随着经济建设的高潮的到来，不可避免地将要出现一个文化建设的高潮。中国人被人认为不文明的时代已经过去了，我们将以一个具有高度文化的民族出现于世界。”③毛泽东对“具有高度文化的民族”的期许，成为谱写我国当代文化自信思想史的起点。

1949年9月30日，受中国人民政治协商会议第一届全体会议委托，毛泽东起草了题为《中国人民大团结万岁》宣言，明确中华人民共和国中央政府的重要任务之一就是进行大规模的“文化建设”：“它将领导全国人民克服一切困难，进行大规模的经济建设和文化建设，扫除旧中国所留下来的贫困和愚昧，逐步地改善人民的物质生活和提高人民的文化生活。”④

1950年，围绕京剧问题，发生了两派争论，一派主张全部继承，另一派认为京剧是封建主义的，主张全部取消。1951年4月3日，以著名京剧表演艺术家梅兰芳任院长的中国戏曲研究院在北京成立，毛泽东亲笔题词“百花齐放，推陈出新”，用来指导戏曲界发展，鼓励各种戏曲形式同时并存和发展，构成“双百”方针的重要一环。与1942年

① 毛泽东：《新民主主义论》，《毛泽东选集》（第二卷），人民出版社1991年版，第707页。

② 毛泽东：《在延安文艺座谈会上的讲话》，载中共中央文献编辑委员会编：《毛泽东著作选读》（下册），人民出版社1986年版，第546页。

③ 毛泽东：《新民主主义论》，《毛泽东文集》（第五卷），人民出版社1996年版，第345页。

④ 毛泽东：《中国人民大团结万岁》，《毛泽东选集》（第五卷），人民出版社1977年版，第8—10页。

毛泽东曾为延安平剧研究院成立题词“推陈出新”相比，多了“百花齐放”四个字。这个“百花齐放”从何而来呢？1956年4月28日在中共中央政治局扩大会议上毛泽东说道：“‘百花齐放’是群众中间提出来的，不晓得是谁提出来的。人们要我题词，我就写了‘百花齐放，推陈出新’。”[①]1956年5月2日，毛泽东在最高国务会议上的讲话中再次提到：“百花齐放是文艺界提出的，后来有人要我写几个字，我就写了‘百花齐放，推陈出新’。”[②]可见，“百花齐放”是群众的智慧，被毛泽东引用，用来指导戏曲界发展，鼓励各种戏曲形式同时并存和发展。不过，“百花齐放”在这里只解决了戏曲界的问题，并没有解决艺术界的其他问题，也没有解决学术界、科学界的问题。“百家争鸣”正是在此基础上深化的产物。事实上，“百家争鸣”这个词早已有之，1956年4月在中共中央政治局扩大会议上，毛泽东就说：“‘百家争鸣’，这是两千年以前就有的事，春秋战国时代，百家争鸣。讲学术，这种学术也可以讲，那种学术也可以讲，不要拿一种学术压倒一切。”[③]但“百家争鸣”作为新时代文化事业的指导方针，则是毛泽东亲自提出来的。1953年至1955年，毛泽东针对史学问题研究中的分歧，曾指示要实行“百家争鸣”。对此，1956年4月28日中共中央政治局扩大会议的讨论中提出：“中央组织了历史研究委员会、文字改革委员会[④]，要我参加委员会的工作。当时请问过主席关于学术界的路线

① 毛泽东：《在中共中央政治局扩大会议上的总结讲话》，《毛泽东文集》（第七卷），人民出版社1999年版，第54页。

② 中共中央文献研究室编：《毛泽东年谱（一九四九——一九七六）》（第二卷），中央文献出版社2013年版，第574版。

③ 毛泽东：《在中共中央政治局扩大会议上的总结讲话》，《毛泽东文集》（第七卷），人民出版社1999年版，第55页。

④ 1953年，中共中央决定设立中国历史问题研究、中国文字改革研究和中国语文教学研究三个委员会。

和方针问题，主席提了一个‘百家争鸣’，我在历史研究会传达了这个口号。”可以看出，20世纪50年代初，“百花齐放”和“百家争鸣”这两个口号是分别提出的，而且“百家争鸣”这个口号并没有公开宣传。

“百花齐放，百家争鸣”的初步提出，有特定的历史大环境。1953年6月15日，毛泽东在中共中央政治局扩大会议上发表讲话，对党在过渡时期的总路线和总任务的内容作了完整的表述，在全国范围内掀起了对农业、手工业和资本主义工商业的社会主义改造运动。1956年，社会主义制度在我国基本确立，党和国家的工作重心转向全面建设社会主义，加强党对文化事业的领导，繁荣社会主义文化成为其中的重要内容。以毛泽东同志为核心的党的第一代中央领导集体在总结新中国成立之初文化建设正反经验的基础上，对社会主义文化理论和建设进行了创造性的探索，不断地实现着“努力创造社会主义的民族的新文化”的重要目标（《中国共产党第八次全国代表大会关于政治报告的决议》）。毛泽东强调：“我国人民应该有一个远大的规划，要在几十年内，努力改变我国在经济上和科学文化上的落后状况，迅速达到世界上的先进水平。”[①]在“怎样创造社会主义的民族的新文化”这一问题上，毛泽东主要强调了以下几个方面：

第一，坚持“百花齐放，百家争鸣”的方针，确保科学和艺术的繁荣。“艺术上不同的形式和风格可以自由发展，科学上不同的学派可以自由争论。”[②]毛泽东批判了用行政方法对于科学和艺术的错误强制和专断行为，反对进入社会主义社会以后，文化批判后思想和文化领

① 毛泽东：《社会主义革命的目的是解放生产力》（1956年1月25日），《毛泽东文集》（第七卷），人民出版社1999年版，第2页。

② 毛泽东：《关于百花齐放、百家争鸣、长期共存、互相监督》，《毛泽东著作选读》（下册），人民出版社1986年版，第783、784页。

域中出现的片面化、绝对化问题，在学术、文化和艺术问题上乱贴政治标签，动辄打棍子、扣帽子等粗暴现象，以及在学习苏联过程中出现的教条主义倾向，提出了“百花齐放，百家争鸣”的方针，在坚持马克思主义的指导地位的同时，允许不同的意见、学派、流派、风格在社会主义文化框架中存在。

第二，必须确立马克思主义在文化领域的唯一指导思想地位。1905年，列宁在《党的组织和党的文学》中写道：“文学事业应当成为有组织的、有计划的、统一的社会民主党的工作的一个组成部分。”[①]毛泽东非常重视文化在社会主义建设中的作用，在文艺方面，他认为：“要使文艺很好地成为整个革命机器的一个组成部分，作为团结人民、教育人民、打击敌人、消灭敌人的有力的武器，帮助人民同心同德地和敌人作斗争。”[②]在军事方面，他认为：“没有文化的军队是愚蠢的军队，而愚蠢的军队是不能战胜敌人的。”[③]在教育方面，他认为：“用文化教育工作提高群众的政治和文化的水平，这对于发展国民经济同样有极大的重要性。”[④]在现代化方面，他认为：“建设社会主义，原来要求是工业现代化，农业现代化，科学文化现代化，现在要加上国防现代化。”[⑤]也就是说，社会主义建设时期已经确立了“四个现代化”的战略目标，在该战略目标中，科学文化现代化举足轻重。之所以强调马克思主义在文化领域的指导地位，是因为这是无产阶级领导权在文

---

① ［苏］列宁：《党的组织和党的文学》，人民出版社1954年版，第4页。

② 毛泽东：《在延安文艺座谈会上的讲话》，《毛泽东选集》（第三卷），人民出版社1991年版，第848页。

③ 毛泽东：《在延安文艺座谈会上的讲话》，《毛泽东选集》（第三卷），人民出版社1991年版，第1011页。

④ 毛泽东：《在延安文艺座谈会上的讲话》，《毛泽东选集》（第一卷），人民出版社1991年版，第125、126页。

⑤ 毛泽东：《读苏联〈政治经济学教科书〉的谈话》，《毛泽东文集》（第八卷），人民出版社1999年版，第116页。

化领域的反映，正如毛泽东所说："在现在世界上，一切文化或文学艺术都是属于一定的阶级，属于一定的政治路线的。为艺术的艺术，超阶级的艺术，和政治并行或互相独立的艺术，实际上是不存在的。无产阶级的文学艺术是无产阶级整个革命事业的一部分，如同列宁所说，是整个革命机器中的'齿轮和螺丝钉'。"[①]因此，确立马克思主义在文化领域的唯一指导思想地位，就成为社会主义新文化的核心。

毛泽东指出："在我们无产阶级专政的国家里，无论是在党内还是在思想界、文艺界，主要的和占统治地位的必须力争是香花，是马克思主义。"[②]马克思主义指导地位在文化领域的确立，在新中国成立初期，主要是通过"学习+改造+批判"三方面的措施实现的。这里的"学习"指开展普遍的政治学习。1951年3月27日，毛泽东在《致李达》中写道："两次来信及附来《〈实践论〉解说》第二部分，均收到了，谢谢您！《解说》的第一部分也在刊物上看到了。这个《解说》极好，对于用通俗的言语宣传唯物论有很大的作用……关于辩证唯物论的通俗宣传，过去做得太少，而这是广大工作干部和青年学生的迫切需要，希望你多多写些文章。"[③]借用通俗的语言解释理论著作并传播出去，有利于扩大政治知识的传播范围。这里的"改造"指发动有针对性的知识分子思想改造。1951年10月23日、11月1日，毛泽东在全国政协一届三次会议上提出："思想改造，首先是各种知识分子的思想改造，是我国在各方面彻底实现民主改革和逐步实行工业化的重要条

① 毛泽东：《在延安文艺座谈会上的讲话》，《毛泽东选集》（第三卷），人民出版社1991年版，第865、866页。

② 毛泽东：《在延安文艺座谈会上的讲话》，《毛泽东选集》（第三卷），人民出版社1991年版，第874页。

③ 毛泽东：《致李达》，《毛泽东书信集》，中央文献出版社2003年版，第375页。

件之一。”[①]发动知识分子进行思想改造还有另一个原因：“因为他们是教育者，是当先生的，他们就有一个先受教育的任务。”[②]这里的“批判”指从具体文学作品和文艺思想入手对错误的文化思想的批判。1950年5月20日，《人民日报》在头版显著位置刊登社论《应当重视电影〈武训传〉的讨论》，由毛泽东亲笔改定，这是对当时普遍存在的非马克思主义思想倾向的批判，《武训传》错误的历史观是毛泽东批判的第一个靶子。之后又相继开展了对梁漱溟思想的批判，对俞平伯《红楼梦》研究观点的批判及由其引申出来的对胡适派思想的批判，对胡风文艺思想的批判，对“五四”以来的保守主义、自由主义和激进的小资产阶级文化思潮进行清算。

1956年，“百花齐放，百家争鸣”确定为我国社会主义文化建设领域的基本方针，并对之进行系统讨论，突出地加以宣传和贯彻。20世纪50年代初，苏联出现“解冻文学”思潮，对文艺创作模式化和“虚假”作风等进行质疑。这一思潮很快在中国文艺界引起共鸣，认为中国的文艺创作同样存在回避斗争、不能真实地描写现实生活的缺点。毛泽东、刘少奇、周恩来等人对当时的文艺状况也不满意。早在1949年7月6日，《在中华全国文学艺术工作者代表大会上的政治报告》中，周恩来就提到：“我们主张文艺为工农兵服务，当然不是说文艺作品只能写工农兵。比方写工人在解放以前的情况，就要写到官僚资本家的压迫；写现在的生产，就要写到劳资两利；写封建农村的农民，就要写到地主的残暴；写人民解放战争，就要写到国民党军队里的那些无谓牺牲的士兵和那些反动军官。所以我不是说我们不要熟悉社会上别

① 毛泽东：《在全国政协一届三次会议上的讲话》，《毛泽东文集》（第六卷），人民出版社1999年版，第184页。

② 毛泽东：《在中国共产党全国宣传工作会议上的讲话》，《毛泽东文集》（第七卷），人民出版社1999年版，第270、271页。

的阶级，不要写别的阶级的人物，但是主要的力量应该放在那里必须弄清楚，不然就不可能反映出这个伟大的时代，不可能反映出创造这个伟大时代的伟大劳动人民。”[①]然而，中华人民共和国成立后较长时间内，文艺的价值仍然局限于为政治服务的模式，在执行过程中还出现过狭隘的理解，周恩来对此感到不满。1961年6月19日，周恩来在《在文艺工作座谈会和故事片创作会上的讲话》中也强调：“文艺要好好为人民服务，就要通过实践，到群众中去考验。你这个形象是否站得住，是否为人民所喜闻乐见，不是领导批准可以算数的。艺术作品的好坏，要由群众回答，而不是由领导回答；可是目前领导决定多于群众批准……艺术是要人民批准的。”[②]1956年3月8日，刘少奇听取文化部党组汇报时指出：“百花齐放，就允许并存，各搞各的。比如洋的土的都可以搞嘛。”[③]1956年4月18日，在一份德国统一社会党干部谈他们国内遗传学家对过去强制推行李森科学派的反映材料上，毛泽东批示：“此件值得注意，请中宣部讨论一下这个问题。讨论时，邀请科学院及其他有关机关的负责同志参加。”[④]据此，中国科学院和高等教育部在青岛召开遗传学座谈会，北京大学李汝祺教授在这次座谈会后写了《从遗传学谈百家争鸣》一文，发表在《光明日报》上，提出了繁荣学术研究的具体意见。毛泽东读后即让胡乔木在《人民日报》上转载，并亲自写了“本报编者按”，替作者改新题目为《发展科学的必由之路》，对“百家争鸣”的作用作了简洁而深刻的阐释。1956年4月25日，毛泽东在中共中央政治局扩大会议上作《论十大关系》的报告，

---

① 中共中央文献研究室、中央档案馆编：《建国以来周恩来文稿（第一册）》，中央文献出版社2008年版，第81页。

② 中共中央文献研究室编：《周恩来文化文选》，中央文献出版社1998年版，第222页。

③ 董一冰：《刘少奇社会主义思想研究》，中共党史出版社2007年版，第305页。

④ 龚育之：《党史札记》，人民出版社2014年版，第183页。

号召以苏联为鉴，走自己的路。在大会讨论中，陆定一等就科学文化问题发言："一个问题就是对于学术性质、艺术性质、技术性质的问题，要让它自由，要把政治思想问题同学术性质的、艺术性质的、技术性质的问题分开来。"[①]毛泽东和周恩来都对此表示认同。4月28日，毛泽东在总结发言中提出"艺术问题上的百花齐放，学术问题上的百家争鸣，应该成为我们的方针"[②]，第一次把"百花齐放"和"百家争鸣"放在一起作为科学文化发展的指导方针。在随后举行的最高国务会议上，这一方针被正式宣布。5月2日，毛泽东在最高国务会议上作《论十大关系》的报告。各方人士发言之后，毛泽东指出："在艺术方面的百花齐放的方针，学术方面的百家争鸣的方针，是有必要的。"[③]5月26日，陆定一作题为《百花齐放，百家争鸣》的报告，系统阐述了"双百"方针，主要从三个角度切入：一、"为什么提出这样的政策？为什么现在才着重提出这样的政策？"二、"加强团结。"三、"批评问题和学习问题。"[④]这个报告在作了修改后，毛泽东批示公开发表，最后发表于1956年6月13日的《人民日报》上。1956年9月，中国共产党第八次全国代表大会的政治报告和决议再次强调："为了保证科学和艺术的繁荣，必须坚持'百花齐放，百家争鸣'的方针。用行政的方法对于科学和艺术实行强制和专断，是错误的。"[⑤]"双百"方针成为党发展科学和文艺事业的重要方针。

---

① 《陆定一文集》编辑组编：《陆定一文集》（下卷），人民出版社1992年版，第494页。

② 中共中央文献编辑委员会编：《毛泽东著作选读》（下册），人民出版社1986年版，第720页"注释"。

③ 中共中央文献研究室编：《毛泽东文艺论集》，中央文献出版社2002年版，第144页。

④ 《陆定一文集》编辑组编：《陆定一文集》（下卷），人民出版社1992年版，第499—521页。

⑤ 中共中央文献研究室编：《建国以来重要文献选编》（第九册），中央文献出版社1994年版，第348页。

1957年1月18日和1月27日，毛泽东在主持省市自治区党委书记会议最后一次会议的讲话中解释了提出“百花齐放，百家争鸣”方针的理由，认为这一方针是合乎辩证法的。1957年2月27日，毛泽东在《关于正确处理人民内部矛盾的问题》的讲话中指出：“‘百花齐放，百家争鸣’的方针，是促进艺术发展和科学进步的方针，是促进我国的社会主义文化繁荣的方针。”[①]实行这个方针，“并不会削弱马克思主义在思想界的领导地位，相反地正是会加强它的这种地位”。[②]1957年3月12日，《在中国共产党全国宣传工作会议上的讲话》中，根据“双百”方针实施以来的情况，进一步完善了这一方针。毛泽东在这里鲜明地指出：“百花齐放，百家争鸣，这是一个基本性的同时也是一个长期性的方针，不是一个暂时性的方针。”[③]我们从他的一系列阐述中可以认识到，“百花齐放，百家争鸣”有助于我们进行一切工作，而不仅仅局限于艺术和科学两个方面，此方针鼓励“辩论”和“斗争”，让我们逐步了解事物的真相，从而少犯错误并找到解决问题的方法。换言之，也就是一种辩证法：“各种不同意见辩论的结果，就能使真理发展。对于那些有毒素的反马克思主义的东西，也可以采取这个方法，因为同那些反马克思主义的东西进行斗争，就会使马克思主义发展起来。”[④]放在社会主义整体建设中，“双百”方针是在承认社会主义社会仍然存在各种矛盾的基础上，在国家需要迅速发展经济和艺术科学文化的迫切要求上，为了正确处理艺术科学文化领域中的矛盾，促进其

① 毛泽东：《关于正确处理人民内部矛盾的问题》，人民出版社1964年版，第25页。

② 毛泽东：《新民主主义论　在延安文艺座谈会上的讲话　关于正确处理人民内部矛盾的问题　在中国共产党全国宣传工作会议上的讲话》，人民出版社1966年版，第116页。

③ 毛泽东：《新民主主义论　在延安文艺座谈会上的讲话　关于正确处理人民内部矛盾的问题　在中国共产党全国宣传工作会议上的讲话》，人民出版社1966年版，第142页。

④ 毛泽东：《新民主主义论　在延安文艺座谈会上的讲话　关于正确处理人民内部矛盾的问题　在中国共产党全国宣传工作会议上的讲话》，人民出版社1966年版，第143页。

发展、进步和繁荣，加强马克思主义在文艺界和其他领域中的指导地位而提出来的。这一闪耀着唯物辩证法光辉的方针，包含着对我国历史上学术文化发展的经验和世界科学文化发展的经验的总结，包含着对国际共产主义运动的经验和我们党领导艺术、科学、文化的经验的总结，反映了中国共产党对文化自身发展规律认识的深化，对于打破当时被苏联学说所禁锢的文化“僵局”具有积极意义，体现出了中国共产党高度的文化自信（包容多元文化）。可以说，“双百”方针不仅是新中国成立后第一次大规模的思想解放，也是“十七年”关于“文化自信”最重要的理论成果。

第三，以“古为今用，洋为中用”作为正确处理与既有文化关系的基本原则。这点在上面已有详细论述，此处不再赘述。

第四，以文化为人民大众服务作为社会主义文化的发展方向。文化建设的出发点和落脚点是人。文化为人民大众服务是毛泽东制定文化战略、领导文化发展的核心理念。他把“人民”二字写在社会主义文化旗帜上，并贯彻于社会主义文化建设的实践。“文化为人民服务”这一核心理念，早在《在延安文艺座谈会上的讲话》中就已形成，延安文艺座谈会中的第一个问题就是：“我们的文艺是为什么人的？”[①]毛泽东指出，最广大的人民，也就是占全人口百分之九十以上的人民，由工人、农民、兵士和城市小资产阶级组成。所以，“我们的文艺，第一是为工人的，这是领导革命的阶级。第二是为农民的，他们是革命中最广大最坚决的同盟军。第三是为武装起来的工人农民即八路军、新四军和其他人民武装队伍的，这是革命战争的主力。第四是为城市小资产阶级劳动群众和知识分子的，他们也是革命的同盟者，他们是

① 毛泽东：《新民主主义论　在延安文艺座谈会上的讲话　关于正确处理人民内部矛盾的问题　在中国共产党全国宣传工作会议上的讲话》，人民出版社1966年版，第60页。

能够长期地和我们合作的”[①]。毛泽东提出，我们的文艺，应该站在无产阶级的立场上，为以上四种人服务。“为什么人的问题，是一个根本的问题，原则的问题。”[②]在此之前，在《新民主主义论》中，毛泽东也提及：“文字必须在一定条件下加以改革，言语必须接近民众，须知民众就是革命文化的无限丰富的源泉。”[③]与之相关，是知识分子的改造问题，“为了同工人农民团结一致，知识分子必须继续改造自己，逐步地抛弃资产阶级的世界观而树立无产阶级的、共产主义的世界观”[④]，“我们的国家机关工作人员、文学家、艺术家、教员和科学研究人员，都应该尽可能地利用各种机会去接近工人农民”[⑤]，主要通过整风运动、大生产运动和干部学校教育对知识分子进行引导。知识分子，特别是文学家、艺术家，应当努力地在自己的创作中表现工农兵的新面貌和新品质，反映他们曾经长期亲身经历的革命战争时期的生活和人物，如柳青的《铜墙铁壁》、徐光耀的《平原烈火》、陈登科的《活人塘》；反映产业工人的生产劳动和阶级斗争的主题，描绘工业干部和模范工人的形象，如老舍的《春华秋实》。

第五，文化应该坚持现实主义路线。在文学艺术作品方面，作家应当站在时代的最前列，表现新时代的人物和思想。首先，新时代的人物必须是正面人物，这种正面人物代表着普通人当中“正面的、积极的力量”，离不开充满矛盾和斗争的社会环境，因为“人物只有在剧

① 毛泽东：《新民主主义论　在延安文艺座谈会上的讲话　关于正确处理人民内部矛盾的问题　在中国共产党全国宣传工作会议上的讲话》，人民出版社1966年版，第62页。

② 毛泽东：《新民主主义论　在延安文艺座谈会上的讲话　关于正确处理人民内部矛盾的问题　在中国共产党全国宣传工作会议上的讲话》，人民出版社1966年版，第64页。

③ 毛泽东：《毛泽东选集》（第二卷），人民出版社1991年版，第708页。

④ 毛泽东：《关于正确处理人民内部矛盾的问题》，《毛泽东著作选读》（下册），人民出版社1986年版，第779页。

⑤ 毛泽东：《在中国共产党全国宣传工作会议上的讲话》，《毛泽东文集》（第七卷），人民出版社1999年版，第272页。

烈的斗争中，才能显示他的全部个性、性格和品质”[①]。毛泽东《在延安文艺座谈会上的讲话》中也特别强调了文学艺术必须首先写光明的、正面的人物：“苏联在社会主义建设时期的文学就是以写光明为主。他们也写工作中的缺点，也写反面的人物，但是这种描写只能成为整个光明的陪衬，并不是所谓‘一半对一半’。”[②]其次，作家书写的内容必须包含新观点，以正确的思想教育群众，同时寓教于乐，把能创造出为千百万群众所理解和爱好的作品当作自己的光荣任务。此外，毛泽东还强调，在现实主义创作方法中，文学艺术的真实性应该和政治性完全一致。

在此基础上，毛泽东还强调“革命的现实主义和革命的浪漫主义相统一”，这是他在党的八大二次会议上所明确提出的，其中，“统一”是指两者辩证地“相反相成”。事实上，早在1938年4月28日，毛泽东在鲁迅艺术学院的讲话中就已经指出：“我们主张艺术上的现实主义，但这并不是那种一味模仿自然的记流水账式的‘写实’主义者，因为艺术不能只是自然的简单再现。至于艺术上的浪漫主义，并不是完全没有道理的。它有各种不同的情况，有积极的、革命的浪漫主义，也有消极的、复古的浪漫主义。有些人每每望文生义，鄙视浪漫主义，以为浪漫主义就是风花雪月哥哥妹妹的东西。殊不知积极浪漫主义的主要精神是不满现状，用一种革命的热情憧憬将来，这种思潮在历史上曾发生过进步作用。一种艺术作品如果只是单纯地记述现状，而没有对将来的理想的追求，就不能鼓舞人们前进。在现状中看出缺点，同时看出将来的光明和希望，这才是革命的精神，马克思主义者必须

① 周扬：《周扬文集》（第二卷），人民文学出版社1985年版，第253页。

② 毛泽东：《新民主主义论　在延安文艺座谈会上的讲话　关于正确处理人民内部矛盾的问题　在中国共产党全国宣传工作会议上的讲话》，人民出版社1966年版，第78页。

有这样的精神。”[①]他为鲁艺成立一周年撰写的题词也是：“抗日的现实主义，革命的浪漫主义。”[②]换言之，我们的现实主义者必须同时对革命充满理想，是革命的浪漫主义者，勇于追求光辉品质和革命事业，其作品也应该具备现实与预期相统一的特征。

第六，进一步发扬“五四”的优秀传统。毛泽东曾在《新民主主义论》中高度评价“五四”这一文化革新运动：“五四运动所进行的文化革命则是彻底地反对封建文化的运动，自有中国历史以来，还没有过这样伟大而彻底的文化革命。当时以反对旧道德提倡新道德、反对旧文学提倡新文学为文化革命的两大旗帜，立下了伟大的功劳。”[③]五四运动“在思想上和干部上准备了一九二一年中国共产党的成立，又准备了五卅运动和北伐战争”[④]。1942年，毛泽东《在延安文艺座谈会上的讲话》及此讲话在文艺上所引发的变革，也是五四运动在新的历史条件下的继续和发展。在此讲话中，毛泽东根据马克思主义和列宁主义的理论，总结了“五四”以来的历史经验，推动了中国的文学艺术运动迈入新阶段。自“百花齐放，百家争鸣”口号正式提出，已经距五四运动三十余载，而从五四运动开始的新民主主义革命已取得完全胜利，同时，从五四运动开始的人民文学艺术运动，正以空前规模沿着为工农兵群众服务的方向和社会主义现实主义的创作原则而向前发展着。新中国成立初期，中国应该发扬“五四”的哪些优秀传统？首先，继承“五四”先驱对于旧中国的深刻理解和剖析，例如对农民的觉悟较低和缺乏斗争性的认知，以及对于阻碍中国进步的一切陈旧

① 毛泽东：《在鲁迅艺术学院的讲话》，《毛泽东文艺论集》，中央文献出版社2002年版，第16页。

② 中共中央文献研究室编：《毛泽东年谱（一八九三——一九四九）》（中卷），中央文献出版社2013年版，第125页。

③ 毛泽东：《新民主主义论》，《毛泽东同志论五四运动》，北京出版社1959年版，第28页。

④ 毛泽东：《新民主主义论》，《毛泽东同志论五四运动》，北京出版社1959年版，第28页。

的、落后的事物的顽强战斗精神，从而与旧社会残留的各种坏思想和坏习惯作持久和坚韧的斗争。其次，帮助人民培养和发展新的个性，这种个性必然和五四时期与人民打成一片的个性相联系，并且这种个性应该既是集体主义的又是充满生机的。最后，新中国初期的文化建设观应该继续完成“五四”在当时的历史条件下所不能完成的任务：文艺工作者需要表现社会主义建设和社会主义改造伟大事业，表现社会主义阵营和新民主主义阵营反对帝国主义的伟大斗争；文艺作品需要表现新的工人、新的知识分子、新的农民，引导人民参与建设和保卫社会主义，并鞭挞阻碍人民前进的旧事物和旧思想。

以毛泽东为代表的中国共产党人在新中国成立之初的文化建设理论，在社会主义建设条件下进一步丰富和发展了马克思主义文化理论，很大程度上推动了社会主义建设时期文化的繁荣发展，总体上为中国特色社会主义文化理论的不断丰富和发展明确了思路，奠定了基础。同时，还需要说明的是，由于社会主义文化是不同于中国以往任何时代的一种新文化，没有先例可循，又根植于中国革命与建设的社会土壤，不能照搬外国，我们党只能根据马克思主义基本原理同中国具体实际相结合的原则，总结自身经验，借鉴外国模式，在实践的检验中不断探索。在此探索过程中，党的文化建设出现了一些值得总结的深刻教训，特别是随着1957年反右斗争扩大化、文化领域“大跃进”以及“文化大革命”等运动的接连发生，党的文化建设受到了严重破坏。粉碎“四人帮”后，特别是党的十一届三中全会以来，文化领域重新迸发出勃勃生机。

二、“百花齐放，百家争鸣”文化建设观的历史意义

“百花齐放，百家争鸣”作为一种新方法，适用于新形势。“百花齐放，百家争鸣”的提出过程和最终完善适逢三大改造逐步完成，且在此之前，我们已经完成了两次革命：民主主义革命和社会主义革命。在三大改造中，农业合作化是最具转折性的环节，它意味着集体经济的落成，标志着中国走社会主义的道路，标志着社会主义制度的基本巩固。在此意义上，阶级斗争已经基本结束，主要矛盾已经转变为人民内部的矛盾，而非敌我关系。与对待敌人“以力服人”不同，对待人民内部的矛盾只能“以理服人”，以改变党内同志和一般人民思想落后于现实的状况为目标。因此，提出“百花齐放，百家争鸣”，一则引导受资本主义思想影响的知识分子走社会主义道路，二则扩大人民内部的民主，团结全国人民建设社会主义，三则集中力量革文化和技术“落后”的命，同自然和社会作斗争；四则可以对党的领导起到监督作用，纠正官僚主义、宗派主义和主观主义等社会主义建设初期的不正之风。

“百花齐放，百家争鸣”势必引起“香花”和“毒草”之争，然而，根据相反事物既对立又统一的道理，香花和毒草同时出来是辩证的，不能只要一面。因此，只有通过在“齐放”和“争鸣”所创造的矛盾语境中才能扶植好的一面，且克服坏的一面。对此，“百花齐放，百家争鸣”为整风运动提供了客观条件和必要前提。

“百花齐放，百家争鸣”对艺术界和科学界起到了直接的鼓舞作用，使艺术家和科学家摆脱教条主义的束缚，敢于揭露生活中不合理的现象，勇于创新、刻苦努力。在此过程中，艺术家积累了丰富的生活经验和表现技巧，科学家则大量地搜集资料、培养出正确的研究方

法，科学和艺术拥有了适合自己发展的环境。“百花齐放”对文艺的作用在上文已有较多阐述，故在此不赘述，对于为推动科学研究而提出的“百家争鸣”，毛泽东也格外重视。早在1949年10月31日，新中国成立不到一个月，毛泽东便亲自将中国科学院印信颁给郭沫若，11月1日，中国科学院正式成立，彰显出党中央对科学事业的厚望。1956年1月14日，中共中央召开关于全国知识分子问题的会议，毛泽东在讲话中指出：“我们国家大，人口多，资源丰富，地理位置好，应该建设成为世界上一个科学、文化、技术、工业各方面更好的国家。”[①]周恩来也指出：“科学是关系我们的国防、经济和文化各方面的有决定性的因素。”[②]正是在这次讲话中，毛泽东号召全党努力学习科学知识，与党内外的知识分子团结一致，共同为赶上世界科学先进水平而奋斗。周恩来则向全国人民发出了“向现代科学进军”的号召。[③]1956年1月26日，毛泽东在《人民日报》上发表《社会主义革命的目的是解放生产力》一文，指出：“我国人民应该有一个远大的规划，要在几十年内，努力改变我国在经济上和科学文化上的落后状况，迅速达到世界上的先进水平。”[④]接着，中国成立了国家科学规划委员会，组织全国六百多位科技专家，制定了《1956年到1967年科学技术发展远景规划》。

1956年8月，被学界称为“贯彻双百方针的一个典型”的青岛遗传学座谈会召开，1957年4月29日，《光明日报》刊载了北京大学李汝祺写的《从遗传学谈百家争鸣》，《人民日报》转载时毛泽东为此文拟定题目为《发展科学的必由之路》，并代写了编者按语：“这篇文章载

① 沙健孙：《毛泽东思想通论》，人民出版社2014年版，第604页。

② 沙健孙：《毛泽东思想通论》，人民出版社2014年版，第604页。

③ 中共中央党史和文献研究院编：《中华人民共和国大事记（1949年10月—2019年9月）》，人民出版社2019年版，第18页。

④ 毛泽东：《社会主义革命的目的是解放生产力》，《毛泽东文集》（第七卷），人民出版社1999年版，第2页。

在四月二十九日《光明日报》，我们将原题改为副题，替作者换了一个肯定的题目，表示我们赞成这篇文章。我们欢迎对错误作彻底的批判（一切真正错误的思想和措施都应批判干净），同时提出恰当的建设性的意见来。”[①]毛泽东对这篇文章重视的理由，在于苏联对摩尔根学派不合理的批判，我国受苏联的影响也使用行政手段对该学派进行打压，毛泽东曾多次纠正这方面的错误，批评对科学研究简单粗暴地进行干预的做法。青岛遗传学座谈会的重要参与者谈家桢在《毛主席给了我巨大的力量》一文中写道：“毛主席在世时，十分关心祖国科学技术的发展，许多学科的研究都是在老人家的直接关怀下发展起来的。我是多年从事遗传学研究工作的，回顾建国以来遗传学的发展过程，我可以说：没有毛主席的亲切关怀和热情支持，也就没有中国遗传学的今天……是毛主席，及时地提出了繁荣科学文化的‘双百’方针。1956年夏在青岛召开了遗传学座谈会。会上，不同学派的遗传学者各抒己见，取长补短。不久后，我在怀仁堂向主席汇报了青岛会上的情况，老人家一边注意地听，一边不住地点头说：‘应该取长补短。’并鼓励我说：‘一定要把遗传学研究工作搞起来，要坚持真理，不要怕。’”[②]至此，基本树立了我党对科学研究的态度：一、“我们有许多同志不善于团结知识分子，用生硬的态度对待他们，不尊重他们的劳动，在科学文化工作中不适当地干预那些不应当干预的事物。”[③]反对党和政府过度干预科学研究，鼓励科学家独立思考和客观分析，敢于坚持自己的正确意见且反驳任何人的不正确意见，敢于进行高度创造性的工作。

① 毛泽东：《毛泽东书信选集》，中央文献出版社2003年版，第485页。

② 谈家桢：《毛主席给了我巨大的力量》，《难忘的回忆（怀念毛泽东同志）》，中国青年出版社1985年版，第128页。

③ 毛泽东：《关于正确处理人民内部矛盾的问题》，《毛泽东著作选读》（下册），人民出版社1986年版，第779页。

二、“我们进入了这样一个时期，就是我们现在所从事的、所思考的、所钻研的，是钻社会主义工业化，钻社会主义改造，钻现代化的国防，并且开始要钻原子能这样的历史的新时期。”[①]学术研究的进步为社会主义建设而服务，让我们在更多地懂得自然科学的基础上把握客观世界的规律，助力中国迈入工业化新时期。三、“社会主义革命的目的是解放生产力。”[②]学术研究是生产力解放的进一步加强和深化，同时它也不断促进生产力的解放，这为我国科技事业的继续发展奠定了基础，即使在“文化大革命”时期，中国在国防领域也取得了突破性进展：1966年10月27日，中国第一颗装有核弹头的地地导弹飞行空爆试验成功；1967年6月17日，中国第一颗氢弹空爆试验成功；1970年4月24日，中国第一颗人造地球卫星“东方红一号”上天。邓小平评价道：“如果六十年代以来中国没有原子弹、氢弹，没有发射卫星，中国就不能叫有重要影响的大国，就没有现在这样的国际地位。”[③]

第四节　“从客观实际出发”：中国共产党人的文化教育观

以毛泽东为代表的中国共产党人的文化教育思想是马克思主义基本原理和中国新民主主义教育实践及社会主义教育实践相结合的产物，

---

① 毛泽东：《在中国共产党全国代表会议上的讲话》，《毛泽东文集》《第六卷》，人民出版社1999年版，第395页。

② 毛泽东：《社会主义革命的目的是解放生产力》，《毛泽东文集》（第七卷），人民出版社1999年版，第1页。

③ 邓小平：《中国必须在世界高科技领域占有一席之地》，《邓小平文选》（第三卷），人民出版社1993年版，第279页。

是被实践证明了的科学理论，是中国共产党领导的人民教育事业发展和改革的指导思想。“苏维埃文化教育的总方针在什么地方呢？在于以共产主义的精神来教育广大的劳苦群众，在于使文化教育为革命战争与阶级斗争服务，在于使教育与劳动联系起来，在于使广大中国民众都成为享受文明幸福的人。”[①]这是1934年1月下旬，毛泽东在第二次全国苏维埃代表大会上所作的报告，正确反映了苏区革命根据地文化教育的特点和规律，正式标志着毛泽东文化教育思想的形成。继而，毛泽东的文化教育思想历经土地革命后期、抗日战争、解放战争、社会主义革命和建设时期，日臻完善。

一、“从客观实际出发”文化教育观的历史背景

“五四”前后是毛泽东文化教育思想的萌芽阶段。1918年4月14日，为寻找救国救民之路，毛泽东、蔡和森和萧子升等人以《礼记》中“大学之道，在明明德，在亲民，在止于至善”为契机，成立了“新民学会”，并以“革新学术，砥砺品行，改良人心风俗”为宗旨、《新民学会会员通信集》为会刊。1918年6月30日，蔡和森在写给毛泽东的信中说：“觉吾三人有进大学之必要，进后有兼事之必要，可大可久之基，或者在此。储养练习，或可同时并得。”[②]蔡和森在此信中提倡“知行合一”，希望兄弟三人既有知识上的“储养”，又能获得适当的机会可供“锻炼”。他认为，古往今来那些鲜有成就的人，并非因为缺少才干和智谋，而是因为缺少练习。他勉励毛泽东在乱世之中抓住难得的机会，进入北大工作、学习。8月27日，蔡和森写信给陈绍休、萧

① 中国人民大学马克思列宁主义教研室编：《马克思主义经典作家论教育与生产相结合》，中国人民大学出版社1958年版，第17页。

② 蔡和森：《蔡和森文集》（上），人民出版社2013年版，第2页。

子暲、萧子升和毛泽东，商量尽可能给新民学会成员以留学法国的机会，并规划新民学会的财资、人才和处世态度。1919年7月24日，蔡和森再次致信毛泽东，感谢他“大规模的自由研究”之主张，使自己不再执着于号召新民学会会员“在大学制造友生”，“往法国团结工人”，而是支持会员加强学习、投身于通晓外文，以便读其书报、察其实情，最终冲破四周蒙昧的罗网，打造出自由的人格、自由的地位、自由的事功，并把自由之精神加以传播。

于毛泽东而言，早在1917年担任湖南第一师范学校学友会总务兼研究部部长之时，他便察觉到了中国教育之必要和教育体制之缺漏，同年11月，他在《夜学日志首卷》中写道：“我国现状，社会之中坚实为大多数失学之国民，此辈阻碍政令之推行、自治之组织、风俗之改良、教育之普及，其力甚大。此时固应以学校教育为急，造成新国民及有开拓能力之人才。而欲达此目的，不可不去为此目的之阻碍。”[①]彼时，毛泽东主办了一个工人夜学，免费教工农常识、算术、国文等基本课程，并在教学实践中反省、优化夜学模式，从宣传形式、课程设置、教员配置、授课模式……一直到课本讲义，都仔细考究、不断调整。上述引文内容是毛泽东在文中陈述自己主办夜学的初衷之一，此外还有二：借鉴西方人道主义理念，扶助因“天禀之不齐”“境遇之不佳”而失学的人；将夜学作为院校学生的实习场所，类似于工校之设“工场”、商校之设“商场”、农校之设“农场”。在初出茅庐之时，毛泽东就已经在教育事业上投入了大量的热情和心血，并为之后进行大规模的全国教育普及打下了坚实的基础。其中，毛泽东所强调的“实践与理论并重”与蔡和森在1918年6月的信中所述内容相合，足

① 中共一大会址纪念馆编：《中共一大代表早期文稿选编（1917.11—1923.7）》（上册），上海人民出版社2011年版，第599页。

见以毛泽东为代表的共产党人对此方针的认可和重视。1918年5月29日，毛泽东提出在学友会设置交际部，目的是改变中国学生之间毫无联络和团结的状况，巩固校友情谊："东西各国学校，师生之间，同学相互之间，感情极重，联络之心至切，联络之机会亦至多，所以一校之设，既有毕业，则毕业者从而维持之，推广之，同学之间，虽在异地，犹能互相汲引，勉学兢业。"[①]并且，设立交际部还能够实现其心中的教育理想："教育为事，重在互相比较参观，交换其知识，而讨论其方法。"[②]并及"教育之普及"[③]。毛泽东不仅躬身垂范，还动员新民会同志投身教育事业，在1918年8月11日《致罗学瓒信》中，毛泽东希望罗学瓒留在中国兴办教育，以留下新文化的火种："弟又有一言奉商者，兄于从事工艺似乎不甚相宜，而兄所宜乃在教育。弟与蔡君等往返商议，深以同人多数他往，无有几个从事小学教育之人，后路空虚，非计之得……往保固是一面，然不如从事教育之有大益。性质长此，一也；可便研究与性相近之学，如文科等，二也；育才作会务之后盾，三也。"[④]毛泽东认为罗学瓒从秉性上来看比较适合做教育工作。虽然1919年罗学瓒遵从本心仍然选择了赴法国勤工俭学，但纵观其一生，罗学瓒在我党早期的教育实践和理论中留下了不朽的丰碑，例如他从法国返回长沙后，不仅在毛泽东创办的自修大学附设补习学校和湘江中学任教，还写出了《实业与教育》《环境与教育》《为什么要办

① 中共一大会址纪念馆编：《中共一大代表早期文稿选编（1917.11—1923.7）》（上册），上海人民出版社2011年版，第731页。

② 中共一大会址纪念馆编：《中共一大代表早期文稿选编（1917.11—1923.7）》（上册），上海人民出版社2011年版，第731页。

③ 中共一大会址纪念馆编：《中共一大代表早期文稿选编（1917.11—1923.7）》（上册），上海人民出版社2011年版，第732页。

④ 中共一大会址纪念馆编：《中共一大代表早期文稿选编（1917.11—1923.7）》（上册），上海人民出版社2011年版，第733页。

平民教育》等文章，认为只有进行社会改造，才能办好教育。从罗学瓒的斐然成就中亦可洞悉毛泽东高超的育才、识人之术。1919年4月28日，毛泽东在《致七、八舅父母信》中说“甥在京中北京大学担任职员一席”[①]，呼应了1918年6月志同道合的友人蔡和森对其的鼓励。1919年7月14日，毛泽东在《湘江评论》创刊宣言中围绕“人类应该如何生活？”这一问题直接提出在教育方面，应该“为平民教育主义”[②]。至于学术方面，毛泽东主张“澈底研究”，不受束缚、突破阻碍，“寻着什么是真理”这一观点对蔡和森构成了触动，蔡和森亦在1919年7月的信中感谢毛泽东并表明：希望通过大规模的自由研究寻找并传播“自由之精神”。

从马克思主义和社会主义在中国的传播史来看五四时期的大环境，李大钊是“在中国大地上举起十月社会主义革命旗帜的第一人”[③]。1917年，俄国十月革命胜利以后，1918年至1919年，李大钊先后写就了《法俄革命观之比较》《庶民的胜利》《Bolshevism的胜利》《我的马克思主义观》等一系列文章，向国人介绍俄国十月革命的基本情况及马克思主义理论，提出俄国十月革命价值的实现是：“我们主张以人道主义改造人类精神，同时以社会主义改造经济组织。不改造经济组织，单求改造人类精神，必致没有效果；不改造人类精神，单改造经济组织，也怕不能成功。我们主张物心两面的改造，灵肉一致的改造。”[④]

---

① 中共一大会址纪念馆编：《中共一大代表早期文稿选编（1917.11—1923.7）》（上册），上海人民出版社2011年版，第735页。

② 中共一大会址纪念馆编：《中共一大代表早期文稿选编（1917.11—1923.7）》（上册），上海人民出版社2011年版，第736页。

③ 中共中央党史研究室编：《中国共产党的九十年》，中共党史出版社、党建读物出版社2016年版，第16页。

④ 李大钊：《李大钊全集》（第三卷），人民出版社2013年版，第23页。

"民主主义把帝制打倒，社会主义把军国主义打倒。"[①]最终"到处所见的，都是Bolshevism战胜的旗。到处所闻的，都是Bolshevism的凯歌的声。人道的警钟响了！自由的曙光现了！试看将来的环球，必是赤旗的世界"[②]。除了李大钊，国内大力宣传马克思主义和社会主义思想理念以及政治意识形态的革命者还有李达、陈独秀、李汉俊、瞿秋白、蔡和森等人。李汉俊在《最近上海的罢工风潮》中提及："我尤其希望的，靠'脑力的劳动'生活的人，应该大家觉悟到我们的地位和永久的利害，是与'体力的劳动者'一样的。我们自身应该从精神上打破'知识阶级'四个字的牢狱，图'脑力劳动者'与'体力劳动者'的一致团结，并且一致努力，对于'体力劳动者'知识上开发做功夫，然后社会的改造，方才有多少的希望哩！"[③]除了和李大钊一样探讨"人道""民主""精神与物质"，李汉俊还直接指出了教育的重要性："自从五四、六五两次大运动以后……大家才晓得教育的力量是很大的，于是拼命的要更换大学校长。"[④]"如果保存人类的存在及维持人类的进化是人类的责任，现在人类里面所有幼年青年子女，就应该是人类的子女。所有子女的教养，就应该是全人类的责任。人类尽这个责任的时候，说是教养子女也可，说是优待子女也可……说社会应该优待学生，也是立在这个原则上面的。所以承认优待学生，也是立在这个原则上面的。所以承认优待学生是社会的责任，是应该的。"[⑤]1919年5

---

① 李大钊：《李大钊文集》（第二卷），人民出版社1999年版，第242页。

② 李大钊：《李大钊文集》（第二卷），人民出版社1999年版，第246页。

③ 中共一大会址纪念馆编：《中共一大代表早期文稿选编（1917.11—1923.7）》（上册），上海人民出版社2011年版，第231、232页。

④ 中共一大会址纪念馆编：《中共一大代表早期文稿选编（1917.11—1923.7）》（上册），上海人民出版社2011年版，第219页。

⑤ 中共一大会址纪念馆编：《中共一大代表早期文稿选编（1917.11—1923.7）》（上册），上海人民出版社2011年版，第314页。

月4日，北京的学生举行了游行示威，6月5日，为配合学生运动，形成了以工人阶级为主力的全国规模的群众爱国运动，两场大规模的群众运动引发了统治阶级对教育的重视，从7月14日毛泽东写的《陈独秀之被捕及营救》一文中可见一斑："北京学生全体有一个公函呈到警厅，请求释放……特举出二要点于下，（一）陈先生夙负学界重望，其言论思想，皆见称于国内外。倘此次以嫌疑遽加之罪，恐激动全国学界再起波澜。当此学潮紧急之时，殊非息事宁人之计。（二）陈先生向以提倡新文学现代思想见忌于一般守旧者。此次忽被逮捕，诚恐国内外人士，疑军警当局，有意罗织，以为摧残近代思想之步。"[1]"上海工业协会也有请求释放陈氏的电。有'以北京学潮，迁怒陈氏一人，大乱之机，将从此始'的话。""章氏又致总理龚心湛一函。说得更加激切……惟念陈君平日，专以讲学为务，虽其提倡新思潮（想），著书立论，或不无过甚之词，然范围实仅及于文字方面，决不含有政治臭味……不胜，人心瓦解，政纽摧崩，虽有善者，莫之能挽。"[2]陈独秀作为"前北大文科学长"或"精神领袖"，以北京大学为思想阵地，其影响力已能撼动各界。可以说，此时李汉俊已经意识到，无论是于"私"，即对政权，还是于"公"，即对人类社群，教育都是发挥基石作用的核心要素。而从上文毛泽东和蔡和森的频繁通信中，均可见二人受五四风潮的影响之深刻；毛泽东立足中国实况所进行的学校体制革新和所阐发的一系列文化教育思想则开启了教育领域马克思主义中国化的先声。

毛泽东之后的几篇文章，如1919年7月21日《健学会之成立及进

① 中共中央文献研究室、中共湖南省委《毛泽东早期文稿》编辑组编：《毛泽东早期文稿》（1912.6—1920.11）》，湖南出版社1990年版，第303页。

② 中共一大会址纪念馆编：《中共一大代表早期文稿选编（1917.11—1923.7）》（上册），上海人民出版社2011年版，第743页。

行》、1919年8月4日《本会总记》、1919年9月1日《问题研究会章程》、1919年9月5日《致黎锦熙信》、1919年9月21日《表同情于师范学生》、1919年12月1日《学生之工作》都对“学生运动”“如何教育”进行了点评和探讨，从行文之中流露出毛泽东对教育工作的崇高礼赞之情：“我是学教育的一个人，谈到教育，可便说非将国语教科书编成，没有办法。要想研究，难的又是材料搜集。关于‘国语’的材料，先生遇着，千万惠给一点。长沙的留法班有成立的希望。留法一事，算是湖南教育界一个新生命，先生原是注意这事的。”[①]逢师范附属小学被当局解散之时，毛泽东给予教授小学的老师以深切同情：“师范学生因为自己要读书，并推爱于百多个小学生，以为他们也要读书，反对解散附属小学……吾湘诸教育家，比较的尚算有脑筋，应该表同情于他们。”[②]

1920年，毛泽东同蔡和森、萧子升等人通过写信探讨改造中国和世界的方法。5月28日，蔡和森在写给毛泽东的信中提到：“研究社会主义，希望实现小学计划，劳动教育，合作运动，小册子，亲属合居等。我们须于文化运动更进一步。”[③]8月13日，蔡和森在信中与毛泽东进一步讨论“在中国建立社会主义”与“世界和中国无产阶级专政”的问题，他旗帜鲜明地指出了在中国：“先要组织党——共产党。因为他是革命运动的发动者、宣传者、先锋队、作战部。”[④]12月1日，毛泽东复信给萧子升、蔡和森及法国诸友，赞赏蔡和森所主张的马克思式革命，认为中国已具备无产阶级的群众基础及发生共产的呼声，反

① 中共一大会址纪念馆编：《中共一大代表早期文稿选编（1917.11—1923.7）》（上册），上海人民出版社2011年版，第812页。

② 中共一大会址纪念馆编：《中共一大代表早期文稿选编（1917.11—1923.7）》（上册），上海人民出版社2011年版，第813页。

③ 蔡和森：《蔡和森文集》（上），人民出版社2013年版，第32页。

④ 蔡和森：《蔡和森文集》（上），人民出版社2013年版，第57页。

对萧子升等人所主张的以教育为工具的温和革命，毛泽东认为，用平和的手段谋求幸福从真理或理论上来看是合理的，但事实上却做不到，他同样也不认可罗素在长沙的演说，罗素“主张共产主义，但反对劳农专政，谓宜用教育的方法使有产阶级觉悟，可不至要妨碍自由，兴起战争，革命流血”[①]。毛泽东认为，他们改造中国的方法是“用教育的方法”，但是“教育一要有钱，二要有人，三要有机关。现在世界，钱尽在资本家的手；主持教育的人尽是一些资本家，或资本家的奴隶；现在世界的学校及报馆两种最重要的教育机关，又尽在资本家的掌握中”[②]。总而言之，世界的教育是一种资本主义教育，且资本主义用“议会”“政府”“警察”和“银行”来捍卫自己的利益，如此看来，共产党人若没有政权，尚且不能存于资本主义的统治之下，又谈何教育权？其次，从心理和历史的普遍规律来看，资本主义根本不能被意识形态层次的“共产主义教育”说服乃至推翻。1920年9月16日，蔡和森在“建立共产党”和“无产阶级革命”的基础上又与毛泽东讨论了“唯物史观”和“无政府主义”的问题，1921年1月21日，毛泽东复信，赞同唯物史观是共产党的哲学根据，但他既不赞同“无政府主义”，也不认同“等到共产主义的社会组织世界组织完成了，阶级没有了，于是政权与国家一律取消”[③]。因为没有政权，既不能发动革命，也不能保护革命、完成革命。这意味着毛泽东所提倡的是以无产阶级政权为基础的、以唯物观为指引的社会主义教育，此教育虽不能从根本上改造中国，却能起到宣传效用。

1921年8月，从毛泽东写的《湖南自修大学创立宣言》中，能够较为清晰地观摩到他所进行的更为成熟的教育实验。在创立湖南自修

---

① 蔡和森:《蔡和森文集》(上)，人民出版社2013年版，第63页。

② 蔡和森:《蔡和森文集》(上)，人民出版社2013年版，第63页。

③ 蔡和森:《蔡和森文集》(上)，人民出版社2013年版，第76页。

大学之时，毛泽东已经发现“旧式书院”和“新式学校”的优劣点：学校的坏处在于形式，即师生之间没有感情、机械的教授法和管理法戕害人性、繁重的钟点和课程使学生们不能用心进行自动自发的研究；书院的坏处在于内容，即八股文之类追名逐利的东西，而书院的形式和学校的内容又是较好的。取其长、避其短，毛泽东的自修大学“之所以为一种新制，就是取古代书院的形式，纳入现代学院的内容，而为适合人性便利研究的一种特别组织”[①]。最关键的一点，在于自修大学奉行平民主义，其一，为有志青年提供求学机会；其二，打破知识阶级与平民阶级的两分；其三，减轻求学者的金钱负担。湖南自修大学也成为1921年7月中国共产党成立之后的第一所研究、传播马克思主义并培养革命干部和无产阶级革命战士的新型学校，作为中国无产阶级教育的发祥地，为中国新民主主义革命作出了重要贡献。

毛泽东的教育实践始终不曾停止，在第一次国内革命战争时期和第二次国内革命战争时期，毛泽东都作出了相应的观点阐发、实地探索和理论升华。1927年3月，为答复党内外对农民革命斗争的责难、团结农民这一最主要的同盟军，毛泽东写下了著名的《湖南农民运动考察报告》。在报告中，毛泽东发现“中国有百分之九十未受文化教育的人民，这个里面，最大多数是农民”，究其原因，是地主对农民不仅在政治和经济上进行剥削，在文化上更是如出一辙，而“造成地主文化的东西，不是别的，正是从农民身上掠取的血汗”。[②]毛泽东认为受剥削压迫的农民获得教育的根本途径是夺取政权，否则“普及教育”就是一句废话。1927年4月19日，毛泽东在《在土地委员会第一次扩大会议上的发言》中再次将解决土地问题作为农民问题的重要因素，

① 中共一大会址纪念馆编：《中共一大代表早期文稿选编（1917.11—1923.7）》（上册），上海人民出版社2011年版，第962页。

② 毛泽东：《湖南农民运动考察报告》，人民出版社1975年版，第37页。

“要增加生力军保护革命，非解决土地问题不可”[①]。而解决土地问题的意义，也包括“提高文化”。1927年9月9日，毛泽东领导湘赣边界的秋收起义，10月率领秋收起义部队到达井冈山，创立了第一个农村革命根据地，开辟了以农村包围城市、武装夺取政权的正确路线。建立红色武装和革命根据地后，毛泽东将党建和教育相结合、鼓励人民教育和人民战争相配合，1929年12月，在《中国共产党红军第四军第九次代表大会决议案》中，毛泽东直接提出了“党内教育问题”，并把教育问题视为红军党内最迫切的问题，意义在于“提高党内政治水平”，“肃清党内各种偏向”，“健全并扩大红军”，使其“负担重大的斗争任务”。[②]为此，毛泽东准备了大量的材料和方法，其中包括著名的“十项教授法”。1933年2月开始，为坚决执行阶级路线、彻底肃清封建半封建势力、巩固苏维埃政权，临时中央政府责成毛泽东通过政权系统推进查田运动，进一步清查漏划的地主、富农，1933年6月，在《查田运动的群众工作》一文中，毛泽东提出了对任务做宣传的重要性，“宣传的内容，就是要向群众很清楚地说明查田运动策略”[③]。1933年11月，为了让党更好地领导苏维埃的工作、了解乡苏与市苏的实际情况，毛泽东以长冈乡的调研报告为模板进行经验性示范。在《长冈乡调查》中，毛泽东不仅介绍了长冈乡的“政治区划及户口”“代表会议”“乡苏下的委员会”“地方部队”“群众生活”等内容，还用大量笔墨介绍了长冈乡的“文化运动”，非常独到地带有批判眼光：长冈乡设有列宁小学，毛泽东认为小学对调皮捣蛋的孩子惩罚有些不恰当，且小学的教员多是“文墨不深”的；长冈乡还设有夜学，毛泽东发现“群众非常欢迎夜学，说‘夜学顶好’”；此外，长冈乡设有识

---

① 毛泽东：《毛泽东文集》（第一卷），人民出版社1993年版，第43页。
② 毛泽东：《毛泽东文集》（第一卷），人民出版社1993年版，第94页。
③ 毛泽东：《毛泽东文集》（第一卷），人民出版社1993年版，第269页。

字班，“用此办法，过去不识字的，现在都识得四五十个字了，少数能识得七八十个”，长冈村的俱乐部有“‘体育’‘墙报’‘晚会’等很多的委员会，每村一个墙报，放在列宁小学。十篇文章中列小学生约占八篇，群众占两篇”。[①]毛泽东高度赞赏识字班和俱乐部这两种形式，它们互相配合，做到了文化的普及中有乐趣。1933年11月，毛泽东又在才溪乡进行了调查，再次考察了当地的“文化教育”，除了具体执行方式不同，才溪乡的教学类别和长冈乡一致。1934年1月下旬，结合国内战乱频仍的局势，毛泽东在第二次全国苏维埃代表大会上正式提出了中国文化教育的总方针，在“劳动与教育相结合”“共产主义精神指导教育”和“平民教育”的基础上，增加了“文化教育为革命战争与阶级斗争服务”。关于“文化教育为革命战争服务”这一点，毛泽东在《中国革命战争的战略问题》中作了进一步阐释：“从战争学习战争——这是我们的主要方法。没有进学校机会的人，仍然可以学习战争，就是从战争中学习。”[②]也就是说，作为实践的战争比单纯地在课本上学习更为重要，实践先于理论，实践经验可以指导后续实践。关于“文化教育为阶级斗争服务”，主要体现在阶级社会中将社会科学与社会实际活动相结合，培养出一大批革命的知识分子，这在毛泽东《整顿党的作风》一文中有所表露，其次，体现在抗日战争时期的“统一战线教育即是阶级教育”，也就是在抗日过程中党培养出了无产阶级与农民阶级对各个资产阶级与地主阶级的正确立场及态度。

土地革命后期和抗日战争时期，毛泽东的文化教育思想得到了全面发展，在此过程中，教育方针经历了从中央苏区共产主义教育向新民主主义的转变，更加科学。首先，学校建设和人才培养方面。1931

① 毛泽东：《毛泽东文集》（第一卷），人民出版社1993年版，第309页。

② 毛泽东：《马克思主义经典作家论教育与生产相结合》，中国人民大学出版社1958年版，第17页。

年11月25日，中央革命军事委员会将中央苏区初具规模的红军干部学校合编命名为中央军事政治学校，后改名为中国工农红军学校（简称红校），1933年11月17日，又将红校高级班和上级班改为红军大学校（简称红大），1934年10月1日，红军大学等红军学校合并，长征开始后改称干部团。中央红军长征到达陕北后，1935年11月，将干部团与陕甘宁红军军事学校合并成立西北工农红军学校，12月，红军学校扩编为西北抗日红军大学，1936年6月，以西北抗日红军大学为基础，成立中国人民抗日红军大学。事实上，在1935年8月29日，毛泽东出席中共中央政治局常委会会议，就讨论了宣传教育的问题，提出了教育的内容：应该增加战略战术；还建议常委会以后要讨论“青年团”的工作。1936年5月，为了准备直接对日作战，在出席中共中央政治局常委会会议时，毛泽东在会上便讨论了建设中国人民抗日红军大学的问题，并在同年8月对抗日红军大学的教育作出了进一步指示：“三科的文化教育（识字、作文、看书报等能力的养成），是整个教育计划中最重要最根本的部分之一。”①

除了在军队方面着力，毛泽东还考虑到了发展少数民族教育的问题，如1936年5月，《中华苏维埃中央政府对回族人民的宣言》提出：“保护回文，发展回民的文化教育。”②1936年8月，毛泽东在致电彭德怀时，提到了干部的教育问题：“团以上高级干部宜有特别的教育计划，为将来计，高级干部教育占了特别重要地位。高级干部教育内容主要的是学习政治。”③同年9月，毛泽东和周恩来、彭德怀致电贺龙、

① 中共中央文献研究室编：《毛泽东年谱（一八九三——一九四九）》（上卷），中央文献出版社2013年版，第574页。

② 中共中央文献研究室编：《毛泽东年谱（一八九三——一九四九）》（上卷），中央文献出版社2013年版，第543页。

③ 中共中央文献研究室编：《毛泽东年谱（一八九三——一九四九）》（上卷），中央文献出版社2013年版，第565页。

任弼时、关向应、刘伯承："随营学校非常必要，你们所需干部主要靠此供给。我们从前线部队抽出大批高级干部，开办红大训练，储为将来之用。"[①]"前四个月专学政治理论，后四个月政治军事并重。此外尚有造就连排长的普通科六百人，均长征中之优秀下级干部与战士。因此暂时不能供给你们，但准备于毕业后分配你们一部分。"[②]在干部教育方面，毛泽东等人强调政治理论和军事学习，不仅致力于现时干部的进步，还努力培养部队的后备人才。西安事变后，为适应抗日战争要求和面对民族危机，党中央于1937年1月中旬将"中国抗日红军大学"改为"中国人民抗日军事政治大学"（简称抗大），毛泽东任抗大教育委员会主席。毛泽东在抗大开学典礼上讲话："抗大像一块磨刀石，把那些小资产阶级意识——感情冲动、粗暴浮躁、没有耐心等磨个精光，把自己变成一把雪亮的利刃，去打倒日本，去创造新社会。"[③]1937年5月，党的全国代表会议规定了要加强红军的军事政治文化教育，并实行必要的文化建设。1938年9月，党的六届六中全会制定了"教育为长期抗战服务的方针"，并作出了"创立并扩大增强各种干部学校，培养大批抗日干部"的决议。因此，党中央先后在陕甘宁边区成立了各种类型的学校，陆续创办了陕北公学、安吴堡青年训练班、延安工人学校、延安鲁迅艺术学院、中国女子大学和马列学院；此后，还成立了社会科学院、自然科学院、行政学院（后三院合并为延安大学）；还有鲁迅师范、卫生学校、通讯学校、摩托学校等。[④]培

---

① 中共中央文献研究室编：《毛泽东年谱（一八九三——一九四九）》（上卷），中央文献出版社2013年版，第589页。

② 中共中央文献研究室编：《毛泽东年谱（一八九三——一九四九）》（上卷），中央文献出版社2013年版，第589、590页。

③ 中共中央文献研究室编：《毛泽东年谱（一八九三——一九四九）》（上卷），中央文献出版社2013年版，第644页。

④ 成仿吾：《战火中的大学：从陕北公学到人民大学的回顾》，人民出版社2014年版，第4页。

养了大量“军事、政治、文化艺术、科学工程、医务卫生、社会科学理论、青年妇女工作等各方面的干部”[①]。“这些学校按照党中央和毛泽东同志规定的国防教育的方针办学，即教育为长期抗战服务，根本改革旧的教育制度和教育方法，实行革命理论和革命实际结合，教育与政治结合的原则。”[②]

关于教育与政治相结合的原则，1939年3月4日，毛泽东出席中共中央书记处会议，在会议上讨论陕北公学和职工学校的教育方针，指出：“陕北公学是统一战线性质的学校，像过去的上海大学。职工学校同样要有严肃的政治纪律……”[③]3月6日，在讨论关于抗大分校的教育计划问题时，毛泽东指出：“虽以培养军事干部为目的，但政治教育仍占重要地位，至少亦应与军事教育列于同等地位。”[④]再次回顾了理论和实践相结合的观点：“最好能给学生到部队中去实习的机会。”[⑤]此外，毛泽东还注意到了道德教育问题，4月5日，在出席中共中央书记处会议并听取罗瑞卿关于抗大工作检查报告的过程中，毛泽东指出：“今后教育要注意人格的教育与人格的陶冶，人格的教育即思想意识的锻炼。”[⑥]对于招生制度和教学设施，毛泽东也非常重视：“过去对于抗

① 成仿吾：《战火中的大学：从陕北公学到人民大学的回顾》，人民出版社2014年版，第4、5页。

② 成仿吾：《战火中的大学：从陕北公学到人民大学的回顾》，人民出版社2014年版，第5页。

③ 中共中央文献研究室编：《毛泽东年谱（一八九三——一九四九）》（中卷），中央文献出版社2013年版，第116、117页。

④ 中共中央文献研究室编：《毛泽东年谱（一八九三——一九四九）》（中卷），中央文献出版社2013年版，第117页。

⑤ 中共中央文献研究室编：《毛泽东年谱（一八九三——一九四九）》（中卷），中央文献出版社2013年版，第117页。

⑥ 中共中央文献研究室编：《毛泽东年谱（一八九三——一九四九）》（中卷），中央文献出版社2013年版，第119页。

大的招生工作没有很好地组织，今后归干部教育部执行。”[1]“抗大要组建图书馆，进行捐钱捐书。”[2]

毛泽东还通过学习运动动员大会向干部传授学习方法：首先，学习应该要“钻”和“挤”，读书应该抱有攻书的态度；其次，学习不能停留于学校，而要进行广泛的求索、长期的研究、不懈的追求；最后，要营造全党学习的热烈氛围。毛泽东还提倡发挥社会教育在抗战教育中的作用，首先，通过设立夜校、推行识字运动等普及教育；其次，鼓励教员在工作中学习、向学生和老百姓学习，最终让学习成为一种社会风气；最后，通过更新宣传形式来让工人阶级接受教育，例如创办刊物《中国工人》，毛泽东为此撰写了发刊词：“《中国工人》应该成为教育工人、训练工人干部的学校，读《中国工人》的人就是这个学校的学生。工人中间应该教育出大批的干部，他们应该有知识，有能力，不务空名，会干实事。没有一大批这样的干部，工人阶级要求得解放是不可能的。”[3]《中国工人》中的文字生动而不老套，它鼓励每位阅读它的工人为社会主义的实现而脚踏实地、团结奋斗。

在此过程中，扫盲运动贯彻始终，文化教育的对象也从农民、工人、士兵、干部到战俘，不断扩大。

在理论学习方面，毛泽东先后发表了许多重要的理论著作，如《实践论》《矛盾论》《五四运动》《青年运动的方向》《大量吸收知识分子》《新民主主义论》《文化工作中的统一战线》《论联合政府》，以及《改造我们的学习》《整顿党的作风》《反对党八股》《关于文风学习的

① 中共中央文献研究室编：《毛泽东年谱（一八九三——一九四九）》（中卷），中央文献出版社2013年版，第120页。

② 中共中央文献研究室编：《毛泽东年谱（一八九三——一九四九）》（中卷），中央文献出版社2013年版，第120页。

③ 中共中央文献研究室编：《毛泽东年谱（一八九三——一九四九）》（中卷），中央文献出版社2013年版，第168页。

通知》等整风运动中几篇重要的文章。在这些书籍和文章中，毛泽东所提出的关于新民主主义教育的理论和政策，标志着毛泽东文化教育思想的成熟，其文化教育思想成为一个完整的理论体系。1937年7月，毛泽东写下了《实践论》，目的是用马克思主义的认识论观点去揭露党内的教条主义和经验主义，并且，毛泽东曾以这篇论文的观点在抗大上作过演讲。在认识论方面，毛泽东提出了辩证唯物论的知行统一观，即通过实践、认识、再实践、再认识，循环往复以至无穷，在此过程中，发现、证实和发展真理。1937年8月，毛泽东写了《矛盾论》，提出事物的矛盾法则，是唯物辩证法的最根本的法则，丰富了唯物辩证法的认识论，为克服党内的教条主义找到了方法。1939年5月，毛泽东写了《五四运动》，认为："在中国的民主革命运动中，知识分子是首先觉悟的成分。"①他号召知识分子和工农民众相结合，这样方能继承五四精神，推动抗日战争的胜利。1939年5月4日，毛泽东在《青年运动的方向》中除了再次倡议团结工农民众，并再次鼓励青年们将理论和实践相结合："中国古代在圣人那里读书的青年们，不但没有学过革命的理论，而且不实行劳动。"②1939年12月1日，毛泽东为中共中央起草了《大量吸收知识分子》的决定，提出要树立好知识分子的政治意识，更好地吸收、教育和运用知识分子。1940年1月，毛泽东写下了《新民主主义论》，提出了"民族的科学的大众的文化"概念，并认为现阶段的文化，是民族的、科学的和大众的，这三个方面在上文中已经提及。1941年5月19日，毛泽东在《改造我们的学习》中探讨了国内的研究现状，认为我们的研究工作不够系统、历史研究的氛围不够浓厚、马克思列宁主义不够中国化，并提出了相应的解决方案。

① 毛泽东：《毛泽东同志论五四运动》，北京出版社1959年版，第2页。

② 毛泽东：《毛泽东同志论五四运动》，北京出版社1959年版，第11页。

1942年2月1日，毛泽东写下了《整顿党的作风》一文并在中共中央党校开学典礼上进行演讲，他指出了学风上的主观主义、党风上的宗派主义和文风上的党八股毛病，并揭露了三种弊病的表现形式，以及提出了解决办法：知识分子和劳动实践相结合，将集体利益放在个人利益之上，干部之间必须团结。最后，毛泽东还提出了处理三种弊病的两条宗旨：第一条是“惩前毖后”，第二条是“治病救人”。1942年2月8日，毛泽东在延安干部会上发表讲演《反对党八股》，列出了党八股的八条罪状：空话连篇、言之无物，装腔作势、借以吓人，无的放矢、不看对象，语言无味、像个瘪三，甲乙丙丁、开中药铺，不负责任、到处害人，流毒全党、妨害革命，传播出去、祸国殃民。这八条罪状充分显示了党内各种文体上和文风上的不足，为了解决这些问题，毛泽东借鉴了列宁的传单、季米特洛夫的报告、鲁迅的文章、中国共产党六届六中全会所论的宣传民族化，分别提炼出了实事求是的作风、贴近群众的语言、认真负责的态度、联系中国革命的实际来研究马克思主义四条原则来要求各类文体，教育并整肃了文化界。继承《反对党八股》，1942年12月，《关于文风学习的通知》要求每位同志必须对自己进行检查：首先是检查过去的工作，其次是检查现在的工作，最后是检查自己写过的作品或文件，反思自己在工作中是否出现了“党八股的八条罪状”。

1944年10月30日，毛泽东在陕甘宁边区文教工作者会议上的演讲《文化工作中的统一战线》中非常明确地指出了文教工作的目的、现状和方法：毛泽东认为陕甘宁边区文教的目的是打倒日本帝国主义，陕甘宁边区的现状是虽然已经有一些人民的新文化但是还有广大的封建遗迹，因此，为了改变现状、实现目的，在教育工作方面要团结一切可以团结的力量，包括新旧知识分子和群众自身，在文化建设上“不但要有集中的正规的小学、中学，而且要有分散的不正规的村学、读报组和识字组。不但要有新式学校，而且要利用旧的村塾加以改造。在艺术工作方面，不但要有话剧，而且要有秦腔和秧歌。不但要有新秦腔、新秧歌，而且要利用旧戏班，利用在秧歌队总数中占百分之九十的旧秧歌队，逐步地加以改造”①。并且毛泽东总结出了文化教育工作中的两条原则：“一条是群众的实际上的需要，而不是我们脑子里头幻想出来的需要；一条是群众的自愿，由群众自己下决心，而不是由我们代替群众下决心。”②文化教育工作不能强加给群众，而应该等待群众的觉悟，按照他们的需要和自愿来进行。

1945年4月24日，毛泽东在中国共产党第七次全国代表大会上作《论联合政府》的政治报告，其中对“新民主主义的文化”作了进一步阐释，认为它应该是“为一般平民所共有”的，而非“少数人所得而私的文化”，并直接提出在教育层面最低限度的具体纲领：“取消国民党的党化教育，发展民族的科学的大众的文化教育；要求保障教职员生活和学术自由……使青年和儿童得到有益的学习。”③从以上三个方面对新民主主义的一般纲领“以全国绝大多数人民为基础而在工人阶级领导之下的统一战线的民主联盟的国家制度”④进行了与时俱进的诉诸文化教育的具体化阐述。此外，文化教育的具体纲领中还包含着许多战时和战后的重大问题，即“文化、教育、知识分子问题”，这些问题集中体现在：在文化教育事业方面，中国历来的封建压迫和民族压迫给民族文化带来了深重的灾难。为此，要建立新民主主义的国家，首先需要培养“具有为人民服务的精神、能够从事艰苦工作”的文化

① 毛泽东：《毛泽东选集》（第三卷），人民出版社1991年版，第1012页。

② 毛泽东：《毛泽东选集》（第三卷），人民出版社1991年版，第1013页。

③ 毛泽东：《论联合政府》，人民出版社1975年版，第48页。

④ 毛泽东：《论联合政府》，人民出版社1975年版，第36页。

工作者和知识分子，其次需要“有计划地从广大人民中培养各类知识分子干部，并注意团结和教育现有一切有用的知识分子”。[①]这些“有用”的知识分子既有吸收新文化的知识分子又有“旧文化工作者”，不过，对于“旧文化工作者”应该用适当的方法加以改造，“使他们获得新观点、新方法，为人民服务”[②]；最后，“从百分之八十的人口中扫除文盲”[③]。在《论联合政府》中，毛泽东提纲挈领地概括了自己的文化教育思想：“中国国民文化和国民教育的宗旨，应当是新民主主义的；就是说，中国应当建立自己的民族的、科学的、人民大众的新文化和新教育。”[④]

二、“从客观实际出发”文化教育观的具体内涵

以上内容，是毛泽东对苏区共产主义教育实践和新民主主义教育实践的科学探讨和总结，它为后来我国社会主义时期教育事业的发展奠定了坚实的基础。毛泽东的文化教育思想在中华人民共和国成立后获得了继续发展：为了建立适应我国社会主义革命和建设的教育制度，毛泽东对我国社会主义教育的发展道路进行了探索。1957年2月27日，毛泽东在最高国务会议第十一次（扩大）会议上发表《关于正确处理人民内部矛盾的问题》的讲话：“我们的教育方针，应该使受教育者在德育、智育、体育几方面都得到发展，成为有社会主义觉悟的有文化的劳动者。”1958年，毛泽东又进一步指出：“教育必须为无产阶级政治服务，必须同生产劳动相结合”，“建立一支广大的、为社会主义服

① 毛泽东：《论联合政府》，人民出版社1975年版，第72页。
② 毛泽东：《论联合政府》，人民出版社1975年版，第72页。
③ 毛泽东：《论联合政府》，人民出版社1975年版，第72页。
④ 毛泽东：《论联合政府》，人民出版社1975年版，第73页。

务的、又红又专的工人阶级知识分子队伍”。[①]

总体来看，毛泽东“从客观实际出发”的文化教育观的具体内涵可以从五个方面来理解。

第一，教育和政治、经济的发展密切相关。《新民主主义论》中已经总括性地提到：一定的文化（包括教育），“是一定社会的政治和经济的反映，又给予伟大影响和作用于一定社会的政治和经济”[②]。至于经济、政治和文化相互作用的先后顺序，毛泽东认为：“一定形态的政治和经济是首先决定那一定形态的文化的；然后，那一定形态的文化又才给予影响和作用于一定形态的政治和经济。”[③]并且“经济是基础，政治则是经济的集中表现”[④]。换言之，经济是最根本的条件，其次是政治和文化。在新民主主义革命时期，要革除半封建半殖民地的旧经济、旧政治和旧文化，就必须建立属于中华民族的新经济、新政治和新文化，包括建立民族的科学的大众的文化教育；在社会主义革命和建设时期，社会主义的文化教育也是以社会主义经济和政治为根据，又反作用于社会主义的经济和政治。经济对文化的影响在《必须给人民看得见的物质福利》一文中有所阐述：在陕甘宁边区，中心或第一位的工作是“经济工作与教育工作”，其他工作都是围绕着这两项工作开展。至于经济工作与教育工作之关系，毛泽东认为：“两项工作中，教育（或学习）是不能孤立地去进行的……我们必须弄饭吃，我们必须注意经济工作。离开经济工作而谈教育或学习，不过是多余的空话。”[⑤]也就是说，需要打破“学也，禄在其中”的封建观念，并以经

① 中共中央文献研究室编：《建国以来重要文献选编》（第十九册），中央文献出版社1998年版，第68页。

② 毛泽东：《毛泽东同志论教育工作》，人民教育出版社2000年版，第77页。

③ 毛泽东：《毛泽东同志论教育工作》，人民教育出版社2000年版，第77页。

④ 毛泽东：《毛泽东同志论教育工作》，人民教育出版社2000年版，第77页。

⑤ 毛泽东：《毛泽东同志论教育工作》，人民教育出版社2000年版，第161页。

济建设为第一要务。政治和文化的关系则在《在延安座谈会上的讲话》中有所阐述，毛泽东指出："在现在世界上，一切文化或文学艺术都是属于一定的阶级，属于一定的政治路线的。"[①]也就是说，"为艺术的艺术""超越阶级的艺术""并行于政治的艺术"和"独立的艺术"，是不存在的。可以说文艺是从属于政治的，但又反过来给予政治以重要影响。其中，政治是"阶级的政治""群众的政治"，而不是所谓"少数政治家的政治"，因为"政治，不论革命的和反革命的，都是阶级对阶级的斗争，不是少数个人的行为"，并且"只有经过政治，阶级和群众的需要才能集中地表现出来"。[②]此外，文化对政治的反作用体现在："在我国的条件下，用和平的方法，即用说服教育的方法，不但可以改变个体的所有制为社会主义的集体所有制，而且可以改变资本主义所有制为社会主义所有制。"[③]文化可以作用于人民的观念，使人民认可和勇于改革，从而推动所有制的转变。文化对经济的反作用体现在："改变我国在经济上和科学上的落后状况，迅速达到世界上的先进水平。为了实现这个伟大的目标，决定一切的是要有干部，要有数量足够的、优秀的科学技术专家。"[④]文化教育能够培养出大量的干部和科学技术专家，从而为中国经济上和科学上的革新服务。

第二，实践与理论并重。此要点是"从客观实际出发"最直观的展现。"从客观实际出发"并不意味着以实践为先，引用毛泽东在《反对本本主义》中的话，即"马克思主义的'本本'是要学习的，但是必须同我国的实际情况相结合。我们需要'本本'，但是一定要纠正脱

① 毛泽东：《毛泽东同志论教育工作》，人民教育出版社2000年版，第155页。
② 毛泽东：《毛泽东同志论教育工作》，人民教育出版社2000年版，第155、156页。
③ 毛泽东：《毛泽东著作选读》（下册），人民教育出版社1986年版，第718页。
④ 毛泽东：《毛泽东同志论教育工作》，人民教育出版社2000年版，第208页。

离实际情况的本本”[①]，实践和理论无所谓先后，只有相互促进、不断融合。在《实践论》中，毛泽东指出了实践之重要：“人类的生产活动是最基本的实践活动”，“人的认识，主要地依赖于物质的生产活动”[②]。并且“只有人们的社会实践，才是人们对于外界认识的真理性的标准”[③]。早在1917年担任湖南第一师范学校学友会总务兼研究部部长之时，毛泽东就直接提出了“理论与实践并重”，并在之后同蔡和森等友人的通信中再次提及此话题。1921年8月，毛泽东与何叔衡、易礼容创办了湖南自修大学，这所大学是中国共产党创办的最早的干部学校，毛泽东将“脑力劳动与体力劳动相结合”和“知识分子接近劳动阶级”纳入了学校大纲。1934年，在《中华苏维埃共和国中央执行委员会与人民委员会对第二次全国苏维埃代表大会的报告》中，毛泽东再次指出“使劳动与教育联系起来”。在抗日战争时期，在抗大的建设过程中，毛泽东鲜明地提出了：“最好能给学生到部队中去实习的机会”[④]，“教育他们决心深入下层实际工作，反对轻视实际工作经验”[⑤]，并指出知识分子应该与工农相结合。在《反投降提纲》中，毛泽东指出：“一面生产，一面工作，一面学习。”[⑥]在解放战争前夕，毛泽东在《论联合政府》中提到：“以马克思列宁主义的理论思想武装起来的中国共产党，在中国人民中产生了新的工作作风，这主要的就是理论和实践相结合的作风，和人民群众紧密地联系在一起的作风，以

---

① 毛泽东：《毛泽东同志论党的作风和党的组织》，人民出版社1984年版，第4页。

② 毛泽东：《毛泽东选集》（第一卷），人民出版社1991年版，第282页。

③ 毛泽东：《毛泽东选集》（第一卷），人民出版社1991年版，第284页。

④ 中共中央文献研究室编：《毛泽东年谱（一八九三——一九四九）》（中卷），中央文献出版社2013年版，第117页。

⑤ 毛泽东：《毛泽东同志论教育工作》，人民教育出版社2000年版，第64页。

⑥ 毛泽东：《毛泽东同志论教育工作》，人民教育出版社2000年版，第62页。

及自我批评的作风。”[①]社会主义革命和建设时期，教育与生产相结合成为我国社会主义教育的一项基本原则。在1958年的一次讲话中，毛泽东指出：“教育必须为无产阶级政治服务，必须同生产劳动相结合。劳动人民要知识化，知识分子要劳动化。”[②]在同年的《工作方法六十条》中，毛泽东提出了教育工作的具体意见：要求各级各类学校，根据自己的条件，试办工厂或者农场进行生产，或者与当地的农业合作社签订劳动合同，方便学生半工半读、老师所授的理论和实际相结合；要求农村学生利用假期或课余时间回到本村参加生产。同年8月19日，毛泽东指出高等学校应该抓住三个东西：“一是党委领导；二是群众路线；三是把教育和生产劳动结合起来。”[③]1958年9月19日，中共中央、国务院下发的《关于教育工作的指示》中指出：“培养出一支数以千万计的又红又专的工人阶级知识分子队伍，是全党和全国人民的巨大的历史任务之一。”[④]在这一历史任务中：“党的教育工作方针，是教育为无产阶级的政治服务，教育与生产劳动相结合，为实现这个方针，教育工作必须由党来领导。”[⑤]此指示正式将“教育与生产劳动相结合”列入了党的教育方针，并且中共中央、国务院以培育共产主义社会的全面发展的新人为目标，即“既有政治觉悟又有文化的、既能从事脑力劳动又能从事体力劳动的人”，与轻视体力劳动和体力劳动者、主张劳心劳力相分离的观点作斗争。

围绕“教育必须与生产劳动相结合”这一主题，陆定一对共产主义社会全面发展的新人进行了解释，指出“全面发展”不等于资产阶

① 毛泽东：《毛泽东选集》(第三卷)，人民出版社1991年版，第1093、1094页。
② 毛泽东：《毛泽东同志论教育工作》，人民教育出版社2000年版，第284页。
③ 毛泽东：《毛泽东同志论教育工作》，人民教育出版社2000年版，第249页。
④ 《中共中央、国务院关于教育工作的指示》，人民出版社1958年版，第1页。
⑤ 《中共中央、国务院关于教育工作的指示》，人民出版社1958年版，第1页。

级所谓的“具有广博的书本知识”的“通才”，而是希望“学生们有比较广博的知识，成为多面手，能够根据社会的需要或他们自己的爱好，轮流从一个生产部门转到另一个生产部门”[①]，换言之，社会主义新人既能够学到完全而非片面的知识，又能够“用手来劳动”，并且懂“又红又专”的政治，在劳动过程中，还能够从社会需要出发进行分工和转业。此外，毛泽东还强调教育要与社会实践和科学实验相结合，让人们到生产斗争、阶级斗争和科学实验中去接受锻炼。

第三，教育要坚持群众路线。“发展民众教育”是毛泽东文化教育思想贯穿始终的原则。早在1919年7月，毛泽东便于《湘江评论》创刊宣言中提出了在教育方面，应该“为平民教育主义”[②]。实际上，从湖南第一师范学校夜学的创办，到湖南自修大学，再到抗大，对于学校教育，毛泽东一直践行着平民主义，鼓励农民、工人、妇女等参与学习。1938年10月，在《论新阶段》中，毛泽东指出：“广泛发展民众教育，组织各种补习学校、识字运动、戏剧运动、歌咏运动、体育运动，创办敌前敌后各种地方通俗报纸，提高人民的民族文化与民族觉悟。”[③]民众教育的目的不只在于提高民众的素质，还在于塑造民族的共同体意识，提高民族共同抗战之觉悟。为了彻底贯彻群众路线，毛泽东引领了著名的“扫盲运动”，扫盲运动从土地革命早期便开始萌芽，一直持续到社会主义建设时期。1955年，在《中国农村的社会主义高潮》中，毛泽东阐述了实行扫盲运动的一个重要原因：“列宁说过：‘在一个文盲充斥的国家内，是建成不了共产主义社会的。’”[④]同

① 《中共中央、国务院关于教育工作的指示》，人民出版社1958年版，第23页。

② 中共一大会址纪念馆编：《中共一大代表早期文稿选编（1917.11—1923.7）》（上册），上海人民出版社2011年版，第736页。

③ 毛泽东：《毛泽东同志论教育工作》，人民教育出版社2000年版，第44页。

④ 毛泽东：《毛泽东同志论教育工作》，人民教育出版社2000年版，第204页。

年6月2日，国务院发布《关于加强农民业余文化教育的指示》："适应当前农村新情况和新任务的要求，积极地开展农民业余文化教育、扫除文盲，克服我国农村文化落后状况，已成为当前一项重要的政治任务。今后农民业余文化教育，必须紧紧跟随和密切结合着农村互助合作运动和农业生产的发展，积极地有计划地扫除农村中的文盲，并逐步提高农民的文化水平，有效地为农业的社会主义改造和发展农业生产服务。"①当时，中国作为农业国，在农村生活中，为了配合经济发展的需要，扫除文盲运动发展成了一项政治任务，"扫盲工作也要有全国的、全省的、全县的、全乡的全面规划"，"扫盲工作有三种形式（民校、识字小组、包教包学），要学三本书"，"对积极分子和扫盲有成绩的单位实行鼓励，要发毕业证书、奖章、奖状"。②7月30日，一届人大二次会议通过的《中华人民共和国发展国民经济的第一个五年计划》第九章"提高人民的文化生活水平"中提出："五年内应该基本上完成在工农干部、原有产业工人和农村积极分子中扫除文盲的任务。"③9月19日，中共中央、国务院发布了《关于教育工作的指示》直接指出了"教育是人民群众的事业"，并具体列出了群众路线的工作方法，如具有中国特色的"两条腿走路"，以及规定了中国应该在三年到五年的时间内基本完成扫盲任务；12月1日，青年团中央发布《关于在七年内基本扫除全国青年文盲的决定》，并指出扫盲工作应当以农业合作化和农业生产服务为原则，做到"学以致用"。

第四，坚持党对教育工作的领导。党对教育工作的领导是中国教

① 中央教育科学研究所编：《中华人民共和国教育大事记（1949—1982）》，教育科学出版社1983年版，第131页。

② 中央教育科学研究所编：《中华人民共和国教育大事记（1949—1982）》，教育科学出版社1983年版，第146页。

③ 中央教育科学研究所编：《中华人民共和国教育大事记（1949—1982）》，教育科学出版社1983年版，第137、138页。

育事业顺利发展的根本保证。首先，政治教育是党对教育工作之领导的基石。湘赣边界秋收起义后，毛泽东将党建和教育相结合并争取教育和战争相配合，1929年12月，在《中国共产党红军第四军第九次代表大会决议案》中，毛泽东直接指出党内教育目的在于“提高党内政治水平”。新民主主义革命时期，毛泽东在《论联合政府》中提出：“掌握思想教育，是团结全党进行伟大政治斗争的中心环节。”[①]中华人民共和国成立后，毛泽东指出：“思想政治工作是经济工作和其他一切工作的生命线。”[②]“不论工厂、农村、商店、学校、军队、党政机关、群众团体，各方面都要极大地加强政治工作，提高干部和群众的政治水平。”[③]政治教育的受众面很广，几乎普及方方面面，是中国教育的特色之一；其中，毛泽东对军队和干部的政治教育抓得非常紧，如培养部队后备人才的中国人民抗日军事政治大学的建立也是为了加强干部们的思想政治意识。三大改造完成后，在《关于正确处理人民内部矛盾的问题》中，毛泽东指出：“思想政治工作，各个部门都要负责任。共产党应该管，青年团应该管，政府主管部门应该管，学校的校长教师更应该管。”[④]“现在需要加强思想政治工作，不论是知识分子，还是青年学生，都应该努力学习。除了学习专业之外，在思想上要有所进步，政治上也要有所进步，这就需要学习马克思主义，学习时事政治。没有正确的政治观点，就等于没有灵魂。”[⑤]1958年1月，毛泽东在杭州会议上专门论述了红与专、政治与业务的辩证关系，进一步

---

① 毛泽东：《毛泽东选集》（第三卷），人民出版社1991年版，第1094页。

② 中共中央文献研究室编：《三中全会以来重要文献选编》（下），人民出版社1982年版，第831页。

③ 中共中央政策研究室综合组编：《社会主义精神文明建设的理论与实践——学习贯彻党的十四届六中全会决议辅助读本》，人民出版社1996年版，第7页。

④ 毛泽东：《毛泽东著作选读》（下册），人民出版社1986年版，第780页。

⑤ 毛泽东：《毛泽东著作选读》（下册），人民出版社1986年版，第780页。

提出了思想和政治“是统帅，是灵魂”“只要我们的思想工作和政治工作稍微一放松，经济工作和技术工作就一定会走到邪路上去”。[①]总体而言，对于政治教育，毛泽东等共产党人从未松懈。其次，是以党为中心的文化领导权问题。“由于现时中国革命不能离开中国无产阶级的领导，因而现时的中国新文化也不能离开中国无产阶级文化思想的领导，即不能离开共产主义思想的领导。”[②]《新民主主义论》从全局的角度进行考虑，分析了文化教育离不开党的领导的原因。学校作为思想文化的重镇，颇受毛泽东的重视，1943年，毛泽东在《关于领导方法的若干问题》中提到：“一个百人的学校，如果没有一个从教员中、职员中、学生中按照实际形成的（不是勉强凑集的）最积极最正派最机敏的几个人乃至十几个人的领导骨干，这个学校就一定办不好。”[③]毛泽东力求用马克思列宁主义和毛泽东思想武装师生，引领他们树立无产阶级的世界观、人生观、价值观，确立正确的政治观念。

第五，践行尊重人民教师的准则。毛泽东将共产党员誉为“人民的教师”，强调了教师在思想、政治和文化上对人民的教化作用；对于教师在革命中的贡献，毛泽东也持首肯态度：“抗大的革命与进步，是因为它的职员与课程是革命的进步的，又因为它的学生是革命的进步的，没有这两方面的革命性进步性，抗大决不能成为全国与全世界称赞的抗大。”[④]对于教师的生存问题，毛泽东亦加以深切的关怀：在陕甘宁边区，毛泽东在“施政纲领”中提出：“改善小学教员生活。”[⑤]“能使马克思主义中国化的教员，才算好教员，要多给津贴。”[⑥]1936

① 毛泽东：《毛泽东著作选读》（下册），人民出版社1986年版，第803页。
② 毛泽东：《毛泽东选集》（第二卷），人民出版社1991年版，第705页。
③ 毛泽东：《毛泽东选集》（第三卷），人民出版社1991年版，第898、899页。
④ 毛泽东：《毛泽东文集》（第二卷），人民出版社1993年版，第187页。
⑤ 毛泽东：《毛泽东文集》（第二卷），人民出版社1993年版，第336页。
⑥ 毛泽东：《毛泽东文集》（第二卷），人民出版社1993年版，第374页。

年，在《中国革命战争的战略问题》中，毛泽东再次强调了教师的重要作用："一个军事学校，最重要的问题，是选择校长教员和规定教育方针。"[①]1944年，在陕甘宁边区参议会上，毛泽东提到："为着战胜日本侵略者，于充分注意军事、政治、经济之外，还要注意文教工作，我们解放区的知识分子，绝大多数都是好人，他们的缺点甚至错误，可以在工作中改造，他们是人民事业的可贵资本，他们应该被重视。他们中有许多人从事军事、政治、经济工作，另有许多人从事文化、教育、艺术、卫生工作。"[②]1945年，在《论联合政府》中，毛泽东指出："为着扫除民族压迫和封建压迫，为着建立新民主主义的国家，需要大批的人民的教育家和教师，人民的科学家、工程师、技师、医师、新闻工作者、著作家、文学家、艺术家和普通文化工作者。"[③]教师是建立新民主主义社会的可贵资源，因此，毛泽东认为他们是党和人民应该保护的对象，只不过应该塑造他们为人民服务的精神、支持他们从事艰苦的工作。1948年，在《关于目前党的政策中的几个重要问题》中，毛泽东指出："中国学生运动和革命斗争的经验证明，学生、教员、教授、科学工作者、艺术工作者和一般知识分子的绝大多数，是可以参加革命或者保持中立的，坚决的反革命分子只占极少数。"[④]毛泽东肯定了应该根据不同情况"团结、教育和任用"知识分子中的绝大多数，包括教员和教授，即对他们必须采取审慎的态度以及避免采取任何冒险政策。1958年，毛泽东在《致陆定一》的信中，针对中共中央宣传部的内部刊物刊登的反映北京一个大学物理教研组党支部对待教师宁"左"勿右的材料，写道："争取一切可能争取的教授、讲

---

① 毛泽东：《毛泽东选集》（第一卷），人民出版社1991年版，第177页。

② 毛泽东：《毛泽东同志论教育工作》，人民教育出版社1958年版，第35页。

③ 毛泽东：《毛泽东同志论教育工作》，人民教育出版社1958年版，第30页。

④ 毛泽东：《毛泽东选集》（第四卷），人民出版社1991年版，第1269、1270页。

师、助教、研究人员为无产阶级的教育事业和文化科学事业服务。”①

第五节 以梁漱溟为代表的知识分子文化观

新中国成立后，各界对东西方文化的看法，还有一条知识分子的线索。一些当时的中国知识分子在对东西方文化比较的过程中，系统反思了东西方文化各自的优劣和沟通交流的可能性。他们认为，中西文化各有优劣且可以相互学习，通过弘扬中国传统文化的固有精神，并在此基础上引入西方文化中的优秀部分，不仅有助于对中国传统文化的涤荡、弘扬和复兴，而且对于推动新中国的文化建设具有重要意义。在这群知识分子中，梁漱溟的文化思想和对新中国文化建设的理论与实践，颇具代表性。下面，我们对新中国成立之后梁漱溟的东西方文化观进行探讨。

梁漱溟（1893—1988），原名焕鼎，字寿铭，后以漱溟行世，是我国现代著名的思想家、哲学家、教育家和社会活动家，有“中国最后一位儒学大师”之称。作为中国从传统社会向现代社会转型过程中具有强烈爱国主义精神的知识分子，梁漱溟毕生思考、探索并实践着这样的问题：为什么数千年来领先于世界其他民族的中国到近代反而落伍了？中国要想迎头赶上西方发达国家，应该选择怎样的道路？中国历史上传承下来的文化能否适应现代化的需要？为了解决这些问题，梁漱溟长期致力于沟通中西文化，探索中国式的现代化道路。就像他在《中国文化要义》自序中所说：“我不是‘为学问而学问’的。我是

① 中共中央文献研究室编：《毛泽东书信选集》，中央文献出版社2003年版，第510页。

感受中国问题之刺激，切志中国问题之解决，从而根追到其历史，其文化，不能不用番心，寻个明白。”[①]梁漱溟文化思想的发展，大体可以分为民国时期和新中国时期两个阶段：民国时期的文化思想以《东西文化及其哲学》为代表，书中提出了“文化三路向说”和“世界文化三期重现说”，并预言未来的世界文化将是中国文化的复兴；新中国成立后，梁漱溟继续就沟通中西文化进行了卓绝的探索，此期的文化思想集中体现在《发挥中国的长处吸收外国的长处》《中国文化要义》《人心与人生》等著作及文章中。在这些论著中，他对中西文化问题进行了更为深入的思考，论证了西方文化在中国行不通，指出中国必须依靠自己的传统文化自立于世界现代化的行列，不仅提出了新中国文化的建设思路和建议，也为世界文化的发展提供了思路。

一、梁漱溟：东西比较视野中的中国文化

梁漱溟对“文化”的理解非常宽泛：“文化就是吾人生活之所依靠。……总起来说：文化应包含 1. 经济 2. 政治 3. 教育学术三大部分”[②]；“文化，就是吾人生活所依靠之一切。……文化之本义，应在经济、政治，乃至一切无所不包”[③]。由此，在梁漱溟那里，“中国文化”特指“吾中国人素昔生活所依靠之一切”，是“我们自己的文化”。[④]在《中国文化要义》中，梁漱溟所尝试探索的，就是中国文化之别于外来文化的“意义或精神”：“其间从本到末，从表到里，正必

① 梁漱溟：《中国文化要义》，上海人民出版社2018年版，第4页。
② 梁漱溟：《中国文化的命运》，中信出版社2016年版，第174页。
③ 梁漱溟：《中国文化要义》，上海人民出版社2018年版，第9页。
④ 梁漱溟：《中国文化要义》，上海人民出版社2018年版，第10页。

有一种意义或精神在。”[①]对于如何探索中国文化的意义和精神，梁漱溟认为应分作两步走：第一步，罗列中国文化的独特方面，在此基础上进行归纳整理，进而总结出中国文化的若干特征。即“将中国文化在外面容易看出的，常常被人指说的那些特异处，一一寻求而罗列起来。这种罗列，从最著者以次及于不甚重要者，可以列出许多许多。尽不必拘定其多少。不过，当你罗列之后，自然便看出某点与某点相关联，可以归并；某点与某点或竟为一事。如此，亦就不甚多了”。[②]第二步，从中国文化的某一特征入手，从点到面，由浅入深，由表及里，层层推进，通过将诸特征贯穿起来，发现它们所本于唯一的总特征，最终把握中国文化的要义。用梁漱溟的话说，即“拈取其中某一特点为研究入手，设法解释它的来由。前后左右推阐印证，愈引愈深；更进而解释及于其他特点。其他特点，假如因之而亦得解答，即再进而推及其他。总之，最后我们若能发见这许多特点，实不外打从一处而来；许多特征贯串起来，原都本于唯一之总特征；那就是寻到了家。中国文化便通体洞然明白，而其要义可以在握”。[③]下面，我们依着梁漱溟的思路，分两步来看看中国文化的独特方面和它的总特征。

（一）对中国文化独特方面的罗列与归并。在《中国文化要义》的开篇，梁漱溟就从不同方面、不同角度列举了中国文化的诸多独特方面。一是“从文化比较的角度”指出了中国文化七个方面的“极强度之个性”：独自创发，自成体系，绵延至今，同化力强，空间拓大，过于早熟，影响深远。[④]二是列举了中国文化的十四个“大特征”：广土众民；强大的民族同化与融合；历史源远流长，莫与之比；有无比之

① 梁漱溟：《中国文化要义》，上海人民出版社2018年版，第12页。
② 梁漱溟：《中国文化要义》，上海人民出版社2018年版，第12页。
③ 梁漱溟：《中国文化要义》，上海人民出版社2018年版，第12、13页。
④ 梁漱溟：《中国文化要义》，上海人民出版社2018年版，第10、11页。

伟大力量却指不出力量所在；历久不变的社会，停滞不进的文化；缺乏宗教；以家族为社会生活的重心；学术不向科学前进；民主、自由、平等不见提出，法制不见形成；道德气氛浓厚；非普通国家类型；无兵的文化；重孝文化；隐士的文化。①三是从民族品性入手，综合归纳了外国人对中国人的十种看法：自私自利，勤俭，爱讲礼貌，和平文弱，知足自得，守旧，马虎，坚忍及残忍，韧性及弹性，圆熟老到。②梁漱溟认为，中国文化固然有“许多特征，被世人指目而数说”，但“全部中国文化是一个整体（至少其各部门各方面相连贯）”，为此要“寻得其总根源，以一个根本理由解答之”，这就是接下来第二步要做的工作。

（二）从某一特征入手，由点及面，由浅入深，由表及里，层层推进，贯穿诸特征，发现总特征，以最终把握中国文化的要义。具体来说，梁漱溟是从“中国以家族为社会生活的重心”这一社会构造/社会结构方面的特征入手的。在他看来，“社会结构是文化的骨干”③，“若在社会构造上，彼此两方差不多，则其文化必定大致相近；反之，若社会构造彼此不同，则其他便也不能不两样了”④。按照他的考察，中国与希腊、罗马的古代社会在社会结构上并不“相远”⑤，但最终却演化出了完全不同的社会构造：一是伦理本位与个人/社会本位。即中国是“伦理本位的社会”，西方则要么是“个人本位的社会”（英美），要么是“社会本位的社会”（苏联）。用梁漱溟的话说，“我们如其说，西洋近代社会是个人本位的社会——英美其显例；而以西洋最近趋向为

① 梁漱溟：《中国文化要义》，上海人民出版社2018年版，第15—33页。
② 梁漱溟：《中国文化要义》，上海人民出版社2018年版，第34、35页。
③ 梁漱溟：《中国文化要义》，上海人民出版社2018年版，第135页。
④ 梁漱溟：《中国文化要义》，上海人民出版社2018年版，第57页。
⑤ 梁漱溟：《中国文化要义》，上海人民出版社2018年版，第61页。

社会本位的社会——苏联其显例。那我们应当说中国是一‘伦理本位的社会’”[①]。二是阶级对立与职业分途。即中国是职业分途的社会，西洋是阶级对立的社会。用梁漱溟的话说，“在西洋社会，中古则贵族地主与农奴两阶级对立，近代则资本家与劳工两阶级对立。中国社会于此，又一无所似。假如西洋可以称为阶级对立的社会，那么，中国便是职业分途的社会”[②]。

第一，中国是伦理本位的社会。梁漱溟认为，中国文化之特殊，“须从其社会是伦理本位的社会来认识，这是开初一步”。这是他20世纪20年代在《东西文化及其哲学》中所“全未曾懂得的”[③]。对于“伦理本位”，梁漱溟指出：“伦者……指人们彼此之相与。相与之间，关系遂生。家人父子，是其天然基本关系，故伦理首重家庭。父母总是最先有的，再则有兄弟姊妹。既长，则有夫妇，有子女，而宗族戚党亦即由此而生。出来到社会上，于教学则有师徒；于经济则有东伙；于政治则有君臣官民；平素多往返，遇事相扶持，则有乡邻朋友。随一个人年龄和生活之开展，而渐有其四面八方若近若远数不尽的关系。是关系，皆是伦理……伦理关系，即是情谊关系，亦即是其相互间的一种义务关系。伦理之‘理’，盖即于此情与义上见之。”[④]也就是说，中国人讲究的是“此一人与彼一人相互间之情谊关系”[⑤]，与此相较，西方则更多地着眼于“社会与个人的关系”：在此关系上，如果重点放在“个人”，即成“个人本位的社会”，如英美；如果重点放在“社会”，即为“社会本位的社会”，如苏联。那么，东西方何以会演化出

① 梁漱溟：《中国文化要义》，上海人民出版社2018年版，第94页。
② 梁漱溟：《中国文化要义》，上海人民出版社2018年版，第163页。
③ 梁漱溟：《中国文化要义》，上海人民出版社2018年版，第135页。
④ 梁漱溟：《中国文化要义》，上海人民出版社2018年版，第94、95页。
⑤ 梁漱溟：《中国文化要义》，上海人民出版社2018年版，第220页。

完全不同的社会构造呢？梁漱溟认为：根源在宗教。用他的话说，“中西文化不同，实从宗教问题上分途”[①]，“宗教问题实为中西文化的分水岭。……（西洋）以宗教若基督教者作中心；中国却以非宗教的周孔教化作中心。后此两方社会构造演化不同，悉决于此。……中国遂渐以转进于伦理本位，而家族家庭生活乃延续于后。西洋则以基督教转向大团体生活，而家庭以轻，家族以裂”[②]。也就是说，中国之所以建立起“伦理本位”的社会，根源在于中国不是如西洋那般“以基督教作中心”，而是“以非宗教的周孔教化作中心”。这要从中华文化流传至今且一直为中华民族所实际受用的“周孔教化”说起。说到周孔教化，按照梁漱溟的说法，由于周公及其所代表者主要贡献在具体创造，即“礼乐之制作”；“至于伦理名分，则多出于孔子之教”。[③]孔子推阐其理以教人，对后人的启迪和影响远大过周公。所以，在周孔教化上，又主要从“孔子的为人及孔门学风”说起。他指出，先秦儒家孔子虽没有排斥或批评宗教，但他“专从启发人类的理性作功夫”，无意中却成了宗教最有力的敌人。“儒家没有什么教条给人；有之，便是教人反省自求一条而已。除了信赖人自己的理性，不再信赖其他”，“孔子……处处教人用心回省，即自己诉诸理性”。[④]在梁漱溟看来，由于诉诸理性而不是信仰，诉诸道德而不是宗教，周孔以来的中国便逐渐形成了“伦理本位的社会”。

第二，中国是职业分途的社会。按照梁漱溟的说法，从阶级的眼光看，如果说西洋是“阶级对立的社会”，那么中国就是没有阶级、职业分途的社会。这里有两个关键问题待解决：一是古代中国到底有没

① 梁漱溟：《中国文化要义》，上海人民出版社2018年版，第144页。
② 梁漱溟：《中国文化要义》，上海人民出版社2018年版，第61页。
③ 梁漱溟：《中国文化要义》，上海人民出版社2018年版，第135页。
④ 梁漱溟：《中国文化要义》，上海人民出版社2018年版，第155页。

有阶级以及为何出现这种情况；二是如何理解中国是职业分途的社会。我们继续依着梁漱溟的思路进行分别阐述。要阐明古代中国有没有阶级以及为何出现这种情况，需从“何谓阶级”说起。在他看来，“阶级之为阶级，要当于经济政治之对立争衡的形势求之。……总起来说，在一社会中生产工具与生产工作分家，占有工具之一部分人不工作，担任工作之一部分人不能自有其工具，就构成对立之阶级”。[①]比方说，在“一社会中，土地掌握在一部分人手里，而由另一部分人任耕作之劳；生产所得，前者所享每多于后者。那么，便形成一种剥削关系。（西洋）中古之封建地主阶级对农奴，即如此”。[②]由此，要说明秦汉以来的中国社会有无阶级，“土地分配问题自应为主要关键所在”。[③]秦汉以来，土地是否集中垄断在一部分人手里并最终形成了有土地的阶级和无土地的阶级的对立呢？对此，梁漱溟提出两点予以否定：一、在中国古代，“土地自由买卖，人人得而有之”。梁漱溟认为，这点“大致人人都可承认，不待论证”。由此点可以看出，在中国古代，土地并未集中在某个集团或某些人手中，而是可以通过自由买卖“人人得而有之”的，这使得秦汉以来的中国农民和欧洲中世纪农奴的情形完全不同：欧洲中世纪的农奴没有土地和人身自主支配意志，他们是奴隶主的个人财产且他们的后代也逃脱不了做奴隶的命运。二、“土地集中垄断之情形不著，一般估计，有土地的人颇占多数”。关于这一点，由于“中国土地广大，人口众多，而地籍不清理者久而又久”，以致在过往论述中，“论者恒不免各就所见而主张之”，因此“易生争议”。对此，梁漱溟从自己亲身“所见者而说”，以中国著名社会学家、社会调查学家李景汉（1895—1986）对河北定县进行的堪称中国社会调查典

① 梁漱溟：《中国文化要义》，上海人民出版社2018年版，第163、164页。

② 梁漱溟：《中国文化要义》，上海人民出版社2018年版，第164页。

③ 梁漱溟：《中国文化要义》，上海人民出版社2018年版，第171页。

范的《定县社会概况调查》中的数据为佐证，综合空间（南方与北方）、时间（历史顺转和逆转时期）诸要素，“平情立论”，得出了“绝不过分”之结论：“土地集中垄断情形，是有的，但从全局大势来说，尚不著；以有地者和无地者相较，当不止五十一对四十九之比，而是多得多。”[①]这就从经济上说明了秦汉以来的中国不仅没有阶级对立，而且也演化不出对立的阶级，即“秦汉以来之中国，单纯从经济上看去，其农业生产都不会演化出对立之阶级来”。上面说到，“阶级之为阶级，要当于经济政治之对立争衡的形势求之”，在从土地生产资料这一经济上的说明之后，那么接着需要考察的，就是“政治上阶级的情况”。如果说“稳定而后深固”[②]的阶级在经济上表现为剥削阶级与被剥削阶级的对立，那么，在政治上就表现为统治阶级与被统治阶级的对立。从政治上考察中国古代的阶级情况，同样需要解决两个关键性问题：一、中国古代的官吏和中国皇帝能否称为“统治阶级”？二、中国古代的士农工商彼此之间究竟是“阶级对立”关系还是“相需配合”关系？先看第一个问题，中国古代的官吏和中国皇帝能否称为“统治阶级”？先说战国之后的中国官吏。战国之后，中国官吏“诚然享有统治之权位”，但“既非世袭”，“亦非终身”，“况做官的机会，原是开放给人人的”，因此，此时的官吏“只不过居于一短时之代理人地位”。用梁漱溟的话说，如果官吏们为自己而行统治，“势不免与被统治者对立”，当“信乎其为统治阶级”，然他们只是作为短时间的代理者，因而“显见其非”统治阶级。再说君临于四民之上的中国皇帝。梁漱溟的看法是，中国皇帝“至多不过是统治的一种象征”，他“一个人实在是统治不来的”，这与“欧洲封建社会大小领主共成一统治阶级，以临

① 梁漱溟：《中国文化要义》，上海人民出版社2018年版，第174页。

② 梁漱溟：《中国文化要义》，上海人民出版社2018年版，第165页。

于其所属农民者，形势大不同”，也就是说，“在中国，看不到统治阶级，而只见有一个统治者”。再看第二个问题，中国古代的士农工商究竟是何关系？彼此之间是“阶级对立”还是“相需配合”？梁漱溟的看法是，耕读传家、半耕半读，是中国人人熟知的口语，“在中国耕与读之两事，士与农之两种人，其间气脉浑然相通而不隔。士与农不隔，士与工商亦岂隔绝？”正所谓“隔则为阶级之对立，而通则职业配合相需之征”。既然中国士农工商之四民，相互之间“浑然相通而不隔”，“彼此相需，彼此配合”，那么，他们之间显然就不是阶级对立的关系。既然“士农工商之四民，原为组成此广大社会之不同职业”，那么中国古代也就不是阶级对立的社会，而是职业分途的社会。

阶级社会和职业社会的不同，也导致了中国和西方政治的特殊性。中国的政治呈现为：第一，“政治伦理化”，“把政治作为伦理间之事，讲情谊而不争权利，用礼教以代法律”①；第二，“政治无为化”，“对内对外皆求消极相安，而最忌多事，几于为政治之取消”②；第三，“权力一元化”，“特置一自警反省之机构于其政治机构中”③，而从来没有“箝制与均衡”三权分立之事，一元化的权力不可分割、不受限制。在这三种特征的影响下，中国历史已经进入了循环之中，不断重复。与中国政治相反，西方政治“以阶级作阶梯，而得升进”④。换言之，在西方封建制度解体后，政权从少数人手中逐渐让渡给众人，于是，政治逐渐趋于民主。第四，不再有统治阶级和被统治阶级的存在，国家成了一个自治团体。阶级在西方发挥的作用主要有三种：一是尊重人权，限制王权；二是政权公开，共同做主；三是杜绝封建式战争，

① 梁漱溟：《中国文化要义》，上海人民出版社2018年版，第209、210页。

② 梁漱溟：《中国文化要义》，上海人民出版社2018年版，第210页。

③ 梁漱溟：《中国文化要义》，上海人民出版社2018年版，第210页。

④ 梁漱溟：《中国文化要义》，上海人民出版社2018年版，第214页。

破除封建式束缚。

梁漱溟从社会构造方面着眼，得出了中国伦理本位、职业分途之社会结构的结论。在他看来，正是由于缺乏阶级（职业分途），所以中国不属于一般的国家类型（因为一般国家都是阶级统治）；正是由于重视家庭的伦理本位，所以中国在社会和国家二者方面浑融莫分。此伦理本位、职业分途的社会构造，就是中国文化的总特征，它可以将中国文化诸特征一一贯通起来，作出合理的解释。比如，由于伦理本位，中国皆把政治作为伦理间之事，讲情谊而不争权利，用礼教以代法律，即“政治之伦理化”；由于伦理本位，中国缺少国家应有之功能，对内对外皆求消极相安，以致“中国自东汉以降为无兵的文化”；职业分途不同于阶级对立，它开出路来让人无时无刻“向里用力”，这遂成为中国人生活上的一贯态度；由政治之伦理化，乃更使社会职业化，职业又有助于伦理。如是，伦理与职业，政治与经济，辗转相成，循环扣合，益臻密洽，其理无穷。①由是，中国文化之长处在有“伦理情谊，人生向上”两大精神；中国文化之短处在缺乏“科学技术，团体组织”，用梁漱溟的话说，这是他“多年以来用心研究所得之结论”。②

二、梁漱溟：创造新文化，建设“新中国文化”

梁漱溟并不是书斋里的学问家，而是一位有着深刻思想并能够为自己的思想去行动的人。他说过“认识老中国，建设新中国——这是我的两句口号”③；他还说过“我希望我的朋友，遇到有人问起：梁某究竟怎样一个人？便为我回答说‘他是一个有思想，又且本着他的思

① 梁漱溟：《中国文化要义》，上海人民出版社2018年版，第224页。

② 梁漱溟：《中国文化的命运》，中信出版社2016年版，第192页。

③ 梁漱溟：《中国文化要义》，上海人民出版社2018年版，第7页。

想而行动的人'，这样便恰如其分，最好不过"[①]。具体到中国文化方面，梁漱溟绝不限于仅仅去认识中国的旧文化，而是始终致力于解决中国的问题，致力于"积极地创造新文化""建设中国的新文化"。早在民国时期，梁漱溟就把中国近代灾难和社会问题的根源归于中国自身的文化失调和文化危机，而要解决中国的文化问题，要靠"文化建设"。他认为，中国几千年来形成的政治上的消极无为状况，使得中国的文化建设不能走自上而下的路；加之中国传统社会以乡村为基础，乡村人口占据中国大部分，乡村人口的生活方式及文化素养是中国社会的真实写照，所以，要解决中国的文化问题，必须从自下而上的社会运动（乡村建设）开始。需要说明的是，梁漱溟的乡村建设不是消极救济，"更要紧的还是在积极地创造新文化"。具体来说，在乡村建设的诸多事宜中，尤以"农民自觉"和"乡村组织"最为要紧。所谓"农民自觉"即"乡村自求"，使农民知道要靠自己去奋斗；"乡村组织"则是解决如何奋斗的问题，要靠大家齐心协力共同奋斗。20世纪二三十年代，梁漱溟在广东、河南、江苏、山东等多地开展乡村建设运动，其中尤以山东邹平的乡村建设效果最佳。

新中国成立后，梁漱溟在《发挥中国的长处吸收外国的长处》中指出，当前，"中国文化已走到了改造途中，旧文化崩溃殆尽，新文化亟待创造"[②]。那么，要怎么创造新文化、建设"新中国的文化"呢？在此书中，按照梁漱溟的说法，大体包括三个方面：

第一，不能抛开旧文化去凭空建设新文化。用他的话说就是"国人不自知其有不可磨灭之长，而妄想离开旧有一切，凭空建设新的，以致不能成功"[③]。也就是说，要"建设新中国文化"，不仅不能抛开

① 梁漱溟：《中国文化要义》，上海人民出版社2018年版，第6、7页。

② 梁漱溟：《中国文化的命运》，中信出版社2016年版，第192页。

③ 梁漱溟：《中国文化的命运》，中信出版社2016年版，第192页。

中国传统文化（“离开旧有一切”），相反，而是要努力弘扬中国传统中的好东西（“不可磨灭之长”）。早在20世纪20年代出版的《东西文化及其哲学》中，梁漱溟就提出了“中国文化之复兴”的观点。所谓“中国文化之复兴”，从根本上说就是指“以伦理本位代自我中心”[①]。复兴中国文化的观点，用他的话说，“今天更信所见不差”。当然，建设“新中国文化”，仅仅着眼于文化“复兴”是不够的，更应该着力于文化“建设”。那么，要如何建设“新中国文化”呢？在对中西文化认真比较和系统考辨的基础上，梁漱溟对中国文化的长短优劣进行了总结概括：“中国之长处在有‘伦理情谊，人生向上’两大精神；中国之短处在缺乏‘科学技术，团体组织’”[②]，由此，“要建设新中国文化，第一在发挥固有精神引进团体组织，第二在以团体组织运用科学技术。只如此使圆满无缺，更无其他”[③]。也就是说，建设“新中国文化”，就是要在继续发挥中国固有长处（两大精神）的基础上，引入西洋文化之所长的“科学技术”和“团体组织”，以弥补自己之所短。下面，对“建设新中国文化”的这两点作进一步阐述。

第二，发挥固有精神引进团体组织。梁漱溟指出，中国文化的短处之一在于“缺乏进步的团体组织”。要弥补此短处，就是要发挥中国文化的固有精神，以引进团体组织。即中国文化的精神，“分析言之，约有两点：一为向上之心强，一为相与之情厚”[④]。由此，发挥固有精神引进团体组织，就需从“人生向上”和“伦理情谊”两个方面的文化精神下功夫，即要分别以中国文化精神中的伦理精神和人生向上精神引进团体组织。先说以伦理精神引进团体组织。在梁漱溟看来，“中

① 梁漱溟：《中国文化的命运》，中信出版社2016年版，第188页。

② 梁漱溟：《中国文化的命运》，中信出版社2016年版，第192页。

③ 梁漱溟：《中国文化的命运》，中信出版社2016年版，第192页。

④ 梁漱溟：《中国文化的命运》，中信出版社2016年版，第155页。

国之病，一在散漫，二在被动”，但英美的“个人本位”和苏联的“社会本位”，均不能直接拿来为我所用以弥补我们在这方面的缺陷。原因在于，英美的“个人本位”强调个人主义、自由主义、自我中心、权力观念，这些本是他们对其原先团体过强、干涉过甚的反动，是“团体生活之一种离心倾向”，如果直接拿来为我所用，不仅不能弥补我们在团体生活方面的缺失，反而会进一步加重中华文化的“散漫之病”；而东欧之集体主义（以苏联的“社会本位”为代表）则是抬高团体以压制个人，这在表面上看“似乎是加强团体生活之向心力”，但这种“抬高团体之结果，便是专政和统制”，而专政和统制更加重了中国老百姓的“被动之病”。也就是说，无论英美的个人本位还是东欧的社会本位都无法“同时能治‘散漫’‘被动’二病”[①]。那么，有没有不仅能同时根治散漫、被动二病，且能同时培育出中国式的团体组织、实现有进步的团体生活的良方呢？梁漱溟开出的第一剂药方是：“以固有伦理精神，适用于团体与个人之间。”[②]具体来说就是在旧伦理中“增加一伦”。即“旧伦理皆是此一人对彼一人之关系”，“现在我们要增加一伦，即‘团体对个人’‘个人对团体’之相互关系”。由于中国伦理精神的重点在尊重对方，增加一伦之后，就能实现团体尊重个人，个人尊重团体，这样就能够“既使中国人从散漫入组织，又使中国人从被动变主动”。由是，一个进步的团体生活，亦所谓民主的团体生活，于是成功。[③]具体到现实社会的操作层面，可以参考其在山东邹平所实行的乡村组织以及《村学乡学须知》中所体现出的团体和个人互以对方为重的精神。再说以人生向上精神引进团体组织。梁漱溟指出，在旧中国，中国举办地方自治所以失败无成，一个重大的失误就在于

① 梁漱溟：《中国文化的命运》，中信出版社2016年版，第193页。
② 梁漱溟：《中国文化的命运》，中信出版社2016年版，第193页。
③ 梁漱溟：《中国文化的命运》，中信出版社2016年版，第192—194页。

"摹仿西洋的公共福利观念"。这并不是说不要福利，而是说如果"眼中只知有福利"而忘了"人生向上"的精神，是不行的。按照梁漱溟的说法，"宽泛言之，人生向上有多途；严格地讲，唯此为真向上"。对于"人生向上"，可分两步来说明："第一，人类凡有所创作，皆为向上。……第二，当下一念向上，别无所取，乃为真向上。"[①]按照中国的文化精神，福利是隶属于"人生向上"的。梁漱溟认为，向上精神提振起来，地方公益自然兴办，福利也就自然实现了。对此，他同样以山东邹平的村学乡学进行了说明。总结来说，"'伦理情谊，人生向上'，自周孔以来数千年，早于人心深处大有启发，今天要民族复兴，必从复兴此精神入手"[②]。而文化精神振兴了，也才能更好地吸收外来文化之所长，弥补我之文化之所缺。用梁漱溟的话说："精神不振，更何能吸收外来东西？"

第三，以团体组织运用科学技术。梁漱溟认为，团体组织是好的，科学技术也是好的，我们既要以固有精神引入作为西方文化之所长的"团体组织"，同样也要用好西方文化另一所长——"科学技术"。科学起自人对物之间，中国人讲学问详于人事而忽于物理；一旦把精神移用到人事上，中国人便不再向物进攻。中国古代"科学之不得成就出来在此"。具体来说就是"西洋人从身体出发，而进达于其顶点之理智"，这是"产生科学之路"；"中国人则由理性早启，其理智转被抑而不申"，这是"科学不得成就之路"。[③]当然，这并不是说中国古代没有科学，事实上，"在中西文化彼此交流上，中国固曾以一些物质发明传给西洋"，但"其后便不然了"。17世纪耶稣会士东来传教，中国所欢迎的是他们带来作见面礼的物质文明——天文学、数学、物理学、气

① 梁漱溟：《中国文化要义》，上海人民出版社2018年版，第157、158页。

② 梁漱溟：《中国文化的命运》，中信出版社2016年版，第195页。

③ 梁漱溟：《中国文化要义》，上海人民出版社2018年版，第313页。

象学、地理学、生理学、医学及其他技术等，而不是人生方面的宗教，即为明证。自那时起，中国学习借鉴国外科学技术的“形势一直未改”，从“睁眼看世界”第一人林则徐仿制西方战舰到魏源的“师夷长技以制夷”，从清末洋务派的“中学为体，西学为用”到新文化运动时期高举“赛先生”大旗，都是在努力学习西方近代的科学技术。然而，对于该如何学习、运用科学技术，梁漱溟有自己的独特看法。他发现，尽管团体组织和科学技术是西洋文化的长处，但二者在西洋却配合得不好，具体表现为“一切新技术新发明，掌握在资本家私人手里，而未曾掌握在社会公共手里”，以致“内则演为阶级斗争，外则演为民族斗争，整个世界为之扰乱不安”。因此，“新中国文化之建设”，就要在引入团体组织和科学技术的同时，避免西方关于二者配合不好的错误。那么，如何才能避免此错误呢？梁漱溟认为，应对之策就是以中国固有的“伦理情谊、人生向上”的文化精神引入“团体组织”，同时再以“团体组织”引进“科学技术”而应用之，则技术大利，技术也就自然属于公共所享有。也就是说，以“团体组织”运用“科学技术”，技术是随组织而来，操于组织之手，这样的技术就不再掌握在资本家私人手里，而是掌握在公共的组织手中，如此，方能“既无垄断，亦无竞争……利不集中，权亦不集中，从小范围到大范围，从国内到国外，都是和平安定的”[①]。

发挥中国“伦理情谊，人生向上”的固有精神引进团体组织，并以团体组织运用科学技术，这就是新中国的文化之路。而此新中国文化之路，也就是“世界文化转变之所趋”。

① 梁漱溟：《中国文化的命运》，中信出版社2016年版，第197页。

三、重启中国文化的形而上学体系：20世纪50年代

（一）海外新儒家的中西方文化观

20世纪50年代，面对新中国成立之初千疮百孔的“烂摊子”，以毛泽东为代表的中国共产党人在中华大地上推行大规模的经济和文化建设。在文化领域，要“建立中华民族的新文化”，“在几个五年计划之内，将我们现在这样一个经济上文化上落后的国家，建设成为一个工业化的具有高度现代文化程度的伟大的国家”。[①]与此同时，以张君劢、唐君毅、牟宗三、徐复观等为代表的现代新儒家们，以港台地区的新亚书院[②]和人文友会[③]为阵地，从事着中国儒学的现代转化工作。1958年元旦，港台新儒学运动结出了果实，这就是由唐君毅起草，牟宗三、徐复观、张君劢、唐君毅四人联合署名的《为中国文化敬告世界人士宣言——我们对中国学术研究及中国文化与世界文化前途之共同认识》[④]（简称《宣言》，以下凡引此《宣言》，不另注）。《宣言》共十二部分，三万九千余字，主要内容包括他们对中国文化之过去、现在和未来的认识，以及对中国文化应该坚持的方向、对世界文化的期望等。唐君毅在“编者按”中详细说明了《宣言》起草的起因、目的

---

① 毛泽东：《毛泽东选集》（第五卷），人民出版社1977年版，第132、133页。

② 新亚书院由钱穆、唐君毅、张丕介及一群来自中国内地的学者于1949年在中国香港创立，教育宗旨是“上溯宋明书院讲学精神，旁采西欧大学导师制度，以人文主义之教育宗旨，沟通世界中西文化，为人类和平社会幸福谋前途”。1963年，新亚书院、崇基学院和联合书院合并组成香港中文大学。

③ 人文友会由牟宗三发起并主持，主要活跃于20世纪五六十年代台湾地区教育学术界，是现代港台学术文化史上的一个有名的师友学术群体，对现代新儒学起到过不可忽视的承续、发展与光大的作用。

④ 该《宣言》发表于《民主评论》，《再生》1958年元旦号，后收录于封祖盛编《当代新儒家》（北京三联书店1989年版）；且以“中国文化与世界”为题，收录于唐君毅《中华人文与当今世界》（广西师范大学出版社2005年版）。

和过程。他指出，《宣言》的撰写是为了纠正西方人对中国文化的偏见，后考虑到中国学人对自己的文化特别是儒家文化也有类似偏见，且“最重要者仍为吾中国人之反求诸己，对其文化前途，先有一自信”，故从起初打算用英文发表改为先以中文发表。尽管后来《宣言》也曾以英文发表（英文版署名中增加了“谢幼伟”），但《宣言》在西方世界的影响并不大，主要在中文世界发挥着持久的影响力。今天，《宣言》作为深刻影响现代新儒学进程的重要文献，其发表已被视为港台地区现代新儒学崛起的标志性事件。

这里将主要围绕以下两个方面展开系统论述：一是深入《宣言》文本内部，通过清理新儒家们在《宣言》中对中国文化的出路、研究方法、对待西方文化态度的系统阐述，揭示现代新儒家的文化观在树立当代中国人的文化自信、看待新时代条件下文化的中西古今关系等方面依然具有借鉴价值，值得珍视。二是结合《宣言》发表过程中发生的两个思想史事件——邀请钱穆联合署名遭婉拒、徐复观修改文本内容未被接受，探讨现代新儒学内部在看待中国文化时的立场之异（哲学还是史学）、对儒家有无宗教性的不同看法，以及哲学路向（建构形而上学体系还是对经典文本如《论语》作现代疏释）上的分歧，揭示现代新儒学内部的若干重要分野，进而理解现代新儒学在当今所呈现的复杂面貌和未来走向。其中，第一方面构成本文的第一部分，第二方面构成本文的第二、三部分。

（二）《宣言》与现代新儒家的中西方文化观

《宣言》不仅在主副标题上出现了三次“文化”，而且在内容上主要涉及“对中国文化之过去与现在之基本认识及对其前途之展望，与今日中国及世界人士研究中国学术文化及中国问题应取的方向，并附及我们对世界文化的期望”。因此，本篇《宣言》实际上体现的是以牟宗三、徐复观、张君劢、唐君毅为代表的现代新儒家对百余年来中华民族所面对的中西方文化问题所进行的阐发，代表了现代新儒家的中西方文化观。具体来说，《宣言》一方面肯定中国文化的生命力、价值和现代意义，强调中国文化的“世界重要性”，作为中国文化核心的“心性之学”、中国文化的“一本性”特征，以及对“同情与敬意”的中国研究方法的倡导等，体现出了浓厚的文化民族主义色彩。另一方面，《宣言》不仅主张中国文化应“接受西方或世界之文化”，而且对西方文化进行了重估，并对人类前途进行了展望，体现了对待西方文化的开放心态和全球视野。从当下眼光来看，《宣言》中所宣示的现代新儒家的中西方文化观，最值得珍视的部分至少有以下四个方面：

第一，纠正西方人之认识偏见。《宣言》认为，重估中国文化，必须破除对中国文化的三种“对象式”的片面认识模式，即传教士模式、考古家模式、现实政治模式。具体来说，传教士模式是指以利玛窦、孙璋为代表的传教士们基于“传教”立场而导致的对中国文化的片面认识，因为他们的首要动机是传教，且少有机会接触代表中国文化精神的先进知识分子，这使他们“在中国之思想战线，乃在援六经及孔子之教”，“将宋明儒思想，只作一般西方当时之理性主义、自然主义以至唯物主义思想看”，在向欧洲介绍宋明儒思想时，“只是报导性质，并不能得其要点”。考古家模式指受“好奇心”驱动而导致的片面认识，以斯坦因、伯希和为代表。这种认识路径“并不是直接注目于中国这个活的民族之文化生命”，而是认为“中国文化的生命已经死亡”，由此，对中国文化的研究便成为“凭吊古迹”。现实政治模式是受“中国近代史兴趣”驱动而导致的片面认识，表面上看，这一模式似乎关注的是中华民族现实中的鲜活问题，但由于研究方法和个人偏见，在研究过程中要么呈现为“由今溯古，由流溯源，由果推因之观点”，要么“陷于个人及一时一地之偏见”。总体而言，上述三种模式均属“对象式”的片面认识，没有深入中国文化中，对中国文化缺乏足够的“同情与敬意”，因此无法作出深切的体认与了解。

第二，重建中国人之文化自信。《宣言》指出，重估中国文化，须对中国文化有深切的了解，对中国文化的前途有坚定的信心。其一，要对中国文化有深切的了解，首先需明白其“一本性”特征。这里的“一本性”是指中国文化在本源上是一个文化体系，或者说，中国文化有一个“一脉相承之统绪”，这一统绪即道统。西方文化与中国文化在性质上的不同，源于二者在来源上的根本区别：“在百年以前之中国，在根本上只是一个文化统系一脉相传”，而“近代西方文化，除有希腊之来源外，尚有罗马、希伯来、日耳曼、回教等之来源。……西方文化之统，则因现实上来源之众多，难于建立，于是乃以超现实世界之宗教信仰中之上帝为其统，由希伯来宗教与希腊思想、罗马文化精神之结合，乃有中古时代短时存在的神圣罗马帝国之统”。其二，要树立文化自信，对中国文化的前途有坚定信心，首先要认识到中国文化在历史和现实地位上“有其世界重要性”。之所以这样说，是因为从历史的角度看，中华文化自形成以来从未中断，它在18世纪之前曾对人类文化产生过深远影响；从现实的角度看，中国文化是中国人安身立命的精神家园，至今“还有真实存在于此历史文化大流之中的有血有肉的人，正在努力使此客观的精神生命之表现，继续发展下去”，因此中国文化关系着全球近四分之一人口的生命寄托和精神安顿。要对中国文化的前途有坚定的信心，还要对中国文化未来“更高更大”的文化理想有透彻的理解。要实现这一文化理想，一个必须的方法是在认清中国文化之不足的基础上，“接受西方或世界之文化”。《宣言》认为，近代以来，中国文化之所以走向衰落，是因为缺乏近代西方的科学精神和民主制度。要克服“科学精神”之不足，需要“建立一个纯理论的科学知识世界”，即建立一个独立的学统；要克服“缺乏西方近代民主制度”之不足，避免中国政治“一治一乱的循环之局”，须在道统和学统之外，再建一个政统。也就是说，在《宣言》看来，一脉相承的道统，是中国文化的精神和生命，但与“更高更大”的文化理想相比，还有学统未出、政统未建之缺憾。因此，高扬道统、开出学统、建立政统，是中国文化的前途和发展方向。

第三，理解中国文化的方法：“同情与敬意”。要想理解中国文化是中国人安身立命的精神家园，是一种活的生命之存在，那么，方法问题就变得非常重要。为此，《宣言》提出了“同情与敬意”的方法：“若是根本没有同情与敬意，即根本无真实的了解”，因此，要想透过表象直达本质，必须超越主观成就客观，即“必须先能超越我们个人自己之主观的生命心灵，而有一肯定尊重客观的人类生命心灵之敬意”。“同情与敬意”方法的提出，是要纠正西方人和“五四”以来中国学者所要求的“客观化”“对象式”的研究方法所造成的对中国文化缺乏感情的态度。既然“承认中国文化之活的生命之存在”，就“不应只是从分散的中国历史文物之各方面之零碎的研究，再慢慢地综结起来”，而“必须深入到历史留传下之书籍文物里面，探求其哲学思想之所在，以此为研究之中心”，而“只有从中国之思想或哲学下手，才能照明中国文化历史中之精神生命”。对此，《宣言》用树木之根干与枝叶关系来类比中国文化精神生命与历代文物之关系，非常贴切。也就是说，要先“寻得根干”，然后“还须顺着根干延伸到千枝万叶上去”，这样才能“从此千枝竞秀、万叶争荣上看出，树木之生机郁勃的生命力量，与精神的风姿”。

第四，以开放的胸襟、辩证的态度对待西方文化。《宣言》认为，尽管西方文化在科学精神和民主制度上值得我们学习和借鉴，但它并非没有缺点，相反，其在近代突飞猛进的同时，“也带来了一系列的社会危机”，如宗教战争、民族冲突、劳资对立、世界大战等。究其原因，是西方文化（“在其膨胀扩张其文化势力于世界的途程中，他只是运用一往的理性，而想把其理想中之观念，直下普遍化于世界”。）因此，要辩证地看待西方文化，既要看到其长处，也要认识其不足。西方文化要使“自身之精神，再进一步”，以保其“永远存在于人间世界”，还必须学习东方文化的如下五点：“当下即是”之精神与“一切放下”之襟抱；圆而神的智慧；温润而恻怛或悲悯之情；如何使文化悠久的智慧；天下一家之情怀。这五点的核心其实就是儒家的道统。中国文化缺少西方的政统和学统，西方文化缺少中国的道统。道统（心性之学）、学统（科学精神）、政统（民主制度）三者的结合，就不仅是中国文化的未来，也是世界文化的未来。

（三）《宣言》与钱穆的分歧：哲学立场的心性之维

《宣言》由唐君毅、张君劢、牟宗三、徐复观四位先生联名签署，于1958年元旦同时在《民主评论》和《再生》杂志上发表。这篇近四万字的长篇宣言，被不少学者视为港台新儒家形成的标志。值得注意的是，联合署名者中竟没有当时在港台地区儒学领域颇具影响力且与唐君毅、徐复观等交往密切的钱穆。从现有文献看，《宣言》发表前也曾邀请钱穆合署，但遭到婉拒。对此，钱穆在1959年5月6日进行了解释：“年前张君劢、唐君毅等四人联名作《中国文化宣言书》，要穆联署，穆即拒之。曾有一函致张君，此函曾载香港之《再生》。穆向不喜此等做法，恐在学术界引起无谓之壁垒。”[1]按照钱穆的解释，拒绝联

① 钱穆：《钱宾四先生全集：素书楼余沛》，（台北）联经出版事业公司1998年版，第414、415页。

署的原因是“不喜”联名这种做法，担心多人署名容易形成“门户之见”，给人以“宗派”之感。深究起来，拒绝联合署名，固然确有其对引起“壁垒”的担忧，但更深层次的原因却是钱穆同“熊十力学派”在儒学观上的分歧。

钱穆在《两汉经学今古文平议》自序中说：“经学上之问题，同时即为史学上之问题，自春秋以下，历战国，经秦迄汉，全据历史记载，就于史学立场，而为经学显真是。”[①]据此可以看出，钱穆对于经学的研究秉持的是“史学立场”。事实上，不仅是经学研究，在对待中西方文化上，在儒学、儒家研究方面，钱穆所秉持的都是“史学立场”。具体到儒学、儒家研究方面，钱穆的“史学立场”使他把儒家看成一个不断与时合拍的活的传统。在1961年的《中国儒学与文化传统》中，钱穆把儒学分为先秦、两汉、魏晋南北朝、隋唐、宋元明、清代六期。从对儒学的分期及其所持标准可以看出，在钱穆这里，儒学绝不仅限于所谓的“哲学”领域，相反，儒学领域始终在不断拓展：两汉时期儒学“以经学为主”，魏晋南北朝时期“扩大到史学”，进入隋唐之后，儒学“在经、史之外又向文学转进”，宋元明时期儒学“别出”了“理学”，清儒又“别出”了考据学。具体到道统观方面，钱穆十分推重宋明理学，但并不接受理学家的道统观，而是提出了自己对于道统的新理解。他说：“关于宋明两代所争持之道统，我们此刻则只可称之为是一种主观的道统，或说是一种一线单传的道统。此种道统是截断众流，甚为孤立的；又是甚为脆弱，极易中断的；我们又可说它是一种易断的道统。此种主观的、单传孤立的、易断的道统观，其实纰缪甚多。若真道统则须从历史文化大传统言，当知此一整个文化大传统即是道统。如此说来，则比较客观，而且亦决不能只是一线单传，亦不能说

① 钱穆：《〈两汉经学今古文平议〉自序》，商务印书馆2001年版，第6页。

它老有中断之虞。”[①]“整个文化大传统即是道统”同他对儒学史的发展与扩大的看法完全相符。以现代语言概括，这是思想史家的道统观，而不是哲学家的道统观。在此，钱穆同当代新儒家的分歧便充分显露出来了。

同样，在面对中国文化问题上，如果说钱穆代表的是史学立场的话，那么，《宣言》所持有的则是典型的哲学立场。这当然与《宣言》四位署名者的哲学背景密切相关。张君劢第一次留学德国期间，曾拜德国生命哲学家奥伊肯（Rudorf Eucken）为师。1923年，张君劢在清华所作的“大思想家的人生观”这一以奥伊肯的著作名为题的讲演，不经意间在中国思想界引起了一场声势浩大的“科玄论战”，张君劢随之成为当时中国哲学界面对科学主义思潮力主重建哲学本体论的第一人。《宣言》的另外三位署名者均是哲学家熊十力的弟子[②]，他们与熊十力一起被称作“熊十力学派”。在学术渊源上，熊十力承“科玄论战”中玄学派重建哲学本体论的主张，以佛教唯识学重建儒家形而上道德本体，建立起现代哲学本体论体系——唯识论体系。熊十力的哲学志业和形而上追求，对弟子们产生了很大的影响。可以说，正是由于《宣言》四位署名者的哲学背景和哲学家品格，使得《宣言》的哲学路向十分清晰。其中，最明显的体现是《宣言》的第四部分——“中国哲学思想在中国文化中之地位及其与西方哲学之不同”。这部分明确指出，中国民族之客观的精神生命的核心在中国人的哲学之中，只有从哲学入手，才能照亮中国文化历史中之精神生命，“研究中国历

① 钱穆：《中国学术通义》，（台北）台湾学生书局1975年版，第94页。

② 唐君毅1928年转入南京中央大学哲学系，师从熊十力，抗战时已出版《道德自我之建立》（1944）、《人生之体验》（1944）等著作，在哲学界崭露头角。牟宗三1933年正式师从熊十力，用他自己的话说，“生我者父母，教我者熊师，知我者君毅也”，从这句肺腑之言，足见其与熊十力、唐君毅之关系。徐复观1943年看到熊十力的《新唯识论》后，仰慕其学识，遂登门拜访熊十力，成为熊十力的三大弟子之一。

史文化之大路，重要的是由中国之哲学思想之中心，再一层一层地透出去”。在此意义上，《宣言》毫无疑问是20世纪中国哲学史上的一篇重要文献。

在中国文化问题上，《宣言》不仅展现出明显的“哲学”路向，而且显示出强烈的“心学”特点。《宣言》指出，中国文化的生命力存在于“道统”之中，而“道统”的延续主要系于“心性”传统。《宣言》第六部分“中国心性之学的意义”对中国文化的心学方向作了专门阐发，并反复强调心性之学在中国学术、文化中的重要性：“心性之学，正为中国学术思想之核心”；“中国之学术文化，当以心性之学为其本原”；“心性之学，乃中国文化之神髓所在”。可以说，强调“心性之学”的意义与价值，是《宣言》最核心的关切，而这其实也是熊十力“心性学”的基本论点。熊十力曾对中国文化的道统内涵进行过具体揭示，他指出，“六经浩博，其归则仁”①，“言其根极，必归之心性”②。在熊十力看来，心性之学是中国文化的根，是中国文化独特的支撑点和生命力之所在。刘述先在《当代新儒家思想的批评的回顾与检讨》中说：“熊先生……的思想对于广大的社会虽无影响，但却打开了一条思路，成为当代新儒家哲学的发端人。《宣言》中的思想正可以说是由他所开启的方向所作的进一步发展。”此言不虚也！《宣言》发表之后，唐君毅、牟宗三、徐复观都从心性之学出发，去阐发自己的新儒学思想，从而形成了“生命存在与心灵境界”（唐君毅）、“心体与性体”（牟宗三）、“心的文化”（徐复观）等观念。由熊十力所开启的现代新儒学的“心学方向”由之发扬光大。

---

① 熊十力：《熊十力全集·第3卷·读经示要》，湖北教育出版社2001年版，第625页。

② 熊十力：《熊十力全集·第3卷·读经示要》，湖北教育出版社2001年版，第820页。

（四）《宣言》内部的分歧与徐复观的“回到孔子”

从上述分析可以看出，对于中国文化，以《宣言》为代表的现代新儒学家们均采取“哲学立场”，并基于“心性之学”去阐发自己的新儒学思想。从“哲学立场的心性之维”这一点看，《宣言》四位署名者之间似乎是铁板一块，借用《宣言》“前言”中的话说，他们“在对中国文化之许多主张上是大体相同，并无形间成为我们的共信”。然而，如果将目光转向署名者内部，考虑到“徐复观修改文本内容而未被接受”这一思想史事件，又会发现他们在思想上的内在分歧，“我们之思想，并非一切方面皆完全相同”。他们的分歧主要体现在儒家有无宗教性方面，以及哲学路向（即建构形而上学体系还是对经典文本如《论语》作现代疏释）的选择方面。

在近代中国思想史上，关于宗教观的争论极为激烈，相关议题包括宗教与科学是否存在冲突、宗教与社会制度之间的关系是怎样的、中国是否存在宗教、中国是否需要宗教等。根据徐复观的回忆，我们可以清楚地看到他同唐君毅在宗教观问题上的思想分歧。据徐复观的描述，他曾对《宣言》中的宗教问题提出了不少修改意见。他说：“这篇《宣言》……寄给我时，我作了两点修正：（一）关于政治方面，我认为要将中国文化精神中可以与民主政治相通的疏导出来，推动中国的民主政治。这一点唐先生讲得不够，所以我就改了一部分。（二）由于唐先生的宗教意识很浓厚，所以在《宣言》中也就强调了中国文化中的宗教意义。我则认为中国文化原亦有宗教性，也不反宗教；然从春秋时代起就逐渐从宗教中脱出，在人的生命中扎根，不必回头走。便把唐先生这部分也改了。改了之后，寄还给唐先生，唐先生接纳了我的第一项意见，第二项则未接受。”[①]徐复观的观点是，中国文化原

① 徐复观：《徐复观杂文·续集》，（台北）时报文化出版事业有限公司1981年版，第408页。

有宗教性，但春秋之后中国文化“逐渐从宗教中脱出”，“把传统的宗教，彻底脱皮换骨为道德的存在”[①]。这一观点在其《中国古代人文精神之成长》一文中也可得到印证：“周初的天命，依然是宗教性的天命；但这种宗教性若是以恐怖为动机，结果便只能走向信仰，在信仰中解决问题。仅靠信仰解决问题，实际只是精神的麻醉。但跃动于周人的宗教精神内部的，却是忧患意识。……这是中国人文精神的初步。而其动力，则是当时的忧患意识。并且这种忧患意识，一直贯穿于中国以后文化活动的底流之中，以形成其人文精神的特性”[②]；“现在所最成为问题的，乃是在周初所建立的某程度的人的自主性，因天命权威之失坠，势亦必随之而动摇。欲重新奠定人之自主的信心，必须在天命以外，亦即在宗教以外，另求得其保证。中国文化，由以天命为中心，转而以人性为中心，即是在这种情势之下，慢慢发展起来的。中国人性论之出现，乃是在宗教自身破产以后，转而要在人的自身，求得自我完成之根据”[③]。从徐复观所述的“第二项则未接受”可以看出，《宣言》起草者唐君毅并未采纳徐复观对中国文化宗教性部分的修改意见，在《宣言》的第五部分“中国文化中之伦理道德与宗教精神”，唐君毅对中国文化中的宗教性进行了专门论述。他批评了西方学者和中国近代启蒙学者认为中国缺乏超越性的宗教情感的成见，认为在中国人的“天人合一”思想中，在从事道德实践时对“道”的宗教性的信仰中，都可以看到中国文化的宗教性；认为儒家即使不具备西方宗教的形式系统，但在超越性和永恒性方面，儒家的“宗教性”是

① 徐复观：《中国人性论史·先秦篇》，九州出版社2013年版，第56页。

② 徐复观：《中国古代人文精神之成长》，载《儒家思想与现代社会》，九州出版社2013年版，第100、101页。

③ 徐复观：《中国古代人文精神之成长》，载《儒家思想与现代社会》，九州出版社2013年版，第102页。

不能否定的。

对于出现上述分歧的原因，徐复观指出："唐、牟两位先生努力自己哲学的建立，尤其是牟先生更用力建构自己的哲学体系。而我并不曾想要建立一套自己的思想体系。……我所致力的是对中国文化作'现代的疏释'……在我心目中，中国文化的新生，远比个人哲学的建立更为重要。"[①]从徐复观的说明中，可以看出他与唐君毅、牟宗三的不同主要在学术志向方面，唐君毅、牟宗三对建构个人哲学体系更感兴趣，他们二人分别沿着熊十力的哲学路向，融会中西，建构出了各自的哲学系统。唐君毅发展出的哲学体系是他在《生命存在与心灵境界》等著作中形成的"三向九境说"，即认为人的心灵活动有三向之观——顺观、横观、纵观，三向与体、相、用对应；按照人的认识过程，人的认识又有"三境"之进，即从客观境到主观境，最后到达超越主客的层次，这"三境"按照体、相、用的顺序又各分作三种境界。牟宗三的形而上学体系是他的"两层存有论"，他取康德"现象"与"物自身"的超越划分，将康德思想融汇于中国传统儒道释之中，建构成哲学系统。在牟宗三这里，"现象界"对应有执着性的感触直觉，其所成的是现象界的存有论，即"执的存有论"；"物自身界"对应无执着性的智的直觉，其所成的是物自身的存有论，即"无执的存有论"。

相比于唐君毅、牟宗三精致而深刻的哲学体系，徐复观更偏向于对中国文化作"现代的疏释"。他不仅没有建构自己的形而上学体系，甚至以"形而中学"的说法对形而上学进行了消解。他说："《易传》中有几句容易发生误解的话：'形而上者谓之道，形而下者谓之器。'这里所说的'道'，指的是天道；'形'在战国中期指的是人的身体，即指人而言；'器'是指为人所用的器物。这两句话的意思是说，在人

① 徐复观：《徐复观杂文·续集》，（台北）时报文化出版事业有限公司1981年版，第410页。

之上者为天道，在人之下的是器物；这是以人为中心所分的上下。而人的心则在人体之中。假如按照原来的意思把话说完全，便应添一句‘形而中者谓之心’。所以心的文化，心的哲学，只能称为‘形而中学’，而不应讲成‘形而上学’。”[①]在此，徐复观将原先关于心的哲学的“形而上学”，替换为“形而中学”，用“形而中”的“心”消解了“形而上”的“道”。以此出发，他对熊十力诸师友建构形而上学体系的思路进行了批评。他指出：“有如熊十力，以及唐君毅先生，却是反其道而行，要从具体生命、行为，层层上推，推到形而上的天命天道处立足，以为不如此，便立足不稳。没有想到，形而上的东西，一套一套的有如走马灯，在思想史上，从来没有稳过。”针对此，徐复观提出了新的解决思路——“回到孔子”，即“孔子乃是在人人可以实践、应当实践的行为生活中，来显示人之所以为人的‘人道’；这是孔子之教，与一切宗教乃至形而上学，断然分途的大关键”；[②]“今日中国哲学家的主要任务，是要扣紧《论语》，把握住孔子思想的性格，用现代语言把它讲出来，以显现孔子的本来面目，不让许多浮浅不学之徒，把自己的思想行为，套进《论语》中去，抱着《论语》来糟蹋《论语》”[③]。徐复观主张“回到孔子”和对《论语》作“现代疏释”的思想，至今没有引起学界的足够重视。事实上，只有深刻理解徐复观的这一思想，才能更好地理解和把握新儒学当下的复杂面貌和未来走向。

就《宣言》文本本身而言，它在纠正西方人之认识偏见、重建中国人之文化自信、理解中国文化之“同情和敬意”的方法、对待西方文化的开放和辩证态度等诸多方面，对于我们今天看待新时代条件下

---

① 徐复观：《中国思想史论集》，（台北）台湾学生书局1988年版，第248页。

② 徐复观：《中国人性论史·先秦篇》，上海三联书店2002年版，第103页。

③ 徐复观：《中国思想史论集续编》，（台北）台湾时报文化出版事业有限公司1982年版，第432、433页。

文化的中西古今关系、建立中国特色社会主义新文化、树立当代中国人的文化自信等，仍然具有重要的启发意义和现实价值。围绕《宣言》发表而发生的“邀请钱穆联合署名遭婉拒”“徐复观修改文本内容未被接受”两个事件，显示出现代新儒学内部在看待中国文化时的立场、儒家有无宗教性，以及哲学路向选择等方面的若干重要分野。可以说，无论从《宣言》本身所显示的现代新儒家的东西方文化观看，还是从当事人围绕《宣言》发表这一事件进行叙述、回忆而展现出的现代新儒家在不同问题上的分歧看，《宣言》这座思想宝库的价值在今天依然值得我们认真对待和深入挖掘。

第二章

文化自省：改革开放初的文化思想（1978—1990）

20世纪70年代末，刚刚走出“文化大革命”阴霾的中国，经济衰退，文化荒芜，封建主义的桎梏仍严重地束缚着人们的思想。如何重新认识传统文化，如何科学地理解西方文化，成为当时文化建设迫切需要解决的重大理论和实践问题。随着改革开放的逐步发展，思想文化领域掀起了对传统文化和西方文化重新解读和阐释的热潮，延及哲学社会科学、文艺创作与理论批评等多个领域，形成20世纪80年代蔚为壮观的“文化热”。“文化热”源于对“文化大革命”的强烈批判和深刻反思，为此，我们把20世纪80年代先进的中国共产党人和知识分子对文化的思考，称作中国人的“文化自省”阶段。

在经历了“文化大革命”以“破四旧”名义对中国传统文化进行打击之后，以邓小平同志为代表的中国共产党人，始终坚持全面、系统、科学地总结新中国成立后的历史经验以及改革开放和现代化建设新时期的实践经验，探索出了一条有中国特色的社会主义道路，从根本上解决了中国现代化建设的道路问题，开辟了我国社会主义事业发展的新时期。

在以邓小平为代表的老一辈中国共产党人的大力推动下，1978年12月18日，党的十一届三中全会决定把工作重心转移到经济建设上来，实行改革开放。1979年3月30日，在党的理论工作务虚会上，邓小平提出“社会主义现代化建设是我们当前最大的政治”，果断停止使用“以阶级斗争为纲”这个不适用社会主义社会的口号。此次会议，开启了我国改革开放历史新时期，实现了新中国成立以来我们党历史上具有深远意义的伟大转折。

党的十一届三中全会全面纠正了“文化大革命”中及其以前的“左”倾错误，坚决批判了“两个凡是”错误方针，充分肯定了必须完整、准确地掌握毛泽东思想的科学体系，高度评价了关于真理标准问题的讨论，确定了解放思想、开动脑筋、实事求是、团结一致向前看的指导方针。党的十一届三中全会“标志着我们党重新确立了马克思主义的思想路线、政治路线、组织路线，标志着中国共产党人在新的时代条件下的伟大觉醒，显示了我们党顺应时代潮流和人民愿望、勇敢开辟建设社会主义新路的坚强决心”①。邓小平理论就是在这次全会前后开始逐步形成和发展起来的。党的十一届三中全会表明中国迈入了新时期，其最鲜明的特点是改革开放，目的是：第一，解放和发展生产力，实现国家现代化，助力中国人民富裕起来，振兴伟大的中华民族；第二，推动社会主义制度自我完善和发展，赋予社会主义新的生机活力；第三，在引领当代中国发展进步中改进党的建设，保持和发展党的先进性，确保党始终走在时代的前列。

邓小平对十一届三中全会作了高度评价：其一，重新确立了解放思想、实事求是的思想路线；其二，确立了一心一意搞现代化建设的政治路线；其三，确立了正确的组织路线，正视了一系列问题，如党规党法、组织纪律等；其四，践行了四项基本原则，要在中国实现现代化，就必须在思想政治上坚持四项基本原则，即必须坚持社会主义道路、必须坚持无产阶级专政、必须坚持共产党的领导、必须坚持马列主义毛泽东思想；其五，确定了改革开放的政策，在政治上发展民主，在经济上进行改革；其六，促成了一系列新方针政策的制定，例如“长期共存、互相监督”“肝胆相照、荣辱与共”“和平统一祖国”“一个国家，两种制度”；其七，总结了新中国成立以来的经验和教训，恢复了党的优良传统和作风；确立了党在若干领域上的基本路线，例如一定要坚持执行百花齐放、百家争鸣的方针，一定要坚持执行不抓辫子、不戴帽子、不打棍子的“三不主义”方针，一定要坚决执行解

① 胡锦涛：《在纪念党的十一届三中全会召开30周年大会上的讲话》，人民出版社2008年版，第3页。

放思想、破除迷信、一切从实际出发的方针。

《人民日报》对邓小平及十一届三中全会的评价是："如果没有邓小平同志，没有以邓小平同志为核心的第二代党中央领导集体，我们的改革开放就不可能有今天的新局面，我们的人民就不可能有今天的新生活，我们的社会主义现代化建设就不可能有这样光辉灿烂的前景。"[①]党的十一届三中全会的历史功绩还在于"中国人民从此走上建设有中国特色社会主义的新道路"[②]。

对中国人民而言，此次会议解放了人民的思想，激发起人民群众建设社会主义现代化的空前积极性。对于中国共产党来说，在这样的时代背景下，应该怎样正确对待中国的传统文化和外来文化？如何正确对待中国革命文化遗产并对社会主义文化进行初步总结？应该怎样建设社会主义新文化？针对这些时代课题，以邓小平为代表的中国共产党人对思想文化领域的封建主义遗毒进行肃清，对革命文化和社会主义文化进行总结与探索，在对外来文化进行吸收借鉴的同时反对全盘西化，提出了建设高度的社会主义精神文明的战略任务，体现出了巨大的理论勇气和魄力，表现出了高度的文化自信，推动了社会主义文化事业的发展。从整体上看，邓小平推动了马克思主义与中国社会主义现代化建设的结合，初步完成了毛泽东在1956年提出的实现"第二次结合"的历史任务："最重要的是要独立思考，把马列主义的基本原理同中国革命和建设的具体实际相结合。民主革命时期，我们吃了大亏之后才成功地实现了这种结合，取得了新民主主义革命的胜利。现在是社会主义革命和建设时期，我们要进行第二次结合，找出在中

① 人民日报评论部编：《人民日报评论选》，人民日报出版社1999年版，第79页。

② 人民日报评论部编：《人民日报评论选》，人民日报出版社1999年版，第78页。

国怎样建设社会主义的道路。”①

在整个20世纪80年代，与文化自信思想密切相关的还有来自马克思主义者、文化民族主义者们的声音。其中，尤以张岱年于1987年重新提出并被方克力持续阐发的“文化综合创新论”，季羡林于1989年提出并不断阐发的“河东河西论”，以及贯穿汤一介全部文化理论的“中国文化发展”理论为代表。

在政治、经济格局剧烈变动的年代里，张岱年尝试整合中国传统文化中的优质资源，融合西方文明中的先进经验，进而探寻现代化背景中的中国新文化建设，其为中国文化向世界争取应有的重视和地位所作出的努力，令人赞赏和敬佩。方克立站在马克思主义的立场，进一步把张岱年的综合创新文化观与中国共产党一贯倡导的文化方针联系起来，对综合创新文化观进行了进一步的阐发、论证和发扬，建构了二者有机统一的新命题，进一步指明了当代中国文化发展的必由之路。

20世纪80年代中期以来，季羡林持续对人类文化问题进行反复思考，提出了“文化交流是推动人类社会前进的最主要动力之一”“东西方文化根本的差别在于思维模式的不同”“东西方文化的关系是‘三十年河东，三十年河西’”等许多重要观点以及“四大文化圈”“两大文化体系”“送去主义”“东化”等一系列概念范畴。这些概念、范畴和命题，已成为一笔宝贵的精神财富，对于今天的社会主义文化建设和推进文化自信，具有重要的理论意义和现实价值。

汤一介在出版的多部文化学论著中，涉及中国传统文化的本质、中国传统文化的现代化、文化上的中西古今之争、马克思主义与中国传统文化的结合、应对西方文化的挑战、全球意识下的文化发展等当

---

① 中共中央文献研究室编：《毛泽东年谱（一九四九——一九七六）》（第二卷），中央文献出版社2002年版，第557页。

前文化领域方方面面的问题。

第一节　对思想文化领域封建主义残余影响的肃清

一、提出肃清封建残余文化的背景

在“文化大革命”之前，毛泽东和邓小平均提出了肃清封建残余的目标。1964年1月3日，邓小平和刘少奇主持召开有中央宣传部和文艺界有关人士参加的座谈会，传达了毛泽东1963年12月12日关于文学艺术工作的批示，即毛泽东在中共中央宣传部文艺处编印的一份材料上批示：“各种文艺形式——戏剧、曲艺、音乐、美术、舞蹈、电影、诗和文学等等，问题不少，人数很多，社会主义改造在许多部门中，至今收效甚微。”“许多共产党人热心提倡封建主义和资本主义的艺术，却不热心提倡社会主义的艺术，岂非咄咄怪事。”[①]邓小平在此次座谈会上的讲话中指出：“目前文艺战线要抓三件事：（一）统一认识。要正确估计形势，明确方向。（二）拟定规划，积极提倡演现代戏。（三）加强写作队伍。”[②]1964年9月28日，邓小平在会见印度尼西亚《人民日报》代表团和越南《学习》杂志代表团时鲜明地指出：“革命，是革大自然的命，革技术的命。在政治思想领域里，是革资本主义和

① 中共中央文献研究室编：《邓小平年谱（一九〇四——一九七四）》（下），中央文献出版社2009年版，第1786页。

② 中共中央文献研究室编：《邓小平年谱（一九〇四——一九七四）》（下），中央文献出版社2009年版，第1786、1787页。

封建主义的命。”[①]此话证明，在政治思想领域，资本主义和封建主义是两大毒瘤，需要被严肃对待、及时处理。同年9月29日，邓小平在会见古巴党政代表团时强调了精神风貌的重要性：“要花几十年才能改变我们国家落后的面貌。我们很幸运有毛泽东这样的领袖。全国百分之九十几的人民是团结的，精神面貌是健康的。”[②]

1975年7月9日，邓小平指出：“除百花齐放外，还有一个百家争鸣的问题。要防止僵化。现在的文章千篇一律，是新八股。‘双百’方针没有贯彻执行，文学、艺术不是更活泼、更繁荣。”[③]“新八股”作为封建主义在社会主义的新面貌，不仅影响文学创作，还影响人民的思想和政治观念。

“文化大革命”期间，封建主义和错误政策交织在一起，造成了无法估量的损失。1976年10月上旬，“中央政治局执行党和人民的意志，毅然粉碎了江青反革命集团，结束了‘文化大革命’这场灾难”[④]，但思想文化领域的封建主义残余影响依然存在，并在一定范围内严重地禁锢着人们的思想。这些封建主义残余包括：“社会关系中残余的宗法观念、等级观念；上下级关系和干群关系中在身份上的某些不平等现象；公民权利义务观念薄弱；经济领域中的某些‘官工’‘官商’‘官农’式的体制和作风；片面强调经济工作中的地区、部门的行政划分和管辖，以至画地为牢，以邻为壑，有时两个社会主义企业、社会主

① 中共中央文献研究室编：《邓小平年谱（一九〇四——一九七四）》（下），中央文献出版社2009年版，第1829页。

② 中共中央文献研究室编：《邓小平年谱（一九〇四——一九七四）》（下），中央文献出版社2009年版，第1829页。

③ 中共中央文献研究室编：《邓小平思想年编（一九七五——一九九七）》，中央文献出版社2011年版，第24页。

④ 《中国共产党中央委员会关于建国以来党的若干历史问题的决议》，载中共中央文献研究室编：《改革开放三十年重要文献选编》，中央文献出版社2008年版，第198页。

义地区办起交涉来会发生完全不应有的困难；文化领域中的专制主义作风；不承认科学和教育对于社会主义的极大重要性，不承认没有科学和教育就不可能建设社会主义；对外关系中的闭关锁国、夜郎自大；等等。”[①]换言之，“文化大革命”中所暴露的种种弊端，均有封建主义的阴影，这种阴影从思想和制度两个方面影响着中国社会主义的建设；并且，社会主义的中国在经济、技术和文化等方面现在还不如发达国家的原因不是社会主义制度本身造成的，而是“解放以前的历史造成的，是帝国主义和封建主义造成的”[②]。1980年8月，邓小平在接受意大利记者法拉奇的采访时直言：“我们过去的一些制度，实际上受了封建主义的影响，包括个人迷信、家长制或家长作风，甚至包括干部职务终身制。我们现在正在研究避免重复这种现象，准备从改革制度着手。我们这个国家有几千年封建社会的历史，缺乏社会主义的民主制度和社会主义的法制。现在我们要认真建立社会主义的民主制度和社会主义法制。只有这样，才能解决问题。”[③]

针对这些现象，邓小平总结道，我们的新民主主义革命在政治和经济领域的反封建任务是成功的、彻底的，但是，“肃清思想政治方面的封建主义残余影响这个任务，因为我们对它的重要性估计不足，以后很快转入社会主义革命，所以没有能够完成”[④]，为此，邓小平在《党和国家领导制度的改革》中明确提出了“继续肃清思想政治方面的

---

① 邓小平：《党和国家领导制度的改革》，载中共中央文献研究室编：《改革开放三十年重要文献选编》（上），中央文献出版社2008年版，第151页。

② 中共中央文献研究室编：《邓小平建设有中国特色社会主义论述专题摘编（新编本）》，中央文献出版社1995年版，第289页。

③ 中共中央文献研究室编：《邓小平思想年编（一九七五——一九九七）》，中央文献出版社2011年版，第167页。

④ 邓小平：《邓小平文选》（第二卷），人民出版社1994年版，第335页。

封建主义残余影响的任务”[①]。在思想文化领域肃清封建主义残余影响的任务，体现出了以邓小平为核心的第二代中央领导集体对中国传统文化负面影响所持的清醒态度。

二、肃清思想政治方面的封建主义残余影响

那么，要怎样肃清思想政治方面的封建主义残余影响呢？邓小平指出，“要有实事求是的科学态度。要运用马克思列宁主义、毛泽东思想，对于封建主义遗毒的表现，进行具体的准确的如实的分析”[②]。具体步骤是：首先，“要划清社会主义同封建主义的界限，决不允许借反封建主义之名来反社会主义，也决不允许用‘四人帮’所宣扬的那套假社会主义来搞封建主义”；其次，“要划清文化遗产中民主性精华同封建性糟粕的界限”；最后，“要划清封建主义遗毒同我们工作中由于缺乏经验而产生的某些不科学的办法、不健全的制度的界限”，切记“不要又是一阵风，不加分析地把什么都说成是封建主义”。[③]胡乔木在指导工作时也说：“对于批判党内、政府内和社会上封建主义思想残余问题，需要有慎重准备，究竟反对什么、纠正什么，如何改革，需要明确规定，以免一哄而起，造成思想上、政治上甚至组织上的混乱。此外，对于实际解决帮助不大。”[④]他还补充道：“现在只提反对封建主

① 邓小平：《党和国家领导制度的改革》，载中共中央文献研究室编：《改革开放三十年重要文献选编》（上），中央文献出版社2008年版，第152页。

② 邓小平：《党和国家领导制度的改革》，载中共中央文献研究室编：《改革开放三十年重要文献选编》（上），中央文献出版社2008年版，第152页。

③ 邓小平：《党和国家领导制度的改革》，载中共中央文献研究室编：《改革开放三十年重要文献选编》（上），中央文献出版社2008年版，第152页。

④ 丁晓平：《中共中央第一支笔——胡乔木在毛泽东邓小平身边的日子》，人民出版社2019年版，第432页。

义而放松对资本主义的唯利是图、损人利己和各种恶性腐化现象，也不妥当。”[①]此外，肃清思想政治方面封建残余思想的影响还要依靠群众的帮助，以“文化大革命”为例，“百分之九十七、九十八的广大人民对‘四人帮’的罪行是痛恨的。这表现在‘四人帮’横行、毛主席病重、周总理去世时，一九七六年四月五日天安门广场爆发的反抗‘四人帮’的群众运动。粉碎‘四人帮’以后，特别是最近两年，我们党的三中全会、四中全会、五中全会体现了人民的意志和人民的要求”[②]。邓小平认为，一个安定团结、稳定发展的社会氛围是民心所向，而经常搞运动势必影响中国的四个现代化建设和制度改革。

肃清思想政治方面封建残余思想的目的是什么呢？对广大干部和群众来说，“是一种自我教育和自我改造，是为了从封建主义遗毒中摆脱出来，解放思想，提高觉悟，适应现代化建设的需要，努力为人民作贡献，为社会作贡献，为人类作贡献”[③]。对国家制度来说，“切实改革并完善党和国家的制度，从制度上保证党和国家政治生活的民主化、经济管理的民主化、整个社会生活的民主化，促进现代化建设事业的顺利发展”[④]。为了实现这些目的，需要注意的是：其一，认真调查研究各国的经验；其二，集思广益，从而提出切实可行的方案和措施；其三，不搞政治运动和宣传运动；其四，用透彻说理、从容讨论的办法去解决群众性的思想教育问题；其五，用稳步前进的方法去解决现行制度的改革和新制度的建立。此外，在肃清思想政治方面封建

① 丁晓平：《中共中央第一支笔——胡乔木在毛泽东邓小平身边的日子》，人民出版社2019年版，第432页。

② 邓小平：《邓小平文选》（第二卷），人民出版社1994年版，第349页。

③ 邓小平：《党和国家领导制度的改革》，载中共中央文献研究室编：《改革开放三十年重要文献选编》（上），中央文献出版社2008年版，第152页。

④ 邓小平：《党和国家领导制度的改革》，载中共中央文献研究室编：《改革开放三十年重要文献选编》（上），中央文献出版社2008年版，第152页。

主义残余影响之时，还坚决不能忽视对资产阶级和小资产阶级思想的批判、对极端个人主义和无政府主义的批判。在处理这些问题时，必须因地制宜、因时而异，因为以不同地区和部门、不同问题、不同人为问题对象，情况是不同的。另外，我国长期以来是半殖民地半封建社会，故封建思想有时也会同资本主义思想、殖民地奴化思想相互渗透和结合，再加上改革开放以来国际交往日益增多，一系列腐朽的生活作风和思想方式层出不穷，应该加以认真解决。

值得注意的是，肃清思想文化领域的封建主义不但不会让中国人民对社会主义及文化失去信心，反而让人民看到：一是虽然社会主义制度在目前并不完善又因错误决策而遭到了破坏，但是究其根本，社会主义制度比资本主义制度更为先进，它摒弃了弱肉强食、损人利己、唯利是图的不良社会文化，当然社会主义制度在发展过程中所遭遇的挫折是一定程度上的规律性现象，正如邓小平所说："道路是曲折的。资本主义代替封建主义的几百年间，发生过多少次王朝复辟？所以，从一定意义上说，某种暂时复辟也是难以完全避免的规律性现象。一些国家出现严重曲折，社会主义好像被削弱了，但人民经受锻炼，从中吸取教训，将促使社会主义向着更加健康的方向发展。"[①]二是社会主义有不断完善和进步的可能，它将吸收世界各国的进步因素，并有希望成为世界上最好的制度；社会主义文化提倡国家、集体和个人的利益在根本上是一致的，且如果有矛盾，个人利益要服从于国家利益。补充而言，社会主义并不盲目排斥资本主义、资产阶级思想，而是秉持科学的态度加以研究并作出妥善规定，绝不是"兴无灭资"。肃清思想文化领域的封建主义还能避免"文化大革命"这类的运动再次发生，为中国的政治制度改革作铺垫，以及在此基础上弄清楚什么是资本主

① 中共中央文献研究室编：《回忆邓小平》（下），中央文献出版社1998年版，第503页。

义，并坚持“自力更生为主、争取外援为辅”的对外交流方针。

肃清思想文化领域的封建主义是一项持久工程，邓小平从新中国成立初期，就致力于此类思想整顿工作，在1950年《团结起来，战胜困难》中，邓小平说：“帝国主义、封建主义、官僚资本主义是不甘心死亡的，故应引起我们严重的警惕。”[①]指出了消灭封建主义的必然性：“土改后农村出现了崭新局面，农民购买力提高了，大大刺激了城市工业发展。所以不消灭封建主义，就不可能发展工业，我们要坚决拥护农民土改。”[②]他还认为封建主义文化包括了许多社会顽疾：享乐主义、铺张浪费、重男轻女等，究其原因，是中国被封建主义制度束缚了两千多年，故封建主义思想根深蒂固，且有积重难返的趋势。1980年7月23日，邓小平在郑州听取中共河南省委负责人段君毅、胡立教、刘杰等汇报工作时指出：“中国封建主义很厉害，这个问题不解决，就要把人推向反面。”[③]1980年12月，在中共中央工作会议上的讲话中，邓小平标志性地将“肃清封建主义”归为社会主义建设的持续性任务：“要继续批判和反对封建主义在党内外思想政治方面的种种残余影响。”[④]意味着肃清思想文化领域的封建主义任重而道远。

封建主义在不间断地复归，1985年邓小平在中国共产党全国代表会议上的讲话中仍然指出：“社会主义精神文明建设，很早就提出了……这几年生产是上去了，但是资本主义和封建主义的流毒还没有

① 中共中央文献研究室、中共重庆市委员会编：《邓小平西南工作文集》，中央文献出版社、重庆出版社2006年版，第84页。

② 中共中央文献研究室、中共重庆市委员会编：《邓小平西南工作文集》，中央文献出版社、重庆出版社2006年版，第360页。

③ 中共中央文献研究室编：《邓小平思想年编（一九七五——一九九七）》，中央文献出版社2011年版，第323页。

④ 中共中央文献研究室编：《邓小平思想年编（一九七五——一九九七）》，中央文献出版社2011年版，第344页。

减少到可能的最低程度，甚至解放后绝迹已久的一些坏事也在复活。”[①]虽然“中国共产党领导的新民主主义革命和社会主义革命，消灭封建主义经济和官僚资本主义经济，建立社会主义公有制，首先是为了解放生产力和发展生产力”[②]，但是，邓小平发现光靠物质条件的提升不能使中国的革命和建设取得胜利，对此，他重申“马克思主义和共产主义的信念”“社会主义法制”和“社会主义民主”之重要，其中，社会主义法制包含了领导制度、组织制度等根本性问题，如邓小平反对中国体制中旧有的人治现象：“一个领导人，自己选择自己的接班人，是沿用了一种封建主义的做法。……我们制度不健全，其中也包括这个在内。”[③]同样他也反思了组织上的问题：“干部领导职务终身制现象的形成，同封建主义的影响有一定关系，同我们党一直没有妥善的退休解职办法也有关系。”[④]邓小平认为整顿社会风气首先要从“说服教育”开始，教育内容包括“理想纪律教育”“共产主义思想教育”和“爱国主义教育”，教育对象主要抓住党员和群众；其次，整顿社会风气要鼓励思想文化教育部门多出版好的精神产品，坚决抵制“坏产品的生产、进口和流传”，例如“资产阶级自由化的宣传，也就是走资本主义道路的宣传，一定要坚决反对”[⑤]。此外，邓小平也强调在整顿过程中，要坚持宪法和法律所保障的各项自由，不搞“运动”和“大批判”、不重犯任何简单化、扩大化的“左”的错误。社会主义的精神文明建设也成为邓小平带领全国人民攻克封建主义文化的良方，1986年在会见芬兰总理卡莱维·索尔萨之时，邓小平指出：“我们对内

① 邓小平：《邓小平文选》（第三卷），人民出版社1993年版，第143页。

② 瞿晓琳：《新时期邓小平改善民生思想研究》，人民出版社2011年版，第173页。

③ 邓小平：《邓小平文选》（第二卷），人民出版社1994年版，第347页。

④ 邓小平：《邓小平文选》（第二卷），人民出版社1994年版，第331页。

⑤ 邓小平：《邓小平文选》（第三卷），人民出版社1993年版，第145页。

开放政策，不可避免带来一些资本主义、封建主义的影响。所以需要强调精神文明建设。”[①]

第二节　对中国革命文化的系统梳理和重新评估

“在5000多年文明发展中孕育的中华优秀传统文化，在党和人民伟大斗争中孕育的革命文化和社会主义先进文化，积淀着中华民族最深层的精神追求，代表着中华民族独特的精神标识。”[②]中国革命文化见证了党和人民的伟大斗争，由中国人民的无数挫折和历史经验凝结而成。中国革命文化包含在中国特色社会主义文化之内，而建设有中国特色的社会主义文化是马克思主义文化在中国最新发展的成果。就中国特色社会主义文化的历史源流来看，邓小平第一次明确提出了中国特色社会主义文化建设的基本目标、指导方针、基本任务等：第一，提出要“提高全民族的科学文化水平，发展高尚的丰富多彩的文化生活，建设高度的社会主义精神文明”，这是中国特色社会主义文化建设的主要任务。第二，提出要发展面向现代化、面向世界、面向未来的，民族的科学的大众的社会主义文化，这是中国特色社会主义文化建设的总要求。第三，强调社会主义精神文明建设的重要地位；提出两个文明建设都要建设好，这才是中国特色的社会主义，坚持“两手抓、两手都要硬”的建设方针。第四，提出要坚持用马克思列宁主义、

① 中共中央文献研究室编：《邓小平年谱（一九七五——一九九七）》（下卷），中央文献出版社2004年版，第1139页。

② 习近平：《习近平谈治国理政》（第二卷），外文出版社2017年版，第36页。

毛泽东思想武装全党，教育人民，这是中国特色社会主义文化建设的基本指导方针。第五，提出“搞社会主义精神文明，主要是使我们的各族人民都成为有理想、讲道德、有文化、守纪律的人民”，这成为中国特色社会主义文化建设的目标。第六，提出要继承和发扬革命精神，使之成为中华人民共和国精神文明的主要支柱，这是中国特色社会主义文化建设的核心内容之一。[①]从中可见，中国革命文化是中国特色社会主义文化的重要组成部分。正如党的十九大报告所指出的：“中国特色社会主义文化，源自中华民族五千多年文明历史所孕育的中华优秀传统文化，熔铸于党领导人民在革命、建设、改革中创造的革命文化和社会主义先进文化，根植于中国特色社会主义伟大实践。”中国革命文化孕育于中国共产党人为中国人民谋幸福、为中华民族谋复兴的伟大斗争之中，是马克思主义中国化初始阶段形成的文化，是中华民族历史文化的宝贵精神财富、优良传统和行为风尚，已成为实现中华民族复兴的强大精神动力和文化支撑。中国革命文化具体体现为井冈山精神、长征精神、抗战精神、延安精神、西柏坡精神等，表现为一不怕苦、二不怕死，谦虚谨慎、戒骄戒躁，艰苦奋斗、勤俭建国的党的优良传统和作风。

毛泽东思想是中国革命文化的集中体现和最重要的代表。改革开放初期，以邓小平为代表的中国共产党人对革命文化进行了系统梳理和重新评估，主要表现在对毛泽东思想的认识、恢复、坚持和对毛泽东个人的正确评价上。

---

① 熊启珍、瞿晓琳：《邓小平与马克思主义和中国实际的第二次结合》，人民出版社2019年版，第313页。

一、明确毛泽东思想是中国共产党集体智慧的结晶

1962年1月30日，毛泽东在《在扩大的中央工作会议上的讲话》中说："在民主革命时期，经过胜利、失败，再胜利、再失败，两次比较，我们才认识了中国这个客观世界。在抗日战争前夜和抗日战争时期，我写了一些论文，例如《中国革命战争的战略问题》《论持久战》《新民主主义论》《〈共产党人〉发刊词》，替中央起草过一些关于政策、策略的文件，都是革命经验的总结。那些论文和文件，只有在那个时候才能产生，在以前不可能，因为没有经过大风大浪，没有两次胜利和两次失败的比较，还没有充分的经验，还不能充分认识中国革命的规律。"[①]因此，说毛泽东思想是中国共产党集体奋斗的结果、是中国共产党集体智慧的结晶，是完全符合实际的。1979年9月29日，叶剑英在《在庆祝中华人民共和国成立三十周年大会上的讲话》中明确指出："毛泽东思想不止是毛泽东同志一个人智慧的产物，也是他的战友们、党和革命人民智慧的产物，正如他自己所说，是'在党和人民的集体奋斗中'产生的。毛泽东思想是半个多世纪以来中国革命斗争经验和新社会建设经验的结晶，是中国共产党集体智慧的结晶……"[②]1980年8月，邓小平在《答意大利记者奥琳埃娜·法拉奇问》中强调，毛泽东思想"主要是毛泽东同志的思想"，但"毛泽东思想不是毛泽东同志一个人的创造，包括老一辈革命家都参与了毛泽东思想的建立和发展"，"周恩来总理、刘少奇同志、朱德同志等等，还有其他许多人都作了贡献。很多老干部都有创造，有见解"。[③]从以上

① 毛泽东：《毛泽东著作选读》（下册），人民出版社1986年版，第825、826页。

② 中共中央文献研究室编：《改革开放三十年重要文献选编》（上），中央文献出版社2008年版，第56页。

③ 邓小平：《邓小平文选》（第二卷），人民出版社1994年版，第345、352页。

阐述可以看出，毛泽东思想不完全等于毛泽东一个人的思想，而是以毛泽东同志为主要代表的中国共产党人集体智慧的结晶。1981年6月27日，中国共产党第十一届中央委员会第六次全体会议一致通过的《关于建国以来党的若干历史问题的决议》（以下简称《决议》）对此作了进一步的总结概括："毛泽东思想是马克思列宁主义在中国的运用和发展，是被实践证明了的关于中国革命的正确的理论原则和经验总结，是中国共产党集体智慧的结晶。我党许多卓越领导人对它的形成和发展都作出了重要贡献，毛泽东同志的科学著作是它的集中概括。"①

"文化大革命"结束后，能否科学评价毛泽东思想，能否坚决维护毛泽东思想指导地位，关乎一个重要问题：中国该向何处去？在这种历史情况下，邓小平践行了实事求是的原则，提出要正确地评价毛泽东的功与过。

首先是正视毛泽东的"功"。1979年3月30日，邓小平郑重地指出："中国革命和建设的一系列胜利，离不开毛泽东思想，毛泽东一生为中国人民作出了不朽贡献，但毛泽东同任何人一样，也有他的缺点和错误。在分析他的缺点和错误的时候，我们当然要承认个人的责任，但是，更重要的是分析历史的复杂的背景。只有这样，我们才是公正地、科学地，也就是马克思主义地对待历史、对待历史人物。"②邓小平指出："毛主席一生中大部分时间是做了非常好的事情的，他多次从危机中把党和国家挽救过来。没有毛主席，至少我们中国人民还要在黑暗中摸索更长的时间。"③邓小平还指出，我们应该汲取毛泽东整体思想中正确的部分："毛泽东思想是毛主席一生中正确的部分……我

---

① 中共中央文献研究室编：《改革开放三十年重要文献选编》（上），中央文献出版社2008年版，第204页。

② 余玮：《世纪小平》，人民出版社2004年版，第451页。

③ 邓小平：《邓小平文选》（第二卷），人民出版社1994年版，第344、345页。

们不但要把毛主席的像永远挂在天安门前，作为我们国家的象征……而且还要坚持毛泽东思想。[①]同时，从总体而言，“他终究是中国共产党、中华人民共和国的主要缔造者。……他为中国人民做的事情是不能抹杀的。从我们中国人民的感情来说，我们永远把他作为我们党和国家的缔造者来纪念”[②]。尤其是“我们党在延安时期，把毛主席各方面的思想概括为毛泽东思想，把它作为我们党的指导思想。正是因为我们遵循毛泽东思想，才取得了革命的伟大胜利”[③]。

1980年10月25日，针对当时对毛泽东的“不同评价”，邓小平指出：“对毛泽东的功过评价不当，老工人通不过，土改时翻身的贫下中农通不过，同他们相联系的一大批老干部也通不过。毛泽东思想这个旗帜不能丢，丢掉了这个旗帜，实际上就否定了我们党的光辉历史。但是，对于毛泽东同志的错误，一定要毫不含糊地进行批评，但要实事求是。毛泽东不是孤立的个人，他直到去世，一直是我们党的领袖。对于毛泽东的错误，不能写过头。写过头，给毛泽东抹黑，也就给我们党、我们国家抹黑。这是违背历史事实的。”[④]邓小平将毛泽东视为中国的精神领袖，避免了通过毛泽东抹黑中国和中国共产党的行为，并努力遵循历史客观事实。

就毛泽东思想本身而言，它具有多方面的内容。在新民主主义革命、社会主义革命和社会主义建设、革命军队的建设和军事战略、政策和策略、思想政治工作和文化工作、党的建设等方面，毛泽东思想以其独创性的理论，丰富和发展了马克思列宁主义。为了系统地在中国传播毛泽东思想，以毛泽东思想指导中国革命和建设实践，中国共

---

① 邓小平：《邓小平文选》（第二卷），人民出版社1994年版，第347页。
② 邓小平：《邓小平文选》（第二卷），人民出版社1994年版，第344页。
③ 邓小平：《邓小平文选》（第二卷），人民出版社1994年版，第345页。
④ 《中国共产党历史上的1000个为什么》（下），中共党史出版社2006年版，第829页。

产党人编著了《毛泽东选集》：1944年5月，晋察冀日报社出版了《毛泽东选集》；1945年7月，苏中出版社编辑出版了《毛泽东选集》第一卷；胶东新华书店、大连大众书店、东北书店、中共晋察冀中央局、中共晋察冀鲁豫中央局也先后出版了《毛泽东选集》和《毛泽东文选》。新中国成立后，毛泽东思想得到广泛宣传，为了适应新形势的需要，20世纪50年代初，中共中央决定出版《毛泽东选集》，并成立了中共中央毛泽东选集出版委员会；1951年4月2日，中央人民政府出版总署还发出《关于做好〈毛泽东选集〉出版、印刷、发行工作的指示》。1966年8月，中共中央作出了加速大量出版毛泽东著作的决定。1968年，《毛泽东选集》第一至四卷64开精装袖珍合订本出版发行。“文化大革命”结束后，1976年10月8日，中共中央作出关于出版《毛泽东选集》第五卷的决定。1977年，《毛泽东选集》第五卷出版，其中包括毛泽东1949年9月至1957年11月写的70篇著作。[①]

二、重新确立毛泽东思想的指导地位

1975年9月27日和10月4日，邓小平在《各方面都要整顿》中提到：“我总觉得现在有一个很大的问题，就是怎样宣传毛泽东思想。”[②]首先，邓小平指出了一个现象：“林彪把毛泽东思想庸俗化的那套做法，罗荣桓同志首先表示不同意，说学习毛主席著作要学精神实质。当时书记处讨论，赞成罗荣桓同志的这个意见。林彪主张就学‘老三篇’（后来加成‘老五篇’），是割裂毛泽东思想。”[③]邓小平对林彪的主张进行了批评，认为毛泽东思想具有丰富的内容，非常完整且体系

① 《中国共产党历史上的1000个为什么》（下），中共党史出版社2006年版，第852页。

② 邓小平：《邓小平文选》（第二卷），人民出版社1994年版，第36页。

③ 邓小平：《邓小平文选》（第二卷），人民出版社1994年版，第36页。

化，不能够只把“老三篇”“老五篇”叫作毛泽东思想，而把毛泽东同志的其他著作都抛开；不能够抓住一两句话、一两个观点，就片面地进行宣传。同时，邓小平也意识到，实际上“割裂毛泽东思想的这个问题，现在实际上并没有解决”[①]。在文艺方针上面，毛泽东提出的“古为今用、洋为中用”“百花齐放、百家争鸣”“推陈出新”，三个观点连成一体，是很完整的，但是现在没有提“百花齐放”，这就是一种割裂。在学校教育方面，很多学校的学生不读书，这也不符合毛泽东的思想，因为毛泽东的教育理念是反对教育脱离实际、脱离群众、脱离劳动，其目的是鼓励学生们不仅要读书，而且要读得更好，要“好好学习，天天向上”，而不是不要读书。在科学实验方面，毛泽东讲了阶级斗争、生产斗争、科学实验是三项基本社会实践，但是当时却把“科学实验”单独割裂出来了，且使民众普遍认为“讲都不敢讲”“讲了就是罪过”。通过以上三个方面的代表性案例，邓小平指出：“恐怕在相当多的领域里，都存在怎样全面学习、宣传、贯彻毛泽东思想的问题。”[②]然而，毛泽东思想紧密联系着各个领域的实践，紧密联系着各个方面工作的方针、政策和方法，换言之，对毛泽东思想的把握“牵一发而动全身”，对此，“我们一定要全面地学习、宣传和实行，不能听到风就是雨”[③]。1977年7月，中共十届三中全会上的讲话中提到，“要用准确的完整的毛泽东思想来指导我们全党、全军和全国人民”[④]。

那么，应该如何正确理解以及如何才能做到“完整准确地理解和掌握毛泽东思想的科学原理”呢？首先要理解这句话的含义。邓小平

① 邓小平：《邓小平文选》（第二卷），人民出版社1994年版，第37页。
② 邓小平：《邓小平文选》（第二卷），人民出版社1994年版，第37页。
③ 邓小平：《邓小平文选》（第二卷），人民出版社1994年版，第37页。
④ 邓小平：《邓小平文选》（第二卷），人民出版社1994年版，第39页。

指出："我说要用准确的完整的毛泽东思想作指导的意思是，要对毛泽东思想有一个完整的准确的认识，要善于学习、掌握和运用毛泽东思想的体系来指导我们各项工作。只有这样，才不至于割裂、歪曲毛泽东思想，损害毛泽东思想。"① 叶剑英对如何做到这一点进行了补充："我们只有坚持一切从实际出发，实事求是，理论联系实际，才能做到完整地、准确地掌握毛泽东思想的科学体系，才能把毛泽东思想的基本原则同现代化建设和国内外斗争的实践结合起来，把毛泽东思想继续推向前进。这才是真正地高举毛泽东思想的旗帜。"②

不过，要理解和把握准确且完整的毛泽东思想，关键在于"确立毛泽东同志的历史地位，坚持和发展毛泽东的思想"③。方法在于，其一，"马克思主义地对待历史，对待历史人物"④，进一步评价人物和历史，"都要提倡全面的科学的观点，防止片面性和感情用事"⑤，力求符合全国人民的利益和愿望；其二，划清毛泽东思想和毛泽东个人思想之间的界限，科学地回答"什么是毛泽东思想"这一问题，讲清楚"毛泽东思想是一个思想体系"，"高举毛泽东思想旗帜、坚持毛泽东思想，指的是些什么内容"。⑥

为了重新确立毛泽东思想的指导地位，邓小平再次回顾了真理标准问题之争。邓小平认为，"文化大革命"虽然结束了，但是关于真理的标准是什么依旧没有弄清，而这一标准对掌握毛泽东思想、认识毛泽东思想的指导地位，有较强的理论价值。

---

① 邓小平：《邓小平文选》（第二卷），人民出版社1994年版，第42页。

② 中共中央文献研究室编：《改革开放三十年重要文献选编》（上），中央文献出版社2008年版，第73页。

③ 邓小平：《邓小平文选》（第二卷），人民出版社1994年版，第291页。

④ 邓小平：《邓小平文选》（第二卷），人民出版社1994年版，第172页。

⑤ 邓小平：《邓小平文选》（第二卷），人民出版社1994年版，第244页。

⑥ 邓小平：《邓小平文选》（第二卷），人民出版社1994年版，第297页。

真理标准大讨论的导火索是《实践是检验真理的唯一标准》（以下简称《标准》），这篇文章于1978年5月11日由《光明日报》特约评论员发出。《标准》指出，检验真理的标准问题是很早就被无产阶级革命导师讨论和解决了的问题，但是由于“四人帮”的破坏和“四人帮”用舆论工具进行大量的歪曲宣传，此问题被弄得混淆不堪。于是，标准再次被申明被强调，正如毛泽东在《新民主主义论》和《实践论》中所说：“真理只有一个，而究竟谁发现了真理，不依靠主观的夸张，而依靠客观的实践。只有千百万人民的革命实践，才是检验真理的尺度。”“真理的标准只能是社会的实践。”也就是说，检验真理的标准，不能在主观领域、理论领域中去寻找，而应该诉诸联系理论和客观世界的实践；以人作为实践的主体而言，人的社会实践是改造客观世界的活动，是主观见之于客观的东西。以马克思主义为例，马克思主义之所以被承认为真理，正是千百万群众长期实践证实的结果。“马克思列宁主义之所以被称为真理，也不但在于马克思、恩格斯、列宁、斯大林等人科学地构成这些学说的时候，而且在于为尔后革命的阶级斗争和民族斗争的实践所证实的时候。”[①]毛泽东思想正是马克思列宁主义普遍真理和革命具体实践相结合的产物。同时，《标准》否定了强调实践会削弱“理论”的观点，认为这不过是多余的担心，例如“四人帮”炮制的种种唯心先验论，根本经不起实践的检验，最终以失败告终，而毛泽东思想之所以有力量，在于它是由实践检验了的客观真理、高度概括了实践经验，并由此上升为理论，用来指导实践。换言之，正如列宁所说：“没有革命的理论，就不会有革命的运动。”[②]理论之所以重要，就在于它来自实践，且能正确指导实践，并通过实践来检验

① 中共中央党校编：《马列著作毛泽东著作选读》（哲学部分），人民出版社1978年版，第361页。

② 毛泽东：《毛泽东选集》（第一卷），人民出版社1991年版，第292页。

理论“是否正确地指导了实践”以及“怎样正确地指导实践”。此外，《标准》还提出，毛泽东思想应该结合当前和过去的实践与时俱进，这样方能合理地批判不合理的理论，唯有从实践经验出发，才能显示出毛泽东思想巨大的生命力。

毛泽东本人就是坚持用实践检验真理的榜样。“毛主席从来对思想理论问题采取极其严肃和慎重的态度，他总是要让他的著作经过一段时间的实践的考验以后再来编定他的选集。”[①]简言之，毛泽东始终要求不断用革命实践来检验自己提出的理论和路线。例如，1955年，毛泽东在编辑《中国农村的社会主义高潮》一书时，写了104篇按语。当时还没有预料到1956年以后国际国内所发生的阶级斗争的新情况。因此，1958年在重印一部分按语的时候，毛泽东特别写了一个说明，指出这些按语“其中有一些现在还没有丧失它们的意义。其中说：一九五五年是社会主义与资本主义决战取得基本胜利的一年，这样说不妥当。应当说：一九五五年是在生产关系的所有制方面取得基本胜利的一年，在生产关系的其他方面以及上层建筑的某些方面即思想战线方面和政治战线方面，则或者还没有基本胜利，或者还没有完全胜利，还有待于尔后的努力。”[②]毛泽东指出：“人类认识的历史告诉我们，许多理论的真理性是不完全的，经过实践的检验而纠正了它们的不完全性。许多理论是错误的，经过实践的检验而纠正其错误。”[③]又指出：“客观现实世界的变化运动永远没有完结，人们在实践中对于真理的认识也就永远没有完结。马克思列宁主义并没有结束真理，而是在实践

① 《光明日报》特约评论员：《实践是检验真理的唯一标准》，载《实践是检验真理的唯一标准论文集》，生活·读书·新知三联书店1979年版，第7、8页。

② 《光明日报》特约评论员：《实践是检验真理的唯一标准》，载《实践是检验真理的唯一标准论文集》，生活·读书·新知三联书店1979年版，第8页。

③ 《光明日报》特约评论员：《实践是检验真理的唯一标准》，载《实践是检验真理的唯一标准论文集》，生活·读书·新知三联书店1979年版，第10页。

中不断地开辟认识真理的道路。”[①]除了理论，毛泽东还对革命指导者寄予了深切期望：“真正的革命的指导者，不但在于当自己的思想、理论、计划、方案有错误时须得善于改正，而且在于当某一客观过程已经从某一发展阶段向另一发展阶段推移转变的时候，须得善于使自己和参加革命的一切人员在主观认识上也跟着推移转变，即是要使新的革命任务和新的工作方案的提出，适合于新的情况的变化。”[②]也就是说，作为马克思主义中国化的产物，毛泽东思想所强调的实践是检验真理的唯一标准，强调在实践中对于真理的认识永远没有完结，就是承认我们的认识不可能一次完成或最终完成，就是承认由于历史的和阶级的局限性，我们的认识可能犯错误，需要由实践来检验，凡经实践证明是错误的或者不符合实际的东西，就应当改变，不应再坚持。与之相反，“四人帮”大肆提出“一句顶一万句”“句句是真理”试图给人们的思想套上枷锁的行为，完全违背了毛泽东思想，如对于“个人崇拜”，毛泽东曾说：“任何英雄豪杰，他的思想、意见、计划、办法，只能是客观世界的反映，其原料或者半成品只能来自人民群众的实践中，或者自己的科学试验中，他的头脑只能作为一个加工工厂而起制成完成品的作用，否则是一点用处也没有的。人脑制成的这种完成品，究竟合用不合用，正确不正确，还得交由人民群众去考验。”[③]

认识毛泽东思想的指导地位，还要注意避免“二元论”问题，即认为实践是检验真理的标准，同时毛泽东思想也是检验真理的标准，换言之，认为每一种认识都需要既用实践又用毛泽东思想来验证；另

---

① 《光明日报》特约评论员：《实践是检验真理的唯一标准》，载《实践是检验真理的唯一标准论文集》，生活·读书·新知三联书店1979年版，第10页。

② 《光明日报》特约评论员：《实践是检验真理的唯一标准》，载《实践是检验真理的唯一标准论文集》，生活·读书·新知三联书店1979年版，第10页。

③ 邢贲思：《关于真理的标准问题》，载《实践是检验真理的唯一标准论文集》，上海人民出版社1978年版，第87页。

外一种“二元论”就是把毛泽东思想是革命实践的指针，混同于毛泽东思想是真理的标准。对于前者，是混淆了“真理”和“真理标准”的界限；对于后者，虽然中国人民的斗争需要毛泽东思想的指导，但是这和真理的标准是两个不同范畴的问题。从哲学上来看，承认毛泽东思想对于革命实践的指导作用，也就是承认理论对实践的反作用，承认这种反作用，决不能否认实践所起的根本的决定作用，不能用这种反作用来代替实践是真理的标准问题。换言之，毛泽东思想作为一种科学真理，对实践有巨大的能动作用，但是，任何一种理性认识，包括毛泽东思想这样一种科学真理在内，它的基础都是实践，也只能是实践，它不仅必须通过实践来验证，而且必须通过实践使自己不断发展。对此，毛泽东强调必须把马克思主义的普遍真理和革命的具体实践相结合，并且这种和实际相结合、分析研究实际情况、解决实际问题的精神，正是一种“实事求是”的精神。实事求是是毛泽东思想的出发点、根本点。总体而言，“实践是检验真理的唯一标准”既涉及坚持、捍卫马克思主义认识论的问题，又涉及中国共产党的学风、文风、党风建设的根本问题。值得注意的是，确立毛泽东思想的指导地位，不等于将毛泽东思想当作检验真理的标准，或是主观上想要崇拜毛泽东思想，这两者都是错误的，正如列宁所说，真理“只要再多走一小步，仿佛是向同一方向迈的一小步，真理便会变成错误”[①]。

倡导理解和把握毛泽东思想、确立毛泽东思想的指导地位，是一个历史性过程。邓小平在1977年4月10日致华国锋、叶剑英和党中央的信中，以及1977年7月，中共十届三中全会上的讲话中都讲到“要用准确的完整的毛泽东思想来指导我们全党、全军和全国人民”[②]；

① 《列宁选集》（第四卷），人民出版社1972年版，第257页。

② 邓小平：《邓小平文选》（第二卷），人民出版社1994年版，第42页。

1978年12月13日，在《解放思想，实事求是，团结一致向前看》的讲话中，邓小平再次强调："毛泽东思想培育了我们整整一代人。……没有毛泽东思想，就没有今天的中国共产党……毛泽东思想永远是我们全党、全军、全国各族人民的最宝贵的精神财富。我们要完整地准确地理解和掌握毛泽东思想的科学原理，并在新的历史条件下加以发展。"[①]

1981年6月，党的十一届六中全会通过《关于建国以来党的若干历史问题的决议》(以下简称《决议》)，指出："毛泽东思想是我们党的宝贵的精神财富，它将长期指导我们的行动。"[②]这意味着必须继续坚持毛泽东思想，以符合实际的新原理新结论丰富和发展我们党的理论，标志着党在指导思想上拨乱反正的胜利完成。《决议》对毛泽东思想下了准确的定义："以毛泽东同志为主要代表的中国共产党人，根据马克思列宁主义的基本原理，把中国长期革命实践中的一系列独创性经验作了理论概括，形成了适合中国情况的科学的指导思想，这就是马克思列宁主义普遍原理和中国革命具体实践相结合的产物——毛泽东思想。"[③]对毛泽东思想多方面的内容和灵魂——实事求是、群众路线、独立自主作了科学概括：实事求是指"从实际出发，理论联系实际，就是要把马克思列宁主义普遍原理同中国革命具体实践相结合"；群众路线是指"一切为了群众，一切依靠群众，从群众中来，到群众中去"；独立自主是指"从中国实际出发、依靠群众进行革命和建设的

① 中共中央文献研究室编:《改革开放三十年重要文献选编》(上)，中央文献出版社2008年版，第7页。

② 中共中央文献研究室编:《改革开放三十年重要文献选编》(上)，中央文献出版社2008年版，第210页。

③ 中共中央文献研究室编:《改革开放三十年重要文献选编》(上)，中央文献出版社2008年版，第204页。

必然结论”。[1]此举恢复了毛泽东思想的本来面目，重新确立了毛泽东思想的指导地位。此外，《决议》还对党的十一届三中全会以来逐步确立的适合我国国情的社会主义现代化建设正确道路的主要点，从十个方面进行了概括，初步提出了在中国建设什么样的社会主义和怎样建设社会主义的问题。

三、坚持和发展毛泽东在中国革命和建设中的历史地位

邓小平在多处强调，“毛泽东思想是毛主席一生中正确的部分”[2]，必须把毛泽东晚年犯的错误同经过长期历史考验形成为科学理论的毛泽东思想区别开来。

这里涉及上文提及的对毛泽东个人的评价问题。“对毛泽东同志的评价，对毛泽东思想的阐述，不是仅仅涉及毛泽东同志个人的问题，这同我们党、我们国家的整个历史是分不开的。要看到这个全局。”[3]那么，要如何实事求是地对毛泽东同志作出评价呢？对此，邓小平指出：“对毛主席的评价要非常客观，第一他是有功的，第二才是过。”[4]《决议》实事求是地评价了毛泽东在中国革命和建设中的历史地位，指出毛泽东是伟大的马克思主义者，伟大的无产阶级革命家、战略家和理论家。就他的一生来看，他对中国革命的功绩远远大于他的过失。

除了对毛泽东进行实事求是的评价，更重要的是如何坚持和发展毛泽东思想。在《对起草〈关于建国以来党的若干历史问题的决议〉

① 中共中央文献研究室编：《改革开放三十年重要文献选编》（上），中央文献出版社2008年版，第208—210页。

② 邓小平：《邓小平文选》（第二卷），人民出版社1994年版，第347页。

③ 邓小平：《邓小平文选》（第二卷），人民出版社1994年版，第299页。

④ 邓小平：《邓小平文选》（第二卷），人民出版社1994年版，第353页。

的意见》中，邓小平指出，“确立毛泽东同志的历史地位，坚持和发展毛泽东思想。这是最核心的一条”[①]。坚持和发展毛泽东思想，邓小平是先行者，他带领中国共产党实现了历史的承前启后，推动了当代中国在社会主义的道路上继续前进。中华人民共和国成立后，邓小平敏锐地察觉到正在发生的历史变化：“中华人民共和国建立以后，毛泽东同志运用实事求是这一真理领导我们继续前进。当然，有好多东西当时还不具备提出来的条件。”[②]例如，毛泽东时期，中国想要扩大对外经济技术交流，但是彼时中国国力较弱且受到西方国家的封锁，加之之后“四人帮”以“卖国主义”“崇洋媚外”的名义将中国与世界隔绝，不过毛泽东关于三个世界划分的战略思想，为邓小平“积极发展同世界各国的关系和经济文化往来”开辟了道路、奠定了理论基础，同时，经过多年的努力，中国有了比过去更好的国际条件，能够吸收国际先进技术和经营管理经验、吸收国际的资金，这是毛泽东在世的时候所没有的条件。1978年9月16日，邓小平在《高举毛泽东思想，坚持实事求是的原则》中指出：“怎么样高举毛泽东思想旗帜，是个大问题。现在党内外、国内外很多人都赞成毛泽东思想旗帜。什么叫高举？怎么样高举？”[③]

什么叫高举毛泽东思想的旗帜？即从实际出发，“充分利用各种有利条件，实现毛泽东同志提出、周恩来同志宣布的四个现代化的目标”[④]。此外，邓小平认为，要对毛泽东思想进行与时俱进的发展，否则就会导致理论僵化，“所谓理论要通过实践来检验，也是这样一个问

① 邓小平：《邓小平文选》（第二卷），人民出版社1994年版，第291页。
② 邓小平：《邓小平文选》（第二卷），人民出版社1994年版，第127页。
③ 邓小平：《邓小平文选》（第二卷），人民出版社1994年版，第126页。
④ 邓小平：《邓小平文选》（第二卷），人民出版社1994年版，第128页。

题”[①]。要始终践行毛泽东实事求是的思想、辩证唯物主义和历史唯物主义的原理，紧跟新事物和新问题的发展变化。

什么叫“高举”？邓小平认为，落实当下中央提出的方针、政策，这便是真正的高举。在此基础上，加速中国社会发展前进的步伐，则是最好的高举。离开这些，仅仅是形式主义的高举。

怎么样高举？邓小平认为，“毛泽东思想不是在个别的方面，而是在许多领域发展了马克思主义”[②]。“他创造性地把马列主义运用到中国革命的各个方面，包括哲学、政治、军事、文艺和其他领域，都有创造性的见解。”[③]例如，在建党理论方面，邓小平指出：“毛泽东同志对于建立一个什么样的党，党的指导思想是什么，党的作风是什么，都有完整的一套。正是因为毛泽东同志在延安整风中建立了完整的建党学说，并且用这个学说来教育我们全党、全军和人民，使我们建立了这么一个好的党，所以才取得抗日战争、解放战争的彻底胜利。建国以后，党内生气勃勃，生动活泼。毛泽东同志的建党学说以后又有新的发展。”[④]在文学艺术方面，邓小平指出：“我们要继续坚持毛泽东同志提出的文艺为最广大的人民群众、首先为工农兵服务的方向，坚持百花齐放、推陈出新、洋为中用、古为今用的方针，在艺术创作上提倡不同形式和风格的自由发展，在艺术理论上提倡不同观点和学派的自由讨论。”[⑤]在教育方面，邓小平指出：“为了培养社会主义建设需要的合格的人才，我们必须认真研究在新的条件下，如何更好地贯彻教育与生产劳动相结合的方针。”[⑥]“马克思、恩格斯、列宁和毛泽东

① 邓小平：《邓小平文选》（第二卷），人民出版社1994年版，第128页。
② 邓小平：《邓小平文选》（第二卷），人民出版社1994年版，第43页。
③ 邓小平：《邓小平文选》（第二卷），人民出版社1994年版，第345页。
④ 邓小平：《邓小平文选》（第二卷），人民出版社1994年版，第44页。
⑤ 邓小平：《邓小平文选》（第二卷），人民出版社1994年版，第210页。
⑥ 邓小平：《邓小平文选》（第二卷），人民出版社1994年版，第107页。

同志都非常重视教育与生产劳动的结合，认为在资本主义社会里这是改造社会的最强有力的手段之一；在无产阶级取得政权之后，这是培养理论与实际结合、学用一致、全面发展的新人的根本途径，是逐步消灭脑力劳动和体力劳动差别的重要措施”[①]。在科学研究方面，邓小平指出虽然在林彪和“四人帮”的破坏下，耽误了中国科技同世界先进水平缩小距离的进度，导致中国科技力量薄弱，不能适应现代化建设的需要，但是不可否认毛泽东支持中国发展科技的举措有一定成效：“新中国成立以来，我们的科学技术事业有了很大的发展，在经济建设和国防建设中发挥了重大作用。”[②]

实际上，“怎样高举”，就是如何坚持和发展毛泽东思想的问题。邓小平在《实行开放政策，学习世界先进科学技术》的文章中提到：“过去行之有效的东西，我们必须坚持，特别是根本制度，社会主义制度，社会主义公有制，那是不能动摇的。”[③]继承了毛泽东对社会主义制度的追求和塑造：“社会主义制度促进了我国生产力的突飞猛进的发展。”[④]“我们的社会主义制度还需要有一个继续建立和巩固的过程，人民群众对于这个新制度还需要有一个习惯的过程，国家工作人员也需要一个学习和取得经验的过程。”[⑤]邓小平坚持了毛泽东时代提出和确立下来的现代化建设的方针：“我们现在讲的四个现代化，实际上是毛主席提出来的，是周总理在他的政府工作报告中讲出来的。”[⑥]在毛泽东时代，我国“培养了大批熟练工人和上千万专业人才，建立了

① 邓小平：《邓小平文选》（第二卷），人民出版社1994年版，第107页。
② 邓小平：《邓小平文选》（第二卷），人民出版社1994年版，第90页。
③ 邓小平：《邓小平文选》（第二卷），人民出版社1994年版，第133页。
④ 毛泽东：《毛泽东文集》（第七卷），人民出版社1999年版，第214页。
⑤ 毛泽东：《毛泽东文集》（第七卷），人民出版社1999年版，第216页。
⑥ 邓小平：《邓小平文选》（第二卷），人民出版社1994年版，第311、312页。

比较完整的工业体系和国民经济体系”[①]，它们共同铸就了四个现代化的物质基础，在此之上“有了一个向四个现代化前进的阵地”[②]。此举延续了毛泽东建设四个现代化的努力。在1945年《论联合政府》中，毛泽东指出：“在抗日战争结束以后，可以预断，中国工人阶级的努力和贡献将会是更大的。中国工人阶级的任务，不但是为着建立新民主主义的国家而斗争，而且是为着中国的工业化和农业近代化而斗争。”[③]1957年3月12日，在中国共产党全国宣传工作会议上，毛泽东正式提出了“三个现代化”：“我们一定会建设一个具有现代工业、现代农业和现代科学文化的社会主义国家。”[④]1960年初，在读《政治经济学教科书》笔记中，毛泽东完整地提出了“四个现代化”：“建设社会主义，原来要求是工业现代化，农业现代化，科学文化现代化，现在要加上国防现代化。”[⑤]1960年，毛泽东在同尼泊尔首相的谈话中，再次对实现四个现代化的目标进行了重申：“（我们的任务）就是要安下心来，使我们可以建设我们国家现代化的工业、现代化的农业、现代化的科学文化和现代化的国防。”[⑥]最后，在1975年第四届全国人民代表大会第一次会议《政府工作报告》中，“实现工业、农业、科学技术和国防现代化”的口号被写入，并被更广泛深入地传播开来。

最重要的一点是邓小平坚持了毛泽东“第二次结合”的方针。毛泽东在提出“使中国革命丰富的实际马克思主义化”之后，又提出了“把马克思列宁主义的普遍真理同中国社会主义建设的具体实际，

① 邓小平：《邓小平文选》（第二卷），人民出版社1994年版，第357页。
② 邓小平：《邓小平文选》（第二卷），人民出版社1994年版，第232页。
③ 毛泽东：《毛泽东选集》（第三卷），人民出版社1991年版，第1081页。
④ 毛泽东：《毛泽东文集》（第七卷），人民出版社1999年版，第268页。
⑤ 毛泽东：《毛泽东文集》（第八卷），人民出版社1999年版，第116页。
⑥ 毛泽东：《毛泽东文集》（第八卷），人民出版社1999年版，第162页。

并且同今后世界革命的具体实际，尽可能好一些地结合起来”[①]，也就是说，有待后人找出在中国进行社会主义革命和建设的正确道路。为了探寻社会主义建设的正确道路，邓小平指出“我们搞改革开放……问题是要把什么叫社会主义搞清楚，把怎么样建设和发展社会主义搞清楚”[②]，做事情“不能像小脚女人一样”[③]，“能发展就不要阻挡，有条件的地方要尽可能搞快点”[④]，并提出了“发展才是硬道理”[⑤]的英明论断。

在坚持毛泽东“第二次结合”方针的基础上，形成了“邓小平理论”。邓小平理论提出的历史背景是：国际垄断资本主义和帝国主义在全球扩张、国际共产主义运动陷入低潮，世界的和平发展屡次遭到威胁。结合具体实际，邓小平提出了社会主义市场经济理论、社会主义初级阶段概念、四项基本原则、“一国两制”政策、实事求是的思想方法，并对社会主义本质作了概括。对于社会主义市场经济理论，邓小平指出：“计划多一点还是市场多一点，不是社会主义与资本主义的本质区别。计划经济不等于社会主义，资本主义也有计划；市场经济不等于资本主义，社会主义也有市场。计划和市场都是经济手段。”[⑥]关于社会主义初级阶段概念，以邓小平为代表的中国共产党人，确定了社会主义初级阶段的基本路线：“领导和团结各族人民，以经济建设为中心，坚持四项基本原则，坚持改革开放，自力更生，艰苦创业，为把中国建设成为富强、民主、文明的社会主义现代化国家而奋斗。”[⑦]

---

① 毛泽东：《毛泽东文集》（第八卷），人民出版社1999年版，第302页。
② 邓小平：《邓小平文选》（第三卷），人民出版社1993年版，第369页。
③ 邓小平：《邓小平文选》（第三卷），人民出版社1993年版，第372页。
④ 邓小平：《邓小平文选》（第三卷），人民出版社1993年版，第375页。
⑤ 邓小平：《邓小平文选》（第三卷），人民出版社1993年版，第377页。
⑥ 邓小平：《邓小平文选》（第三卷），人民出版社1993年版，第373页。
⑦ 邓小平：《邓小平文选》（第三卷），人民出版社1993年版，第405页。

同时指出社会主义初级阶段是一个长期的过程，中国共产党人搞社会主义革命和建设需要有一定的耐心。对于什么是社会主义，邓小平认为："社会主义本身是共产主义的初级阶段，而我们中国又处在社会主义的初级阶段，就是不发达的阶段。一切都要从这个实际出发，根据这个实际来制订规划。"①

邓小平还指出社会主义阶段的根本任务是发展生产力，1992年，在南方谈话中他进一步指出："社会主义的本质，是解放生产力，发展生产力，消灭剥削，消除两极分化，最终达到共同富裕。"②对于四项基本原则，1979年在党的理论工作务虚会上，邓小平在《坚持四项基本原则》的讲话中明确指出："为了实现四个现代化，我们必须坚持社会主义道路，坚持无产阶级专政，坚持共产党的领导，坚持马列主义、毛泽东思想。中央认为，今天必须反复强调坚持这四项基本原则，因为某些人（哪怕只是极少数人）企图动摇这些基本原则。这是决不许可的。每个共产党员，更不必说每个党的思想理论工作者，决不允许在这个根本立场上有丝毫动摇。如果动摇了这四项基本原则中的任何一项，那就动摇了社会主义事业，整个现代化建设事业。"③四项基本原则是立党之本、立国之本，是共产党人的生命线，邓小平反复强调要"在坚持四项基本原则的基础上选择好的政策"④，"要在坚持四项基本原则的基础上发展生产力"⑤，"离开坚持四项基本原则，就没有根，没有方向"⑥。

---

① 邓小平：《邓小平文选》（第三卷），人民出版社1993年版，第252页。

② 邓小平：《邓小平文选》（第三卷），人民出版社1993年版，第373页。

③ 邓小平：《邓小平文选》（第二卷），人民出版社1994年版，第173页。

④ 邓小平：《邓小平文选》（第三卷），人民出版社1993年版，第135页。

⑤ 邓小平：《邓小平文选》（第三卷），人民出版社1993年版，第138页。

⑥ 中共中央文献研究室编：《邓小平年谱（一九七五——一九九七）》（上），中央文献出版社2004年版，第605页。

对于“一国两制”政策，邓小平继承了毛泽东的统一战线理论，1984年10月22日，邓小平在中央顾问委员会第三次全体会议上的讲话中指出：“‘一国两制’是从中国的实际提出的，中国面临一个香港问题，一个台湾问题。解决问题只有两个方式：一个是谈判方式，一个是武力方式。用和平谈判的方式来解决，总要各方都能接受，香港问题就要中国和英国，加上香港居民都能接受。什么方案各方都能接受呢？就香港来说，用社会主义去改变香港，就不是各方都能接受的。所以要提出‘一国两制’。”[①]至于实事求是的思想方法，邓小平要求共产党人按照事物本来的面目，去想问题、办事情，并根据目前处于社会主义初级阶段的情况，提出“提倡一部分人和一部分地方由于多劳多得，先富裕起来”[②]的政策。

第三节　对外来文化的吸收借鉴与反对全盘西化

以邓小平同志为核心的第二代党中央领导集体，特别注重对外来文化的吸收与借鉴，在多个地方讲到要向资本主义发达国家学习先进的科学、技术、经营管理方法以及其他一切对我们有益的知识和文化。但在学习的过程中，邓小平对“全盘西化”特别警惕，尤其是当时的情形，大力反对资产阶级自由化。这两个方面，共同构成了邓小平关于对待外来文化的基本态度。特别是改革开放之后，一部分人“一方面反对共产党的领导，反对社会主义制度，另一方面又主张全盘西化，

① 邓小平：《邓小平文选》（第三卷），人民出版社1993年版，第84页。

② 邓小平：《邓小平文选》（第二卷），人民出版社1994年版，第258页。

要把西方资本主义制度全盘搬到中国来”[①]，“他们的主张实际上是反对社会主义制度，搞资产阶级自由化。所谓资产阶级自由化，就是要中国全盘西化，走资本主义道路”[②]。“全盘西化”既会危害我国政治制度：“有资产阶级自由化思想的人希望中国大陆变成资本主义，叫作‘全盘西化’”[③]，还会侵蚀我国的经济发展：“一旦中国全盘西化，搞资本主义，四个现代化肯定实现不了”[④]，后果就是：“中国要解决十亿人的贫困问题，十亿人的发展问题。如果搞资本主义，可能有少数人富裕起来，但大量的人会长期处于贫困状态，中国就会发生闹革命的问题”[⑤]，经济的动摇也会成为政治危机的催化剂。

一、肯定并重申“洋为中用”原则

以邓小平为核心的第二代党中央领导集体，多次肯定并重申了毛泽东关于“洋为中用”的原则。毛泽东曾说：“我们的方针是，一切民族、一切国家的长处都要学，政治、经济、科学、技术、文学、艺术的一切真正好的东西都要学。但是，必须有分析有批判地学，不能盲目地学，不能一切照抄，机械搬运。他们的短处、缺点，当然不要学。”[⑥]1975年9月27日、10月4日，邓小平在农村工作座谈会上的讲话《各方面都要整顿》中说：“割裂毛泽东思想这个问题，现在实际上并没有解决。比如文艺方针，毛泽东同志说，要古为今用，洋为中用，

① 邓小平：《邓小平文选》（第三卷），人民出版社1993年版，第198页。
② 邓小平：《邓小平文选》（第三卷），人民出版社1993年版，第207页。
③ 邓小平：《邓小平文选》（第三卷），人民出版社1993年版，第219页。
④ 邓小平：《邓小平文选》（第三卷），人民出版社1993年版，第229页。
⑤ 邓小平：《邓小平文选》（第三卷），人民出版社1993年版，第229页。
⑥ 毛泽东：《毛泽东文集》（第七卷），人民出版社1999年版，第41页。

百花齐放，推陈出新。这是很完整的。”[①]1979年10月30日，邓小平在中国文学艺术工作者第四次代表大会上的祝词中指出：“我们要继续坚持毛泽东同志提出的文艺为最广大的人民群众、首先为工农兵服务的方向，坚持百花齐放、推陈出新、洋为中用、古为今用的方针，在艺术创作上提倡不同形式和风格的自由发展，在艺术理论上提倡不同观点和学派的自由讨论。”[②]《关于建国以来党的若干历史问题的决议》中有这样的表述：“他（毛泽东）根据这个基本观点，在这方面提出过许多具有长远意义的重要思想。例如：……关于发展民族的、科学的、大众的文化，实行百花齐放、推陈出新、古为今用、洋为中用的方针。”[③]

邓小平在不同场合，面对不同对象，多次强调要大胆吸收和借鉴人类社会创造的一切文明成果，学习资本主义发达国家先进的科学技术、经营方式、管理方法及其他一切对我们有益的知识和文化。

例如，1975年8月18日，邓小平在《关于发展工业的几点意见》中提到：“引进新技术、新设备，扩大进出口。外国都很重视引进国外的新技术、新设备……煤炭也要考虑出口，还可以考虑与外国签订长期合同，引进他们的技术设备开采煤矿，用煤炭偿付。”[④]1977年8月8日，邓小平在科学和教育工作座谈会上的讲话中提到《关于科学和教育工作的几点意见》（以下简称《意见》），他指出：“接受华裔学者回国是我们发展科学技术的一项具体措施，派人出国留学也是一项具体措施。我们还要请外国著名学者来我国讲学。同中国友好的学者中著

① 邓小平：《邓小平文选》（第二卷），人民出版社1994年版，第37页。

② 中共中央文献研究室编：《改革开放三十年重要文献选编》（上），中央文献出版社2008年版，第81页。

③ 中共中央文献研究室编：《改革开放三十年重要文献选编》（上），中央文献出版社2008年版，第207页。

④ 邓小平：《邓小平文选》（第二卷），人民出版社1994年版，第29页。

名的学者多得很，请人家来讲学，这是一种很好的办法，为什么不干？”[①]中西互鉴、洋为中用，已经展现在中国思想文化教育方面，从中体现出改革开放不仅鼓励发展经济而且大力解放思想，至于理论研究，邓小平也非常重视中西结合：“没有前人或今人、中国人或外国人的实践经验，怎么能概括、提出新的理论？”[②]1977年8月23日，在中共中央军委座谈会上，邓小平指出：“现在我们一定要承认我们的科学技术水平与世界先进水平相比，还差很长的一截。要承认我们军队打现代化战争的能力不够。要承认我们军队的人数虽然多，但是素质比较差。我们军队的素质在战争年代是很好的，在抗美援朝时也是很好的。”[③]承认差距，方能为中西交流做好铺垫。同年9月19日，在《教育战线的拨乱反正问题》中，邓小平再次指出：“基础打得不好，搞科研是有困难的。我看了你们编的外国教材情况简报。看来，教材非从中小学抓起不可，教书非教最先进的内容不可，当然，也不能脱离我国的实际情况。”[④]“外国科研机构很注意更新科研队伍，经常补充年轻的、思想灵活的人进来。我们也要逐步实行科研人员流动、更新的制度。要注意发现人才。现在有些人的成就外国人都公认，我们反而不了解，说明我们的一些制度有缺陷，不能发现人才，要认真改进。”[⑤]借鉴外国经验进行教材编写、教育理论研究和教育制度改革，并落实到我国的实际情况上来，这象征着新时代的“两个结合”。

1978年3月18日，邓小平在全国科学大会开幕式上的讲话中指出：“科学技术是人类共同创造的财富。任何一个民族、一个国家，都需要

---

① 邓小平：《邓小平文选》（第二卷），人民出版社1994年版，第57页。
② 邓小平：《邓小平文选》（第二卷），人民出版社1994年版，第58页。
③ 邓小平：《邓小平文选》（第二卷），人民出版社1994年版，第61页。
④ 邓小平：《邓小平文选》（第二卷），人民出版社1994年版，第69页。
⑤ 邓小平：《邓小平文选》（第二卷），人民出版社1994年版，第70页。

学习别的民族、别的国家的长处，学习人家的先进科学技术。我们不仅因为今天科学技术落后，需要努力向外国学习，即使我们的科学技术赶上了世界先进水平，也还要学习人家的长处。"[①]1978年9月18日，邓小平在听取中共鞍山市委负责同志汇报时指出："我们要以世界先进的科学技术成果作为我们发展的起点。"[②]1978年10月10日，邓小平在会见德意志联邦共和国新闻代表团时的谈话中指出："要实现四个现代化，就要善于学习，大量取得国际上的帮助。要引进国际上的先进技术、先进装备，作为我们发展的起点。"[③]1978年12月13日，邓小平在《解放思想，实事求是，团结一致向前看》中指出："我们要学会用经济方法管理经济。自己不懂就要向懂行的人学习，向外国的先进管理方法学习。不仅新引进的企业要按人家的先进方法去办，原有企业的改造也要采用先进的方法。"[④]

1979年3月30日，邓小平在党的理论工作务虚会上的讲话中指出："我们坚持自力更生为主、争取外援为辅、学习和引进外国先进技术发展我国社会主义经济建设的方针。""我们提倡中国人和外国人发展正常交往，这对于加强我国和各国人民的了解和友谊是必要的，对于引进国外技术和资金也是必要的，今后这种交往还会日益增多。""资本主义已经有了几百年历史，各国人民在资本主义制度下所发展的科学和技术，所积累的各种有益的知识和经验，都是我们必须继承和学习的。我们要有计划、有选择地引进资本主义国家的先进技术和其他对我们有益的东西……""其他有益的东西"包括但不限于："我们绝大

① 邓小平：《邓小平文选》(第二卷)，人民出版社1994年版，第91页。
② 邓小平：《邓小平文选》(第二卷)，人民出版社1994年版，第129页。
③ 邓小平：《邓小平文选》(第二卷)，人民出版社1994年版，第133页。
④ 中共中央文献研究室编：《改革开放三十年重要文献选编》(上)，中央文献出版社2008年版，第8页。

多数思想理论工作者都应该钻研一门到几门专业，凡是能学外国语的都要学外国语，要学到能毫无困难地阅读外国的重要社会科学著作。我们已经承认自然科学比外国落后了，现在也应该承认社会科学的研究工作（就可比的方面说）比外国落后了。”[①]

1979年11月26日，邓小平会见美国不列颠百科全书出版公司编委会副主席吉布尼和加拿大麦吉尔大学东亚研究所主任林达光等人，在围绕“社会主义也可以搞市场经济”这一主题时提到：“我们不要资本主义，但是我们也不要贫穷的社会主义，我们要发达的、生产力发展的、使国家富强的社会主义。”[②]为此，邓小平提出“要利用国际条件”而非故步自封，从实现四个现代化的角度来看：“实现现代化必须有一个正确的开放的对外政策。我们实现四个现代化主要依靠自己的努力，自己的资源，自己的基础，但是，离开了国际合作是不可能的。应该充分利用世界的先进的成果，包括利用世界上可能提供的资金，来加速四个现代化的建设。这个条件过去没有，后来有了，但一段时期没有利用，现在应该利用起来。”[③]即便现在中国参加国际合作，在吸收外国的先进科学技术和资金方面，还要摸索经验，但是以邓小平为代表的中国共产党人坚信，一条“国际合作”的路是正确的，这条路上的困难都是可以克服的，虽然两三年可能不出成绩，但是过几年“崭新的面貌”会看得更清楚。同时，邓小平也强调要保持社会主义的底色不改变，仅以市场经济作为发展社会主义经济的手段：“说市场经济只存在于资本主义社会，只有资本主义的市场经济，这肯定是不正确

① 中共中央文献研究室编：《改革开放三十年重要文献选编》（上），中央文献出版社2008年版，第33、35、41、43、44页。

② 中共中央文献研究室编：《改革开放三十年重要文献选编》（上），中央文献出版社2008年版，第95页。

③ 中共中央文献研究室编：《改革开放三十年重要文献选编》（上），中央文献出版社2008年版，第97页。

的。社会主义为什么不可以搞市场经济，这个不能说是资本主义。我们是计划经济为主，也结合市场经济，但这是社会主义的市场经济。虽然方法上基本上和资本主义社会的相似，但也有不同，是全民所有制之间的关系，当然也有同集体所有制之间的关系，当然也有同外国资本主义的关系，但是归根到底是社会主义的，是社会主义社会的。”[①]对于“市场经济”和“国家制度”之间的关系，邓小平认为：“市场经济不能说只是资本主义的。市场经济，在封建社会时期就有了萌芽。社会主义也可以搞市场经济。同样地，学习资本主义国家的某些好东西，包括经营管理方法，也不等于实行资本主义。这是社会主义利用这种方法来发展社会生产力。把这当作方法，不会影响整个社会主义，不会重新回到资本主义。”[②]

对邓小平来说，“洋为中用”的原则是长远的、不动摇的，1979年12月6日，邓小平在《中国本世纪的目标是实现小康》中说：“我们要实现的四个现代化，是中国式的四个现代化……要达到第三世界中比较富裕一点的国家的水平，比如国民生产总值人均一千美元，也还得付出很大的努力。就算达到那样的水平，同西方来比，也还是落后的……那个时候，中国国内市场比较大了，相应的，与国外的经济交往，包括发展贸易，前景就更加宽广了。”[③]

1980年1月16日，邓小平在中共中央召集的干部会议上进行了关于“目前的形势和任务”的讲话，从经济和外交方面肯定了中国在四个现代化和中外合作方面的成就，称其为20世纪80年代的发展打下了

---

① 邓小平：《邓小平文选》（第二卷），人民出版社1994年版，第236页。

② 中共中央文献研究室编：《改革开放三十年重要文献选编》（上），中央文献出版社2008年版，第98页。

③ 中共中央文献研究室编：《改革开放三十年重要文献选编》（上），中央文献出版社2008年版，第99页。

基础，并鼓励中国人民满怀信心地迈入20世纪80年代。1980年12月25日，邓小平在中共中央工作会议上的讲话中指出："我们继续坚持同对我们友好的西方国家交往，继续坚持学习资本主义国家一切对我们有用的东西。"[①]1981年9月19日，邓小平在《建设强大的现代化正规化的革命军队》中指出："我们一定要在国民经济不断发展的基础上，改善武器装备，加速国防现代化。"[②]1982年4月10日，邓小平强调改革开放的同时，也要保持经济工作的稳定，在《坚决打击经济犯罪活动》一文中，邓小平指出："我们要有两手，一手就是坚持对外开放和对内搞活经济的政策，一手就是坚决打击经济犯罪活动。没有打击经济犯罪活动这一手，不但对外开放政策肯定要失败，对内搞活经济的政策也肯定要失败。"[③]

1982年8月21日，邓小平会见联合国秘书长德奎利亚尔时，再次强调了中国的对外政策："中国的对外政策是一贯的，有三句话，第一句话是反对霸权主义，第二句话是维护世界和平，第三句话是加强同第三世界的团结合作，或者叫联合和合作。"[④]表明了"洋为中用"的基本准则。1982年9月1日，在中国共产党第十二次全国代表大会开幕词中，邓小平对"洋为中用"的内涵正式作出了阐释："我们的现代化建设，必须从中国的实际出发。无论是革命还是建设，都要注意学习和借鉴外国经验。"[⑤]同时，邓小平也强调，中国的事情必须"按照中

① 邓小平：《邓小平文选》（第二卷），人民出版社1994年版，第369页。

② 中共中央文献研究室编：《改革开放三十年重要文献选编》（上），中央文献出版社2008年版，第218、219页。

③ 中共中央文献研究室编：《改革开放三十年重要文献选编》（上），中央文献出版社2008年版，第256页。

④ 中共中央文献研究室编：《改革开放三十年重要文献选编》（上），中央文献出版社2008年版，第257页。

⑤ 邓小平：《邓小平文选》（第三卷），人民出版社1993年版，第2页。

国的情况来办”，“要依靠中国人自己的力量来办”，“照抄照搬别国经验、别国模式，从来不能得到成功”，因此中国的现代化建设需要做到“独立自主，自力更生，无论过去、现在和将来，都是我们的立足点……任何外国不要指望中国做他们的附庸，不要指望中国会吞下损害我国利益的苦果”，邓小平提倡的对外开放，是在平等互利的基础上积极扩大对外交流。[①]

1983年7月8日，邓小平同几位中央负责同志进行谈话，在《利用外国智力和扩大对外开放》中指出：“要利用外国智力，请一些外国人来参加我们的重点建设以及各方面的建设。对这个问题，我们认识不足，决心不大。搞现代化建设，我们既缺少经验，又缺少知识。不要怕请外国人多花了几个钱。”[②]对于外国人，邓小平主要体现在“用”上，充分继承了毛泽东“洋为中用”的方针，此次讲话的最终目的，是邓小平为了打消中国人民饱受帝国主义和“文化大革命”运动的冲击而产生的排斥外国人的芥蒂。如何让外国人帮助中国人？邓小平认为应该“多请教”和“多寻求帮助”，不断“扩大对外开放”的程度，并且通过集思广益研究出一个对外开放的战略，比如邓小平自己便提出：“要抓住西欧国家经济困难的时机，同他们搞技术合作，使我们的技术改造能够快一些搞上去。同东欧国家合作，也有文章可做，他们有一些技术比我们好，我们的一些东西他们也需要。中国是一个大的市场，许多国家都想同我们搞点合作，做点买卖，我们要很好利用。”[③]

1983年10月12日，邓小平在中国共产党第十二届中央委员会第二次全体会议上的讲话中指出：“我们要向资本主义发达国家学习先进的

---

① 邓小平：《邓小平文选》（第三卷），人民出版社1993年版，第2、3页。

② 邓小平：《邓小平文选》（第三卷），人民出版社1993年版，第32页。

③ 邓小平：《邓小平文选》（第三卷），人民出版社1993年版，第32页。

科学、技术、经营管理方法以及其他一切对我们有益的知识和文化，闭关自守、故步自封是愚蠢的。”[①]向资本主义国家学习主要表现在“一国两制”制度上：“我们的政策是实行‘一个国家，两种制度’，具体说，就是在中华人民共和国内，十亿人口的大陆实行社会主义制度，香港、台湾实行资本主义制度。”[②]“一国两制”主要根据中国社会主义初级阶段的情况量身定制，以保证祖国统一、保持香港的繁荣和稳定为目标，同时以香港、台湾为对外交往的桥头堡，助力中国社会主义市场经济的发展。正如邓小平所说：“社会主义同资本主义比较，它的优越性就在于能做到全国一盘棋，集中力量，保证重点。缺点在于市场运用得不好，经济搞得不活。”[③]资本主义和社会主义两种制度相结合，可以起到取长补短的效果。1982年9月24日，邓小平在《我们对香港问题的基本立场》中指出：“中国宣布这个决策，从大的方面来讲，对英国也是有利的，因为这意味着届时英国将彻底地结束殖民统治的时代，在世界公论面前会得到好评。所以英国政府应该赞成中国的这个决策。中英两国应该合作，共同来处理好香港问题。”[④]此外，这种“一国两制”的办法，也是邓小平借鉴世界其他国家的智慧：“香港问题也是这样，一个中国，两种制度。香港与台湾还有不同，香港是自由港。世界上的许多争端用类似这样的办法解决，我认为是可取的。”[⑤]

1984年2月24日，邓小平在《办好经济特区，增加对外开放城市》中说：“我们建立经济特区，实行开放政策，有个指导思想要明确，就

① 邓小平：《邓小平文选》（第三卷），人民出版社1993年版，第44页。

② 邓小平：《邓小平文选》（第三卷），人民出版社1993年版，第58页。

③ 邓小平：《邓小平文选》（第三卷），人民出版社1993年版，第16、17页。

④ 中共中央文献研究室编：《改革开放三十年重要文献选编》（上），中央文献出版社2008年版，第295页。

⑤ 邓小平：《邓小平文选》（第三卷），人民出版社1993年版，第49页。

是不是收，而是放……特区是个窗口，是技术的窗口，管理的窗口，知识的窗口，也是对外政策的窗口。从特区可以引进技术，获得知识，学到管理，管理也是知识。特区成为开放的基地，不仅在经济方面、培养人才方面使我们得到好处，而且会扩大我国的对外影响。听说深圳治安比过去好了，跑到香港去的人开始回来，原因之一是就业多，收入增加了，物质条件也好多了，可见精神文明说到底是从物质文明来的嘛！”①换言之，“洋为中用”归根结底是为了建立坚实的物质基础，在此之上，塑造良好的精神文明风貌以及打造良好的国际形象。

1984年6月30日，邓小平在会见第二次中日民间人士会议日方委员会代表团时，以《建设有中国特色的社会主义》为题，再次强调："现在的世界是开放的世界。中国在西方国家产业革命以后变得落后了，一个重要原因就是闭关自守。建国以后，人家封锁我们，在某种程度上我们也还是闭关自守，这给我们带来了一些困难。三十几年的经验教训告诉我们，关起门来搞建设是不行的，发展不起来。关起门有两种，一种是对国外；还有一种是对国内，就是一个地区对另外一个地区，一个部门对另外一个部门。两种关门都不行。我们提出要发展得快一点，太快不切合实际，要尽可能快一点，这就要求对内把经济搞活，对外实行开放政策。”②内外相结合，才是“洋为中用”的题中之义，而不仅仅是将“洋”引入。

1984年10月6日，邓小平在会见参加中外经济合作问题讨论会全体中外代表时，以《我们的宏伟目标和根本政策》为题，指出：“党的十一届三中全会以来，我们确定了对内经济搞活、对外经济开放的政

---

① 中共中央文献研究室编：《改革开放三十年重要文献选编》（上），中央文献出版社2008年版，第318页。

② 中共中央文献研究室编：《改革开放三十年重要文献选编》（上），中央文献出版社2008年版，第335、336页。

策，没有这样的政策不可能成功。”[①]在此基础上，邓小平分别指出了搞活内部经济和推动对外开放的方法和政策，对内经济搞活首先从农村着手，因为中国有百分之八十的人口在农村，因此，要保证中国社会的安定、经济的发展，首先要看农村能不能发展，“农民生活是不是好起来。翻两番，很重要的是这80%的人口能不能达到。现在看，一系列新的农村政策是成功的。过去农村很困难，现在可以说绝大多数的人能够吃饱，能够穿得比较好，居住情况有了很大的改善，农村政策见效很快，增加了我们的信心，对我们确定翻两番的目标是一个鼓励”[②]。与此同时，邓小平还鼓励对城市进行改革试验，这一试验遵循的原则是实事求是，“因为城市比农村复杂得多，它包括工业、商业、服务业，还包括科学、教育、文化等领域”[③]。“农村加上城市”意味着中国在坚持自力更生的基础上，进行对外开放，吸收外国的资金和技术来帮助自身，当然，这种帮助是相互的：“中国取得了国际的特别是发达国家的资金和技术，中国对国际的经济也会做出较多的贡献。几年来中国对外贸易的发展，就是一个证明。所以我们说，帮助是相互的，贡献也是相互的。”[④]同时，邓小平也着重强调了对外和对内经济政策的长期性和稳定性：“对内经济搞活，对外经济开放，这不是短期的政策，是个长期的政策，最少五十年到七十年不会变。”[⑤]原因是：

① 中共中央文献研究室编：《改革开放三十年重要文献选编》（上），中央文献出版社2008年版，第341页。

② 中共中央文献研究室编：《改革开放三十年重要文献选编》（上），中央文献出版社2008年版，第341页。

③ 中共中央文献研究室编：《改革开放三十年重要文献选编》（上），中央文献出版社2008年版，第341页。

④ 中共中央文献研究室编：《改革开放三十年重要文献选编》（上），中央文献出版社2008年版，第342页。

⑤ 中共中央文献研究室编：《改革开放三十年重要文献选编》（上），中央文献出版社2008年版，第342页。

"我们第一步是实现翻两番，需要二十年，还有第二步，需要三十年到五十年，恐怕是要五十年，接近发达国家的水平。两步加起来，正好五十年至七十年。到那时，更不会改变了。即使是变，也只能变得更加开放。否则，我们自己的人民也不会同意。"[①]而为了更好地推行对内和对外经济政策，邓小平提出"中国应当创造条件"："首先的一条就是不要怕冒风险，不必担心我们的政策会变，胆子放大一些，合作的步子更快一些。历史最终会证明，帮助了我们的人，得到的利益不会小于他们对我们的帮助。至于政治上战略上的意义就更大了。"[②]

1986年9月28日，邓小平在党的十二届六中全会上的讲话中指出："我们实行开放政策，吸收资本主义社会的一些有益的东西，是作为发展社会主义社会生产力的一个补充。"[③]中国共产党第十二届中央委员会第六次全体会议在《中共中央关于社会主义精神文明建设指导方针的决议》中指出："近代世界和中国的历史都表明，拒绝接受外国的先进科学文化，任何国家任何民族要发展进步都是不可能的。……必须下大决心用大力气，把当代世界各国包括资本主义发达国家的先进的科学技术、具有普遍适用性的经济行政管理经验和其他有益文化学到手，并在实践中加以检验和发展。不这样做就是愚昧，就不能实现现代化。"[④]

1987年3月3日，邓小平会见美国国务卿舒尔茨，谈及"中国只能

---

① 中共中央文献研究室编：《改革开放三十年重要文献选编》(上)，中央文献出版社2008年版，第342页。

② 中共中央文献研究室编：《改革开放三十年重要文献选编》(上)，中央文献出版社2008年版，第343页。

③ 中共中央文献研究室编：《改革开放三十年重要文献选编》(上)，中央文献出版社2008年版，第428页。

④ 中共中央文献研究室编：《改革开放三十年重要文献选编》(上)，中央文献出版社2008年版，第432页。

走社会主义的道路”的问题，指出中国的原则：“第一条，中国只能走社会主义道路。第二条，中国要搞四个现代化建设，没有一个稳定的政治形势不行。”[①]在此之后，邓小平阐述了中国走社会主义道路的必然原因：“道理很简单，中国十亿人口，现在还处于落后状态，如果走资本主义道路，可能在某些局部地区少数人更快地富起来，形成一个新的资产阶级，产生一批百万富翁，但顶多也不会达到人口的百分之一，而大量的人仍然摆脱不了贫穷，甚至连温饱问题都不可能解决。只有社会主义制度才能从根本上解决摆脱贫穷的问题。所以我们不会容忍有的人反对社会主义。我们说的社会主义是具有中国特色的社会主义，而要建设社会主义，没有共产党的领导是不可能的。我们的历史已经证明了这一点。”[②]

邓小平在会见西班牙工人社会党副书记、政府副首相格拉时提出，“吸取历史经验，防止错误倾向”，并指出“我们提出了现在的一系列政策，主要是改革和开放，对内开放和对外开放；提出了我们的根本路线，就是把工作重点转到建设上来，不受任何干扰，一心一意、坚定不移地搞社会主义现代化建设。要实现四个现代化，搞好改革和开放，在国内需要有安定团结的政治局面，在国际上需要一个和平环境，根据这个情况提出了我们的对外政策，概括地说，就是反对霸权主义和维护世界和平”[③]。“洋为中用”不仅仅是“为我所用”的问题，其长远的目的还在于中国作为大国的责任和担当。

1987年，邓小平在《改革的步子要加快》一文中对“改革”这一

① 中共中央文献研究室编：《改革开放三十年重要文献选编》（上），中央文献出版社2008年版，第454页。

② 中共中央文献研究室编：《改革开放三十年重要文献选编》（上），中央文献出版社2008年版，第454页。

③ 中共中央文献研究室编：《改革开放三十年重要文献选编》（上），中央文献出版社2008年版，第457页。

概念作了本土化的诠释："改革是全面的改革，包括经济体制改革、政治体制改革和相应的其他各个领域的改革。改革是对世界所有国家开放，对各种类型的国家开放。"[①]"洋为中用"正是这一改革的组成部分。对新中国来说，改革是不断扩大、不断加强的过程，1987年7月4日，邓小平在会见孟加拉国总统艾尔沙德时指出："我国几年来的发展情况表明，凡是实行改革、开放政策的地方都搞得很好。现在国际上有一种议论，说中国改革的步子放慢了，政策要变。说放慢步子还有些根据，说政策要变就没有根据了。改革总会出现一些问题，有了问题就要进行调整。去年和今年我们继续在搞改革、开放，但步子放得稳重了些。现在看来，一年多的时间里步子太慢了一点。所以，我们现在提出要大胆一些。改革、开放是一个新事物，没有现成的经验可以照搬，一切都要根据我国的实际情况来进行。实践证明，步子放大些有利。当然步子大风险也就大。"[②]1987年10月13日，邓小平在《我们干的事业是全新的事业》中肯定了"改革"的重要意义："这一次改革首先是从农村开始的。占全国人口百分之八十的农民连温饱都没有保障，怎么能体现社会主义的优越性呢？一改革就调动了农民的积极性，然后我们又把农村改革的经验运用到城市，进行城市经济体制改革。对外开放也是改革的内容之一，总的来说，都叫改革。经过将近九年的努力，百分之九十的农村人口解决了温饱问题，全国人均国民生产总值提前两年完成了原定十年内翻一番的任务。"[③]

改革开放以来，中国尤其重视科学技术在国内的发展状况，邓小

① 中共中央文献研究室编：《改革开放三十年重要文献选编》（上），中央文献出版社2008年版，第460页。

② 中共中央文献研究室编：《改革开放三十年重要文献选编》（上），中央文献出版社2008年版，第464页。

③ 中共中央文献研究室编：《改革开放三十年重要文献选编》（上），中央文献出版社2008年版，第469、470页。

平于1988年9月5日会见捷克斯洛伐克总统胡萨克时再次强调："世界在变化，我们的思想和行动也要随之而变……马克思说过，科学技术是生产力，事实证明这话讲得很对。依我看，科学技术是第一生产力。我们的根本问题就是要坚持社会主义的信念和原则，发展生产力，改善人民生活，为此就必须开放。否则，不可能很好地坚持社会主义。拿中国来说，五十年代在技术方面与日本差距也不是那么大。但是我们封闭了二十年，没有把国际市场竞争摆在议事日程上，而日本却在这个期间变成了经济大国。"[①]放眼国际上的科技和市场发展状况，再结合马克思主义视角，邓小平提出了"科学是第一生产力"的观点，1988年9月12日，邓小平在"科学是第一生产力"的议题之下，指出了培养科技人才的问题："要注意解决好少数高级知识分子的待遇问题。调动他们的积极性，尊重他们，会有一批人做出更多的贡献。我们自己的原子弹、氢弹、卫星、空间技术不也搞起来了吗？我们的正负电子对撞机工程在全世界也是居于前列的。"[②]对此，邓小平认为不仅应该提高知识分子的待遇，还应该争取留学生回国："我们的留学生有几万人，如何创造他们回来工作的条件，很重要。有些留学生，回来以后没有工作条件，也没有接纳他们的机构，有些学科我们还没有。可以搞个综合的科研中心，设立若干专业，或者在现有的一些科研机构和大学里增设一些专业，把这些人放在里面，攻一个方向，总会有些人做出重大贡献。否则，这些人不回来，实在可惜啊……从长远看，这个问题到了着手解决的时候了。"[③]当然，"洋为中用"依然要坚持党

---

① 中共中央文献研究室编：《改革开放三十年重要文献选编》（上），中央文献出版社2008年版，第505页。

② 中共中央文献研究室编：《改革开放三十年重要文献选编》（上），中央文献出版社2008年版，第506页。

③ 中共中央文献研究室编：《改革开放三十年重要文献选编》（上），中央文献出版社2008年版，第506页。

的领导。“洋为中用”还涉及平衡中外关系的问题，1989年5月16日，邓小平与苏共中央总书记戈尔巴乔夫谈话时表明了希望改善中苏关系的意向：“中国人民真诚地希望中苏关系能够得到改善。我建议利用这个机会宣布中苏关系从此正常化。”[①]对此，中苏寻求彼此的共同利益：首先是双方对马克思主义的尝试，“真正的马克思列宁主义者必须根据现在的情况，认识、继承和发展马克思列宁主义……”[②]“列宁之所以是一个真正的伟大的马克思主义者，就在于他不是从书本里，而是从实际、逻辑、哲学思想、共产主义理想上找到革命道路，在一个落后的国家干成了十月社会主义革命。中国伟大的马克思列宁主义者毛泽东，并不是在马克思、列宁的书本里寻求在落后的中国夺取新民主主义革命胜利的途径。马克思能预料到在一个落后的俄国会实现十月革命吗？列宁能预料到中国会用农村包围城市夺取胜利吗？”[③]因此，中苏两国都应该在革命成功后，根据自己的条件建设社会主义，“固定的模式是没有的，也不可能有”[④]，接下来，邓小平论述了“历史上中国在列强的压迫下遭受损害的情况”和“对中国的威胁从何而来”，清晰地展现了中苏之间“遗留下来的问题”，但邓小平也强调：“我们从来没有忘记在中国第一个五年计划时期苏联帮我们搞了一个工业基础”[⑤]，此番讲话的主要意义是促进中苏关系正常化，以帮助中国的四

① 中共中央文献研究室编：《改革开放三十年重要文献选编》（上），中央文献出版社2008年版，第514页。

② 中共中央文献研究室编：《改革开放三十年重要文献选编》（上），中央文献出版社2008年版，第514页。

③ 中共中央文献研究室编：《改革开放三十年重要文献选编》（上），中央文献出版社2008年版，第514页。

④ 中共中央文献研究室编：《改革开放三十年重要文献选编》（上），中央文献出版社2008年版，第514页。

⑤ 中共中央文献研究室编：《改革开放三十年重要文献选编》（上），中央文献出版社2008年版，第516页。

个现代化建设："现在两国交往多起来了，关系正常化以后的交往，无论深度和广度都会有大的发展。在发展交往方面，我有一个重要建议：多做实事，少说空话。"①

在国际交往过程中，邓小平仍然把实事求是放在核心地位，致力于将中国的注意力都放在"建设"上。同样，1989年10月26日，邓小平在会见泰国总理差猜时也提到"社会主义的中国谁也动摇不了"，文中对两国之间的关系寄予了厚望："我们两国的关系是不同社会制度国家发展友好关系的典范。最近一个时期，我多次向国际上的朋友们说，应该建立国际经济新秩序，解决南北问题，还应该建立国际政治新秩序，使它同国际经济新秩序相适应。我特别推荐五十年代由我们亚洲人提出的和平共处五项原则，作为今后国际政治新秩序的准则。我们两国自七十年代建立外交关系以来，可以说真正遵循了这个原则。"②"我们两国之间没有什么问题，如果说有，就是要加深合作和交往，特别是在经济建设方面。"③与此同时，邓小平也表明了在国际交往中对祖国的自信："建国以后，我们处于被孤立、被封锁、被制裁的地位有几十年之久。但归根结底，没有损害我们多少。为什么？因为中国块头这么大，人口这么多，中国共产党有志气，中国人民有志气。还可以加上一点，外国的侵略、威胁，会激发起中国人民团结、爱国、爱社会主义、爱共产党的热情，同时也使我们更清醒。所以，外国的侵略、威胁这一套，在我们看来并不高明，而且使我们可以从中得到益处。事实表明，那些要制裁我们的人也开始在总结经验了。总之，中

① 中共中央文献研究室编：《改革开放三十年重要文献选编》（上），中央文献出版社2008年版，第516页。

② 中共中央文献研究室编：《改革开放三十年重要文献选编》（上），中央文献出版社2008年版，第542页。

③ 中共中央文献研究室编：《改革开放三十年重要文献选编》（上），中央文献出版社2008年版，第542页。

国人民不怕孤立，不信邪。不管国际风云怎么变幻，中国都是站得住的。这是我讲的怎样真正认识中国的话。”①

邓小平以“第三代领导集体的当务之急”为主题与几位中央负责同志谈话，再次强调了“独立自主”的重要性：“中国本来是个穷国，为什么有中美苏‘大三角’的说法？就是因为中国是独立自主的国家。为什么说我们是独立自主的？就是因为我们坚持有中国特色的社会主义道路。否则，只能是看着美国人的脸色行事，看着发达国家的脸色行事，或者看着苏联人的脸色行事，那还有什么独立性啊！现在国际舆论压我们，我们泰然处之，不受他们挑动。”②同时要平衡好改革开放和国内环境之间的关系：“做几件使人民满意的事情。主要是两个方面，一个是更大胆地改革开放，另一个是抓紧惩治腐败。”③“在政治体制改革方面，最大的目的是取得一个稳定的环境。我跟美国人讲，中国的最高利益就是稳定。只要有利于中国稳定的就是好事。坚持四项基本原则任何时候我都没有让过步。……消除机构臃肿，加强法制，这些都是改革。”④邓小平在《改革开放政策稳定，中国大有希望》一文中对国际局势有了引领性判断：“第一句话，冷静观察；第二句话，稳住阵脚；第三句话，沉着应对。不要急，也急不得。要冷静、冷静、再冷静，埋头实干，做好一件事，我们自己的事。”⑤此外，邓小平认

① 中共中央文献研究室编：《改革开放三十年重要文献选编》(上)，中央文献出版社2008年版，第543页。

② 中共中央文献研究室编：《改革开放三十年重要文献选编》(上)，中央文献出版社2008年版，第524页。

③ 中共中央文献研究室编：《改革开放三十年重要文献选编》(上)，中央文献出版社2008年版，第525页。

④ 中共中央文献研究室编：《改革开放三十年重要文献选编》(上)，中央文献出版社2008年版，第526页。

⑤ 中共中央文献研究室编：《改革开放三十年重要文献选编》(上)，中央文献出版社2008年版，第537页。

为“洋为中用”的最终目的是壮大我国国力，以对抗霸权主义：“中国能不能顶住霸权主义、强权政治的压力，坚持我们的社会主义制度，关键就看能不能争得较快的增长速度，实现我们的发展战略。”[①]1991年，邓小平在《总结经验，使用人才》中既肯定了改革开放的成果又为中国之后的经济发展规划道路：“坚持改革开放是决定中国命运的一招……没有改革开放十年经济发展的那个飞跃，取得顺利调整是不可能的。强调稳是对的，但强调得过分就可能丧失时机……特别要注意，根本的一条是改革开放不能丢，坚持改革开放才能抓住时机上台阶……反对资产阶级自由化还是要讲。我们搞改革开放，把工作重心放在经济建设上，没有丢马克思，没有丢列宁，也没有丢毛泽东。老祖宗不能丢啊！问题是要把什么叫社会主义搞清楚，把怎么样建设和发展社会主义搞清楚。还有一个问题，发现和使用人才的问题。的确是人才难得啊。你们从下面上来，左邻右舍，上上下下，接触广泛，了解的人多。你们觉得是人才的，即使有某些弱点缺点，也要放手用。一个人才可以顶很大的事，没有人才什么事情也搞不好。一九七五年我抓整顿，用了几个人才，就把几个方面的工作整顿得很有成效，局面就大不一样。我们现在不是人才多了，而是真正的人才没有很好地发现，发现了没有果断地起用。”[②]1992年，邓小平在南方谈话中强调：“多搞点‘三资’企业，不要怕。只要我们头脑清醒，就不怕。我们有优势，有国营大中型企业，有乡镇企业，更重要的是政权在我们手里。有的人认为，多一分外资，就多一分资本主义，‘三资’企业多了，就是资本主义的东西多了，就是发展了资本主义。这些人连基本常识都

① 中共中央文献研究室编：《改革开放三十年重要文献选编》（上），中央文献出版社2008年版，第571页。

② 中共中央文献研究室编：《改革开放三十年重要文献选编》（上），中央文献出版社2008年版，第603、604页。

没有。我国现阶段的‘三资’企业，按照现行的法规政策，外商总是要赚一些钱。但是，国家还要拿回税收，工人还要拿回工资，我们还可以学习技术和管理，还可以得到信息、打开市场。因此，‘三资’企业受到我国整个政治、经济条件的制约，是社会主义经济的有益补充，归根到底是有利于社会主义的。……社会主义要赢得与资本主义相比较的优势，就必须大胆吸收和借鉴人类社会创造的一切文明成果，吸收和借鉴当今世界各国包括资本主义发达国家的一切反映现代社会化生产规律的先进经营方式、管理方法。”[①]

二、反对资产阶级自由化

在粉碎“四人帮”后，中国便出现了一股资产阶级自由化的浪潮，这是以邓小平为代表的中国共产党人亟待解决的主要问题，它关系到中国改革开放的继续发展以及四个现代化建设的不断推进。建设新中国，理应向资本主义发达国家大胆吸收和借鉴人类社会创造的一切文明成果和一切对我们有益的东西，但并不是全盘西化，中国对于资本主义制度以及资本主义制度中各种反动、丑恶、颓废、腐朽的东西，是要坚决摒弃和抵制的。

什么是资产阶级自由化？1985年9月23日，邓小平在中国共产党全国代表会议上指出：“资产阶级自由化的宣传，也就是走资本主义道路的宣传。”[②]1986年9月28日，邓小平在中共十二届六中全会上讨论《关于社会主义精神文明建设指导方针的决议（草案）》时，对“自由化”作了阐释：“自由化实际上就是要把我们中国现行的政策引导到走

① 邓小平：《邓小平文选》（第三卷），人民出版社1993年版，第373页。
② 邓小平：《邓小平文选》（第三卷），人民出版社1993年版，第145页。

资本主义道路……搞自由化，就会破坏我们安定团结的政治局面。没有一个安定团结的政治局面，就不可能搞建设。自由化本身就是资产阶级的，没有什么无产阶级的、社会主义的自由化，自由化本身就是对我们现行政策、现行制度的对抗，或者叫反对，或者叫修改。”①邓小平在会见陈鼓应教授时指出，“搞资产阶级自由化就是走资本主义道路”②，并区分了社会主义和资本主义的不同，邓小平指出：“我们大陆坚持社会主义，不走资本主义的邪路。社会主义与资本主义不同的特点就是共同富裕，不搞两极分化。创造的财富，第一归国家，第二归人民，不会产生新的资产阶级。国家拿的这一部分，也是为了人民，搞点国防，更大部分是用来发展经济，发展教育和科学，改善人民生活，提高人民文化水平。”③同时，在谈到“资产阶级自由化”时，邓小平表示：“中国在粉碎‘四人帮’以后出现一种思潮，叫资产阶级自由化，崇拜西方资本主义国家的‘民主’‘自由’，否定社会主义。这不行。中国要搞现代化，绝不能搞自由化，绝不能走西方资本主义道路。”④至于为什么不能走资本主义道路，邓小平根据国情具体地阐述了理由：第一，自由化思潮一发展，政治环境不稳定，中国四个现代化和改革开放的政策就会被冲乱。第二，搞资产阶级自由化、走资本主义道路，影响中国内部统一，比如“一些香港的议论，一些外国资产阶级学者的议论，大都是要求我们搞自由化，包括说我们没有人

---

① 中共中央文献研究室编：《邓小平思想年编（一九七五——一九九七）》，中央文献出版社2011年版，第591页。

② 中共中央文献研究室编：《邓小平思想年编（一九七五——一九九七）》，中央文献出版社2011年版，第541页。

③ 中共中央文献研究室编：《邓小平思想年编（一九七五——一九九七）》，中央文献出版社2011年版，第541页。

④ 中共中央文献研究室编：《邓小平思想年编（一九七五——一九九七）》，中央文献出版社2011年版，第541页。

权”，对此具体问题，邓小平认为，“我们要坚持的东西，他们反对，他们希望我们改变。我们还是按照自己的实际来提问题，解决问题”[①]。第三，如果走资本主义道路，虽然可以使“中国百分之几的人富裕起来，但是绝对解决不了百分之九十几的人生活富裕的问题”，也就是说，“不坚持社会主义，中国的小康社会形成不了”[②]。第四，对世界来说，“如果十亿人的中国人走资本主义道路”，是一个灾难，将把历史拉向后退，倒退好多年，“如果十亿人的中国不坚持和平政策，不反对霸权主义，或者是随着经济的发展自己搞霸权主义，那对世界也是一个灾难，也是历史的倒退。十亿人的中国坚持社会主义，十亿人的中国坚持和平政策，做到这两条，我们的路就走对了，就可能对人类有比较大的贡献”[③]。

那么如何反对资产阶级自由化呢？1979年3月27日，邓小平在党的理论工作务虚会上指出：“我们要有计划、有选择地引进资本主义国家的先进技术和其他对我们有益的东西，但是我们决不学习和引进资本主义制度，决不学习和引进各种丑恶颓废的东西。……我们要向人民特别是青年介绍资本主义国家中进步和有益的东西，批判资本主义国家中反动和腐朽的东西。”[④]针对党内和社会上出现的“资产阶级自由化”倾向，邓小平首先提出了“四个坚持”的思想，即坚持党的领导、坚持社会主义道路、坚持无产阶级专政、坚持马列主义毛泽东思想的基本原理；其次，提出要讲清楚民主与法制之间的关系、民主与

① 中共中央文献研究室编：《邓小平思想年编（一九七五——一九九七）》，中央文献出版社2011年版，第591页。

② 中共中央文献研究室编：《邓小平思想年编（一九七五——一九九七）》，中央文献出版社2011年版，第506页。

③ 中共中央文献研究室编：《邓小平思想年编（一九七五——一九九七）》，中央文献出版社2011年版，第572页。

④ 邓小平：《邓小平文选》（第二卷），人民出版社1994年版，第168页。

集中之间的关系、眼前利益与长远利益之间的关系、个人利益与国家利益之间的关系；再次，邓小平注重思想理论工作的建设，提出思想理论界应有一个主导思想，引导人民向前看，一心一意奔向四个现代化，同时，社会上出现的许多新问题，也需要理论界去继续研究、回答。1979年9月，邓小平在同胡耀邦、胡乔木、邓力群等谈论修改庆祝中华人民共和国成立三十周年大会讲话稿时，就民主与集中、自由与纪律的关系发表了观点："现在有的从'左'的方面，也有的从右的方面，来助长无政府主义、极端个人主义和资产阶级自由化。"[①]对此，邓小平认为首先要对人民群众进行教育和再教育，以克服"四人帮"和"长官意志"的流毒，但教育需要遵循客观规律、实事求是；其次，加强社会主义法制，平衡好民主与集中、自由与纪律两者间的关系。

1980年12月25日，邓小平在中共中央工作会议上发表讲话，认为抵抗资产阶级自由化，方法在于"我们继续坚持同对我们友好的西方国家交往，继续坚持学习资本主义国家一切对我们有用的东西，但是必须在思想政治领域把种种斗争进行到底。必须发扬爱国主义精神，提高民族自尊心和民族自信心。否则我们就不可能建设社会主义，就会被种种资本主义势力所侵蚀腐化"[②]。"思想领域的斗争"的主要方式是："要加强各级学校的政治教育、形势教育、思想教育，包括人生观教育、道德教育。要大力加强工会工作和妇联工作，大力加强共青团工作、少先队工作和学生会工作。要努力使我们的青少年成为有理想、有道德、有知识、有体力的人，使他们立志为人民作贡献，为祖国作贡献，为人类作贡献。"[③]发扬爱国主义精神的主要方式是："要提

---

① 中共中央文献研究室编：《邓小平思想年编（一九七五——一九九七）》，中央文献出版社2011年版，第259页。

② 邓小平：《邓小平文选》（第二卷），人民出版社1994年版，第369页。

③ 邓小平：《邓小平文选》（第二卷），人民出版社1994年版，第369页。

高全党同志建设社会主义现代化强国的信心，通过各个岗位的党员的模范行动影响和吸引群众，振奋精神，团结一致，专心致志，稳步前进，实现我们的宏伟目标。”[①]以及“宣传、恢复和发扬”延安精神和新中国成立初期的精神兼60年代初期克服困难的精神。

1981年7月17日，邓小平在同中共中央宣传部门负责人谈话时，围绕党在思想上的领导地位，指出：“资产阶级自由化的核心就是反对党的领导，而没有党的领导也就不会有社会主义制度。”[②]当下出现的资产阶级自由化现象是：“有些人思想路线不对头，同党唱反调，作风不正派，但是有人很欣赏他们，热心发表他们的文章，这是不正确的。有的党员就是不讲党性，坚持搞派性。对这种人，决不能扩散他们的影响，更不能让他们当领导。现在有的人，自以为是英雄。没受到批评时还没有什么，批评了一下，欢迎他的人反而更多了。这是一种很不正常的现象，一定要认真扭转。当然，这种现象有它的社会历史原因，主要是“十年动乱”的后遗症，同时也是由于外来资产阶级思想的侵蚀。”[③]“对待这些问题，我们不能再走老路，不能再搞什么政治运动，但一定要掌握好批评的武器。”[④]什么是批评的武器？“批评的武器”主要指文艺批评，体现在思想层面上的外部批评和自我批评。如何批评？对于外部批评，邓小平认为“坚持社会主义立场的老作家有责任团结一致，带好新一代”[⑤]，使青年作家和中年作家坚持党的领导

---

① 邓小平：《邓小平文选》（第二卷），人民出版社1994年版，第369页。

② 新华日报社编：《中华人民共和国大事记（1949—2004）》（上），人民出版社2004年版，第654页。

③ 中共中央文献研究室编：《邓小平思想年编（一九七五——一九九七）》，中央文献出版社2011年版，第376页。

④ 中共中央文献研究室编：《邓小平思想年编（一九七五——一九九七）》，中央文献出版社2011年版，第376页。

⑤ 中共中央文献研究室编：《十一届三中全会以来重要文献选读》（上册），人民出版社1987年版，第356页。

和坚持社会主义制度，并培养出一批优秀的“青年读者、观众和听众”[①]。对于自我批评，首要任务是不断改善党的领导和社会主义制度。其次，“对我们党员中的作家、艺术家、思想理论工作者，那就首先要求他们必须遵守党的纪律”[②]。再者，坚决纠正和防止党在思想文化的指导工作中存在的“左”的倾向。同理，关于自我批评，在1985年中国共产党全国代表会议上的讲话中，邓小平从社会主义精神文明建设的视角入手，提议“思想文化教育卫生部门，都要以社会效益为一切活动的唯一准则，它们所属的企业也要以社会效益为最高准则。思想文化界要多出好的精神产品，要坚决制止坏产品的生产、进口和流传。……毫无疑问，我们仍然坚持‘双百’方针，坚持宪法和法律所保障的各项自由，坚持对思想上的不正确倾向以说服教育为主的方针，不搞任何运动和‘大批判’。对坚持错误拒绝改正的党员要执行党纪，但是在处理这些问题的时候不允许重犯任何简单化、扩大化的‘左’的错误”[③]。

1981年11月11日，邓小平在会见南斯拉夫共产主义者联盟中央主席团书记丘拉菲奇时，谈到了上层建筑的改革问题：“我们国内还存在这样那样的问题，青年人的教育问题，资产阶级自由化倾向的问题，‘左’的错误还没有完全肃清的问题，但最大的问题是上层建筑的改革问题。只要我们下决心把上层建筑的问题解决好，以后的步子会走得比较顺利。”[④]换言之，如何认识上层建筑、如何改革上层建筑，是解

① 中共中央文献研究室编：《十一届三中全会以来重要文献选读》（上册），人民出版社1987年版，第356页。

② 中共中央文献研究室编：《邓小平思想年编（一九七五——一九九七）》，中央文献出版社2011年版，第377页。

③ 邓小平：《邓小平文选》（第三卷），人民出版社1993年版，第145页。

④ 中共中央文献研究室编：《邓小平思想年编（一九七五——一九九七）》，中央文献出版社2011年版，第392页。

决好资产阶级自由化的基本途径和铺垫。1986年9月28日，邓小平在中共十二届六中全会讨论《中共中央关于社会主义精神文明建设指导方针的决议（草案）》时讲道："反对自由化，不仅这次要讲，还要讲十年二十年。这个思潮不顶住，加上开放必然进来许多乌七八糟的东西，一结合起来，是一种不可忽视的、对我们社会主义四个现代化的冲击。"[①]

1987年3月3日，邓小平会见美国国务卿舒尔茨，在提及"中国只能走社会主义道路"时指出："反对资产阶级自由化是一个长期教育的问题，同四个现代化建设是并行的。……四个现代化，我们要搞五十至七十年，在整个四个现代化的过程中都存在一个反对资产阶级自由化的问题。"[②]邓小平强调，不要以搞运动的方式反对资产阶级自由化的方式："既然是长期的事，不可能搞运动，只能靠经常性的说服教育，必要时采取一些行政手段和法律手段。我们坚定不移的原则是要有稳定的政治局面，以保证有秩序地进行四个现代化建设。"[③]"反对资产阶级自由化的问题，我们不搞运动，尽量缩小这个问题的范围，减轻这个问题的性质和分量。"[④]由此可以看出，邓小平对于资产阶级自由化问题提出了主要"靠经常性的说服教育，必要时采取一些行政手段和法律手段"[⑤]的解决策略。

---

① 中共中央文献研究室编：《改革开放三十年重要文献选编》（上），中央文献出版社2008年版，第428、429页。

② 邓小平：《邓小平文选》（第三卷），人民出版社1993年版，第208页。

③ 邓小平：《邓小平文选》（第三卷），人民出版社1993年版，第208页。

④ 邓小平：《邓小平文选》（第三卷），人民出版社1993年版，第207页。

⑤ 邓小平：《邓小平文选》（第三卷），人民出版社1993年版，第208页。

第四节 文化教育观：逐步完善社会主义教育体系

一、狠抓文化教育工作

1975年，邓小平在开展全面整顿时，便针对“改变当时的大学招生方法和提高教学质量问题”发表了意见：“我们有个危机，可能发生在教育部门，把整个现代化水平拖住了。”“大学究竟起什么作用？培养什么人？有些大学只是中等技术学校水平，何必办成大学？”“一点外语知识、数理化知识也没有，还攀什么高峰？中峰也不行，低峰还有问题。”“要后继有人，这是对教育部门提出的问题。”[①]“文化大革命”结束后，由于“人才匮乏”已经成为实现“四个现代化”奋斗目标的最大制约，1977年5月，尚未复出工作的邓小平尖锐地提出：“同发达国家相比，我们的科学技术和教育整整落后了20年。科研人员美国有120万，苏联90万，我们只有20多万，还包括老弱病残，真正顶用的不很多。”[②]同年，邓小平重新走上了党和国家的领导岗位，为了解决中国的科学技术和教育问题，他主动请缨负责科技、教育工作，抓的第一件事就是召开科学和教育工作座谈会，并作出了“恢复高等学校招生考试制度”的重大决策。可以说，恢复高考是继“文化大革命”后科教领域拨乱反正的开端，也是全民实行拨乱反正的突破口。

在正式决定恢复高考前，邓小平就同相关负责人进行了沟通。1977年5月20日，邓小平同中国科学院副院长方毅、中国科学院负责

① 中共中央文献研究室编：《邓小平决策恢复高考讲话谈话批示集：1977年5月至12月》，中央文献出版社2007年版，第48页。

② 中共中央文献研究室编：《邓小平决策恢复高考讲话谈话批示集（一九七七年五月——十二月）》，中央文献出版社2007年版，第49页。

人李昌进行谈话，就发展科研工作的问题提出了自己的观点：第一，抓科研就要抓教育；第二，抓教育的关键在学校，尤其是中小学，中学教育以小学教育为基础；第三，加强教师的配备，选拔教师人才的同时提高教师的政治待遇和物质待遇；第四，重新审定教学体系，如大、中、小学的教材，缩短学制，吸收外国先进的东西。5月24日，邓小平同国务院副总理王震、国务院政治研究室负责人邓力群进行谈话，再次强调了教育对科技发展和现代化的重要性，并初步规划了教育的发展路径："办教育要两条腿走路，既注意普及，又注意提高。要办重点小学、重点中学、重点大学。要经过严格考试，把最优秀的人集中在重点中学和大学。"①并吸收了群众意见："为了应急，应付现在青黄不接的状况，在一九六六年、一九六七年高中毕业的学生中采取自愿报名、严格考试、硬性抽调吸收进大学的办法，培养一批人才。"②同时，邓小平寄予了教育改革殷切期盼："我希望从现在开始做起，五年小见成效，十年中见成效，十五年二十年大见成效。"③7月23日，邓小平同中共长沙工学院临时委员会书记张文峰、中共长沙工学院临时委员会副书记高勇进行谈话，强调了教育公平的问题，"不管招多少大学生，一定要考试，考试不合格不能要。不管是谁的子女，就是大人物的也不能要"④，并重申了教育"既要普及又要提高"的"两条腿走路"方针。7月29日和8月1日，邓小平又同中国科学院副院长

① 中共中央文献研究室编：《邓小平决策恢复高考讲话谈话批示集（一九七七年五月——十二月）》，中央文献出版社2007年版，第2页。

② 中共中央文献研究室编：《邓小平决策恢复高考讲话谈话批示集（一九七七年五月——十二月）》，中央文献出版社2007年版，第3页。

③ 中共中央文献研究室编：《邓小平决策恢复高考讲话谈话批示集（一九七七年五月——十二月）》，中央文献出版社2007年版，第2页。

④ 中共中央文献研究室编：《邓小平决策恢复高考讲话谈话批示集：1977年5月12月》，中央文献出版社2007年版，第4页。

方毅、教育部部长刘西尧进行了谈话，在上述观点和规划的基础上，科学且详细地指出了重振教育的方法：第一，今年招生基本上按照原来的办法，但从1978年开始，要求一半直接招生，一半因地制宜按照别的方法；第二，支持企业办校，解决教师缺乏的问题；第三，支持专业研究的建设，将大学发展成研究机构；第四，精简教材，提倡从编写新教材开始，新教材应该鼓励老、中、青结合起来；第五，就人才建设方面，鼓励派遣留学生，并把愿意回国的科学家请回来；第六，重新考虑上大学的方法，比如“劳动两年上大学的做法”是否继续坚持。

1977年8月8日，在科学和教育工作座谈会上，邓小平发表了《关于科学和教育工作的几点意见》，提出并回答了当时无人敢触及的几个问题。第一，恢复高考，“一个是高等院校招收应届高中毕业生的问题。今年就要下决心恢复从高中毕业生中直接招考学生，不要再搞群众推荐。从高中直接招生，我看可能是早出人才、早出成果的一个好办法”①。第二，重建国家科委，“我总觉得科学、教育目前的状况不行，需要有一个机构，统一规划，统一调度，统一安排，统一指导协作”②。第三，实行奖惩制度，邓小平发现“有的同志提出，应当有奖惩制度，这个意见也对”，在此基础上他补充了一点，即“重在鼓励，重点在奖”，至于奖励方式，邓小平认为“对知识分子除了精神上的鼓励，还要采取其他一些鼓励措施，包括改善他们的物质待遇”③。第四，树立好的学风，“讲风气，无非是党风、军风、民风、学风，最重

① 中华人民共和国教育部、中共中央文献研究室编：《毛泽东 邓小平 江泽民论教育》，中央文献出版社、人民教育出版社、北京师范大学出版社2002年版，第109页。

② 中华人民共和国教育部、中共中央文献研究室编：《毛泽东 邓小平 江泽民论教育》，中央文献出版社、人民教育出版社、北京师范大学出版社2002年版，第105页。

③ 中华人民共和国教育部、中共中央文献研究室编：《毛泽东 邓小平 江泽民论教育》，中央文献出版社、人民教育出版社、北京师范大学出版社2002年版，第105页。

要的是党风。好的党风也要体现在教育中，这才能培养出好的学风"[①]。

如何培养出好的学风？首先要让教师负责，把好风气带动起来，如"爱劳动、守纪律、求进步"，要让教师成为学生的朋友，并与学生建立起家校联系，推动学生的全面发展；其次是提高教师的水平，"前几年教师不敢教，责任不在他们。现在要敢于教，还要善于教。要做到这一点，就要加强师资培训工作。要请一些好的教师当教师的教师，大学教师要帮助中学教师提高水平……要把师资培训列入规划，列入任务。只有老师教得好，学生才能学得好"[②]。同时，要把教师从繁重的事务当中解放出来，在发挥后勤工作的作用之时充分发挥他们的作用。第五，解决对"十七年"的估计问题，减轻大家的精神包袱。何谓"十七年"？中国的教育一般分为"'文化大革命'前十七年""'文化大革命'十年"和"结束'文化大革命'后"三个阶段。"'文化大革命'前十七年"的具体时段是1949年至1966年，它具有以下几个特征：第一，为无产阶级服务。这是新中国教育一以贯之的特征。1957年，毛泽东在《关于正确处理人民内部矛盾的问题》中说："我们的教育方针，应该使受教育者在德育、智育、体育几方面都得到发展，成为有社会主义觉悟的有文化的劳动者。"[③]第二，为政治服务。1958年，毛泽东在视察天津大学时指出："高等学校应该抓住三个东西：一是党委领导；二是群众路线；三是把教育和生产劳动结合起来。"[④]同年，中共中央、国务院关于教育工作的指示中提出："党的教

① 中华人民共和国教育部、中共中央文献研究室编：《毛泽东 邓小平 江泽民论教育》，中央文献出版社、人民教育出版社、北京师范大学出版社2002年版，第108页。

② 中华人民共和国教育部、中共中央文献研究室编：《毛泽东 邓小平 江泽民论教育》，中央文献出版社、人民教育出版社、北京师范大学出版社2002年版，第109页。

③ 毛泽东：《毛泽东同志论教育工作》，人民教育出版社1958年版，第9页。

④ 毛泽东：《毛泽东同志论教育工作》，人民教育出版社1958年版，第9页。

育工作方针，是教育为无产阶级的政治服务，教育与生产劳动结合。为了实现这个方针，教育工作必须由党来领导。没有党的领导，社会主义的教育是不能设想的"，"教育工作必须在党的领导之下，才能很好地为社会主义革命和社会主义建设服务，为消灭一切剥削阶级和一切剥削制度的残余服务，为建设消灭城市与乡村的差别和消灭脑力劳动与体力劳动的差别的共产主义社会服务"。[①]然而，过于"突出政治"，也导致了学校中党政不分、以党代政、机构臃肿的现象。第三，借鉴苏联模式。1949年12月，新中国成立伊始，全国第一次教育工作会议制定的对过去教育的改造方针是："以老解放区教育经验为基础，吸收旧教育有用经验，借鉴苏联经验，建设新民主主义教育。"[②]例如，20世纪50年代初之后，大批苏联专家被聘来华工作，协助改造和新建中国的教育体系，1952年秋季起，中国的大学开始采用苏联的教学大纲和教学计划，大学的本科学制也逐渐从传统的四年延长为五年，不过，向苏联学习最重要的成果是对高等院校进行大规模的院系调整，调整的方针是"以培养工业建设人才和师资为重点，发展专门学院，整顿和加强综合性大学"[③]。这种教育改革，将苏联式的高度集中计划和专才教育模式，充分地与中国的现代化发展相结合。第四，精英教育和大众教育相结合。新中国成立以来，继承了"新民主主义的教育模式"："理论与实际一致，其目的是为人民服务，首先为工农兵服务，为当前的革命斗争与建设服务"；"教育工作的发展方针是普及与提高的正确结合。在相当长的时期内以普及为主"[④]。但为了实现现代化建

① 中央档案馆、中共中央文献研究室编：《中共中央文件选集（1949年10月—1966年5月）（第29册）》，人民出版社2013年版，第34页。

② 朴雪涛：《中国特色现代大学制度研究》，人民出版社2020年版，第44页。

③ 余立：《中国高等教育史》，华东师范大学出版社1994年版，第36页。

④ 中央教育科学研究所编：《中华人民共和国教育大事记（1949—1982）》，教育科学出版社1984年版，第8页。

设，随着中国第一个五年计划的展开，我国逐渐开辟了精英主义的教育路线，比如在中小学实行重点学校制度、优先发展培养专才的高等教育。1953年9月，一届全国人大一次会议《政府工作报告》提出："为了适应经济建设的需要，教育部门应当首先集中力量发展和改进高等教育。中小学教育已有很大的发展，今后应当着重质量的提高。"[①] 1958年4月，邓小平在中共中央书记处会议上讨论教育工作时直接指出国家的忧虑："现在看来，普及问题比较容易解决，比较难的是如何提高。"[②]1959年，周恩来在第二届人民代表大会上说："首先集中较大力量办好一批学校，以便为国家培养更高质量的专门人才，迅速促进我国科学文化事业的提高。抓住重点，带动一般，是符合教育事业发展规律的。"[③]1962年，教育部颁发了《关于1962年高等学校招考新生的规定》，指出："根据教育事业进一步贯彻执行以调整为中心的'调整、巩固、充实、提高'的方针的要求，1962年高等学校的招生工作，必须在各级党委和人民委员会的领导下，切实保证新生质量，认真按照统一规定的标准，选择政治上、学业上优秀，健康条件合格的学生入学。"[④]1963年，全国27个省、市、自治区确定的重点中学共有487所，占公办中学的3.1%。"怎样对十七年进行重新评估?"邓小平认为："主导方面是红线。"[⑤]首先，毛泽东同志"对科学研究工作、文化

---

① 中央教育科学研究所编：《中华人民共和国教育大事记（1949—1982）》，教育科学出版社1984年版，第16页。

② 中华人民共和国教育部、中共中央文献研究室编：《毛泽东 邓小平 江泽民论教育》，中央文献出版社、人民教育出版社、北京师范大学出版社2002年版，第90页。

③ 中央教育科学研究所编：《中华人民共和国教育大事记（1949—1982）》，教育科学出版社1984年版，第169页。

④ 《关于1962年高等学校招考新生的规定》，载《中华人民共和国国务院公报》，1962年7月，第134页。

⑤ 中华人民共和国教育部、中共中央文献研究室编：《毛泽东 邓小平 江泽民论教育》，中央文献出版社、人民教育出版社、北京师范大学出版社2002年版，第102页。

教育工作的一系列指示，基本精神是鼓励，是提倡，是估计到我们知识分子中的绝大多数是好的，是为社会主义服务或者愿意为社会主义服务的”[①]。应当把毛泽东在教育方面和科研方面的主导思想给广大知识分子讲清楚，即主调是“鼓励和提倡”，也就是说在毛泽东思想的照耀下和在党的正确领导下，科研工作和教育工作都取得了很大成绩，尤其是在教育方面，培养出了在多条战线上踔厉奋发的骨干。其次，应该正确评估知识分子的世界观问题，即看清楚“世界观的重要表现是为谁服务”。邓小平直接指出：“我国的知识分子绝大多数是自觉自愿地为社会主义服务的。”[②]不过，他仍然坚持，应该对新中国成立以后培养出来的知识分子实行思想上的“继续改造”：“不仅是知识分子的思想要继续改造，工人农民和共产党员的思想也要继续改造。”[③]

1977年9月19日，邓小平同教育部主要负责同志讨论了“教育战线的拨乱反正”问题，彻底推翻了《全国教育工作会议纪要》里面的“两个估计”：“首先是‘文化大革命’前十七年，教育战线是资产阶级专了无产阶级的政，是‘黑线专政’；知识分子的大多数世界观基本上是资产阶级的，是资产阶级知识分子。”[④]邓小平认为“两个估计”是不符合实际的，他指出：“怎么能把几百万、上千万知识分子一棍子打死呢？我们现在的人才，大部分还不是十七年培养出来的？原子弹是一九六四年搞成功的。氢弹虽然是一九六七年爆炸的，但也不是一下

① 中华人民共和国教育部、中共中央文献研究室编：《毛泽东 邓小平 江泽民论教育》，中央文献出版社、人民教育出版社、北京师范大学出版社2002年版，第101、102页。

② 中华人民共和国教育部、中共中央文献研究室编：《毛泽东 邓小平 江泽民论教育》，中央文献出版社、人民教育出版社、北京师范大学出版社2002年版，第102页。

③ 中华人民共和国教育部、中共中央文献研究室编：《毛泽东 邓小平 江泽民论教育》，中央文献出版社、人民教育出版社、北京师范大学出版社2002年版，第102、103页。

④ 中华人民共和国教育部、中共中央文献研究室编：《毛泽东 邓小平 江泽民论教育》，中央文献出版社、人民教育出版社、北京师范大学出版社2002年版，第123页。

子就搞出来的。这些都是聂荣臻同志抓那个一九五六年制订的十二年科学规划打下的基础。”[①]换言之，邓小平希望给予“十七年”以中肯的评价，认为“十七年”为社会主义革命和建设培养了科学的规划视角、大量的科学人才、重要的国防科技，而并非“资产阶级专了无产阶级的政”；以及“知识分子的大多数世界观基本上是资产阶级的”，这一说法有失偏颇，不能“把几百万、上千万知识分子一棍子打死”。

就如何办大学的问题，邓小平也给出了指示：首先，要健全教育部的机构，“要找一些四十岁左右的人，天天到学校里去跑……下去当‘学生’，到班里听听课，了解情况，监督计划、政策等的执行，然后回来报告……可以首先跑重点大学，跑重点中学、小学。这些就是具体措施，不能只讲空话”[②]。其次，重点大学不仅要办起来还要管起来，“教育部直属重点大学，双重领导，以教育部为主。教育部要直接抓好几个学校，搞点示范。学校每周学习时间多少，政治活动时间不能超过多少等，这些都要具体化，教育部要干预。人民大学是要办的，主要培养财贸、经济管理干部和马列主义理论工作者。师范大学要办好。省、市管的师范院校，教育部也要经常派人去检查。不办好师范教育，教师就没有来源”[③]。第三，严抓招生条件，“政审，主要看本人的政治表现。政治历史清楚，热爱社会主义，热爱劳动，遵守纪律，决心为革命学习，有这几条，就可以了。总之，招生主要抓两条：第

① 中华人民共和国教育部、中共中央文献研究室编：《毛泽东 邓小平 江泽民论教育》，中央文献出版社、人民教育出版社、北京师范大学出版社2002年版，第124页。

② 中华人民共和国教育部、中共中央文献研究室编：《毛泽东 邓小平 江泽民论教育》，中央文献出版社、人民教育出版社、北京师范大学出版社2002年版，第126页。

③ 中华人民共和国教育部、中共中央文献研究室编：《毛泽东 邓小平 江泽民论教育》，中央文献出版社、人民教育出版社、北京师范大学出版社2002年版，第126、127页。

一是本人表现好，第二是择优录取”[①]。第四，恢复科研人员的职称，“这是很大的政策，解决了很多重要的问题，会引起震动，会影响到教育、工业等方面。教育部门要紧紧跟上。大专院校也应该恢复教授、讲师、助教等职称。多年来，许多同志考虑恢复职称的问题，这次中央在召开全国科学大会的通知中把这个问题解决了”[②]。第五，加强学校的教师队伍，要做到从科研系统调人出来支援教育、通过树标杆鼓励大家热衷教育事业、为教育者提供物质和政治保障、更新科研队伍和制度。

至此，邓小平开始了“狠抓教育之旅”。在具体事务方面，“我是要一直抓下去的。我的抓法就是抓头头，抓方针。重要的政策、措施，也是方针性的东西，这些我是要管的。教育方面有好多问题，归根到底是要出人才、出成果”[③]。在宏观视角方面，“教育是一个民族最根本的事业。四化建设的实现要靠知识、靠人才。政策上的失误容易纠正过来，而知识不是立即就能得到的，人才也不是一天两天就能培养出来的，这就要抓教育，要从娃娃抓起。尊重知识、尊重人才是长远的根本大计”[④]。

---

① 中华人民共和国教育部、中共中央文献研究室编：《毛泽东 邓小平 江泽民论教育》，中央文献出版社、人民教育出版社、北京师范大学出版社2002年版，第127页。

② 中华人民共和国教育部、中共中央文献研究室编：《毛泽东 邓小平 江泽民论教育》，中央文献出版社、人民教育出版社、北京师范大学出版社2002年版，第127页。

③ 中华人民共和国教育部、中共中央文献研究室编：《毛泽东 邓小平 江泽民论教育》，中央文献出版社、人民教育出版社、北京师范大学出版社2002年版，第128页。

④ 中华人民共和国教育部、中共中央文献研究室编：《毛泽东 邓小平 江泽民论教育》，中央文献出版社、人民教育出版社、北京师范大学出版社2002年版，第175页。

二、邓小平对社会主义教育体系的完善

（一）健全科研体系，培养科技人才

经济发展与教育和科技息息相关，邓小平在《经济发展必须依靠科技和教育》一文中指出："经济发展得快一点，必须依靠科技和教育。我说科学技术是第一生产力。近一二十年来，世界科学技术发展得多快啊！高科技领域的一个突破，带动一批产业的发展……要提倡科学，靠科学才有希望。"[①]关于培养科技人员的问题，邓小平提出："大家要记住那个年代，钱学森、李四光、钱三强那一批老科学家，在那么困难的条件下，把两弹一星和好多高科技搞起来。应该说，现在的科学家更幸福，因此对他们的要求会更多。"[②]而为了从国外引进知识分子，以邓小平为代表的共产党人颇费心力，他指出："知识分子是工人阶级的一部分。老科学家、中年科学家很重要，青年科学家也很重要。希望所有出国学习的人回来。不管他们过去的政治态度怎么样，都可以回来，回来后妥善安排。"[③]此举充分调动了知识分子回馈祖国的积极性："希望大家通力合作，为加快发展我国科技和教育事业多做实事。"[④]1975年9月26日，邓小平在听取中国科学院负责同志汇报《关于科技工作的几个问题》时指出"增加科技人员要靠教育"："比如

① 中华人民共和国教育部、中共中央文献研究室编：《毛泽东 邓小平 江泽民论教育》，中央文献出版社、人民教育出版社、北京师范大学出版社2002年版，第199页。

② 中华人民共和国教育部、中共中央文献研究室编：《毛泽东 邓小平 江泽民论教育》，中央文献出版社、人民教育出版社、北京师范大学出版社2002年版，第199页。

③ 中华人民共和国教育部、中共中央文献研究室编：《毛泽东 邓小平 江泽民论教育》，中央文献出版社、人民教育出版社、北京师范大学出版社2002年版，第199、200页。

④ 中华人民共和国教育部、中共中央文献研究室编：《毛泽东 邓小平 江泽民论教育》，中央文献出版社、人民教育出版社、北京师范大学出版社2002年版，第200页。

我们提高工厂自动化水平，要增加科技人员，这就要靠教育。”[①]那么怎么打造“培养人才的教育”？邓小平认为，首先，应该提高大学的质量以及准入门槛：“科学院要把科技大学办好，选数理化好的高中毕业生入学，不照顾干部子弟。”[②]其次，消灭“科技人员不是劳动者”的刻板印象：“科技人员是不是劳动者？科学技术叫生产力，科技人员就是劳动者！”[③]再者，对科技人员的培养者予以支持也颇为重要，“要解决教师地位问题。几百万教员，只是挨骂，怎么调动他们的积极性？毛主席讲消极因素还要转化为积极因素嘛！教育战线也要调动人的积极性”[④]。

1978年3月18日，邓小平发表了《培养科学技术人才是教育战线的重要任务》，指出：“我们还要在努力提高现有科学技术队伍的水平，充分发挥他们的作用的同时，大力培养新的科学技术人才。”[⑤]由于“文化大革命”的影响，中国的科学技术队伍发生了青黄不接的现象，因此，以邓小平为代表的中国共产党人，对年轻一代的科学技术人才“求贤若渴”，对青年人寄予了殷切的期望：“科学的未来在于青年。青年一代的成长，正是我们事业必定要兴旺发达的希望所在。”[⑥]对于“如何选拔人才”，邓小平指出，首先，要打破常规去发现和选拔人才，

① 中华人民共和国教育部、中共中央文献研究室编：《毛泽东 邓小平 江泽民论教育》，中央文献出版社、人民教育出版社、北京师范大学出版社2002年版，第96页。

② 中华人民共和国教育部、中共中央文献研究室编：《毛泽东 邓小平 江泽民论教育》，中央文献出版社、人民教育出版社、北京师范大学出版社2002年版，第96页。

③ 中华人民共和国教育部、中共中央文献研究室编：《毛泽东 邓小平 江泽民论教育》，中央文献出版社、人民教育出版社、北京师范大学出版社2002年版，第96页。

④ 中华人民共和国教育部、中共中央文献研究室编：《毛泽东 邓小平 江泽民论教育》，中央文献出版社、人民教育出版社、北京师范大学出版社2002年版，第96、97页。

⑤ 中华人民共和国教育部、中共中央文献研究室编：《毛泽东 邓小平 江泽民论教育》，中央文献出版社、人民教育出版社、北京师范大学出版社2002年版，第132页。

⑥ 中华人民共和国教育部、中共中央文献研究室编：《毛泽东 邓小平 江泽民论教育》，中央文献出版社、人民教育出版社、北京师范大学出版社2002年版，第132、133页。

特别是不能受“文化大革命”时期思想流毒的影响；其次，“科学技术人才的培养，基础在教育”，进一步而言“我们要全面地正确地执行党的教育方针，端正方向，真正搞好教育改革，使教育事业有一个大的发展，大的提高”，我们还要鼓励各行各业来支持教育事业。[①]

1979年11月2日，邓小平在中央党、政、军机关副部长以上干部会上的报告《要建立学位制度和学术、技术职称制度》中作了更深入的设想。首先，把学术能力放在第一位，并将其和科技人才的自身利益挂钩：“在学术上，只要有创造，有贡献，就应该评给相应的学术职称，不能论资排辈……凡是合乎这些标准的人，就应该授予他相应的职称，享受相应的工资待遇……在一个研究所里，好的研究员的工资可以比所长高。在一个学校里，好的教授的工资可以比校长高。这样才能鼓励上进，才能出人才。”[②]其次，选拔具有专业知识和年富力强的人到能够发挥他们才干的工作岗位上去。最后，避免用行政事务干扰科学家，使他们能够集中主要精力去钻研业务，搞好自身的科研工作。

1984年5月21日，邓小平会见美籍华人李政道教授，并就“如何运用人才”及“设立博士后流动站的方法好”展开了阐述：“‘博士后’对我来说是新事物、新名词，我第一次听到。成千上万的人回来是很大的问题，我们现在对回来的人不晓得怎样使用。……设立博士后流动站，是一个新的方法，这个方法很好。培养和使用相结合，在使用中培养，在培养和使用中发现更高级的人才。”[③]对此，邓小平认

---

① 中华人民共和国教育部、中共中央文献研究室编：《毛泽东 邓小平 江泽民论教育》，中央文献出版社、人民教育出版社、北京师范大学出版社2002年版，第133页。

② 中华人民共和国教育部、中共中央文献研究室编：《毛泽东 邓小平 江泽民论教育》，中央文献出版社、人民教育出版社、北京师范大学出版社2002年版，第149、150页。

③ 国务院侨务办公室、中共中央文献研究室编：《邓小平论侨务》，中央文献出版社2000年版，第16页。

为要建立上千个博士后流动站，并且配备相应的物资。

（二）丰富教育内容，扩展教育对象

关于少数民族的教育问题。1950年7月21日，邓小平在欢迎赴西南地区的中央民族访问团大会上的讲话《尽快提高少数民族的文化水平》中指出："要尽快提高少数民族的文化水平。应在少数民族地区举办一些教育事业，动员一些人到那里去办学校。"[①]而当时要做的是"先办一些训练班，着重宣传民族政策"[②]，其次要解决人才缺乏的问题："必须迅速创办民族学院，吸收一些青年进民族学院深造。"[③]

关于干部培养的问题。1954年7月9日，邓小平在政务院讨论教育工作时指出，当下干部规模的状况"一方面不够用，另一方面又有浪费。要充分发挥现有干部的作用，同时要培养大批各方面的建设人才。政务院许多部门的领导人，他们注意抓生产，抓基本建设，这是对的，但是对培养干部重视不够，这主要表现在对自己所管的学校注意得很差"[④]。对此，邓小平提出了通过建设好专门学校来培养干部的方法：首先，整顿学校的纪律，例如"苏联学校中的纪律是严得很的，我们派去的学生，如果不好好学习，就被送回来"，因此，邓小平建议要对学校展开批评教育，教育学生、教育学校；其次，提高优秀教师的待遇，"这样的人不会很多，全国也就是万把人"，此"优秀"并非指"有名望"，而是指"有本领、贡献多、劳动多"，并且"将来工资的差

① 中华人民共和国教育部、中共中央文献研究室编：《毛泽东 邓小平 江泽民论教育》，中央文献出版社、人民教育出版社、北京师范大学出版社2002年版，第83页。

② 中华人民共和国教育部、中共中央文献研究室编：《毛泽东 邓小平 江泽民论教育》，中央文献出版社、人民教育出版社、北京师范大学出版社2002年版，第83页。

③ 中华人民共和国教育部、中共中央文献研究室编：《毛泽东 邓小平 江泽民论教育》，中央文献出版社、人民教育出版社、北京师范大学出版社2002年版，第83页。

④ 中华人民共和国教育部、中共中央文献研究室编：《毛泽东 邓小平 江泽民论教育》，中央文献出版社、人民教育出版社、北京师范大学出版社2002年版，第87页。

距要拉大些，真正有本领的人，对国家贡献很大的人，工资应该更高一些”。[①]

关于军队干部的训练问题。1977年8月23日，邓小平在中共中央军委座谈会上发表《军队要把教育训练提高到战略地位》的讲话，为了建设国防现代化，整顿军队是首要前提。邓小平指出：“现在不打仗，你根据什么来考验干部，用什么来提高干部，提高军队的素质，提高军队的战斗力？还不是要从教育训练着手？”简言之，“要把军委扩大会议上提出的把教育训练提高到战略地位这个方针具体化”。[②]具体应该怎么做？邓小平提出了两个方针：第一，部队本身要提倡苦学苦练，并且是从战士到干部都要苦练，不仅要严明纪律、提高政治觉悟、学习基本的作战知识，还要“努力学习现代化战争知识和其他许多必要的政治文化科技知识”[③]。第二，通过办学校来解决干部问题。现有的各级干部，指挥、管理能力弱，因此要办干部学校，把更多的干部放到学校当中去训练。办干部学校的意识，在抗日战争时期便提上了日程：“选军事指挥员比较容易，选政治干部就比较难。”[④]为了解决干部人才缺少的燃眉之急，邓小平提出要增加训练政治干部的学校，增加的方法可以“一个学校既训练军事干部又训练政治干部”，也可以“专门办政治学校”，还有“各军兵种的技术专业学校，都要恢复起来，

① 中华人民共和国教育部、中共中央文献研究室编：《毛泽东 邓小平 江泽民论教育》，中央文献出版社、人民教育出版社、北京师范大学出版社2002年版，第87、88、89页。

② 中华人民共和国教育部、中共中央文献研究室编：《毛泽东 邓小平 江泽民论教育》，中央文献出版社、人民教育出版社、北京师范大学出版社2002年版，第116页。

③ 中华人民共和国教育部、中共中央文献研究室编：《毛泽东 邓小平 江泽民论教育》，中央文献出版社、人民教育出版社、北京师范大学出版社2002年版，第117页。

④ 中华人民共和国教育部、中共中央文献研究室编：《毛泽东 邓小平 江泽民论教育》，中央文献出版社、人民教育出版社、北京师范大学出版社2002年版，第118页。

如果不够，可以增加，有些也可以合并”。[1]至于干部学校的办学方法，邓小平提出了三点要求：“第一，训练干部，选拔干部，推荐干部……第二，认真学习现代化战争知识，学习诸军兵种联合作战……第三，恢复我们军队的传统作风。概括地说，这种作风就是艰苦奋斗的作风，实事求是的作风，群众路线的作风。要在学校里培养这种作风，并把它带到部队，发扬光大。”[2]

关于树立正确思想的问题。第一，坚持共产主义信仰。邓小平在接见中国共产主义青年团中央工作会议全体同志时指出：“我们要对青年进行共产主义教育……要引导人们向兴旺的道路走。要树立共产主义的远大理想。”[3]第二，加强政治思想工作。“又红又专，那个红是绝对不能丢的……军队就更应当加强政治思想工作。要从战士入伍第一天起就注意这个问题。”[4]第三，“共产党要有纪律。世界上不管什么党都有自己的纪律”[5]，并且守纪律意识要从小培养。1954年4月8日，邓小平在政务会议上讨论中学教育工作时发表《注意中学的纪律教育》，指出：“要做一个好公民，就要从小养成守纪律的习惯，这就要经常做工作。”[6]1983年4月1日，邓小平在为北京育才学校的题词中写道：“勤奋学习、遵守纪律、热爱劳动、助人为乐、艰苦奋斗、英勇对

① 中华人民共和国教育部、中共中央文献研究室编：《毛泽东 邓小平 江泽民论教育》，中央文献出版社、人民教育出版社、北京师范大学出版社2002年版，第118页。

② 中华人民共和国教育部、中共中央文献研究室编：《毛泽东 邓小平 江泽民论教育》，中央文献出版社、人民教育出版社、北京师范大学出版社2002年版，第118、119页。

③ 中华人民共和国教育部、中共中央文献研究室编：《毛泽东 邓小平 江泽民论教育》，中央文献出版社、人民教育出版社、北京师范大学出版社2002年版，第94、95页。

④ 中华人民共和国教育部、中共中央文献研究室编：《毛泽东 邓小平 江泽民论教育》，中央文献出版社、人民教育出版社、北京师范大学出版社2002年版，第158、159页。

⑤ 中华人民共和国教育部、中共中央文献研究室编：《毛泽东 邓小平 江泽民论教育》，中央文献出版社、人民教育出版社、北京师范大学出版社2002年版，第181页。

⑥ 中华人民共和国教育部、中共中央文献研究室编：《毛泽东 邓小平 江泽民论教育》，中央文献出版社、人民教育出版社、北京师范大学出版社2002年版，第86页。

敌。”[①]可见以邓小平为代表的中国共产党人对组织纪律的重视。第四，坚持中华民族优秀传统。1989年3月23日，邓小平会见乌干达共和国总统穆塞韦尼时发表了《保持艰苦奋斗的传统》，反思了改革开放以来社会风气出现的种种问题，其中“最大的失误”是在教育方面：“思想政治工作薄弱了，教育发展不够……最重要的一条是，在经济得到可喜发展、人民生活水平得到改善的情况下，没有告诉人民，包括共产党员在内，应该保持艰苦奋斗的传统。坚持这个传统，才能抗住腐败现象。”[②]对此，邓小平提出：“要加强对人民进行思想政治工作，提倡艰苦奋斗。”[③]

关于坚持走社会主义道路的问题。1987年1月13日，邓小平会见日本自民党干事长竹下登时就“排除干扰，继续前进”提出看法：“我们坚持的是社会主义制度，我们要建设的是具有中国特色的社会主义！”[④]问题在于如何“排除干扰，继续前进”，邓小平认为之所以出现干扰，是因为“我们思想战线上出现了一些混乱，对青年学生引导不力”[⑤]。对此，邓小平提出了为“继续前进”服务的解决办法：“我们要改变这种引导不力的软弱状态，要用我们自己的历史来教育青年，也要揭露那些别有用心的人，因为他们这次的口号是反对共产党的领

---

① 中华人民共和国教育部、中共中央文献研究室编：《毛泽东 邓小平 江泽民论教育》，中央文献出版社、人民教育出版社、北京师范大学出版社2002年版，第163页。

② 中华人民共和国教育部、中共中央文献研究室编：《毛泽东 邓小平 江泽民论教育》，中央文献出版社、人民教育出版社、北京师范大学出版社2002年版，第195页。

③ 中华人民共和国教育部、中共中央文献研究室编：《毛泽东 邓小平 江泽民论教育》，中央文献出版社、人民教育出版社、北京师范大学出版社2002年版，第195页。

④ 中华人民共和国教育部、中共中央文献研究室编：《毛泽东 邓小平 江泽民论教育》，中央文献出版社、人民教育出版社、北京师范大学出版社2002年版，第183页。

⑤ 中华人民共和国教育部、中共中央文献研究室编：《毛泽东 邓小平 江泽民论教育》，中央文献出版社、人民教育出版社、北京师范大学出版社2002年版，第181页。

导，反对社会主义道路。”[①]其次，就具体教育内容而言：“学生闹事，要向他们讲清楚危害在哪里，这就不能对他们只用拍拍肩膀的办法。要把是非讲清楚，要把利害讲清楚。是非是涉及我国根本利益的是非，利害是关系到我国社会主义发展能不能达到本世纪目标和下个世纪目标的重大利害。”[②]1987年2月18日，邓小平会见加蓬总统邦戈，继续阐释了“用中国的历史教育青年”的主题，指出：“我们讲的是社会主义、共产主义理想……历史告诉我们，中国走资本主义道路不行，中国除了走社会主义道路没有别的道路可走。一旦中国抛弃社会主义，就要回到半殖民地半封建社会，不要说实现‘小康’，就连温饱也没有保证……总之，我们在本世纪还要用十几年时间，下世纪还要用三五十年时间，继续向人们证明，我们选择的道路是正确的。我们对自己的发展充满信心，同时也认识到这不是一件轻而易举的事，不能丧失警惕。”[③]

对于如何教育人民，邓小平作出了更深入的规划：第一，教育人民成为“四有”人民，教育干部成为“四有”干部，“四有”即“有理想、有道德、有文化、有纪律”；第二，向人民强调坚持社会主义的四化、坚持四项基本原则。

关于树立法制观念。1986年6月28日，邓小平在中央政治局常委会上发表《在全体人民中树立法制观念》，他指出，“加强法制重要的是进行教育”，“我们国家缺少执法和守法的传统”。然而没有法制会造成党的纪律问题和政府的体制问题。如何解决这一传统缺失的盲区？

① 中华人民共和国教育部、中共中央文献研究室编：《毛泽东 邓小平 江泽民论教育》，中央文献出版社、人民教育出版社、北京师范大学出版社2002年版，第181页。

② 中华人民共和国教育部、中共中央文献研究室编：《毛泽东 邓小平 江泽民论教育》，中央文献出版社、人民教育出版社、北京师范大学出版社2002年版，第183页。

③ 中华人民共和国教育部、中共中央文献研究室编：《毛泽东 邓小平 江泽民论教育》，中央文献出版社、人民教育出版社、北京师范大学出版社2002年版，第186、187页。

邓小平认为："法制观念与人们的文化素质有关。现在这么多青年人犯罪，无法无天，没有顾忌，一个原因是文化素质太低。所以，加强法制最重要的是进行教育，根本问题是教育人。法制教育要从娃娃开始，小学、中学都要进行这个教育，社会上也要进行这个教育。"[①]换言之，要进行法制教育的普及，辅之以文化素质提升。

（三）提高后勤保障，积累大量人才

1977年8月23日，邓小平在中共中央军委座谈会上作的报告《军队要把教育训练提高到战略地位》中就已指出"办学校需要有准备"，这里的准备除了需要有人才资源支撑，还包括校址和教材问题。[②]1978年3月28日，邓小平同国务院政治研究室负责同志展开"坚持按劳分配原则"的谈话，提出"要注意提高小学教员的工资"，因为当下"小学教员的工资太低"，而"一个好的小学教员，他付出的劳动是相当繁重的"，故应该提高他们的工资，并且此举还能鼓励他们终身从事自己的职业。[③]1978年4月22日，邓小平在全国教育工作会议上的讲话中指出："要研究教师首先是中小学教师的工资制度……限于国家的经济力量，我们一时还难以较大地改善教职员工的物质生活待遇，但是必须为此积极创造条件。各级党委和教育行政部门，首先要在可能范围内，尽力办好集体福利事业。"[④]1983年3月3日，邓小平在视察江苏等地后就"重视智力开发"提出意见："重点院校增加一倍学生没有多少问题，师资不缺，主要是房子不够。再拿出一点钱建校舍和宿舍，我看

---

① 中华人民共和国教育部、中共中央文献研究室编：《毛泽东 邓小平 江泽民论教育》，中央文献出版社、人民教育出版社、北京师范大学出版社2002年版，第177页。

② 邓小平：《邓小平文选》（第二卷），人民出版社1994年版，第63页。

③ 邓小平：《邓小平文选》（第二卷），人民出版社1994年版，第101页。

④ 中华人民共和国教育部、中共中央文献研究室编：《毛泽东 邓小平 江泽民论教育》，中央文献出版社、人民教育出版社、北京师范大学出版社2002年版，第145页。

也可以拿得出来。这方面用多少钱，要算个账。”[①]

做好后勤保障，目的是吸引和聚集更多的人才，帮助我国进行社会主义现代化建设，“一个十亿人口的大国，教育搞上去了，人才资源的巨大优势是任何国家比不了的。有了人才优势，再加上先进的社会主义制度，我们的目标就有把握达到”[②]。1978年，邓小平提出要大量派遣留学生：“请教育部研究一下，在这方面多花些钱是值得的。这是五年内快见成效、提高我国科教水平的重要方法之一。”[③]1983年，邓小平在为景山学校的题词中写道：“教育要面向现代化，面向世界，面向未来。”[④]1985年7月16日，邓小平提出：“人是最宝贵的财富……最优秀的，招聘的条件要提高。”[⑤]1988年9月12日，邓小平在《从战略高度考虑教育问题》一文中指出，在教师工资方面，“我们不论怎么困难，也要提高教师的待遇。这个事情，在国际上都有影响”[⑥]。总之，“科教投资的使用要改进，这也是改革的重要内容”[⑦]。

做好后勤保障，也意味着教育要向“科学化”转变，即教育要采用现代化的方法。1978年6月5日，邓小平就“加快电化教育的发展”

---

① 中华人民共和国教育部、中共中央文献研究室编：《毛泽东 邓小平 江泽民论教育》，中央文献出版社、人民教育出版社、北京师范大学出版社2002年版，第162页。

② 中华人民共和国教育部、中共中央文献研究室编：《毛泽东 邓小平 江泽民论教育》，中央文献出版社、人民教育出版社、北京师范大学出版社2002年版，第170页。

③ 中华人民共和国教育部、中共中央文献研究室编：《毛泽东 邓小平 江泽民论教育》，中央文献出版社、人民教育出版社、北京师范大学出版社2002年版，第148页。

④ 中华人民共和国教育部、中共中央文献研究室编：《毛泽东 邓小平 江泽民论教育》，中央文献出版社、人民教育出版社、北京师范大学出版社2002年版，第164页。

⑤ 中华人民共和国教育部、中共中央文献研究室编：《毛泽东 邓小平 江泽民论教育》，中央文献出版社、人民教育出版社、北京师范大学出版社2002年版，第174页。

⑥ 中华人民共和国教育部、中共中央文献研究室编：《毛泽东 邓小平 江泽民论教育》，中央文献出版社、人民教育出版社、北京师范大学出版社2002年版，第192页。

⑦ 中华人民共和国教育部、中共中央文献研究室编：《毛泽东 邓小平 江泽民论教育》，中央文献出版社、人民教育出版社、北京师范大学出版社2002年版，第192页。

指出："在人民中拥有的电视机数量比较少，要加强这方面的发展。我们现在要解决教育问题，电化教育是一个重要手段。"[①]通过电化教育，可以缓解优质教师不足、教育普及不够等客观问题。

第五节　文化建设观：建设高度的社会主义精神文明

1979年9月29日，叶剑英在庆祝中华人民共和国成立三十周年大会上的讲话中便提出了"建设高度的社会主义精神文明"的重要命题："我们所说的四个现代化，是实现现代化的四个主要方面，并不是说现代化事业只以这四个方面为限。我们要在改革和完善社会主义经济制度的同时，改革和完善社会主义政治制度，发展高度的社会主义民主和完备的社会主义法制。我们要在建设高度物质文明的同时，提高全民族的教育科学文化水平和健康水平，树立崇高的革命理想和革命道德风尚，发展高尚的丰富多彩的文化生活，建设高度的社会主义精神文明。"[②]并且，叶剑英在干部队伍方面，提出了对精神文明建设的改革意见："现代化经济、文化和政治建设的发展，要求逐步改变我们干部队伍的结构，减少一般行政干部，增加大批各行各业的专业干部，比如工程技术干部、农牧业技术干部、经济管理干部、科学家、教师、

① 中华人民共和国教育部、中共中央文献研究室编：《毛泽东 邓小平 江泽民论教育》，中央文献出版社、人民教育出版社、北京师范大学出版社2002年版，第147页。

② 中共中央文献研究室编：《改革开放三十年重要文献选编》（上），中央文献出版社2008年版，第71页。

医师、法官、律师、艺术家，等等。”①

1979年10月30日，邓小平在中国文学艺术工作者第四次代表大会上致辞，正式提出了“建设社会主义精神文明”这一概念：“我们的国家已经进入社会主义现代化建设的新时期。我们要在大幅度提高社会生产力的同时，改革和完善社会主义的经济制度和政治制度，发展高度的社会主义民主和完备的社会主义法制。我们要在建设高度物质文明的同时，提高全民族的科学文化水平，发展高尚的丰富多彩的文化生活，建设高度的社会主义精神文明。”②

进行社会主义精神文明建设，首要原因是“勉励人民同心同德地实现四个现代化”，即“各条战线上的群众和干部，都要做解放思想的促进派，安定团结的促进派，维护祖国统一的促进派，实现四个现代化的促进派”③，“对实现四个现代化是有利还是有害，应当成为衡量一切工作的最根本的是非标准”④；次要原因是“要恢复和发扬我们党和人民的革命传统，培养和树立优良的道德风尚”⑤；再有就是真正实现百花齐放、百家争鸣这个马克思主义方针。

进行社会主义精神文明建设，邓小平认为要以文艺工作为主要办法：“我们的文艺，应当在描写和培养社会主义新人方面付出更大的努力，取得更丰硕的成果”，因为“要塑造四个现代化建设的创业者，表现他们那种有革命理想和科学态度、有高尚情操和创造能力、有宽阔眼界和求实精神的面貌。要通过这些新人的形象，来激发广大群众的社会主义积极性，推动他们从事四个现代化建设的历史性创造活

① 中共中央文献研究室编：《改革开放三十年重要文献选编》（上），中央文献出版社2008年版，第75页。

② 邓小平：《邓小平文选》（第二卷），人民出版社1994年版，第208页。

③ 邓小平：《邓小平文选》（第二卷），人民出版社1994年版，第209页。

④ 邓小平：《邓小平文选》（第二卷），人民出版社1994年版，第209页。

⑤ 邓小平：《邓小平文选》（第二卷），人民出版社1994年版，第209页。

动”。[①]“文艺工作”能够反映广大民众的生活习俗、文化传统和艺术爱好：“英雄人物的业绩和普通人们的劳动、斗争和悲欢离合，现代人的生活和古代人的生活，都应当在文艺中得到反映。我国古代的和外国的文艺作品、表演艺术中一切进步的和优秀的东西，都应当借鉴和学习。”[②]

要充分发挥“文艺工作”的作用，邓小平认为应该鼓励创新：“我们要继续坚持毛泽东同志提出的文艺为最广大的人民群众、首先为工农兵服务的方向，坚持百花齐放、推陈出新、洋为中用、古为今用的方针，在艺术创作上提倡不同形式和风格的自由发展，在艺术理论上提倡不同观点和学派的自由讨论。”[③]正如列宁所说：“在文学事业中，绝对必须保证有个人创造性和个人爱好的广阔天地，有思想和幻想、形式和内容的广阔天地。”[④]换言之，文艺工作应该围绕四个现代化的目标，在正确的创作思想的指导下，使“文艺题材和表现手法要日益丰富多彩，敢于创新”，并且“要防止和克服单调刻板、机械划一的公式化概念化倾向”。[⑤]要充分发挥“文艺工作”的作用，邓小平认为文艺工作者应该做到：第一，矢志不渝地面向广大群众，在艺术上精益求精，在严肃考虑作品的艺术效果之时，力求把最好的精神食粮贡献给人民。第二，努力学习马列主义、毛泽东思想，提高认识生活、分析生活、透过现象抓住事物本质的能力。第三，与人民建立血肉联系，“自觉地在人民的生活中汲取题材、主题、情节、语言、诗情和画意”[⑥]。第四，不断丰富和提高自己的艺术表现力，即“所有文艺工作

① 邓小平：《邓小平文选》（第二卷），人民出版社1994年版，第209、210页。
② 邓小平：《邓小平文选》（第二卷），人民出版社1994年版，第210页。
③ 邓小平：《邓小平文选》（第二卷），人民出版社1994年版，第210页。
④ 邓小平：《邓小平文选》（第二卷），人民出版社1994年版，第210、211页。
⑤ 邓小平：《邓小平文选》（第二卷），人民出版社1994年版，第211页。
⑥ 邓小平：《邓小平文选》（第二卷），人民出版社1994年版，第211、212页。

者，都应当认真钻研、吸收、融化和发展古今中外艺术技巧中一切好的东西，创造出具有民族风格和时代特色的完美的艺术形式”，而“只有不畏艰难、勤学苦练、勇于探索的文艺工作者，才能攀登上艺术的高峰”。[①]第五，善于倾听各方面的批评，接受有益的意见，创造自己不断进步、不断提高的动力。第六，老一辈文艺工作者，应当发现和培养青年文艺工作者；中年文艺工作者，应当发挥在文艺队伍里的骨干作用；青年文艺工作者，应当接受中年和老年文艺工作者的帮助，既不脱离生活，又在思想、艺术上不断进步。

要充分发挥“文艺工作”的作用，邓小平认为中国还应当做到：第一，中国应当从思想和制度两方面提供有利于人才成长的必要条件，培养出杰出的文艺人才。第二，各级党委应当领导好文艺工作，根据文学艺术的特征及发展规律，避免用行政强加干涉文艺工作，而是要帮助文艺工作者掌握创作规律，创作出优秀的文学艺术作品，同时，各级党委应当为文艺工作者提供良好的物质条件、帮助文艺工作者打破“四人帮”以来的思想桎梏。第三，保持经济发展的良好形势，在新中国成立时，毛泽东就曾指出：“随着经济建设的高潮的到来，不可避免地将要出现一个文化建设的高潮。”[②]

1980年12月25日，邓小平在中共中央会议上解释了“什么是精神文明”：“所谓精神文明，不但是指教育、科学、文化（这是完全必要的），而且是指共产主义的思想、理想、信念、道德、纪律，革命的立场和原则，人与人的同志式关系，等等。”[③]没有“精神文明”，就没有共产主义思想、没有共产主义道德，也就无法建设社会主义。邓小平认为，共产党员如果不具备这些精神，就不能算是一个合格的共产党

① 邓小平：《邓小平文选》（第二卷），人民出版社1994年版，第212页。
② 邓小平：《邓小平文选》（第二卷），人民出版社1994年版，第213、214页。
③ 邓小平：《邓小平文选》（第二卷），人民出版社1994年版，第367页。

员；同时，共产党员还应该以身作则，把以上精神推广到全体人民、全体青少年中间去，“使之成为中华人民共和国的精神文明的主要支柱，为世界上一切要求革命、要求进步的人们所向往，也为世界上许多精神空虚、思想苦闷的人们所羡慕”[①]。1981年6月27日，中国共产党中央委员会通过了《关于建国以来的若干历史问题的决议》(以下简称《决议》)，《决议》指出：“1980年8月的中央政治局会议，提出反对资产阶级思想侵蚀和肃清政治思想上的封建余毒的历史性任务。同年12月的中央工作会议，决定加强党的思想政治工作，加强建设社会主义精神文明，批判违反四项基本原则的错误思潮，打击破坏社会主义事业的反革命活动，对全国安定团结、生动活泼的政治局面发生了重大的良好影响。”[②]回顾并肯定了“加强社会主义精神文明”的重要性。

围绕“社会主义精神文明建设”，1982年9月1日，《全面开创社会主义现代化建设的新局面——在中国共产党第十二次全国代表大会上的报告》中以“努力建设高度的社会主义精神文明”为题，作了进一步诠释，即自从党把工作重点转移到现代化经济建设上来以后，党中央曾多次郑重提出：“我们在建设高度物质文明的同时，一定要努力建设高度的社会主义精神文明。这是建设社会主义的一个战略方针问题。社会主义的历史经验和我国当前的现实情况都告诉我们，是否坚持这样的方针，将关系到社会主义的兴衰和成败。”[③]

什么是社会主义精神文明？首先，以物质文明与精神文明之间的

---

① 邓小平：《邓小平文选》(第二卷)，人民出版社1994年版，第368页。

② 中共中央文献研究室编：《改革开放三十年重要文献选编》(上)，中央文献出版社2008年版，第202页。

③ 中共中央文献研究室编：《改革开放三十年重要文献选编》(上)，中央文献出版社2008年版，第273页。

密切关系为切入点，根据马克思“生产者也改变着，炼出新的品质，通过生产而发展和改造自身，造成新的力量和新的观念，造成新的交往方式，新的需要和新的语言”以及毛泽东“改造客观世界，也改造自己的主观世界”，[①]结合客观世界包括自然界和社会的公理，可以得出：第一，对社会进行改造的结果是新的生产关系和新的社会政治制度的建立和发展；第二，对自然界进行改造的结果是物质文明中人们物质生产的进步和物质生活的改善；第三，改造客观世界之时，人民的主观世界也随之改善，即社会的精神生活和精神生产得到发展，形成了精神文明，表现为教育、科学、文化知识的发达和人们思想、政治、道德水平的提高。可见，在我国建立起社会主义制度以后，便能够在建设物质文明的同时，建立起高度的社会主义精神文明，总体而言：“物质文明的建设是社会主义精神文明的建设不可缺少的基础。”[②]社会主义精神文明不但对物质文明的建设起到推动作用，而且还能保证它朝着有利于社会主义建设的方面发展，即社会主义物质文明和社会主义精神文明互为条件和目的。

什么是社会主义精神文明的意义？“社会主义精神文明是社会主义的重要特征，是社会主义制度优越性的重要表现。”[③]没有社会主义精神文明就不可能建设社会主义。例如，在中国，共产主义思想就是社会主义精神文明的一部分，正如毛泽东所说：“在现在，新民主主义，在将来，社会主义，这是有机构成的两部分，而为整个共产主义思想体系所指导的。”“共产主义是无产阶级的整个思想体系，同时又是一

① 中共中央整党工作指导委员会编：《党员必读》，人民出版社1983年版，第161页。

② 中共中央文献研究室编：《改革开放三十年重要文献选编》（上），中央文献出版社2008年版，第274页。

③ 中共中央文献研究室编：《改革开放三十年重要文献选编》（上），中央文献出版社2008年版，第274页。

种新的社会制度。”“中国的民主革命，没有共产主义去指导是决不能成功的，更不必说革命的后一阶段了。”[1]在共产主义思想的指导下，党内党外出现了许多英雄模范、出现了许多为了革命理想奋不顾身、牺牲一切的人。因此，要让社会主义社会向未来更高阶段的目标发展，这个过程不能仅仅依靠物质财富的增长，还必须依靠人民共产主义觉悟的不断提高和革命精神的不断发扬。如果忽视精神文明的建设，人民不仅会对社会主义的理解逐渐陷入片面性，还会过分注重物质文明的建设，导致中国的社会主义制度失去理想目标、精神动力和战斗意志，并且不能抵制各种腐化因素的侵袭。

如何建设社会主义精神文明？“社会主义精神文明的建设大体可以分为文化建设和思想建设两个方面。这两方面又是相互渗透和相互促进的。”[2]文化建设包括教育、科学、文学艺术、新闻出版、广播电视、卫生体育、图书馆、博物馆等各项文化事业的发展及人民群众知识水平的提高。换言之，文化建设既是建设物质文明的首要条件，也是提高人民群众思想觉悟和道德水平的重要条件。并且，文化建设是在共产主义思想指导下不断发展的，同时，文化建设应当包括健康、愉快、生动活泼、丰富多彩的群众性娱乐活动。文化建设还关系到知识分子问题，应该努力落实党的知识分子政策，使全党和全社会意识到知识分子同工人、农民一样是社会主义建设可以依靠的对象，为知识分子营造良好的社会氛围；并且，党和政府还应该创造良好的物质和精神条件，两者结合，使广大知识分子能够心情舒畅、精神振奋地为人民贡献自己的力量。而对于如何做好文化建设，则“需要坚持做许多细

---

① 中共中央文献研究室编：《改革开放三十年重要文献选编》（上），中央文献出版社2008年版，第274页。

② 中共中央文献研究室编：《改革开放三十年重要文献选编》（上），中央文献出版社2008年版，第275页。

致的思想工作和切实的组织工作”[①]，首先是普及教育，“普及教育是建设物质文明和精神文明的重要前提”[②]；其次是支持各级学校的教师，尤其是农村的中小学教师，他们的艰苦工作有助于农业和农村的发展；最后，至于其他各项文化事业，“也都应当分别作出发展规划，提出最近五年到十年的奋斗目标”[③]。

思想建设有什么作用？什么是思想建设？“思想建设决定着我们的精神文明的社会主义性质”，“它的主要内容，是工人阶级的、马克思主义的世界观和科学理论，是共产主义的理想、信念和道德，是同社会主义公有制相适应的主人翁思想和集体主义思想，是同社会主义政治制度相适应的权利义务观念和组织纪律观念，是为人民服务的献身精神和共产主义的劳动态度，是社会主义的爱国主义和国际主义，等等”。[④]换言之，中国的知识分子，应该吸纳“革命的理想、道德和纪律”，在实际行动当中发挥先锋模范作用，同时不断地传播先进思想，带动越来越多的社会成员成为“有理想、有道德、有文化、守纪律的劳动者”。

除了文化建设和思想建设，还可以从以下几点进行社会主义精神文明建设：第一，建立和发展新型社会关系，这种关系应当充分体现社会主义精神文明的内涵，如团结友爱、共同奋斗、共同前进；第二，鼓励共产党员在思想道德方面发挥先锋模范作用；第三，提倡每位公

① 中共中央文献研究室编：《改革开放三十年重要文献选编》（上），中央文献出版社2008年版，第275、276页。

② 中共中央文献研究室编：《改革开放三十年重要文献选编》（上），中央文献出版社2008年版，第276页。

③ 中共中央文献研究室编：《改革开放三十年重要文献选编》（上），中央文献出版社2008年版，第276页。

④ 中共中央文献研究室编：《改革开放三十年重要文献选编》（上），中央文献出版社2008年版，第276页。

民都应当遵守公民义务、社会公德和职业道德，都应当担负起社会主义精神文明建设的任务。[①]

1982年4月10日，邓小平在中共中央政治局讨论《中共中央、国务院关于打击经济领域中严重犯罪活动的决议》的会议上发表讲话，提出打击经济犯罪活动，应伴随社会主义现代化建设的整个进程，对此，要做好四个方面的工作，或者叫“坚持社会主义道路的四项必要保证”：“第一，体制改革；第二，建设社会主义精神文明；第三，打击经济犯罪活动；第四，整顿党的作风和党的组织，包括坚持党的领导，改善党的领导。”[②]1982年8月21日，邓小平会见联合国秘书长德奎利亚尔，面向国际再次重申了“今后一个长时期，至少是到本世纪末的近二十年内，我们要抓紧四件工作”[③]：“（一）进行机构改革和经济体制改革，实现干部队伍的革命化、年轻化、知识化、专业化；（二）建设社会主义精神文明；（三）打击经济领域和其他领域内破坏社会主义的犯罪活动；（四）在认真学习新党章的基础上，整顿党的作风和组织。”[④]

在中国民族区域的治理上，以邓小平为代表的中国共产党人也同样强调社会主义精神文明建设。1984年5月31日，第六届全国人民代表大会第二次会议通过了《中华人民共和国民族区域自治法》（以下简称《自治法》），《自治法》在序言中指出：“民族自治地方的各族人民和全国人民一道，在中国共产党的领导下，在马克思列宁主义、毛泽

① 参见《全面开创社会主义现代化建设的新局面》，人民出版社1982年版，第27–37页。

② 中共中央文献研究室编：《改革开放三十年重要文献选编》（上），中央文献出版社2008年版，第256页。

③ 中共中央文献研究室编：《改革开放三十年重要文献选编》（上），中央文献出版社2008年版，第260页。

④ 中共中央文献研究室编：《改革开放三十年重要文献选编》（上），中央文献出版社2008年版，第260、261页。

东思想、邓小平理论的指引下，坚持人民民主专政，坚持改革开放，沿着建设有中国特色社会主义的道路，集中力量进行社会主义现代化建设，发展社会主义市场经济，加强社会主义民主与法制建设，加强社会主义精神文明建设，加速民族自治地方经济、文化的发展，建设团结、繁荣的民族自治地方，为各民族的共同繁荣，把祖国建设成为富强、民主、文明的社会主义国家而努力奋斗。”①加强社会主义精神文明建设有助于促进稍显落后的中国民族区域朝着社会主义现代化的方向发展，最终使各民族团结一致、实现共同繁荣。

1984年10月20日，中国共产党第十二届中央委员会第三次全体会议通过了《中共中央关于经济体制改革的决定》（以下简称《决定》），《决定》一语中的地指出：“经济体制的改革，不仅会引起人们经济生活的重大变化，而且会引起人们生活方式和精神状态的重大变化。”②并且再次重申：“社会主义物质文明和精神文明的建设要一起抓，这是我们党坚定不移的方针。”③《决定》还鞭辟入里地提出社会主义精神文明建设的内容，是推进经济体制改革和物质文明建设的巨大力量，那么“何谓社会主义精神文明建设的内容”?《决定》指出：社会主义精神文明建设的内容是一种生活方式和精神状态，包括“努力在全社会形成适应现代生产力发展和社会进步要求的，文明的、健康的、科学的生活方式……努力在全社会振奋起积极的、向上的、进取的

① 中共中央文献研究室编：《改革开放三十年重要文献选编》（上），中央文献出版社2008年版，第329页。

② 中共中央文献研究室编：《改革开放三十年重要文献选编》（上），中央文献出版社2008年版，第360、361页。

③ 中共中央文献研究室编：《改革开放三十年重要文献选编》（上），中央文献出版社2008年版，第361页。

精神”[①]。

1985年9月23日，邓小平在中国共产党全国代表会议上发表讲话，提到了四点意见，第三点意见便是“关于精神文明建设”。邓小平认为，虽然社会主义精神文明建设很早就提出了，中央也做了不少工作，但就全国来看，效果还不明显，体现在：“这几年生产是上去了，但是资本主义和封建主义的流毒还没有减少到可能的最低限度，甚至解放后绝迹已久的一些坏事也在复活。”[②]邓小平对这种现象进行了严厉的批评，认为若不加强社会主义精神文明建设，不但社会主义的优越性无法全面地发挥出来，而且党也不能充分地教育人民和后代，甚至，不加强精神文明的建设，物质文明的建设也会受到破坏，“光靠物质条件，我们的革命和建设都不可能胜利”，邓小平以我党过去的经验为证指出，“过去我们党无论怎样弱小，无论遇到什么困难，一直有强大的战斗力，因为我们有马克思主义和共产主义的信念。有了共同的理想，也就有了铁的纪律。无论过去、现在和将来，这都是我们的真正优势。这个真理，有些同志已经不那么清楚了。这样，也就很难重视精神文明的建设”。[③]

在当时，该如何扭转忽视精神文明建设的局势？邓小平认为，首先应当从扭转党风和扭转社会风气开始。党风和社会风气之间的关系是：“端正党风，是端正社会风气的前提和关键。”[④]如何端正党风？

---

① 中共中央文献研究室编：《改革开放三十年重要文献选编》（上），中央文献出版社2008年版，第361页。

② 中共中央文献研究室编：《改革开放三十年重要文献选编》（上），中央文献出版社2008年版，第398、399页。

③ 中共中央文献研究室编：《改革开放三十年重要文献选编》（上），中央文献出版社2008年版，第399页。

④ 中共中央文献研究室编：《改革开放三十年重要文献选编》（上），中央文献出版社2008年版，第399页。

邓小平认为："整党要遵照十二届二中全会的决定，统一思想，整顿作风，加强纪律，纯洁组织，四者缺一不可。党章对这些都有明确的规定，每个党组织应该要求每个党员逐条对照，开展自我批评和相互批评，必要的时候要采取纪律措施。"[①]对此，每个党员都应当以身作则。至于改善社会风气，邓小平认为改善社会风气应该从教育入手，且教育一定要联系实际，例如：对待影响社会风气的重要思想问题，要经过充分的调查研究，通过适当的人对群众进行周到细致且有说服力的教育；对待群众关心的实际生活问题和时事政策问题，各级领导应该据实讲解，告诉群众客观情况，同时对群众反映的不合理现象进行及时纠正。一旦教育联系实际，理想的纪律教育、共产主义的思想教育和爱国主义的教育，方能促进群众从实际上感觉到党和社会主义的好，而这些教育也才会有效。

如何做好教育工作？邓小平认为，首先，应当加强思想政治工作和相关队伍的建设，同时要继续加强对严重犯罪活动的防范和打击，如腐败现象和不诚信经营现象；其次，鼓励思想文化教育卫生部门，应当以社会效益为一切活动的唯一准则，同时鼓励思想文化界多出好的精神产品，抵制坏产品的生产、进口和流传，反对资产阶级自由化的宣传；最后，还应当做到四个坚持，即坚持"双百"方针、坚持宪法和法律所保障的各项自由、坚持对思想上的不正确倾向以说服教育为主的方针、坚持对拒绝改正的党员要执行党纪。不过，在做到上述四个坚持之时，还应当注意不要搞任何运动和"大批判"，即不允许重犯任何简单化、扩大化的"左"倾错误。做好以上这几点，党风和社会风气的根本好转便有了保证。

---

① 中共中央文献研究室编：《改革开放三十年重要文献选编》（上），中央文献出版社2008年版，第399页。

为进一步推动社会主义精神文明建设的深入开展，1986年9月28日，中国共产党第十二届中央委员会第六次全体会议通过《中共中央关于社会主义精神文明建设指导方针的决议》，对精神文明建设的成果和现状进行了全面总结，明确了精神文明建设的战略地位、根本任务和重大方针。社会主义精神文明建设的战略地位是："以马克思主义为指导的社会主义精神文明是社会主义社会的重要特征。……社会主义精神文明建设，是关系社会主义兴衰成败的大事。"[①]具体而言，在社会主义建设时期，物质文明为精神文明的发展提供实践经验和物质条件，反观精神文明，它为物质文明的发展提供了精神动力和智力支持，为物质文明正确的发展方向提供了有力的思想保证。此外，社会主义精神文明建设的战略地位，又决定了社会主义精神文明建设的基本指导方针："它必须是推动社会主义现代化建设的精神文明建设，必须是促进全面改革和实行对外开放的精神文明建设，必须是坚持四项基本原则的精神文明建设。"[②]

社会主义精神文明建设的根本任务是："适应社会主义现代化建设的需要，培育有理想、有道德、有文化、有纪律的社会主义公民，提高整个中华民族的思想道德素质和科学文化素质。"[③]什么是素质？邓小平认为："人的素质是历史的产物，又给历史以巨大影响。在社会主义条件下，努力改善全体公民的素质，必将使社会劳动生产率不断提高，使人和人之间在公有制基础上的新型关系不断发展，使整个社会

---

① 中共中央文献研究室编：《改革开放三十年重要文献选编》(上)，中央文献出版社2008年版，第430页。

② 中共中央文献研究室编：《改革开放三十年重要文献选编》(上)，中央文献出版社2008年版，第431页。

③ 中共中央文献研究室编：《改革开放三十年重要文献选编》(上)，中央文献出版社2008年版，第431、432页。

的面貌发生深刻的变化。”[①]邓小平还重申社会主义精神文明的内容包括思想道德建设和教育科学文化建设两个方面，并且，社会主义精神文明建设还渗透到了整个物质文明建设之中，体现于经济、政治、文化、社会生活的各个方面。

如何完成社会主义精神文明建设的根本任务？邓小平认为，完成社会主义精神文明建设是一个长期性的过程，它不仅仅是思想文教部门的任务，还是一切部门和各条战线的任务，乃至是全党全军和全国各族工人、农民、知识分子和其他劳动者、爱国者的共同任务。另外，邓小平指出，在完成社会主义精神文明建设的基础上，还需要加强社会主义精神文明建设，首先，要牢记历史的教训。其次，用合适的方法和视角处理社会主义社会的各种矛盾，如“坚持对思想性质的问题采取讨论的方法、说理的方法、批评和自我批评的方法，就是说，用教育和疏导的方法去解决；坚持一切着眼于建设，把注意力集中到团结人民、充分发挥人民的社会主义积极性和创造精神上来，集中到满足人民的文化和精神需要上来，集中到加强思想道德建设和教育科学文化建设上来，归根到底，集中到促进社会生产力的发展上来”[②]。

此后，党的十三大报告、十四大报告，都用了较多篇幅阐述社会主义精神文明建设。1987年，党的十三大报告《沿着有中国特色的社会主义道路前进》中提出：“从社会主义初级阶段的实际出发，我们应当确立哪些具有长远意义的指导方针呢？……必须以马克思主义为指导，努力建设精神文明。”[③]首先，全国各族人民应该遵循十二届六中

① 中共中央文献研究室编：《改革开放三十年重要文献选编》（上），中央文献出版社2008年版，第432页。

② 中共中央文献研究室编：《改革开放三十年重要文献选编》（上），中央文献出版社2008年版，第432页。

③ 中共中央文献研究室编：《改革开放三十年重要文献选编》（上），中央文献出版社2008年版，第476、477页。

全会关于精神文明建设的决议，根据“有理想、有道德、有文化、有纪律”的要求，充分提高自己的思想道德素质和科学文化素质；其次，相关部门应该创造出有利于“现代化建设和改革开放的理论指导、舆论力量、价值观念、文化条件和社会环境”，并克服“小生产的狭隘眼界和保守习气”及“封建主义和资本主义的腐朽思想”，最终“振奋起全国各族人民献身于现代化事业的巨大热情和创造精神”。[①]

1992年，党的十四大报告《加快改革开放和现代化建设步伐，夺取有中国特色社会主义事业的更大胜利》对“社会主义精神文明如何建设”作了进一步的阐释：第一，精神文明重在建设，故“应当高度重视理论建设，保障学术自由，注重理论联系实际，创造性地开展研究，繁荣哲学社会科学，坚持和发展马克思主义”[②]；第二，应该加强理论队伍的建设，致力于提高中青年理论工作者的理论能力；第三，坚持“为人民服务、为社会主义服务”的方向和“百花齐放、百家争鸣”的方针；第四，积极推动文化体制改革，以繁荣社会主义文化为目标，并完善文化事业有关的经济政策；第五，重视精神产品的社会效益，鼓励创作内容健康向上、讴歌改革开放和现代化建设的艺术作品；第六，加强对新闻、广播、电视和文艺出版等方面的管理工作；第七，高度发挥思想政治方面的工作优势；第八，加强党的基本路线教育，以及爱国主义、集体主义和社会主义思想教育，增强民族自尊、自信和自强精神；第九，加强各行各业的职业道德建设。

1995年，党的十四届五中全会讨论将社会主义精神文明建设纳入今后十五年国民经济和社会发展的整体规划中，例如，“我们进行现代

① 中共中央文献研究室编：《改革开放三十年重要文献选编》（上），中央文献出版社2008年版，第477页。

② 中共中央文献研究室编：《改革开放三十年重要文献选编》（上），中央文献出版社2008年版，第667页。

化建设，无疑要致力于发展生产力，把物质文明建设好。同时，必须把社会主义精神文明建设提到更加突出的地位。要把物质文明建设和精神文明建设作为统一的奋斗目标，始终不渝地坚持两手抓、两手都要硬”[①]。会上还直接指出：“任何情况下，都不能以牺牲精神文明为代价去换取经济的一时发展。”[②]关于如何建设社会主义精神文明，十四届五中全会也提出了若干建议：第一，坚持中国特色社会主义的理论指导，此理论包括马克思列宁主义、毛泽东思想；第二，弘扬中华民族的优秀思想文化；第三，加强社会主义、爱国主义、集体主义的思想教育，培养“四有”社会主义公民；第四，吸收世界文明的一切优秀成果，提高全民族思想道德素质和科学文化素质；第五，探索在社会主义市场经济条件下建设社会主义精神文明的新方法，最终目的是“形成有利于社会主义现代化建设的舆论力量、价值观念、道德规范和文化条件”[③]。

1996年10月10日，中国共产党第十四届中央委员会第六次全体会议通过《关于加强社会主义精神文明建设若干重要问题的决议》（以下简称《决议》），使社会主义精神文明建设理论在新的历史条件下得到进一步发展和完善，成为改革开放近二十年来党的文化理论的集中体现。《决议》从“加强社会主义精神文明建设是一项重大战略任务”，“社会主义精神文明建设的指导思想和奋斗目标”及“努力提高全民族思想道德素质”三个方面对社会主义精神文明建设进行规划。首先，《决议》认可了社会主义精神文明建设的重要意义：“物质文明是基础，

① 中共中央文献研究室编：《改革开放三十年重要文献选编》（上），中央文献出版社2008年版，第829页。

② 中共中央文献研究室编：《改革开放三十年重要文献选编》（上），中央文献出版社2008年版，第829页。

③ 中共中央文献研究室编：《改革开放三十年重要文献选编》（上），中央文献出版社2008年版，第829、830页。

经济建设这个中心必须牢牢把握，毫不动摇，但是精神文明搞不好，物质文明也要受破坏，甚至社会也会变质。”[①]因此，《决议》认为应该“在把物质文明建设搞得更好的同时，切实把精神文明建设提到更加突出的地位，认真解决当前一系列紧迫问题，进一步开创新形势下精神文明建设的新局面，已经成为全党和全国各族人民极其关注的大事”[②]。同时，《决议》还在原有基础上作了补充，认为要进行好社会主义精神文明建设，必须认清主流：“没有党的指导思想这种历史性飞跃，没有全民族精神状态这种深刻变化，没有敢闯敢试的劲头和及时总结经验的智慧，就走不出一条好路，就干不出新的事业。”[③]并且，还要清醒地看到一些问题，如忽视思想教育和精神文明的现象出现在一些地方和领导部门的工作中：“拜金主义、享乐主义、个人主义滋长；封建迷信活动和黄赌毒等丑恶现象沉渣泛起；假冒伪劣、欺诈活动成为社会公害；文化事业受到消极因素的严重冲击，危害青少年身心健康的东西屡禁不止；腐败现象在一些地方蔓延，党风、政风受到很大损害；一部分人国家观念淡薄，对社会主义前途产生困惑和动摇。”[④]

《决议》认为，若看不到十八年来的精神文明建设主流，就会失去信心，而看不到现有的一些问题，以及意识不到问题的严重性和紧迫性，就会丧失警惕。对此，《决议》郑重提出：“只有坚持全面的、历

① 中共中央文献研究室编：《改革开放三十年重要文献选编》(上)，中央文献出版社2008年版，第868页。

② 中共中央文献研究室编：《改革开放三十年重要文献选编》(上)，中央文献出版社2008年版，第869页。

③ 中共中央文献研究室编：《改革开放三十年重要文献选编》(上)，中央文献出版社2008年版，第869页。

④ 中共中央文献研究室编：《改革开放三十年重要文献选编》(上)，中央文献出版社2008年版，第870页。

史的、发展的观点，把精神文明建设放到建设有中国特色社会主义整个事业的大局中来考察，放到整个世界的大局中来考察，才能提高认识，统一思想，增强建设精神文明的自信心和责任感。”[①]《决议》也指出：“在发展社会主义市场经济和对外开放条件下建设社会主义精神文明，是中国共产党人和中国人民一项艰巨的历史使命。”[②]何谓“艰巨的历史使命”？即建设社会主义精神文明是“长期的”且“复杂的”。原因在于：第一，社会主义从计划经济转向市场经济，致使经济和社会生活产生重大变动，如制度、法律、管理，需要长时间进行调整和适应；第二，封建社会和半殖民地半封建社会制度的落后思想及相伴相生的小生产习惯余毒难清；第三，西方发达国家对中国的渗透长期存在。那么，如何完成这一“艰巨的历史使命”？第一，建设和发展社会主义市场经济是我国经济振兴和国家富强的必由之路，但是市场也有自己的弱点并反映到社会主义精神生活中来，因此，加强社会主义精神文明建设，就应该引导“人们正确处理竞争和协作、自主和监督、效率和公平、先富和共富、经济效益和社会效益等关系，反对见利忘义、唯利是图，形成把国家和人民利益放在首位而又充分尊重公民个人合法利益的社会主义义利观，形成健康有序的经济和社会生活规范”[③]。第二，对外开放是建设中国特色社会主义的一项基本国策，但是风险和机遇相伴相随，对外开放会使资本主义的腐朽之物乘机而入，如何保证社会主义精神文明建设健康发展？《决议》提出，应该坚持发展社会生产力、确保公有制占据经济主体地位、保证政权掌握在人民

① 中共中央文献研究室编：《改革开放三十年重要文献选编》（上），中央文献出版社2008年版，第870页。

② 中共中央文献研究室编：《改革开放三十年重要文献选编》（上），中央文献出版社2008年版，第870页。

③ 中共中央文献研究室编：《改革开放三十年重要文献选编》（上），中央文献出版社2008年版，第871页。

手里、坚持四项基本原则教育，这样方能保证精神文明建设的持续性。

《决议》还明晰地、总结性地指出了社会主义精神文明建设的“指导思想和奋斗目标”。社会主义精神文明建设的指导思想或总的要求是：“必须以马克思列宁主义、毛泽东思想和邓小平建设有中国特色社会主义理论为指导，坚持党的基本路线和基本方针，加强思想道德建设，发展教育科学文化，以科学的理论武装人，以正确的舆论引导人，以高尚的精神塑造人，以优秀的作品鼓舞人，培育有理想、有道德、有文化、有纪律的社会主义公民，提高全民族的思想道德素质和科学文化素质，团结和动员各族人民把我国建设成为富强、民主、文明的社会主义现代化国家。”①对于党和人民想要建立什么样的社会主义精神文明，《决议》也给出了切中肯綮的回答：“是以经济建设为中心、坚持四项基本原则和坚持改革开放的精神文明建设，是继承发扬优良传统而又充分体现时代精神、立足本国而又面向世界的精神文明建设。”②

从《决议》发表日期为始的十五年间，社会主义精神文明建设的主要奋斗目标是：“在全民族牢固树立建设有中国特色社会主义的共同理想，牢固树立坚持党的基本路线不动摇的坚定信念；实现以思想道德修养、科学教育水平、民主法制观念为主要内容的公民素质的显著提高，实现以积极健康、丰富多彩、服务人民为主要要求的文化生活质量的显著提高，实现以社会风气、公共秩序、生活环境为主要标志的城乡文明程度的显著提高；在全国范围形成物质文明建设和精神文

① 中共中央文献研究室编：《改革开放三十年重要文献选编》（上），中央文献出版社2008年版，第872页。

② 中共中央文献研究室编：《改革开放三十年重要文献选编》（上），中央文献出版社2008年版，第873页。

明建设协调发展的良好局面。”[①]

第六节　张岱年的马克思主义文化综合创新论及当代发展

20世纪70年代末，刚刚走出“文化大革命”阴霾的中国，经济衰退，文化荒芜，封建主义的桎梏仍严重地束缚着人们的思想。如何重新认识传统文化，如何科学地理解西方文化，成为当时文化建设迫切需要解决的重大理论和实践问题。随着改革开放的逐步发展，思想文化领域掀起了对传统文化和西方文化重新解读和阐释的热潮，延及哲学社会科学、文艺创作与理论批评等多个领域，形成1980年代蔚为壮观的“文化热”。“文化热”源于对“文化大革命”的强烈批判和深刻反思，并试图通过对西方文化的全面译介和重新评价，在中西文化的比较和借鉴中，构建中国现代性的新文化。在此“文化热”讨论中，张岱年对中西文化之异同、中国文化发展的基本规律、文化系统的分析与选择、文化传统与民族精神、文化的综合创新等进行了深入的论述，得到学界的普遍赞同。

一、“创造的综合”或“文化的创造主义”

张岱年（1909—2004）是中国著名哲学家、哲学史家，曾先后任

① 中共中央文献研究室编：《改革开放三十年重要文献选编》（上），中央文献出版社2008年版，第873页。

教于清华大学、中国大学[①]、北京大学，曾任中国社会科学院哲学研究所兼职研究员、中国哲学史学会会长、中华孔子研究会会长等。张岱年的学术研究，按照他自己的说法，主要分为三个方面：一是中国哲学史的研究，二是哲学理论问题的探索，三是文化问题的讨论。[②]就文化问题而言，张岱年的文化思想大体可以分为20世纪30年代“创造的综合”和20世纪80年代“综合创新”两个阶段。

20世纪30年代，张岱年先后完成了《世界文化与中国文化》[③]《关于中国本位的文化建设》[④]《西化与创造——答沈昌晔先生》[⑤]等系列文章，提出了中国文化的出路在于“创造的综合”，或曰“文化的创造主义”的基本观点。

在发表于1933年6月的《世界文化与中国文化》一文中，张岱年最早提出了“创造新文化”的说法：“中国人必须不自馁，赶快振奋起来，乐观地加入全世界创造新文化的工作”；“中国应由西方文化给予的刺激，而大大地发挥固有的创造力，创造出新的文化，使之在将来的世界文化中有重要的地位，作出新的贡献”。[⑥]1935年3月，在《关

---

① 中国大学是民国时期北京的一所私立大学，由孙中山创办于1912年，初名“国民大学”，1917年改名为“中国大学”。1935年，何其巩到北平中国大学校董会工作，并任代理校长。北平沦陷期间，何其巩与燕京大学校长陆志韦、辅仁大学校长陈垣合称为在北平坚持办学的三位著名大学校长。1949年3月，中国大学因经费匮乏停办，部分院系合并到华北大学和北京师范大学，所遗校舍成为教育部的办公场所。

② 张岱年：《宇宙与人生》，上海文艺出版社1999年版，序。

③ 张岱年：《世界文化与中国文化》，原载1933年6月15日天津《大公报·世界思潮》第42期。

④ 张岱年：《关于中国本位的文化建设》，原载1935年3月18日《国闻周报》第12卷第10期。本文完成于1935年3月5日。

⑤ 张岱年：《西化与创造——答沈昌晔先生》，原载1935年5月20日、27日《国闻周报》第12卷第19期、20期。本文完成于1935年4月28日。

⑥ 张岱年：《世界文化与中国文化》，载《张岱年全集》（第一卷），河北人民出版社1996年版，第157页。

于中国本位的文化建设》一文中，张岱年继续就“创造新文化”进行了深入探讨，并对“如何创造新文化”作出了科学的回答。他指出，“在现在中国，全盘接受西洋文化与谋旧文化之复活，同样都是死路一条。如欲中国民族将来在世界文化史上仍占一地位，那只有创造新的文化”[①]。他将对新文化的创造称作“创造的综合”或“文化的创造主义”，并视之为“中国文化的出路”：“惟有信取‘文化的创造主义’而实践之，然后中国民族的文化才能再生；惟有赖文化之再生，然后中国民族才能复兴。创造新的中国本位的文化，无疑的，是中国文化之惟一的出路。”[②]那么，要如何进行“创造的综合”呢？在这篇文章中，张岱年认为，“创造的综合”不同于“复古”或“纯欧化”，也不是对二者的“平庸的调和”，而是“兼综东西两方之长，发扬中国固有的卓越的文化遗产，同时采纳西洋有价值的精良的贡献，融合为一，而创成一种新的文化”[③]。在完成于1935年4月的《西化与创造——答沈昌晔先生》一文中，张岱年对“创造的综合”作了更为明晰的辨析：第一，“创造的综合”不是“半因袭半抄袭”，而是在融合基础上的发展。“半因袭半抄袭”是“生硬的机械的想把两组各自独立的东西凑在一起，是不会融成一体的”；而“创造的综合”是“将东西之长融合为一”却又不止于此，它“更要根据两方之长加以新的发展，完全成一个新的事物”。[④]第二，“创造的综合”不是“中庸的调和”，而是“对

---

① 张岱年：《关于中国本位的文化建设》，载《张岱年全集》（第一卷），河北人民出版社1996年版，第230页。

② 张岱年：《关于中国本位的文化建设》，载《张岱年全集》（第一卷），河北人民出版社1996年版，第235、236页。

③ 张岱年：《关于中国本位的文化建设》，载《张岱年全集》（第一卷），河北人民出版社1996年版，第229页。

④ 张岱年：《西化与创造》，载《张岱年全集》（第一卷），河北人民出版社1996年版，第244、245页。

理的合”。[①]因为“中庸是执两用中，‘对理的合’是克服两以得新一。中庸常不免取了两方的短处而反遗下两方的长处，‘对理的合’则不惟必综合两方之好处，且更创造新东西以主导之。中庸是平庸的调和，‘对理的合’则是创造的综合”[②]；“创造的综合即对旧事物加以‘拔夺’而生成的新事物。一面否定了旧事物，一面又保持旧事物中之好的东西，且不惟保持之，而且提高之，举扬之；同时更有所新创，以新的姿容出现。凡创造的综合，都不只综合，而是否定了旧事物后出现的新整体。创造的综合绝非半因袭半抄袭而成的混合”[③]；“凡创造的综合，都必对于所综合的东西加以进一步的发展而综合之，同时并有所创造以为主导的要素，绝不是各取其半的调和”[④]。依此可以看出，张岱年对于中国文化出路的看法，即“创造的综合”或者说“文化创造主义”，既不同于“文化复古”论，亦不同于陈序经、沈昌晔等人的“全盘西化”论，既强调“综合”，更强调“创造”，是20世纪30年代中期我国文化讨论中富有独创性的一家之言。

20世纪80年代，中国再次掀起了有关“传统文化与现代化”（文化的古今关系）、“中国文化与西方文化”（文化的中西关系）的文化讨论热潮。如果说，在中国尚处于半殖民地半封建社会的20世纪30年代，文化论争主要讨论的是“中国文化的出路”问题，那么在早已进

① 张岱年此处所说的“对理”，即英语中的“Dialectic”一词，现在习惯译作“辩证法”。张岱年认为，译为“辩证法”，太不合适，或改译为“对演法”，亦未谛，兹兼顾音义，译为“对理”。详见张岱年：《关于中国本位的文化建设》，《张岱年全集》（第一卷），河北人民出版社1996年版，第229页。

② 张岱年：《西化与创造》，载《张岱年全集》（第一卷），河北人民出版社1996年版，第252页。

③ 张岱年：《西化与创造》，载《张岱年全集》（第一卷），河北人民出版社1996年版，第257页。

④ 张岱年：《西化与创造》，载《张岱年全集》（第一卷），河北人民出版社1996年版，第257页。

入社会主义社会的20世纪80年代，此时文化的基本问题已转换为：在走向未来的现代化进程中，我们究竟需要什么样的新文化？我们如何建设这种新的文化？在这一次文化大讨论中，年近八旬的张岱年再次投身其中，在短短五年（1984—1989）的时间里写了近20篇有关中国文化的文章，对我们究竟需要什么样的新文化，我们如何建设这种新文化作了更为系统、深入的思考与回答。

二、从中西文化异同论到中华文化的基本精神

20世纪80年代，张岱年多次参加研讨会讲论文化问题并发表论文多篇，其中最具代表性的有《中国文化与中国哲学》《中国文化的回顾与前瞻》《中国传统文化的分析》《中国文化的历史传统及其更新》《文化传统与民族精神》等篇。归纳言之，20世纪80年代，张岱年的文化思想主要包括"中西文化异同论""文化系统要素的分析与选择""中华文化精神""文化综合创新论"等方面。[①]本部分简要介绍张岱年关于"中西文化异同""文化系统要素的分析与选择""中华文化精神"的相关论述。

（一）中西文化异同论。关于中西文化之异，"五四"以来存在诸多看法：有学者认为西方文化是主"动"的，是动态的文明，中国文化是主"静"的，是静态的文明；有学者认为西方文化是物质文明，中国文化是精神文明；也有学者认为，中西文化的不同在于"方向"不同、"古今"不同。对于这些观点，张岱年认为均是"片面的观点"。在中西文化能否以"动/静"定异同方面，张岱年指出，中国古代固然有老子、庄子、王弼、周敦颐等主"静"的哲学家，但也有如墨子、

① 张岱年：《张岱年学术自传》，巴蜀书社1993年版，第81、82页。

王夫之、颜元等主“动”的哲学家，且更多的思想家则主张“动静合一”。因此，动静之异的说法并不正确，甚至“在中国传统文化中，主静的思想亦只是主动思想的补充”[①]。在中西文化能否以“物质文明/精神文明”区分方面，张岱年认为，中国固然重视精神文明，但中国古代在科学技术方面做出过很多重要贡献，比如，作为物质文明重要成果的四大发明就曾对西方近代文明产生过重要的推动作用；就西方而言，他们在哲学、科学方面都有高度发展，特别是古希腊的两种学术成就——欧几里得的几何学体系和亚里士多德的形式逻辑体系——就是中国所缺乏的。因此，以“物质文明/精神文明”区分东西方文化也是一种片面的观点。[②]另外，对于中西文化“方向”不同的看法，他认为“这种观点只讲中外不讲古今，是不符合实际的”。对于中西文化是“古今不同”的看法，他认为“这种观点认为有古今无中外也是不符合实际的”。[③]在否定了以“动/静”“物质文明/精神文明”以及单纯以“方向”“古今”来区分中西文化的错误说法后，张岱年认为，“文化既有时代性又有民族性，既有古今之分，也有中外之别”[④]；中西文化的主要差异在于：“中国传统文化比较重视人与自然、人与人之间的和谐与统一，西方近代文化则比较重视人与自然、人与人之间的分别和对抗。”[⑤]

（二）关于文化系统要素的分析。在《文化体系及其改造》一文

---

① 张岱年：《如何正确认识传统文化》，载《心灵与境界》，陕西师范大学出版社2008年版，第35页。

② 张岱年：《如何正确认识传统文化》，载《心灵与境界》，陕西师范大学出版社2008年版，第36页。

③ 张岱年：《中国传统文化的分析》，载《心灵与境界》，陕西师范大学出版社2008年版，第27、28页。

④ 张岱年：《中国传统文化的分析》，载《心灵与境界》，陕西师范大学出版社2008年版，第28页。

⑤ 张岱年：《张岱年学术自传》，巴蜀书社1993年版，第83页。

中，张岱年提出了如何分析文化系统的要素的问题。他认为，每一个民族的文化形成一个文化系统，任何文化系统都包含若干要素，这些要素即“文化要素”。“文化体系内部的各文化要素之间，有可分离的关系和不可分离的关系，有相容的关系和不相容的关系，只有研究这些关系，才能合乎规律地改造文化体系”[①]，也就是说，一个文化系统所包含的文化要素，有些因分属于不同的时代、地域而不能脱离原系统而存在，有些则可以经过改造而容纳到别的文化系统中。文中，张岱年用很多例子作了说明，这里我们只来看看他对清末“中学为体，西学为用”之说的讨论。他认为，“中学为体，西学为用”是试图将中国文化系统中“三纲五伦的旧伦理”“君主专制制度”等要素同西方文化系统中的“近代科学技术”要素相结合。在他看来，西方近代科学是与学术自由“不相离的”，因为科学的发现与发明只能产生于学术自由的环境中。因此，君主专制制度与近代科学的发展就是“不相容的”，“中学为体，西学为用”就不能“勉强拼凑在一起”。再比如，西方的“科学”要素，尽管它与西方的宗教、风俗等共同构成一个文化系统，但由于“科学是在宗教斗争中发展起来的”，因此，科学与宗教、风俗却是可分离的。我们在学习西方近代科学的时候，没有必要把近代西方的宗教、风俗也一并移植过来。也就是说，在建设社会主义新文化的过程中，“必须慎重考察古今中外不同的文化系统所包含的文化要素之间的相容与不相容以及可离与不可离的关系”[②]。

（三）关于中华文化精神问题。在《论中国文化的基本精神》一文中，张岱年提出了民族文化的主导思想问题，或者说民族精神问题。张岱年认为，在一个民族的发展进程中，总有一些思想观念能够激励

---

① 张岱年：《文化体系及其改造》，载《心灵与境界》，陕西师范大学出版社2008年版，第55页。

② 张岱年：《张岱年学术自传》，巴蜀书社1993年版，第84页。

人心，受到人们的尊崇，被多数人民所信奉，在民族的精神发展中起着主导的作用，成为生活行动的最高指导原则。他将此最高指导原则称作“民族文化的主导思想”，简称“民族精神”。[①]一种思想观念要成为民族精神，必须具备两个条件：一是有比较广泛的影响，二是能激励人们前进，有促进社会发展的作用。根据此必备条件，张岱年认为，中国传统文化的基本精神，至少包括刚健有为、和与中、崇德利用、天人协调等四个方面。[②]在《张岱年学术自传》中，张岱年认为中国的文化精神凝结于《周易大传》的两句名言——“天行健，君子以自强不息”；“地势坤，君子以厚德载物”——之中，即将“自强不息”“厚德载物”视作中华文化的基本精神：“自强不息”指永远努力向上、绝不停止，表现的是中华民族的奋斗精神；“厚德载物”指博大的胸怀，表现的是中华民族的兼容精神。

三、文化综合创新论：社会主义新文化建设思想

20世纪80年代的社会状况与19世纪中叶、20世纪30年代的半殖民地半封建社会已大不相同。如果说一定的文化总是一定社会形态的反映，不同的时代应有不同时代的精神，那么，“建设社会主义的新文

① 张岱年:《张岱年学术自传》，巴蜀书社1993年版，第84、85页。

② 张岱年:《论中国文化的基本精神》，载《心灵与境界》，陕西师范大学出版社2008年版，第19页。

化”就成为20世纪80年代中国的重要历史任务之一。[①]正如张岱年所说，“在文化建设上，今天我们如何把握时代精神，建设社会主义的新文化，我认为对这个问题应有一个明确的认识”[②]。那么，要如何建设社会主义新文化呢？针对这一问题，张岱年在对当时思想界所提供的儒学复兴论、中体西用论、西体中用论、国粹主义论、全盘西化论等方案进行批评的基础上，提出了独具特色的“文化综合创新论”。

张岱年在《综合创新文化观的运用》一文中对其“文化综合创新论”做过系统回顾：“我在30年代初的文化讨论中，就萌发了综合创新的基本主张。从1986年起，我又在当时的‘文化热’大讨论中，多次阐发马克思主义综合创新论的文化主张。90年代以来，我和王东曾在一起多次探讨，怎样进一步发展综合创新文化观。我们还一起发表了《中华文化的综合创新与现代复兴》一文，引起一定反响。”[③]可以看出，“文化综合创新论”有一个萌生、发展和逐步深化的过程：20世纪30年代提出的“创造的综合”论是“文化综合创新论”的萌生。

1987年，张岱年明确提出“文化综合创新论”[④]，并在此后从多方面进行了论证。他指出，“建设社会主义的新文化是一个创新的事业。

---

① 张岱年在多处讲到，20世纪80年代我们的历史任务是建设社会主义新文化。比如，在《中西文化之会通》一文中提到“现在中国人民的历史任务是创建具有时代精神的新中国文化”，载张岱年：《心灵与境界》，陕西师范大学出版社2008年版，第9页。在《传统文化的反思》一文中提到“我们现在的历史任务是建设社会主义的新文化”，载《心灵与境界》，第40页。在《中国文化发展过程中的偏倾与活力》一文最后提到“我们现在的历史任务是进行现代化建设、创立具有中国特色的社会主义新文化”，载《心灵与境界》，第49页。在《中国传统文化的分析》一文中提到“现在我们的目标是创造新的中国文化”，载《心灵与境界》，第58页。

② 张岱年：《综合、创新，建立社会主义新文化》，《清华大学学报（哲学社会科学版）》1987年第2期。

③ 张岱年：《综合创新文化观的运用》，《光明日报》2003年4月22日，B1版。

④ 1987年3月，张岱年在《文化哲学》自序中提出了“综合创新论”的说法。1987年7月，在发表于《清华大学学报（哲学社会科学版）》1987年第2期的《综合、创新，建立社会主义新文化》一文中，明确提出了“文化综合创新论”的说法。

我认为，一方面要总结我国的传统文化，探索近代中国落后的原因，经过深入的反思，对其优点和缺点有一个明确的认识。另一方面，要深入研究西方文化，对西方文化作具体分析，对其缺点和优点也要有一个明确的认识。根据我国国情，将上述两个方面的优点综合起来，创新出一种更高的文化。什么是创新？创新意味着与中国传统文化和近代西方文化都不相同。因为它是具有中国特色的社会主义的新文化，是人类文化史上高度民主、高度科学的新文化”。针对文化问题，他说：“自己撰了一个名词：‘文化综合创新论’。”“这也可能是胆大狂放”，但是，“中国新文化的建立，综合和创新还是重要的”[①]。从此处的论述可以看出，建立中国特色的社会主义新文化，必须走“综合创新”之路。“综合创新”包括“综合”和“创新”两个步骤。“综合”是创新的前提与基础，它至少包括两层意思：一、“综合”是对中国传统文化和西方文化两个方面之所长的综合，即既“继承和发扬自己的优良文化传统，同时也汲取西方在文化上的先进贡献”[②]；二、“综合”是“在马克思列宁主义原则的指导下，以社会主义的价值观”进行的“综合”。“创新”是“综合”基础上的“创新”，是在对中国传统文化和近代西方文化正确认识基础上的发展和超越，它“既是传统文化的继续，又高于已有的文化”[③]。20世纪90年代以来，张岱年的马克思主义文化综合创新论依然在“进一步发展”。在发表于1997年的《中华文化的综合创新与现代复兴》一文中，张岱年和王东对如何走好中国文化现代化的“古今中外、综合创新之路”作了简洁明晰的概括：“以

① 张岱年：《综合、创新，建立社会主义新文化》，《清华大学学报（哲学社会科学版）》1987年第2期。

② 张岱年：《综合、创新，建立社会主义新文化》，《清华大学学报（哲学社会科学版）》1987年第2期。

③ 张岱年：《综合、创新，建立社会主义新文化》，《清华大学学报（哲学社会科学版）》1987年第2期。

中国古典传统文化作为源远流长的母体文化，以西方近现代文化作为激发现代化活力的异体文化，以马克思主义指导下的社会主义文化作为起主导作用的主体文化，在马克思主义和建设有中国特色社会主义理论指导下，以中国现代化为主体目标，借鉴中西文化的精华，创造出有中国特色社会主义的新型文化。”[①]

张岱年曾对以“综合创新”建立社会主义现代化的新中国文化的可能性、必要性进行过论证，为文化综合创新论奠定了坚实的理论基础。“综合创新”何以可能？张岱年对“文化体系”“文化元素”等概念作了令人信服的回答。在他看来，综合创新之所以可能，根据有二：第一，文化系统具有可解析性和可重构性。张岱年认为，“文化是各种文化元素构成的复杂的体系”，“是一个具有结构和整体功能的由许多复杂的元素组成的系统”。[②]一个文化系统的落后过时，“更根本的原因在于其结构的不合理”，因此，文化系统的新陈代谢，“根本的改造的途径在于旧系统结构的消解和新系统结构的重构”。[③]经过一个多世纪的文化变革，中国传统文化的旧系统结构已经解体，新的社会主义文化已初具雏形，在此条件下，将“经过审慎考察、认真挑选的古今中外不同的文化系统所包含的要素，按照现代化的客观需要，综合成一个社会主义现代化的新中国文化系统是完全可能的”[④]。第二，文化要素之间的可分离性和相容性。张岱年指出：“文化体系内部的各文化元素之间，有可分离的关系和不可分离的关系，有相容的关系和不相容

---

① 张岱年、王东：《中华文明的现代复兴和综合创新》，《教学与研究》1997年第5期。

② 张岱年：《文化体系及其改造》，载《心灵与境界》，陕西师范大学出版社2008年版，第52页。

③ 张岱年、程宜山：《中国文化精神》，北京大学出版社2015年版，第307页。

④ 张岱年、程宜山：《中国文化精神》，北京大学出版社2015年版，第307页。

的关系，只有研究这些关系，才能合乎规律地改造文化体系。”[①]也就是说，一个文化系统所包含的文化要素，有些是能够脱离原系统而存在，且可以与其他文化系统相兼容的。也正因为如此，“来自不同民族文化的要素，只要它们是相容的，就有可能综合成一个新的系统”[②]。

就“综合创新”的必要性而言，张岱年认为，理由有三：第一，综合创新是中国文化现代化的客观要求。中国文化的旧系统已经过时，只有破除原先旧的文化体系结构，大量吸取外来的先进文化要素，按照现代化的客观需要对文化系统进行重新建构，中国文化才有出路。第二，民族文化独立性的客观要求。文化既有时代性又有民族性，因此完全舍弃中国固有文化而全盘照搬西方，不符合客观需要。在全世界范围内民族之间的差别尚未消失之前，维护民族独立至关重要，而民族独立首先必须有民族文化的独立。第三，综合创新是弥补文化劣势、形成文化优势的客观需要。中西文化各有自己的独创性和片面性，中国文化在20世纪80年代的暂时落后，需要凭借综合创新所形成的文化优势，才能弥补因暂时落后而造成的文化劣势。[③]在回答了“综合创新”的可能性和必要性之后，张岱年提出了实现综合创新需要着力解决的问题，即必须坚持马克思主义普遍真理的指导和社会主义原则；必须弘扬民族主体精神，走融合创新之路；必须以创造的精神从事综合并在综合的基础上有所创造。

相较于20世纪30年代的“创造的综合”论，20世纪80年代明确提出的“文化综合创新论”主要“新”在三个方面：第一，“综合创

---

① 张岱年：《文化体系及其改造》，载《心灵与境界》，陕西师范大学出版社2008年版，第55页。

② 张岱年、程宜山：《中国文化精神》，北京大学出版社2015年版，第307页。

③ 张岱年、程宜山：《中国文化精神》，北京大学出版社2015年版，第307、308页。

新”必须“以马克思主义的普遍真理为指导”[①]。张岱年指出，任何文化系统本身都以思想为核心，以不同的思想为指导就会形成不同的核心，“当代新儒家将先秦原始儒家和宋明新儒家视为中华人文精神的源头活水，主张‘返本开新’；‘中体西用’论者主张以中国之‘道’为体，西学西艺为用；新文化运动的领导者揭起过‘民主’‘科学’的大旗。尽管这些论者都没有提‘指导思想’这个词，但他们所争的，其实首先是用什么思想为指导，并用什么思想为核心来建设文化”[②]。可以看出，以“综合创新”之路建设社会主义新文化与其他文化主张的“不同”或“新”的地方在于，它不是以“先秦原始儒家和宋明新儒家”“中国之‘道’”或“民主、科学”等为指导思想，而是以马克思主义的普遍真理为指导思想，这既保证了所建设的新文化的社会主义性质，也同其他文化建设主张区别开来。第二，综合创新论是对传统“体用说”、儒学复兴论、全盘西化论的超越。张岱年在多个地方对文化领域的“中体西用”论和“西体中用”论进行了有力批判。他认为，“中体西用”论在“理论上的错误之一在于把历史经验上升为吸收外来文化的通例和原则。……错误之二在于在各民族文化势将融会成统一的世界性文化的近代，仍强调以本民族文化为体、为本、为主”；它行不通的根本原因在于，“‘三纲’‘四维’之类的‘道’及与之相应的封建经济政治制度已经过时，这样的‘体’与所谓‘西用’具有不相容性，如政治和文化上的专制主义与发展科学具有不相容性，民主的政治制度与‘三纲’具有不相容性，封建的政治制度与发展资本主义工商业具有不相容性，等等。这些不相容性表明，中国传统文化的‘体’没有驾驭‘西用’的能力，随着这些‘西用’的引进，必然引起

① 张岱年、程宜山：《中国文化精神》，北京大学出版社2015年版，第309页。
② 张岱年、程宜山：《中国文化精神》，北京大学出版社2015年版，第308页。

激烈的冲突，迫使它步步后退，直至被取消”。[①]对于“西体中用”论，张岱年认为，它作为一种文化主张，“理论并不明晰，内容颇多混乱。此论的提出者似乎是想避免‘全盘西化’‘中体西用’之类主张的片面性，但事实上没有能够做到。这似乎表明，文化问题上中西对立、体用二原的僵化思维模式，已经过时了”[②]。对于儒学复兴论，张岱年指出，“儒学思想虽然有一些精湛的内容，但是儒学作为一个整体已经过时了”[③]；“儒学占统治地位的时代已经一去不复返了”[④]，当代新儒家企图复兴儒学的努力，是不能解决问题的。对于全盘西化论，张岱年认为，西方的科学技术应该努力引进，但极端地主张“全盘西化”，完全否定民族传统，不符合历史发展的规律，更不可行。第三，综合创新符合“世界新型文明”的发展趋势，是更大范围、更广程度、更深层次的综合创新，其最终目标是创造一种多元化与一体化并存、世界性与民族性共荣的“世界新型文明”。

张岱年对世界文明的未来充满信心，他说：“遥望21世纪新的世界历史、世界文化，时代主潮既不是西方压倒东方的西方化，也不是东方压倒西方的东方化。未来世界格局、世界文化的发展过程中，固然少不了风云激荡的对立冲突和竞争，但世界新型文明的主要潮流，却是东西方文明的交流对话，综合创新，从而创造多元化与一体化并存的世界新型文明，世界性与民族性共荣的世界新型文明，超越西方近现代主体性观念并确立新型主体性观念的世界新型文明。”[⑤]

---

① 张岱年、程宜山：《中国文化精神》，北京大学出版社2015年版，第255页。

② 张岱年、程宜山：《中国文化精神》，北京大学出版社2015年版，第305页。

③ 张岱年：《中国传统伦理道德与社会主义精神文明》，载《晚思集》，新世界出版社2002年版，第99页。

④ 张岱年：《传统文化的发展与转变》，载《晚思集》，新世界出版社2002年版，第126页。

⑤ 张岱年、王东：《中华文明的现代复兴和综合创新》，《教学与研究》1997年第5期。

四、方克立对文化综合创新论的阐发与推进

提到文化综合创新论的发展，还必须提到曾任中国社会科学院学部委员、中国哲学史学会会长的方克立先生。“文化综合创新论”最初并未引起学界的足够关注，这引起了方克立的注意。在一些文章、发言和谈话中，方克立多次谈及在20世纪80年代文化思潮的各种观点中，最令他心契和赞同的就是张岱年倡导的“文化综合创新论”。[①]早在1989年5月，方克立就明确提出，要“对民族文化和外来文化均持取其精华、弃其糟粕、批判继承、综合创新的态度”[②]。1990年春，在一次访谈中，方克立第一次把“文化综合创新论”置于中国现代化三大文化思潮对立互动的大背景下加以审视，他提出，“自由主义的‘全盘西化’派，保守主义的‘儒学复兴’派和马克思主义的‘古为今用、洋为中用、批判继承、综合创新’派（可简称为‘综合创新’派），是20世纪80年代文化讨论中三个最主要的思想派别”，应当给“主张从中国社会主义现代化建设的实践需要出发，坚持以马克思主义为指导，批判地吸取古今中外一切优秀的文化成果，进行综合创新的一派观点以应有的地位”。[③]

1990年9月9日，张岱年在《关于新儒学研究的信》中提到关东对方克立的这篇访谈时指出“其中所表述的基本立场和观点我完全同

① 比如，在发表于《光明日报》1992年1月27日第3版的《大力宣传我们的文化主张——“综合创新”论——〈中国文化与文化论争〉读后》一文中，方克立说道：“深感在20世纪80年代文化论争的各种观点中，自己最能心契和赞同的还是……‘综合创造’或‘综合创新’之义。……因为它既坚持了马克思主义的文化观，又最符合中国的国情，适应了建设有中国特色的社会主义文化的需要。”

② 方克立：《现代新儒学与中国现代化》，天津人民出版社1997年版，第70页。

③ 关东：《现代新儒学研究的回顾与展望——访方克立教授》，《哲学研究》1990年第3期。

意”[①]。二位学者在理论观点上的一致，使张岱年逐渐把方克立引为“同调和知音”[②]。他在1991年9月22日致方克立的信中说：“我们主张‘综合创新’，既符合马克思主义，又符合国情，但响应的人似乎不多……希望您大力宣传‘综合创新’之义。”此后，方克立更加自觉地论争和阐扬“综合创新论”。1992年年初，在发表于《光明日报》的一篇文章中，方克立不仅论述了“综合创新论”的核心内容和方法论原则，而且强调它和“江泽民同志今年‘七一’讲话中对‘有中国特色社会主义的文化’的精辟概括，在内容和精神上都是完全一致的”。[③]更为重要的是，方克立进一步把张岱年的“综合创新”文化观与中国共产党一贯倡导的文化方针联系起来，建构了二者有机统一的新命题：“‘综合创新’论是在新的历史条件下，马克思主义者对古今中西问题的一种比较全面、正确的回答，也表现出了健康的文化心态和开放的立场。这种主张明显优于极端的西化派和国粹派，也优于折衷主义的‘中体西用’派和‘西体中用’派，不仅超越了欧洲中心论和华夏中心论的偏见，也超越了中西对立、体用二元的思维方式。同时它又是与我们党一贯倡导的文化方针和文化政策相一致的，所以值得大力提倡。”[④]这既是对中国共产党的文化方针的丰富和发展，更是为“综合创新”文化观的历史定位提供了宏观理论框架。

1994年，由张岱年、方克立主编的《中国文化概论》出版，当时

---

① 张岱年：《关于新儒学研究的信》，《哲学研究》1990年第6期。

② 1999年6月，张岱年致信方克立：“您的哲学观点和文化观点，和我的哲学观点和文化观点基本相同，我十分高兴！十分感谢！我晚年又得一同调和知音，实属莫大的荣幸！”2001年3月21日，张岱年再次致信方克立：“多年以来关于中国哲学史，关于文化问题，鄙见与您的见解，完全一致，可谓志同道合，我十分高兴！”

③ 方克立：《大力宣传我们的文化主张——“综合创新”论——〈中国文化与文化论争〉读后》，《光明日报》1992年1月27日，第3版。

④ 方克立：《深化对“综合创新文化观”的研究》，《哲学动态》2002年第4期。

的国家教委负责人明确要求这本教材要以我党一贯倡导的文化方针和张岱年先生的“综合创新”文化观为指导思想，这标志着“综合创新论”已经得到了党和国家的高度重视，张岱年和方克立被共同视为它的主要代表。[①]1997年，方克立将综合创新文化观总结为开放性、主体性、辩证性、创新性四大特征：其一是开放性，“我们学习、借鉴、继承、吸取古今中外的文化成果，在时间上和空间上都是全方位开放的，是全面的历史主义的态度”。其二是主体性，“继承中国传统文化和学习借鉴西方文化，都是立足于中国今天的现实，都是为了推动中国文化和整个中国社会的现代化。也就是说，继承、选择的目标和标准，是为了满足主体的需要”。其三是辩证性，“学习、借鉴、继承、选择中国古代文化和外域文化的方法，是辩证法的批判继承法，而不是形而上学的抽象继承法”。其四是创新性，“分析与综合相结合，综合与创新相结合……综合创新是文化发展的规律”。[②]

进入新世纪以来，方克立以“马魂、中体、西用（即马学为魂、中学为体、西学为用）”为“综合创新文化观”注入了新的内涵。2006年4月20日，方克立在为纪念张岱年先生逝世二周年举办的国际学术研讨会[③]写的信中将张岱年新文化建设理论概括为“马魂、中体、西用”论。[④]“‘马学为魂’即以马克思主义和社会主义的思想体系为指导原则”[⑤]，这是“概括张岱年先生的思想，具体说就是他的‘必须

① 杜运辉、周德丰：《从张岱年的“创造的综合”论到方克立的“马魂、中体、西用”论》，《现代哲学》2008年第2期。

② 方克立：《现代新儒学与中国现代化》，天津人民出版社1997年版，第498、499页。

③ 指2006年4月24日至26日由清华大学哲学系、湖南大学岳麓书院等单位联合主办，在湖南大学岳麓书院召开的“中西文化交汇下的中国哲学重建暨纪念张岱年先生逝世二周年”国际学术研讨会。

④ 方克立：《关于文化体用问题（致刘鄂培、朱汉民）》，《社会科学战线》2006年第4期。

⑤ 方克立：《关于文化体用问题（致刘鄂培、朱汉民）》，《社会科学战线》2006年第4期。

坚持以马克思主义的世界观和方法论为指导，坚持中国新文化建设的社会主义方向’的思想，也就是他所说的‘社会主义文化以社会主义的基本原则为“体”，亦即以马克思主义的理论原则为“体”的思想”[①]；“‘中学为体’即以有着数千年历史积淀的自强不息、变化日新、厚德载物、有容乃大的中华民族文化为生命主体、创造主体和接受主体”[②]，这是“概括张岱年先生关于文化的民族主体性的思想……但我说的‘中学为体’，‘体’的含义已不是指精神指导原则，而是指文化的民族主体性，即在一种文化中，它的运作主体、生命主体、创造主体和接受主体到底是什么；‘中学’已不是清末‘中体西用’论者所讲的‘中国之伦常名教’或‘尧舜禹汤文武周孔之道’，也不是现代经济学家所讲的‘中国化的发展着的马克思主义’，而是指有着数千年历史传承的，经过近现代变革和转型的，走向未来、走向世界的活的中国文化生命整体”[③]；“‘西学为用’即以西方文化和其他民族文化中的一切积极成果、合理成分为学习、借鉴的对象”[④]，它“既是对于作为指导原则的马克思主义来说的，也是对于作为接受主体的中国文化来说的；对于指导原则来说它是‘应事之方术’，即原则的具体应用，对于接受主体来说它是为我所用的‘他山之石’。它并不限于西方文化，而是指其他民族文化或外域文化中的一切对主体文化有学习、借鉴价值的东西”[⑤]。方克立认为，“马魂、中体、西用”将“文化体用观与关于民族主体性的论述结合起来了……是符合张先生的中、西、马‘三流合一’、综合创新文化观（含哲学观）的精神实

① 方克立：《关于文化体用问题（致陆信礼）》，《社会科学战线》2006年第4期。

② 方克立：《关于文化体用问题（致刘鄂培、朱汉民）》，《社会科学战线》2006年第4期。

③ 方克立：《关于文化体用问题（致陆信礼）》，《社会科学战线》2006年第4期。

④ 方克立：《关于文化体用问题（致刘鄂培、朱汉民）》，《社会科学战线》2006年第4期。

⑤ 方克立：《关于文化体用问题（致陆信礼）》，《社会科学战线》2006年第4期。

质的”[①]。

2007年11月24日，方克立在“综合创新与中国哲学的现代走向”学术研讨会上的发言《综合创新之路的探索与前瞻》中，对在原先体用二元模式基础上引入“魂”这一范畴而形成的“马魂、中体、西用”三维结构模式及其对张岱年“文化综合创新论”予以推进的原因作出了说明：“很明显，要用体、用二元模式讲清楚中、西、马三者的关系是有困难的。我就想能不能对传统的体用模式作一个变通，引进‘魂’这个与作为精神指导原则之‘体’意义相近的概念，而将‘体’专门用来指称主体、实体，即联结形而上与形而下的那个‘形’，用‘魂、体、用’三元模式把体用范畴的两种含义在一定程度上综合起来，来解决中、西、马‘三流合一’的问题。这里的实质问题或核心问题是要把坚持以马克思主义为指导与挺立民族文化的主体性两者结合起来、统一起来，放在同一个三维结构的模式中。……我之所以提出这个问题，是觉得后人在张岱年先生开辟的这条道路上应该有所前进，‘马魂、中体、西用’的思想在张先生的有关论述中已见端倪，把马克思主义的指导地位与中国文化的主体地位统一起来也是他想解决的问题。彰显主题、拓宽论域和加强研究深度是后继者的责任。”[②]

2012年，方克立将“马魂、中体、西用”与党的十七届六中全会通过的《中共中央关于深化文化体制改革推动社会主义文化大发展大繁荣若干重大问题的决定》（以下简称《决定》）联系起来，认为《决定》不仅从当代中国文化内涵的构成角度涉及“马魂、中体、西用”的定位，而且从一个更加宏观的视角考察了当代中国文化建设中的“魂”“体”“用”三者关系问题，是用“马克思主义观点创造性地阐明

① 方克立：《关于文化体用问题（致刘鄂培、朱汉民）》，《社会科学战线》2006年第4期。

② 方克立：《综合创新之路的探索与前瞻》，《哲学动态》2008年第3期。

当代中国文化之‘魂、体、用’三者统一辩证法的典范”。[①]2014年12月，方克立进一步提出了“‘马魂、中体、西用’是习近平文化思想的宗纲”的论断，他指出，“习近平同志同我们党的前辈领导人一样，都是坚定的马克思主义者，在对待中国传统文化问题上，既不是保守主义的尊孔崇儒派，也不是激进主义的反孔批儒派，而是‘马魂、中体、西用’有机统一的马克思主义综合创新派”[②]。

张岱年在政治、经济格局剧烈变动的年代里，尝试整合中国传统文化中的优质资源，融合西方文明中的先进经验，进而探寻现代化背景中的中国新文化建设，其为中国文化向世界争取应有的重视和地位所做出的努力，令人赞赏和敬佩。方克立站在马克思主义的立场，对综合创新文化观进行了进一步的阐发、论证和发扬，进一步指明了当代中国文化发展的必由之路。最后，就以张岱年先生的一段话作为结束：“有中国特色社会主义新型文明，必将带着新型的主体性观念和价值观念，走向21世纪的世界文明，成为创造世界新型文明的源头活水。”[③]

---

① 方克立：《当代中国文化的“魂”、“体”、“用”关系》，《中国社会科学院研究生院学报》2012年第1期。

② 方克立：《“马魂、中体、西用”是习近平文化思想的宗纲》，《思想理论教育导刊》2015年第5期。

③ 张岱年、王东：《中华文明的现代复兴和综合创新》，《教学与研究》，1997年第5期。

第七节 东西方文化关系与中国的新文化建设：季羡林的文化理论与文化建设思想

季羡林（1911—2009）是国际著名东方学大师、语言学家、文化学家，历任中国科学院哲学社会科学学部委员、北京大学副校长、中国社会科学院南亚研究所所长，是北京大学终身教授。20世纪80年代中期以来，季羡林持续对人类文化问题进行反复思考，提出了很多概念、范畴和命题，对于今天的社会主义文化建设和推进文化自信具有重要的理论意义和现实价值。

一、作为社会进步动力要素的文化交流理论

文化交流理论是季羡林文化理论的核心内容之一。在他看来，人类社会总要向前发展和进步，而其向前发展和进步的最重要的动力之一，就在于“文化交流”。[①]没有文化交流就没有人类的历史。对于文化交流的可能性，季羡林以“文化多元主义”概念进行说明。这里的“文化多元主义”是就文化的起源问题而言的。季羡林指出，在文化起源问题上，有一元论和多元论之分：“一元论是指由一个地方，一个民族创造，而多元论则认为文化是由多个地方，多个民族创造。”[②]显然，如果文化起源是一元的，那么，文化就失去了交流的可能和基础。对此，季羡林指出，“一元论是不确切的”，“从文化与文明的起源看，应

① 季羡林：《东方文化要重现辉煌》，《南亚研究》1996年11月15日。

② 季羡林：《东方文化三题》，《新湘评论》2008年第1期。

该不是由一个民族创造的”。[①]由此，他提出了“文化多元主义”的论断：“在过去若干千年的人类历史上，民族和国家，不论大小久暂，几乎都在广义的文化方面做出了自己的贡献。这些贡献大小不同，性质不同，内容不同，影响不同，深浅不同，长短不同，但其为贡献则一也。人类的文化宝库是众多的民族或国家共同建造成的。使用一个文绉绉的术语，就是‘文化多元主义’。”[②]对于文化交流的必然性，季羡林以文化“天下为公”的特点予以解释。他指出，文化的重要特点就在于它是天下为公的，即“文化有一个很突出的特点，就是，文化一旦产生，立即向外扩散”；“文化决不独占山头……文化是‘天下为公’的。不管肤色，不择远近，传播扩散”。[③]

文化多元主义和文化的天下为公特征，为人类的文化交流提供了可能性与必然性的基础，不仅使得文化交流成为“人类历史上以及现在人类最重要的活动之一”[④]，而且全人类也得以因此蒙受文化交流之利。那么，是不是所有的交流都是好的交流呢？如果交流也有坏的，那么坏的交流能不能叫“文化交流”呢？季羡林对此做了区分。他认为，“坏的交流对人类没有益处，不能叫文化交流。对人类有好处的、有用的，物质、精神两方面的东西交流，才叫‘文化交流’”[⑤]。

回顾两千多年的中外文化交流历史，可以发现，中国对于输出文化，其中包括科学技术的发明创造，从来是不吝啬的。我们大度地把

① 季羡林:《东方文化三题》,《新湘评论》2008年第1期。

② 季羡林:《卅年河东，卅年河西——〈东方文化集成〉丛书〈总序〉》,《岭南文史》1999年第2期。

③ 季羡林:《卅年河东，卅年河西——〈东方文化集成〉丛书〈总序〉》,《岭南文史》1999年第2期。

④ 季羡林:《传统文化与现代化》,《北京大学学报》(哲学社会科学版)，1987年第5期。

⑤ 季羡林:《东学西渐与东化——为〈东方论坛〉“东学西渐”栏目而作》,《东方论坛》2004年第5期。

四大发明送了出去，它们对促进人类文化的发展以及人类社会的进步，起到了决定性的作用。同时，我们对吸取外来文化也决不保守，只要对我们有用的东西，不管来自何方何国，我们都勇敢地拿来为我所用。肇始于汉代的丝绸之路是中外文化交流的一个彰明昭著的证据。比如，它在中印文化交流中就扮演过并在今天依然扮演着极为重要的角色。中国的纸、丝以及丝织品，经由丝绸之路从中国传到印度。而佛教从印度传入中国后，在近两千年的岁月中，印度文化源源不断地涌入中国。在各种不同学术领域中，都可以发现印度的影响。一言以蔽之，中印之间的文化交流有着十分悠久的历史，而这种交流促进了我们两国的社会进步，加强了我们的友谊，并给两国带来福祉。“在人类历史上，这是一个在任何别的地方都不曾发现的绝无仅有的例证。”[①]

文化多元主义，或者说文化起源的多元性，使得文化具有“民族性”特征；而文化的天下为公性，又使得文化具有“时代性”特征：“一种文化既有其民族性，又有时代性。一个民族自己创造文化，并不断发展，成为传统文化，这是文化的民族性。一个民族创造了文化，同时在发展过程中它又必然接受别的民族的文化，要进行文化交流，这就是文化的时代性。”[②]如果说传统文化代表文化的民族性，那么，现代化就代表文化的时代性。文化的民族性与时代性都是客观存在的，二者是矛盾统一的关系，既矛盾又统一，既相反又相承，缺一不可。每个民族的固有文化，构成了它的民族传统，而吸收、借鉴和融合外来文化，就形成了它的时代特征，各民族的文化都是以民族性为经线，以时代性为纬线织成的。

---

① 季羡林：《在印度文学院授予名誉院士学衔仪式上的演说》（1999年7月5日，演说原稿系英文，刘建译），载《季羡林谈义理》，人民出版社2010年版，第106页。

② 季羡林：《东学西渐与“东化”》（2004年），载《季羡林谈义理》，人民出版社2010年版，第37页。

二、文化圈与文化体系理论：中西文化差异问题

尽管人类文化的起源是多元的，不同文化又是千差万殊、各有特点的，但特点相同、相近或相似的文化，却可以构成相似的文化类型，为此，季羡林提出了"四大文化圈"和"两大文化体系"的文化理论。这一理论最早是在1989年发表的《从宏观上看中国文化》一文中提出的。季羡林在文中指出，人类自有历史以来，共形成了"四大文化圈"，即古希腊、罗马一直到近代欧美的文化圈，从古希伯来起一直到伊斯兰国家的闪族文化圈（季羡林有时候也称为"阿拉伯伊斯兰文化圈"），印度文化圈和中国文化圈（包括日本、韩国、朝鲜、越南等）。这四个文化圈内各有一个主导的、影响大的文化，各文化圈之间是互相学习的关系，这种相互学习即上面所说的"文化交流"。四大文化圈又可分为"两大文化体系"，即由古希腊、罗马一直到近代欧美的文化圈构成的"西方大文化体系"；由阿拉伯伊斯兰文化圈、印度文化圈、中国文化圈共同构成的"东方大文化体系"①。可以看出，这里的"东方"既是地理概念，又是政治概念（即所谓第三世界）。在"人类全部历史上来看，东西两大体系之外，没有第三个大体系"②。一直以来，尽管东西方两大文化体系之间彼此有文化交流，但二者在思维模式上存在着根本差异，这是东西方文化不同的根源所在，用季羡林的话说，"思维模式是一切文化的基础，思维模式的不同，是不同文化体系的根本不同"③。

---

① 季羡林：《从宏观上看中国文化》，《高校社会科学》1989年第2期。

② 季羡林：《东方文化与东方文学》，《文艺争鸣》1992年第4期。

③ 季羡林：《东学西渐与东化——为〈东方论坛〉"东学西渐"栏目而作》，《东方论坛》2004年第5期。

那么，东西方文化在思维模式上存在着怎样的根本差异呢？季羡林指出，东方文化和西方文化根本的差别在于思维模式的不同，东方主综合，西方主分析。具体地说，东方文化的思维模式是综合的，其核心是强调普遍联系，注重整体概念，表现在人与自然的关系上是人与自然的和谐统一，用通俗的话说是既见树木，又见森林。中国的"天人合一"，印度的"梵我一如"，是东方文化思想的典型代表。而西方文化的思维模式是分析的，它抓住一个东西，特别是物质的东西，进行分析，直至分析到极其细微的程度。西方文化体系的缺点是忽视整体联系，即只见树木，不见森林，这在西方医学上表现得最为清楚。当然，这是从宏观层面、从文化思维的主流方面而言的，并不是否认东西方文化体系中既有综合思维成分也有分析思维成分。

近代以来，西方文化体系一直占据着"关键地位、主导地位、支配地位、垄断地位"[①]。不同于东方文化注重人与自然的和谐统一，西方文化主张"征服自然"，把人置于自然的对立面，对大自然穷追猛打，"表面看来，他们在一段时间内是成功的，大自然被迫满足了他们的物质生活需求，日子越过越红火"[②]，但这种思维模式"是有限度的，在限度以内，它能够满足人类的某一些索取"[③]，过了这个限度，久而久之，就会产生种种危及人类生存的弊端，这些弊端，"举其大者，如环境污染、大气污染、臭氧层破坏、生态平衡破坏、物种灭绝、人口爆炸、新疾病丛生、淡水资源匮乏，等等"[④]。它们给人类的生存

① 季羡林、周一良、庞朴：《放眼宇宙识文化——〈东方文化丛书〉总序》，《读书》1990年第8期。

② 季羡林：《东学西渐与东化——为〈东方论坛〉"东学西渐"栏目而作》，《东方论坛》2004年第5期。

③ 季羡林：《"天人合一"新解》，载《季羡林谈义理》，人民出版社2010年版，第64页。

④ 季羡林：《卅年河东，卅年河西——〈东方文化集成〉丛书总序》，《岭南文史》1999年第2期。

和发展埋下了巨大危机，而此弊端与危机产生的根源，正与西方分析的思维方式密不可分。正如季羡林所说，尽管“西方文化从文艺复兴以来，昌盛了几百年，把社会生产力提高到了空前的水平，促使人类社会进步也达到了空前的速度，光辉灿烂，远迈前古，世界人民无不蒙受其利”，但“在今天，西方文化已逐渐呈现出强弩之末的样子，大有难以为继之势了”。[①]面对人类当前面临的危机，单纯靠西方分析的思维方式，一味强调发展，是没有出路的。我们应该怎么办？出路何在？对此，季羡林从人类历史的宏观视角提出了“三十年河东，三十年河西”的理论，并以“送去主义”“东化”“济”等概念，具体而详尽地论述了东西方文化关系及21世纪的文化走向问题，认为唯有以东方的综合思维济西方的分析思维之穷，以东方文化济西方文化之穷，人类才能解决当前面临的危机，人类发展才有出路。

三、河东河西论：东西方文化关系与出路

按照季羡林的说法，在人类全部历史上，一共形成了东西两大文化体系。那么，这两大文化体系之间是什么关系？在人类文化史上，始终都是西方文化体系占据主导地位吗？答案是否定的。季羡林指出：“哪一个文化体系也不是自一开始就占据着或者永远占据着关键地位、主导地位、支配地位、垄断地位，东西方两大文化体系之间的关系是：三十年河东，三十年河西。”[②]东方文化曾在人类历史上占过上风，起过导向作用，这就是我所说的‘三十年河东’。后来由于种种原因，时移势迁，沧海桑田，西方文化取而代之。钱宾四先生所说的：‘近百年

① 季羡林：《东学西渐与东化——为〈东方论坛〉“东学西渐”栏目而作》，《东方论坛》2004年第5期。

② 季羡林：《季羡林谈义理》，人民出版社2010年版，第19、20页。

来，世界人类文化所宗，可说全在欧洲。’这就是我所说的‘三十年河西’。”[1]1989年，季羡林最早提出了“三十年河东，三十年河西”的说法：“从历史上来看，二者（即东西方两大文化体系）的关系是三十年河东，三十年河西。”[2]随后，季羡林在其他文章中反复对这一术语进行阐述，[3]使得“河东河西论”成为季羡林关于东西方文化关系及文化变迁最具标识性的文化理论。

“三十年河东，三十年河西”这一说法，既是季羡林对东西方文化体系之间关系及文化变迁所进行的总结，同时更是针对当前人类面临的危机而言的。用他的话说，“西方形而上学的分析已经快走到穷途末路了”，“必须改弦更张，另求出路，人类文化才能重新洋溢着活力，继续向前发展”。[4]那么，要怎样“改弦更张，另求出路”呢？人类文化下一步的出路究竟在哪里呢？季羡林用“河东河西论”作出了回答：“我主张‘三十年河东，三十年河西’，21世纪是东方文化的世纪，东方文化将取代西方文化在世界上占统治地位。”[5]“西方文明辉煌了二三百年，这是三十年河西，下一个将是三十年河东，亟须东方文化的纠正……以分析为基础的西方文化也将随之衰微，代之而起的必然是

---

① 季羡林：《“天人合一”新解》，载《季羡林谈义理》，人民出版社2010年版，第63页。

② 季羡林：《从宏观上看中国文化》，《高校社会科学》1989年第2期。

③ 比如，在《放眼宇宙识文化——〈东方文化丛书〉总序》中提到：“这两大文化体系的关系是，三十年河东，三十年河西。”在《批判民族文化虚无主义，建设社会主义新文化——“如何正确对待中国传统文化”学术座谈会发言摘编》中提到：“在历史上，东方文化和西方文化是三十年河东，三十年河西。”在《再谈东方文化》中提到：“我的总看法是，从人类全部历史上来看，东方文化和西方文化的关系是‘三十年河东，三十年河西’。”在《东方文化与东方文学》中提到：“在人类全部历史上来看，东西两大体系之外，没有第三个大体系，而东西两大体系的关系是，‘三十年河东，三十年河西’。”在《卅年河东，卅年河西——〈东方文化集成〉丛书〈总序〉》中提到：“上下五千年，纵横十万里，东西文化的变迁是‘三十年河东，三十年河西’。”

④ 季羡林：《东方文化三题》，《新湘评论》2008年第1期。

⑤ 季羡林：《东学西渐与东化——为〈东方论坛〉“东学西渐”栏目而作》，《东方论坛》2004年第5期。

以综合为基础的东方文化。"[①]要如何理解此处的"取代"呢？季羡林指出，取代不是消灭，"我之所谓'代'，并不是完全地取代，更不是把西方文化消灭。那是不可能的，也是完全没有必要的"[②]。他所说的"取代"是指要"在过去几百年来西方文化所达到的水平的基础上，用东方的整体着眼和普遍联系的综合思维方式，以东方文化为主导，吸收西方文化中的精华，把人类文化的发展推向一个更高的阶段"[③]。为此，季羡林还提出了"东化""济""送去"等范畴进行了更具体详细的说明。"东化"（Easternization）是季羡林创造的一个词，它是相对于"西化"（Westernization）而言的；"东化"不是妄自尊大，而是以东方文化之精华济西方文化之穷，以"天人合一"思想改变粗暴的"征服自然"思想。在中西文化交流史上，"东化"从来没有中断过，"汉唐的时候，是'东化'的，因为世界的经济中心、文化中心当时在中国。在明末清初以前确实有过东学西渐。……中华文化的博大精深吸引了西方传教士、外籍华人、留学生、商人等的注意，并通过他们广泛传播到世界各地"[④]；"我认为21世纪应该是'东化'的世纪"[⑤]。季羡林先生还提出了"济"这一范畴。这里的"济"有"补益""补充"之义，也就是说，要针对西方文化分析思维的弊端，用东方文化的整体思维对其进行补益，"用东方'天人合一'的思想和行动，济西方'征

---

① 季羡林：《东方文化三题》，《新湘评论》2008年第1期。

② 季羡林：《东方文化与东方文学》，《文艺争鸣》1992年第4期。

③ 季羡林：《东学西渐与东化——为〈东方论坛〉"东学西渐"栏目而作》，《东方论坛》2004年第5期。

④ 季羡林：《东学西渐与东化——为〈东方论坛〉"东学西渐"栏目而作》，《东方论坛》2004年第5期。

⑤ 季羡林：《东学西渐与东化——为〈东方论坛〉"东学西渐"栏目而作》，《东方论坛》2004年第5期。

服自然’之穷，就可以称之为‘东西文化互补论’”[①]。另外，季羡林还提出了“送去”这一概念。“送去”是与鲁迅提出的“拿来”相对而言的。季羡林指出，“送去，我觉得我们做得很不够”[②]，“今天，在拿来主义的同时，我们应该提倡‘送去主义’，而且应该定为重点。为了全体人类的福利，为了全体人类的未来，我们有义务要送去的”[③]。那么，要“送去”什么呢？季羡林的回答是：“我们决不会把糟粕和垃圾送给西方。……送去的一定是我们东方文化中的精华。送去要有针对性，针对的就是我在上面提到的那一个西方文化产生的‘危机’。”[④]具体来说，要“送去”的，是东方文化的综合思维方式以及表现在哲学上的“天人合一”思想，“我们要送给西方的就是这种我们文化中的精华。这就是我们‘送去主义’的主要内容”[⑤]。

概括言之，西方的分析手段在科技及其他方面创造出了辉煌的成绩，推动了人类社会的进步；但同时也产生了许多问题和弊端，会给人类前途带来危害。东方的综合手段也给人类创造了许多福利，但也有它的偏颇之处。今后的动向应该是把二者结合起来，互济互补，这样，人类发展的前途、人类文明的走向就能够出现许多灿烂的光点，人类就能够大踏步地向前迈进。[⑥]

---

① 季羡林：《东学西渐与东化——为〈东方论坛〉“东学西渐”栏目而作》，《东方论坛》2004年第5期。

② 季羡林：《西方不亮，东方亮》，《中国文化研究》1995年冬之卷。

③ 季羡林：《卅年河东，卅年河西——〈东方文化集成〉丛书总序》，《岭南文史》1999年第2期。

④ 季羡林：《卅年河东，卅年河西——〈东方文化集成〉丛书总序》，《岭南文史》1999年第2期。

⑤ 季羡林：《卅年河东，卅年河西——〈东方文化集成〉丛书总序》，《岭南文史》1999年第2期。

⑥ 季羡林：《分析不是研究学问的唯一手段》，载《季羡林谈义理》，人民出版社2010年版，第58页。

四、中国社会主义新文化建设问题

改革开放以来，我国进入社会主义发展的新阶段。此时，如何建设社会主义新文化，成为季羡林思考的重要问题。1986年，季羡林在《文化交流与比较文学》一文中最早提出了“社会主义文化建设”问题：“研究比较文学这一种文化交流的形式，正是我们社会主义文化建设所迫切需要的。”[①]1989年，在《从宏观上看中国文化》一文中，季羡林再次提出了“社会主义文化建设的任务”问题：“我们国家的社会主义建设发展到今天这个地步，在接受几十年来的经验和教训的基础上，文化建设的任务已经提到议事日程上了。”[②]那么，要如何建设社会主义新文化呢？大体说来，季羡林关于社会主义文化建设的思想，主要包括以下三个方面：

第一，要用历史的眼光、宏大的视野客观公允地评价中国文化，建立中国文化自信。季羡林认为，从清末以来，我国经历了许多惊涛骇浪，这使得近代以来中国存在着“严重地甚至病态地贬低自己文化的氛围”，“人们有意无意地抬高西方文化，认为自己一无是处，只有外来的和尚才会念经”，这样就无法“客观而公允地评价中国文化”。[③]而要探讨中国的文化问题，首要就是对中国文化进行客观评价。这种评价“决不能囿于成见，鼠目寸光，只见片段，不见全体；只看现在，不看过去，也不看未来”，“不能只局限于我们生活于其中的几十年近百年，也不能局限于我们居住于其中的这九百六十多万平方公里”，而“必须上下数千年，纵横数万里，目光远大，胸襟开阔”，“从历史和地

① 季羡林：《文化交流与比较文学——〈中国比较文学年鉴〉前言》，《国外文学》1986年第3期。

② 季羡林：《从宏观上看中国文化》，《高校社会科学》1989年第2期。

③ 季羡林：《季羡林谈义理》，人民出版社2010年版，第18页。

理两个方面的宏观上来看待中国文化”，才能“不至于陷入井蛙的地步，不能自拔”，“才能更清晰地看到问题的全貌”。[①]也就是说，对于中国文化，我们一方面要充分认识到，中华民族曾对世界文化做出过巨大贡献；另一方面，“应该避免两个极端，一不能躺在光荣的历史上，成为今天的阿Q；二不能只看目前的情况，成为今天的贾桂”[②]。

第二，要批判地继承中华传统文化，取其精华，弃其糟粕。20世纪80年代初期，中国面临着解放思想、拨乱反正的历史任务，此时，对待中国传统文化的首要任务是“反封建糟粕”：“中国文化有精华，搞现代化当然要发扬这些精华。但是眼前主要是反封建糟粕。……应该强调的是，那些妨碍生产力和思想进步的封建主义东西，应有胆量讲出来，大家来改，这才是拨乱反正。”[③]传统文化代表文化的民族性。对于中国传统文化，一方面要批判其中残留的封建糟粕，另一方面要继承其中的精华部分。季羡林说过，“我们现在不是常提要建设有中国特色的社会主义新文化吗？所谓中国特色，我认为，就表现在把中国传统文化的精华保留下来”[④]。“天人合一”是中华传统文化中最精华的部分，是“东方综合思维模式的最高、最完整的体现”，用季羡林的话说，“这个代表中国古代哲学主要基调的思想，是一个非常伟大的、含义异常深远的思想”[⑤]。他指出，中国文化中等待我们去研究、探讨、弘扬的好东西还有很多，比如，“《论语》中的一句话：‘己所不

---

① 季羡林：《从宏观上看中国文化》，《高校社会科学》1989年第2期。

② 季羡林：《从宏观上看中国文化》，《高校社会科学》1989年第2期。贾桂是京剧《法门寺》中的小太监。《法门寺》写到，明武宗时宦官刘瑾专权，他让侍从小太监贾桂坐下伴同他说话，贾桂不肯坐，还奴颜婢膝地说：“奴才站惯了，不想坐。”后用贾桂这一形象代表那种缺乏自尊心和自信心的奴性十足的人。

③ 季羡林：《传统文化与现代化》，《群言》1986年第11期。

④ 季羡林：《关于文化交流的一点想法》，载《季羡林谈义理》，人民出版社2010年版，第89页。

⑤ 季羡林：《“天人合一”新解》，载《季羡林谈义理》，人民出版社2010年版，第59页。

欲，勿施于人’，能做到这八个字，到共产主义也不过这个水平。类似这么精辟的话多得很。……又如《孙子兵法》，海湾战争证明了它起了作用。‘兵不厌诈’，打击对方虚弱的地方，避开强的地方，这是很简单的常识。诸葛亮的作战经验就是体现《孙子兵法》的精神，体现整体概念。打仗要知天时、知地利、知人和。天地人这就是整体概念”[①]。

第三，要积极学习、吸收外来文化，与时俱进。中华文化历来是开放的体系，“从蒙昧的远古起，几乎是从一有文化开始，中国文化中就有外来文化的成分”[②]。历史上，中外文化交流一直没有中断过，最大的两次是汉代以来的佛教传入和近代以来的西学东渐，它们已成为中国文化的有机组成部分。过去，“我们东方国家……近八百年以来就是向西方学习，向西方寻求真理”[③]，今天，我们是否依然有必要学习西方文明呢？对此，季羡林反复讲到：“想振兴中华，必须学习西方文明，这是毫无疑问的”[④]；“我们必须向西方学习，今天要学，明天仍然要学习，这是决不能改变的。如果我们故步自封，回到老祖宗走的道路上去，那将是非常危险的”[⑤]；“不向西方学习，则无法发展我们的生产力，无法推动社会前进。这个学习我们一定要坚持下去，不但今天学习，明天仍然要学习，决不能稍稍放松”[⑥]。那么，要如何学习西方文化呢？坚持“以我为主”的“拿来主义”：“对西方的文化，鲁迅先生曾主张‘拿来主义’。这个主义至今也没有过时。过去我们拿

---

① 季羡林：《文韬武略宝典》，载《季羡林谈义理》，人民出版社2010年版，第34页。

② 季羡林：《东学西渐与东化——为〈东方论坛〉“东学西渐”栏目而作》，《东方论坛》2004年第5期。

③ 季羡林、周一良、庞朴：《放眼宇宙识文化——〈东方文化丛书〉总序》，《读书》1990年8期。

④ 季羡林：《从宏观上看中国文化》，《高校社会科学》1989年第2期。

⑤ 季羡林：《从宏观上看中国文化》，《高校社会科学》1989年第2期。

⑥ 季羡林、周一良、庞朴：《放眼宇宙识文化——〈东方文化丛书〉总序》，《读书》1990年8期。

来，今天我们仍然拿来。”[①]但“拿来主义”不是好的坏的统统拿来，而是要以我为主，进行扬弃：“以我为主，以中国为主，决定‘拿来’或者扬弃。我们决不无端地吸收外国东西；我们也决不无端地摒弃外国东西。只要对我们有用，我们就拿来，否则就扬弃。”[②]同时要清楚“拿来主义”不等于“全盘西化”：“‘西化’要化，不‘化’不行，创新、引进就是‘化’。但‘全盘西化’不行，不能只有经线，没有纬线。‘全盘西化’在理论上讲不通，在事实上办不到。”[③]既然“拿来主义”只是拿来外国的好东西，那么，具体是哪些好东西呢？季羡林认为，主要涉及文化的三个方面：一是物的部分。“咖啡、沙发、啤酒、牛仔裤、喇叭裤，这一系列东西，只要是好的，都拿。我们吃的、喝的、穿的、戴的、乘的、坐的、住的、用的，有哪一件完完全全是中国土生土长的？汽车、火车、飞机、轮船，我们古代有吗？可可、咖啡、纸烟、可口可乐、啤酒、香槟、牛排、面包，我们过去有吗？我们吃的土豆、玉米、菠菜、葡萄，以及许许多多的水果、蔬菜，都是外来的。……我们用的乐器，胡琴、钢琴、小提琴、琵琶，也都是外来的。拿来，完全正确。”[④]二是心物结合的部分，主要指制度层面，“好多国家的资产阶级在几百年的发展中创造了一批好经验。比方商品经济，讲究效益，讲究效率，讲究管理，这正是我们缺少的。对这些好的，我们还是要学”[⑤]。三是心的部分，即精神方面的东西，比如价

---

① 季羡林：《卅年河东，卅年河西——〈东方文化集成〉丛书总序》，《岭南文史》1999年第2期。

② 季羡林：《文化交流与比较文学——〈中国比较文学年鉴〉前言》，《国外文学》1986年第3期。

③ 季羡林：《东学西渐与东化——为〈东方论坛〉“东学西渐”栏目而作》，《东方论坛》2004年第5期。

④ 季羡林：《东学西渐与东化——为〈东方论坛〉“东学西渐”栏目而作》，《东方论坛》2004年第5期。

⑤ 季羡林：《我国文化发展战略问题》，《群言》1987年第7期。

值观念、思想方式，等等。这部分最重要，“要拿价值观念、民族性格。因为我们的价值观念、思想方式，不能马马虎虎，得把弱点克服，要不克服的话，我们的生产力就发展不了”[①]；“借鉴西方的一些在意识形态方面的积极的东西，比如勇于竞争、勇于探索等，对我们改正不足之处，会有很大的好处”[②]。

如果说传统文化代表文化的民族性，那么，现代化代表文化的时代性。“在历史上任何时代，任何正常发展的国家都努力去解决传统文化与现代化的矛盾。这一矛盾解决好了，达到暂时的统一，文化就能得到进一步的发展。……解决不好，则两败俱伤。只顾前者则流于僵化保守；只顾后者则将成为邯郸学步。”[③]因此，“西方和东方，分析和综合，不同的方式要相互补充，相存相成，不可流于一偏。……一定要注意两个结合：中西结合，古今结合”[④]。

第八节　传统文化现代化与中西古今之争：汤一介的“中国文化发展”理论

汤一介（1927—2014）是我国当代著名的哲学家、文化学家。他在文化学方面的代表著作有：《汤一介学术文化随笔》《新轴心时代与

① 季羡林：《东学西渐与东化——为〈东方论坛〉“东学西渐”栏目而作》，《东方论坛》2004年第5期。

② 季羡林：《我国文化发展战略问题》，《群言》1987年第7期。

③ 季羡林：《传统文化与现代化》，《北京大学学报》（哲学社会科学版），1987年第5期。

④ 季羡林、林在勇：《东方文化复兴与中国文艺理论重建》，《文艺理论研究》1995年第6期。

中国文化的建构》《儒教、佛教、道教、基督教与中国文化》《中国传统文化中的儒道释》《佛教与中国文化》《在非有非无之间》《非实非虚集》等；在文化学方面的代表论文有：《古今东西之争与中国现代文化的发展》《在有墙与无墙之间——文化之间需要有墙吗?》《中国文化对21世纪人类社会可有之贡献》《在经济全球化形势下的中华文化定位》《略论百年来中国文化上的中西古今之争》《“拿来主义”与“送去主义”的双向互动》《文化的互动及其双向选择》《新轴心时代的文化建设》《文化自觉与问题意识》等。在上述论著中，汤一介论及中国传统文化的本质、中国传统文化的现代化、文化上的中西古今之争、马克思主义与中国传统文化的结合、应对西方文化的挑战、全球意识下的文化发展等涉及当前文化领域方方面面的问题。综合而言，贯穿汤一介全部文化理论的总问题是“中国文化的发展”问题。汤一介指出，“中国文化的发展，面对着双重任务：一是要保护和发展自身文化，维护我们自身文化发展的根基；二是如何吸收和对待、消化西方文化”[①]。“中国文化应如何发展，当前面临三个相互联系的问题要我们解决：面对西方文化的挑战，如何作出积极的回应；马克思主义怎样与中国传统文化相结合，从而实现马克思主义中国化；怎样从总体上对待传统文化。”[②]本节即从“中国文化发展”理论入手，对汤一介的文化理论展开论述。

① 汤一介：《儒学的现代意义》，载《中国传统文化的特质》，上海教育出版社2019年版，第20页。

② 汤一介：《“全球意识”与“寻根意识”的结合——对发展中国文化的设想》，载《中国传统文化的特质》，上海教育出版社2019年版，第8页。

一、保护和发展中国文化："传统文化现代化"

对于汤一介而言，保护和发展自身文化问题，或者说，怎样从总体上对待传统文化的问题，本质上都是"传统文化的现代化"问题。汤一介对"传统文化现代化"问题的提出，与20世纪80年代初邓小平同志提出要继续坚持实现"四个现代化"的政治路线是密切相关的。1980年伊始，邓小平同志在中共中央召集的干部会议上指出："我们从80年代的第一年开始，就必须一天也不耽误，专心致志地、聚精会神地搞四个现代化建设。"[①]此后，他一再强调，搞好四个现代化是我们当前最大的政治。他指出："我们党在现阶段的政治路线，概括地说，就是一心一意地搞四个现代化。这件事情，任何时候都不要受干扰，必须坚定不移地、一心一意地干下去。"在此时代背景下，有关"传统文化现代化"的问题开始在汤一介的脑海中萌生了。他曾回忆道："从80年代开始，中国提出实现四个现代化的口号。当时我们有个考虑，认为仅仅提四个现代化可能还不够，是不是还应该有政治的现代化，或思想和文化的现代化，才能保证工业、农业、科学、国防的现代化？1984年左右，我们计划成立中国文化书院，以此推动文化方面的现代化建设。……整个80年代中期，主要就是围绕传统文化如何走向现代化这个主题。……当时不止一个中国文化书院在讨论这个问题，其他学术团体包括《走向未来丛书》及后来的21世纪研究院、上海王元化发起的新启蒙，大家都在考虑从传统走向现代化的问题。"[②]

可以看出，传统文化的现代化问题，是20世纪80年代学界聚焦的一个核心问题。如何实现传统文化的现代化，学者们进行了不同的探

① 孔祥云、胡星斗主编：《邓小平经济理论问题研究》，南海出版公司1999年版，第41页。
② 汤一介：《汤一介集：有话要说》，中国人民大学出版社2014年版，第77-244页。

索，提出了不同的解决方案。汤一介主要分三步对这一问题进行了探索：第一步，中国传统文化的本质是什么？第二步，如何实现传统文化的现代化？第三步，中国文化对21世纪人类社会能够贡献哪些独特的东西？

（一）中国传统文化的本质——普遍和谐。在《中国传统文化的特质》一文中，汤一介将追求“普遍和谐”作为中国传统文化的本质。他说：“在中国传统文化中，存在着一种非常突出的‘普遍和谐’的观念，而且它体现在儒道或者儒释道三家的思想之中。虽然儒释道在这个问题上的具体看法不同，但它们在主张‘自然的和谐’‘人与自然的和谐’‘人与人的和谐’问题上却有着共同的趋向。把追求‘普遍和谐’作为中国文化的特点，我认为也许更能全面地体现中国文化的本质。”[①]那么，要怎么理解“普遍和谐”呢？综合汤一介在《中国传统文化的特质》《论“普遍和谐”》等论文中的说法，其“普遍和谐”主要包括四个方面的内容：其一，“崇尚自然”或自然的和谐。汤一介指出，影响中国传统文化的儒家、道家和禅宗的思想中，都包含着“崇尚自然”的观念。“崇尚自然”表现了中国传统文化的一个方面。其二，“体证生生”“天人合一”或人与自然的和谐。“体证生生”，意谓着人应体现、证悟“生生之道”。汤一介认为，儒家、道家、禅宗在“人”与“自然”的关系问题上虽说法不同，甚至在如何实现“人”与“自然”的和谐在态度和方法上很不相同，如儒家是积极追求，道家是消极地顺应，禅宗是物我两忘，但在主张“人”与“自然”的和谐问题上确有共同的趋向。其三，“德性实践”或人与人的和谐（也即社会生活的和谐）。所谓“德性实践”，是指人对和谐社会的追求或对人与

① 汤一介：《中国传统文化的特质》，载《中国传统文化的特质》，上海教育出版社2019年版，第150页。

人之间和谐的追求。汤一介强调，如何实现理想的和谐社会，儒道禅虽不相同，儒家要求修养心性，道家要求顺应自然，而禅宗则要求在顺应自然中修养心性，或在修养心性中顺应自然，但它们都要求通过人来实现理想的和谐社会。在此意义上，它们都是要以“德性实践”来实现和谐社会的理想。其四，人自我身心内外的和谐。正如儒家所认为的，生死富贵非人力可为，但人的道德和学问则可靠人的努力取得，如果一个人能做到“民胞物与”，他就可以达到一种身心内外和谐的境界。由此，“自然的和谐”“人与自然的和谐”“人与人的和谐”“人自我身心内外的和谐”就构成了“普遍和谐”的观念。①

对于此“普遍和谐”观念，汤一介指出，我们既要认清其在中国历史上的负面作用，也要清楚其在现代社会可能之价值。就其在历史上的负面作用而言，主要是指它作为一种思维方式，所注意的是“和谐”和“统一”，而往往忽略“矛盾”和“对立”，具体表现为：由于过分强调和谐和统一，使我国封建社会长期停滞，资本主义萌芽生长缓慢；作为一种民族心理，使我们在相当长的时期里，自视过高而缺乏进取精神；由于过分注重事物之间的和谐关系、事物之间的统一性，忽视对事物本身作深入剖析和量的分析，致使我们没有能经过近代的实验科学而进入现代科学。就其对于现代社会的正面价值而言，“如果我们扬弃其中可能导致的缺点方面，并给以现代意义的解释和发挥，并通过各种可行之途径，使之落实于操作层面，我认为它将会对今日人类社会的发展提供一有积极意义的经验，以匡正今日社会所发生的种种弊病”②。此处所说的弊病，当然就包括现代社会对自然的过量开

① 汤一介：《论“普遍和谐”》，载《中国传统文化的特质》，上海教育出版社2019年版，第202页。

② 汤一介：《论“普遍和谐”》，载《中国传统文化的特质》，上海教育出版社2019年版，第203页。

发所带来的环境污染、生态平衡破坏而导致的对“自然和谐”以及“人与自然和谐”的破坏；由于片面追求物质利益，造成人与人之间关系紧张、社会冷漠、心灵孤寂等所带来的对“人与人之间的和谐”以及“人自我身心内外的和谐”的破坏。由此，如何克服和扬弃传统文化中的消极方面，如何把它的优秀方面发扬起来并使之对现代社会发挥正面价值和积极作用，至关重要。这两个方面，也就引出了另外一个极为重要的话题——如何实现中国传统文化的现代化问题。

（二）中国传统文化现代化。正如汤一介所说，“在我们的思想文化中，优点和缺点往往是结合在一起的，并不能从传统思想文化中直接就拿来为现代化所用”①。如何对中国传统文化中的核心观念、中国传统思想文化所凝聚成的曾长期影响着我们中华民族的心理特征等进行现代诠释，如何用“现代化”的要求来看这些思想文化的作用，如何扬弃其中的消极方面进而推动实现传统文化的现代化，是中国文化发展进程中必须认真考虑和解决的重要问题。在《中国传统文化的特质》一文中，汤一介以“普遍和谐”观念为例进行了说明；在《“全球意识”与“寻根意识”的结合》一文中，汤一介以中国传统思想文化所凝聚成的中华民族的心理特性的四个方面——理想主义、人本主义、辩证思维、理性主义为例进行了说明。下面，我们来看看汤一介是怎样具体思考“普遍和谐”观念的现代化问题的。

他指出，“普遍和谐”只有与“自由和民主”的现代社会精神所契合、所接轨，才能真正实现现代化。那么，“普遍和谐”如何才能做到与“自由和民主”契合、接轨呢？为此，汤一介借用严复在《原强》一文中的说法，认为应该坚持“自由为体，民主为用”②。他认为，

① 汤一介：《“全球意识”与“寻根意识”的结合——对发展中国文化的设想》，载《中国传统文化的特质》，上海教育出版社2019年版，第11页。

② 严复：《原强》，载《严复集》（第一册），中华书局1986年版，第5页。

“自由为体，民主为用”不应只是严复所说的西方现代社会的本质，而应将之视作一切现代社会的特征和本质。这是因为“对现代社会来说，自由是一种精神（包括自由的市场经济和个体的人的自由发展，因为自由是创造力），而民主从权利和义务两个方面来使自由精神的价值得以实现。就这个意义上说，自由和民主虽源自西方，但它是有着普遍价值的意义”[①]。由此，按照汤一介的说法，“普遍和谐”观念只有在科学技术高度发展、物质极大丰富的以“自由为体、民主为用”的社会中，才能充分发挥其作用，显示出其意义和价值。具体来说，“自由”是创造力，“普遍和谐”观念的落实必须是一种自由精神的发挥；在“自由精神”的发挥中，才能为人类社会设计出“普遍和谐”的发展前景。“民主”是一种制度，它能保证多数人的创造力得到正常发挥，如果人类社会中多数人能充分发挥其自由精神，这样为人类社会设计出的“普遍和谐”的社会才更有保证。

总结来说，如何实现传统文化的现代化，如何使中国传统文化在现代社会中充分显示其意义和价值，综合汤一介先生的说法，一方面，对中国传统文化应正确地看待，应看到它的问题，哪些需要解决，这样才能加以发展，才能作出现代诠释，实现现代转换；另一方面，要与现代民主、自由的社会精神相契合，这是传统文化实现现代化的思想和制度保证。

二、对待和吸收西方文化：“在有墙与无墙之间”

对于“面对西方文化的挑战，如何作出积极回应”这一问题，汤

---

① 汤一介：《寻求文化中的普遍价值》，载《瞩望新轴心时代》，中央编译出版社2014年版，第122页。

一介是从对两个问题的解决入手的：一是如何理解和解决中国文化史上的古今中西之争问题；二是与外来文化相遇时，应当怎么办的问题。下面我们分别阐述。

（一）理解文化中的古今中西之争问题。19世纪中叶以来，随着西方列强的入侵，西方文化如潮水般涌入中国。自此，中国就一直存在着“古今中西”文化之争问题：最初有魏源“师夷长技以制夷”和张之洞概括的“中学为体，西学为用”，即以中国原有身心性命之学（道德教化）为根本，吸收西方的科学技术（洋枪洋炮、坚船利炮）以为用，曾为大多数学者所接受；而后随着部分学者对西方文化了解的增加而逐渐有所改变，其中介绍西学最用力者为严复；民国时期以后，“中西古今”之争不断，袁世凯称帝前有孔教会之建立，以儒家思想排斥、批判西方文化；其后于1915年开始，有以杜亚泉为代表的《东方杂志》和以陈独秀为代表的《青年杂志》的争论；大约与此同时或稍后，有胡适与李大钊等关于“问题与主义”之争。五四运动前后是中西文化论战的又一次高峰。新文化运动把西方的“科学与民主”作为追求的目标，提出“全盘西化”的主张，要求以“西学为体，西学为用”，但何谓西学之“体”，何谓西学之“用”，当时并无认真讨论；1923年发生的科学与人生观论战，表面上看是以西学（包括马克思主义、实用主义、科学主义等）对中学（以张君劢为代表的“新宋学”）的胜利而告终；发生在20世纪20年代末的哲学问题论战和其后的中国社会性质与社会史问题论战，同样表现为“中西古今”之争；1935年，萨孟武等十位教授发表了《中国本位的文化建设宣言》，再次掀起大规模的“中西古今”之争；抗日战争爆发以后，中西文化论战稍有缓和，但仍然发生过马克思主义学者对冯友兰新理学的批判，以及维也纳学派洪谦教授与冯友兰关于形而上学问题的争论，这些也都反映了哲学上的“中西古今”之争。

新中国成立后，开始“一边倒”地全盘学习苏联，实际上也是一种文化上的“全盘西化”表现。这时要求中国思想文化界以斯大林的《辩证唯物主义和历史唯物主义》以及日丹诺夫的三个讲话为指导，批判中国的传统文化。发展到“文化大革命”，大搞所谓“破四旧”，中国传统文化被全盘否定，这仍可说是一种有着浓厚政治色彩的中西古今之争。“文化大革命”结束以后，文化上的古今中外之争仍然没有停止。20世纪80年代，中国思想文化界面对的问题是如何使中国由传统走向现代。80年代后，有学者提出“西学为体，中学为用”，即以西方的社会存在、生产方式、现实生活以及与之相适应的西方思想、理论、学说等为“体”，以中国传统文化作为实现“西体”（现代化）的途径和方式，此处的体用概念显然早已不是中国传统文化中体用概念的原意了。同时期有学者提出“中西互为体用”主张，即中国好的就以中学为体，西学为用；西方好的就以西学为体，中学为用。但主张这一说法的学者，对什么是“中学”中好的，什么是“西学”中好的并无说明。20世纪90年代初，在学术文化界则表现为后现代主义思潮和新保守主义思潮的逐渐活跃。大约在1992年，中国出现研究和弘扬中国传统文化的国学热，至90年代末发生在中国的自由主义派和“新左派”之间的争论，同样是围绕着如何从传统走向现代的主题，可以说同样是“中西古今”之争的延续。

为什么会有这些不同的主张，并由这些主张造成了混乱呢？汤一介认为，原因有三：一是对中国传统哲学中的“体”“用”两个概念没有正确的了解；二是在“中学”与“西学”之争中，虽然有“古今”之争的问题，但“中西”之争与“古今”之争是两个不同的问题，不能全然等同；三是对“现代”的实质没有深入探究。[①]

在对中国传统哲学中“体”“用”两个概念的理解上，他指出，在中国传统哲学中，二者不是一对实体性范畴，而是带有根本性质的关系性范畴。我们必须说“什么是体”“什么是用”，这样“体”“用”才有意义。也就是说，在中国传统哲学中，“体”不是指某种具体的事物，而是指“内在的精神”或“超越的原则”；“体”和“用”是统一的，“用”是表现“体”的，是“体”的功用。“用”不可能离开“体”而有“用”，“体”也不能无“用”以为“体”。[②]既然“体”“用”是统一的，我们就不能用这对范畴来表达“中学”与“西学”的关系，因为无论“中体西用”“西体中用”或“中西互为体用”，都是对“体”和“用”这对范畴的误用。

在“中西”之争与“古今”之争不能全然等同方面，汤一介指出，中国在文化问题上长期存在的“中西古今”之争存在两种偏向：一种认为“中西”之争都是“古今”之争，全盘西化派大概都持此种看法；一种认为“中西”之争都不是“古今”之争，国粹派大都持此观点。事实上，在“中西”之争中确有“古今”之争的问题，如要不要“科学与民主”的问题，“三纲五常”是否适合今日之社会等，这些问题是要不要走出“前现代”，它是属于时代性的问题。但并不是“中西”问题都和“古今”问题有关，例如中国哲学中讨论终极关切的“境界”问题和一些体现民族特殊精神的命题如“天人合一”“知行合一”“以德抗位”等，这些问题并不因其与西方不同而失去现代意义。

在对“现代”实质的探究方面，汤一介用“体”“用”关系来说明

① 汤一介：《“现代”与“后现代”》，载《汤一介学术文化随笔》，中国青年出版社1996年版，第123、124页。

② 汤一介：《“现代”与“后现代”》，载《汤一介学术文化随笔》，中国青年出版社1996年版，第124页。

“现代”（或现代社会）的特征。在此，汤一介再次借用了严复“以自由为体，民主为用”的说法。这里尚有一个问题需要解决，即中国哲学一向把“体”看作是形而上的，那么如何能说“自由”是形而上的呢？对此，汤一介认为，必须赋予“自由”以形而上的意义：“如果我们把‘自由’的意义规定为‘创造力’，这是就人的内在本质说的；而这一创造力表现在宇宙上可以说是一超验的创化力之原则，而人之创造力正是这创化力原则的人化，这就像朱熹说的‘性即理’，人之性即天理之所在，那么这样‘自由’也就可以作形而上的了解了。如果‘自由’可以作形而上的了解，那么我们说现代社会是‘自由为体，民主为用’就可以成立了。”[①]汤一介指出，把“现代”社会的特征描述为“自由为体，民主为用”，这是就文化发展的时代性方面说的；同时，用“体”“用”表述“现代”社会特征的方式，又极具中华民族文化特色。一句话，“自由为体，民主为用”这个命题表现了文化的时代性与民族性的结合。一百多年来关于中国文化如何发展的问题，很大原因都是由没有正确了解文化发展的时代性与民族性的关系引起的。

对于近百年来我国思想文化界一直存在的“中西古今”之争，汤一介指出，这种争论实际上就是所谓“全盘西化”和“本位文化”之争，其中包含着把古与今、中与西对立起来的思想趋向。[②]这种简单化地处理文化间问题的思想方法，是不利于文化健康合理发展的。为此，中国文化的发展，应该抛弃把中与西、今与古对立起来的观点，走出“中西古今”之争。而要走出“中西古今”之争，还应把握两个基本观点：其一，中西文化虽有相异之处，但也可以在对话与商谈中得以调

① 汤一介：《“现代”与“后现代”》，载《汤一介学术文化随笔》，中国青年出版社1996年版，第126页。

② 汤一介：《会通中西古今之学，创返本开新之路》，载《瞩望新轴心时代》，中央编译出版社2014年版，第37页。

和，而做到“和而不同”。其二，任何文化都会因其地理、历史、民族甚至某些偶然因素而既有其长处，也有其缺点，没有一种文化可以完全地解决所有民族存在的问题。[①]

（二）与外来文化相遇时，应当怎么办？针对这一问题，汤一介提出“在有墙与无墙之间”的说法：“从中国文化发展的总体上看，在中国文化与外来文化相遇时，它往往呈现出一种‘在有墙与无墙之间’的状态。”[②]那么，如何理解“有墙”“无墙”呢？“有墙”就是“非无”（不是没有），“无墙”就是“非有”（不是不是没有）。在中国哲学中，有“非有非无”“非常非断”“非实非虚”等观念，这些观念构成一种“非X非X”的思维模式。汤一介认为，把这种思维模式用到讨论不同文化相遇的问题上，当有一定的启发。

1. 非有非无。“非有非无”本来和佛教的般若学有关，但佛教传入中国后就成为中国哲学中一种非常重要的思维模式。汤一介指出，把“非有非无”看成一种有关空间的观念用来说明不同文化在同一时代空间中的关系，可以得出：一种文化对他种文化应是“无墙”而“有墙”的，即“在有墙与无墙之间”。因为从文化之间的横向关系，即放在同一时代看，如果一种文化对他种文化筑起一道封闭的“墙”，那么这种文化将只能成为供人参观的博物馆，而不能和他种文化进行交流，也很难对他种文化产生影响，从而不能参与整个人类文化发展的大潮之中。如果完全“无墙”，那么它就不能自觉地保持和发挥其文化特色，而失去作为一种独立的文化而存在的危险，这样它同样不能和他种文化进行交流，也不能对他种文化发生影响。中国历史上有两

① 汤一介：《会通中西古今之学，创返本开新之路》，载《瞩望新轴心时代》，中央编译出版社2014年版，第38页。

② 汤一介：《在有墙与无墙之间——文化之间需要有墙吗?》，载《汤一介学术文化随笔》，中国青年出版社1996年版，第136页。

个突出的例子。一是公元1世纪后中国人对印度佛教传入采取了“无墙而有墙”的态度，即从总体上说，我们对佛教的传入是开放的、欢迎的，但另一方面，我们又用本位文化解释这种外来文化，甚至对它进行改造。这样就形成了在文化上的双向选择问题，因而，中国文化曾受益于印度佛教文化，而印度佛教文化又在中国得到发扬光大。另一个例子是17世纪末至19世纪中叶中国对西方文化采取闭关自守的“有墙”态度。这背离了中国传统文化中“非有非无”的思维模式，导致中国文化在很长一段时期中失去了活力。为此，在中外文化关系问题上，既不应执着于“非有”，也不应执着于“非无”，而应在“非有非无”之间找寻文化的出路。

2. 非常非断。“非常非断”是说事物在时间的流动是变化无常的，它好像是变到了另外的地方，但又好像并没有变到另外的地方。汤一介认为，如果把“非常非断”看作一种有关时间的观念用来讨论不同文化在时间流动中的关系，可以得出：一种文化在时间的流动中与他种文化相接触，必然会发生某些变化（非常），同时在时间流动中，这种原有文化往往又因其保守性与凝固力而抗拒着外来文化，因此，在时间流动中，外来文化又需要有所改变以适应原有文化的某些要求（非断）。再以印度佛教传入中国为例。印度佛教传入中国并为中国文化所吸收与融合，大约经历了一千年的时间。最初，印度佛教依附于中国原有文化而发展；至南北朝外来佛教与中国原有之文化发生矛盾与冲突，隋唐初，佛教大为流行。据《隋书·经籍志》记载，当时佛教在民间流传十百倍于儒家经典，许多王公大臣、文人学士都信仰佛教，中国哲学在佛教中得到发展，佛教似乎有取代中国传统文化之势。实际上，正是在此时期，出现了中国化的佛教宗派，如天台宗、华严宗、禅宗等。这些中国化的佛教宗派成为中介，而至中唐以后儒学又渐抬头，至宋朝出现了吸收佛教的中国新儒学——宋明理学。再比如，近代中国文化受到了西方文化的冲击，“五四”以后出现了一股强大的“反传统”的力量，要求从西方引进“民主与科学”，甚至提出了“全盘西化”的主张，似乎中国文化又出现了危机和断裂的状态。但到20世纪三四十年代，又出现了新儒学和其他文化保守主义思潮与“全盘西化”相抗衡。因此，“在一种文化遇到另一种强大的外来文化的冲击下，一段时间往往会呈现出危机和断裂，但在更长时间流动中，从文化总体上看总是会以‘非断非常’的趋势发展着”[①]。

3．非实非虚。“非实非虚”本是中国画论中一条非常重要的原则。汤一介指出，用“非实非虚”的观念来说明文化之间“墙”的问题，应是两种文化之间发生关系所呈现的一种状态。任何文化都因其环境、人种、遭遇不同，甚至众多偶然因素，而有其不同于其他文化的特质。这种特质一旦形成，就成为一种具有凝固力的传统（非虚）；从人类的特性看，往往要冲破这种凝固的传统，特别是在外来文化冲击下更为明显，因而形成一种反传统力量。从这种由外来文化引发的反传统力量看，实在的传统并不实在（非实），传统文化有时在强大的反传统力量面前似乎全无力量。从这两个方面来看，文化往往表现为“非实非虚”。一种有生命力的文化，它一方面表现出有规定性（非虚），这样才可以延续下来；另一方面又表现为无规定性（非实），它才可以适时成就一切。

文化是一个民族的生活式样，一种有生命力的文化在它与其他文化发生关系时，从中国哲学的角度看，它往往呈现为“非有非无”“非常非断”“非实非虚”的状态。在全球化联系日益紧密的新世纪，各民

① 汤一介：《在有墙与无墙之间——文化之间需要有墙吗?》，载《汤一介学术文化随笔》，中国青年出版社1996年版，第140页。

族、各国家之间的文化交流已不可避免，中国传统文化中的“和而不同”，可以为处理不同文化之间关系提供新的启发：正因为有“不同”见解，才有对话的必要；正因为有共“同”关心的话题，才有形成对话的基础。

三、马克思主义与中国传统文化的结合：“马克思主义中国化”

“中国传统文化”和“马克思主义”这“两个传统”同时影响着中国社会、改变着中国社会的面貌。就前者而言，中国传统文化是中华民族赖以生存、发展的根，是支撑着中国社会的支柱。就后者而言，自20世纪初马克思主义进入中国，使中国找到了一条摆脱积贫积弱的道路。在以马克思主义指导下的中国共产党带领全国人民实现了反帝反封建的胜利，走上了自立自强的道路。任何社会文化的建设，都不可能离开它自身的历史文化传统；同样，面对马克思主义在我国的现实状况，建设有中国特色的社会主义，同样是离不开的。同时传承中国传统文化和马克思主义两个传统，并使此两个传统在结合中创新，既是推进建设有中国特色社会主义文化建设的必然要求，也是摆在所有中国当代文化研究者面前的一项重大课题。

汤一介在《儒学与马克思主义》一文中探讨了作为中国传统文化代表的“儒学”与马克思主义的契合和互补问题。就契合问题而言，汤一介认为，儒学与马克思主义至少有四个方面的契合点：一是二者都取理想主义的态度，这是就马克思、恩格斯著作中有许多关于共产主义理想的描述，以及儒家学说中的“大同”思想而言的。比如，儒家经典《礼记·礼运》中有云：“大道之行也，天下为公，选贤举能，讲信修睦。故人不独亲其亲，不独子其子，使老有所终，壮有所用，幼有所长，矜、寡、孤、独、废、疾者，皆有所养。男有分，女有归。货，恶其弃于地也，不必藏于己；力，恶其不出于身也，不必为己。是故，谋闭而不兴，盗窃乱贼而不作，故外户而不闭，是谓‘大同’。”[①]马克思则有这样的论述：“在共产主义社会高级阶段上，在迫使人们奴隶般地服从分工的情形已经消失，从而脑力劳动和体力劳动的对立也随之消失之后；在劳动已经不仅仅是谋生的手段，而且本身成了生活的第一需要之后；在随着个人的全面发展生产力也增长起来，而集体财富的一切源泉都充分涌流之后，——只有在那个时候，才能完全超出资产阶级法权的狭隘眼界，社会才能在自己的旗帜上写上：各尽所能，按需分配！”[②]二是二者都是实践的哲学，这是就儒学和马克思主义都十分重视社会实践而言的。比如，儒学从《尚书·说命》起就讨论到知行关系，认为“非知之艰，行之惟艰”；《左传·召公十年》中说：“非知之实难，将在行之”，一直到王阳明的“知行合一”学说，都重在知必须行。马克思主义哲学也是如此，马克思在《关于费尔巴哈的提纲》中说：“以往的哲学家只是用不同的方式解释世界，而问题在于改变世界。”三是二者都从社会关系的角度去定义人。比如，儒家认为，人一出生就处在一定的社会关系中，这种关系是由礼来体现的。也就是说，先秦儒家不是从抽象的个人来定义人，而是从社会关系来定义人。马克思在《关于费尔巴哈的提纲》中则说：“人的本质并不是单个人所固有的抽象物，在其现实性上，它是一切社会关系的总和。”马克思在此强调的人的本质在于其社会性，人总是处于一定的社会关系中的。四是对斗争与和谐的看法有契合之处。就互补问题而言，汤一介指出，马克思主义对儒学有两方面的纠正：一是儒学

① 《礼记》，中华书局1944年版，第33页。

② 《马克思、恩格斯、列宁论无产阶级专政》，人民出版社1975年版，第27页。

必须特别重视经济基础的问题，在这方面儒学是十分欠缺的；二是必须克服儒学过于重视人治而忽视法治，也就是说要克服道德至上主义。同样，儒学对马克思主义也有两点可补充和纠正之处：一是要重视传统；二是马克思、恩格斯的著作中具体讨论人的道德修养问题不多，但在儒学中这方面的论述十分丰富，也许马克思主义可以从中吸取某些有益的理念。[①]

在《会通中西古今之学，创返本开新之路》一文中，汤一介认为，冯契的《智慧三说》是把马克思主义的实践唯物主义辩证法、分析哲学和中国传统哲学结合得较为成功的典范，书中运用马克思主义哲学研究和解释中国哲学问题的方式，是创建中国化的马克思主义哲学的必经之路。总之，只有根据中国的历史和现实，推动中国传统文化和马克思主义的有机结合，才能实现马克思主义的中国化。

四、世界文化发展的总趋势:“全球意识下多元化的发展”

第二次世界大战结束之后，由于世界殖民体系的瓦解，文化上的“西方中心论”随之逐渐消退，世界文化呈现出多元发展的趋势。近半个世纪以来，世界经济贸易、信息传递的发展，使民族与民族、国家与国家、地域与地域之间文化上的交往愈加频繁，世界日益成为一个不可分割的整体。目前，在世界文化发展中，出现了两股不同方向的文化潮流：某些西方国家的理论家从维护自身传统利益或传统习惯出发，仍然坚持“西方中心论”。与此同时，某些取得独立或复兴的民族，抱着珍视自身文化的情怀，形成一种返本归根、固守本土文化的

① 汤一介:《儒学与马克思主义》，载《瞩望新轴心时代》，中央编译出版社2014年版，第147页。

民族主义和回归传统的保守主义。如何使这两股相悖的潮流不致发展成大规模的对抗？在新世纪的文化交流中，人类文化将走向何方？对此，汤一介提出了他的“全球意识下多元化的发展”理论，并将之作为“世界文化发展的总趋势”。在汤一介看来，“‘全球意识’”是时代性的问题，这是一个‘共性’问题；‘文化多元化发展’是各个民族文化所表现出的民族特色问题，这是一个‘个性’问题”[①]。世界文化发展的总趋势，应是时代性与民族性的结合、共性与个性的结合。

问题在于，如何使不同文化传统的民族、国家和地域能够在差别中得到共同发展，并相互吸收，以便造成在全球意识下文化多元化发展的新形势呢？对此，汤一介认为，中国文化中的“和而不同”可以提供有正面价值的启发。“和而不同”的意思是说，要承认“不同”，在“不同”基础上形成的“和”（和谐或融合），才能使事物得到发展。将“和而不同”运用到处理不同文化传统之间的关系之中，不同文化传统就可以通过文化的交往和对话，在讨论中取得某种共识，这是由“不同”到某种意义上的相互“认同”的过程。这种相互“认同”，不是一方消灭一方，也不是一方“同化”另一方，而是在两种不同文化中寻找交汇点，并在此基础上推动双方文化的发展，这正是“和”的作用。[②]这里可以继续用中国历史上传统文化与印度佛教文化相遇的情况为例，一方面说明“和而不同”的意义，一方面也可以为当前处理中西文化关系提供些许启发。印度佛教文化与中国传统文化（如儒家、道家等）是很不相同的文化，但从汉到唐的几百年中，从中国文化自身方面说，一直在努力吸收和融化佛教这种异质文化；从印度佛教方

① 汤一介：《“现代”与“后现代”》，载《汤一介学术文化随笔》，中国青年出版社1996年版，第127页。

② 汤一介：《中国文化对21世纪人类社会可有之贡献》，载《中国传统文化的特质》，上海教育出版社2019年版，第195页。

面说，一直在致力于改变着自己不适应中国社会要求的方面。在印度佛教传入中国的近千年中，中国文化在许多方面受惠于印度佛教，却也并未因吸收了印度佛教文化而失去其特色；同时，印度佛教也在中国这块大地上得到了发扬和光大。这种文化上的交流和互相影响，很好地体现了“和而不同”的原则。

在不同文化传统的交往中体现“和而不同”的原则会有多种情况。其一，在商谈中发现不同文化原来有相近或相似的观念，如在基督教中有“博爱”，在佛教中有“慈悲”，在儒家中有“泛爱众”，从抽象的意义上讲都是“爱”，“爱”就可以成为不同文化传统都可以接受的普遍原则。同时，“博爱”“慈悲”“泛爱众”仍然保留其各自不同的特点。其二，在文化交往中发现此种文化不具有另一种文化某些重要观念，但另外那种文化中的这些观念和此种文化并非不能相容，这样，就可以在交往中接受这些新的观念，并经过改造而逐渐使之融化在此种文化之中，从而丰富此种文化的内容。比如，中国原有文化中并没有明确的“顿悟”观念，但到宋明时代，程朱理学和陆王心学都在某种程度上接受了“顿悟”的观念，使之融化在他们的体系之中。其三，从文化的交往中会发现，此种文化不具有彼种文化中的某些有意义的观念，而且这些有意义的观念和此种文化的某些观念不相容，从而在交往中不得不放弃此种文化中的某些旧观念，而接受外来的新观念，致使此种文化得到发展。例如，在西方“民主”思想输入中国之后，中国人不得不放弃过去传统中的“三纲”等旧观念。其四，在两种或多种文化的交往中，经过反复的交谈会发现，双方或多方都未曾有过的，然而十分有意义的新观念。例如“和平共处”“文化多元共处”等观念，把这些观念引入不同文化体系中，无疑对各种文化都是有意义的。上述种种情况，都说明在不同传统文化之间，可以因其“不同”，通过“和”（调和、协调）的作用而达到某种“同”。在“不同”中找到可以共同接受的原则，在“不同”情况下取得的“共识”，正是交往和商讨中实现“和而不同”的原则。

在讨论“和而不同”作为不同文化之间交往的原则时，还有两点需要注意：一是文化的异地发展问题；二是文化的双向选择问题。先说“文化的异地发展”问题。一种文化在一地（或一民族）发展日久，或者遇到某种特殊的原因，会出现某种衰退甚至断绝的现象，而往往会在其传到另一地区（或民族）得到发展，例如佛教在印度传到7、8世纪，以后似乎没有什么重大发展，但佛教在中国隋唐时期（7、8、9世纪），由于吸收了中国文化的某些方面而因中国的高僧大德发展了，形成了中国化的佛教宗派，并通过中国传到朝鲜半岛和日本，于是又和当地文化相结合，特别是在日本还创造了日本独特的佛教派别。这种情况符合文化发展的“和而不同”原则，这正是“和实生物，同则不继”的体现。再看“文化的双向选择”问题。一种异质文化传到某一地区（或民族）时，并不是在任何时候和任何情况下都会被接受和得到发展。比如景教（基督教的一种）在隋唐时期也曾传入中国，并发生过一定影响，但最终并未在中国站住脚，这就有个文化的双向选择问题。这种“双向选择”，也是“和而不同”原则的体现，因为文化之间总是因有“不同”才有“选择”问题，如果完全相同，就无所谓“选择”了。

把“和而不同”看作是推动文化健康交流、促进文化合理发展的一条原则，这符合当前世界文化多元化发展的趋势。今天，在全球化的形势下，我们必须走出“古今中西”之争，会通“中西古今”之学。一方面，要研究我们民族文化的历史和它的发展前景，既要有“文化自觉”，也要确立“文化自主”，这是因为，“任何一个民族文化，必须扎根在自身文化的土壤中，只有对自身文化有充分理解和认识、保护和发扬，它才能适应自身社会合理、健康发展的要求”[1]；另一方面，也要充分地、系统地吸收和消化西方文化和其他各民族的优秀文化成分，要有“全球意识”。只有这样，中国文化才能适应人类社会要求和我们民族自身的新发展；也只有这样，我们的文化才既是民族的，也是世界的。

① 汤一介：《儒学的现代意义》，载《中国传统文化的特质》，上海教育出版社2019年版，第23页。

第三章

文化自觉：社会主义市场经济建立之初的文化思想（1990—2012）

第三个阶段大体包括20世纪90年代和21世纪的第一个十年，我们称为“文化自觉”阶段。“文化自觉”可以看作中国在新时代来临之际，对自身文化的一种确切把握和认知。以江泽民同志、胡锦涛同志为代表的中国共产党人，在继承毛泽东同志和邓小平同志等老一辈领导人的传统文化思想和文化建设理论的基础上，在改革开放的伟大实践中继续探索，明确提出并逐步完善了“有中国特色社会主义的文化”这一科学概念，通过将中国传统文化置于有中国特色社会主义的文化、中国特色社会主义文化理论体系的总体框架之中，对传统文化在社会主义文化中的地位、价值、作用等作出了科学把握和准确定位，为深入理解并充分利用传统文化提供了基础前提和科学指导。不仅如此，这一阶段，中国共产党人还提出了“发展先进文化”“建设和谐文化”“文化市场理论”等，形成了世纪之交（党的十八大之前）中国共产党人的文化观。

改革开放以来，特别是进入20世纪90年代以来，面对经济全球化的汹涌浪潮，进入耄耋之年的费孝通继续就如何建立中国特色社会主义新文化、如何正确处理东西方文化的关系、如何促进世界多元文化和平共处等问题进行了持续深入的探索与思考。这一时期，他对全球化时代中国国际地位进行了战略思考，提出了“文化自觉”理论以及“美美与共，天下大同”、建立“世界文化共同体”的和谐世界构想。费孝通晚年对文化问题的思考，是我国当代文化思想史上一笔重要的精神财富。

第一节 “有中国特色社会主义的文化”概念的提出

一、什么是“有中国特色社会主义的文化”

在继承毛泽东和邓小平等老一辈领导人的传统文化思想和文化建设理论的基础上，以江泽民、胡锦涛为代表的中国共产党人，在改革开放的伟大实践中继续探索，明确提出并逐步完善了“有中国特色社会主义的文化”这一科学概念，创造性提出并深刻阐述了马克思主义中国化的第二次飞跃的理论成果——“中国特色社会主义理论体系”，形成了世纪之交（党的十八大之前）中国共产党人的文化观。

1991年7月1日，在庆祝中国共产党成立七十周年大会上的讲话中，江泽民同志创造性地提出了“有中国特色社会主义的文化”这一科学概念，并对“有中国特色社会主义的文化”的指导思想、发展方向、基本方针、战略地位、主要特点等诸多方面作了初步论述。他指出，“有中国特色社会主义的文化，必须以马克思列宁主义、毛泽东思想为指导，不能搞指导思想的多元化；必须坚持为人民服务、为社会主义服务的方向和百花齐放、百家争鸣的方针，繁荣和发展社会主义文化，不允许毒害人民、污染社会和反社会主义的东西泛滥；必须继承和发扬民族优秀文化传统而又充分体现社会主义时代精神，立足本国而又充分吸收世界文化优秀成果，不允许搞民族虚无主义和全盘西化”[①]。同时，他还从经济、政治、文化相互协调全面发展的角度，强调“有中国特色社会主义的经济、政治、文化，是有机统一、不可分

① 江泽民：《江泽民文选》（第一卷），人民出版社2006年版，第158页。

割的整体”[①]。

之后，江泽民多次论及“有中国特色社会主义的文化”的问题。1992年2月18日，江泽民为艺术节题词“建设有中国特色的社会主义文化”。[②]1994年1月1日，江泽民在全国政协新年茶话会上的讲话中指出：“我们讲继承、讲借鉴，目的是通过继承和借鉴，使民族传统文化、外来文化的精华，同我们党领导人民在长期革命和建设中形成的优良传统和革命精神有机地结合在一起，并在新的实践基础上不断创新，建设和发展有中国特色的社会主义文化。”[③]1996年1月24日，在全国宣传部长会议上的讲话中，江泽民把建设中国特色社会主义的文化提到事关中华民族前途命运的高度：“建设有中国特色社会主义的文化，这是事关中华民族振兴的大问题，事关建设有中国特色社会主义事业取得全面胜利的大问题。”[④]1997年9月，中国共产党第十五次全国代表大会召开，大会第一次将“建设有中国特色社会主义的文化”列入党在社会主义初级阶段的基本纲领，标志着有中国特色社会主义的文化建设理论和实践飞跃到一个新的阶段。在党的十五大报告中，江泽民同志系统阐述了有中国特色社会主义的文化建设问题。他指出，“有中国特色社会主义的文化，是凝聚和激励全国各族人民的重要力量，是综合国力的重要标志。它渊源于中华民族五千年文明史，又植根于有中国特色社会主义的实践，具有鲜明的时代特点；它反映我国社会主义经济和政治的基本特征，又对经济和政治的发展起巨大促进

① 江泽民：《江泽民文选》（第一卷），人民出版社2006年版，第161页。

② 详见《人民日报》1992年2月19日文章。

③ 中共中央文献研究室编：《江泽民思想年编（一九八九——二〇〇八）》，中央文献出版社2010年版，第147页。

④ 中共中央文献研究室编：《十四大以来重要文献选编》（中），人民出版社1997年版，第1678页。

作用”[①]；“一九九一年七月，我们对发展有中国特色社会主义的文化提出了基本要求，强调必须以马克思列宁主义、毛泽东思想为指导，不能搞指导思想的多元化，要极大地提高全民族的思想道德素质和科学文化素质”[②]；“建设有中国特色社会主义的文化，就是以马克思主义为指导，以培育有理想、有道德、有文化、有纪律的公民为目标，发展面向现代化、面向世界、面向未来的，民族的科学的大众的社会主义文化。这就要坚持用邓小平理论武装全党，教育人民；努力提高全民族的思想道德素质和科学文化水平；坚持为人民服务、为社会主义服务的方向和百花齐放、百家争鸣的方针，重在建设，繁荣学术和文艺。建设立足中国现实、继承历史文化优秀传统、吸取外国文化有益成果的社会主义精神文明”[③]。

把文化建设第一次提到与经济建设、政治建设相并列并作为社会主义初级阶段基本纲领重要组成部分的突出战略地位：“把我们的事业全面推向21世纪的历史时刻，必须郑重指出：全党要毫不动摇地坚持党在社会主义初级阶段的基本路线，把以经济建设为中心同四项基本原则、改革开放这两个基本点统一于建设有中国特色社会主义的伟大实践。这是近二十年来我们党最宝贵的经验，是我们事业胜利前进最可靠的保证。要警惕右，但主要是防止‘左’，保持清醒头脑，克服各种干扰，坚持邓小平理论和基本路线不动摇。根据这个理论和基本路线，围绕建设富强、民主、文明的社会主义现代化国家的目标，进一步明确什么是社会主义初级阶段有中国特色社会主义的经济、政治和文化，怎样建设这样的经济、政治和文化，是必要的。”[④]此举体现了

① 江泽民：《江泽民文选》（第二卷），人民出版社2006年版，第33页。
② 江泽民：《江泽民文选》（第一卷），人民出版社2006年版，第537页。
③ 江泽民：《江泽民文选》（第二卷），人民出版社2006年版，第17、18页。
④ 江泽民：《江泽民文选》（第二卷），人民出版社2006年版，第16、17页。

中国共产党对于文化工作的重视，标志着建设中国特色社会主义文化理论的形成。注重运用文化建设的力量，充分发挥社会主义文化对于政治、经济和整体社会发展的巨大推动作用，提供强大的精神动力和思想保证，这是我们在社会主义现代化事业中得以后来居上所必须利用的独特优势和条件。

二、如何推行“有中国特色社会主义的文化”

建设和发展“有中国特色社会主义的文化”应该怎么做?

第一，应该意识到：“有中国特色社会主义的文化，就其主要内容来说，同改革开放以来我们一贯倡导的社会主义精神文明是一致的。”[①]

第二，“在全社会形成共同理想和精神支柱，是有中国特色社会主义文化建设的根本”[②]。即要用邓小平理论教育干部和群众；开展以为人民服务为核心、集体主义为原则的社会主义道德教育；加强民主法制教育和纪律教育；引导人民群众树立正确的世界观、人生观和价值观；弘扬爱国主义、集体主义、社会主义和艰苦创业精神；提倡共产主义思想道德，如国家统一、民族团结、经济发展、社会进步；发扬社会主义人道主义精神；重视青少年思想道德建设。

第三，“发展教育和科学，是文化建设的基础工程”[③]，是指要培养适应现代化要求的高素质劳动者和专门人才，发挥我国巨大的人力资源优势；把教育摆在优先发展的战略地位，推崇尊师重教风气、发展各种形式的职业教育和成人教育、优化教育结构、加快高等教育管

① 江泽民:《江泽民文选》(第二卷)，人民出版社2006年版，第32页。
② 江泽民:《江泽民文选》(第二卷)，人民出版社2006年版，第33页。
③ 江泽民:《江泽民文选》(第二卷)，人民出版社2006年版，第34页。

理体制改革、提高科技水平和普及科技知识、积极发展哲学社会科学。

第四，“发展文学艺术、新闻出版、广播影视等事业，是文化建设的重要内容”[①]。新闻宣传必须坚持党性原则，坚持实事求是、把握正确舆论导向；加强新闻出版业管理，优化结构、提高质量；深化文化体制改革，落实和完善文化经济政策；坚持为人民服务、为社会主义服务的方向，贯彻百花齐放、百家争鸣的方针；弘扬主旋律、提倡多样化，创作出更多思想性和艺术性相统一的优秀作品。

第五，“营造良好的文化环境，是提高社会文明程度、推进改革开放和现代化建设的重要条件”[②]。开展群众性精神文明创建活动，倡导社会公德、职业道德、家庭美德；“两手抓”，促进文化市场健康发展；重视遗产和文物的保护；推进卫生体育事业的改革与发展；提倡健康文明生活方式。

第六，“我国文化的发展，不能离开人类文明的共同成果。要坚持以我为主、为我所用的原则，开展多种形式的对外交流，博采各国文化之长，向世界展示中国文化建设的成就。坚决抵制各种腐朽思想文化的侵蚀”[③]。同时，要传承中华民族的优秀传统文化和优秀革命文化，尤其是中国共产党在革命中形成的批评和自我批评、理论联系实际、密切联系群众、艰苦奋斗与全心全意为人民服务的精神。

第七，“知识分子是工人阶级的一部分，在现代化建设中起着重要作用。要认真贯彻党的知识分子政策，充分发挥他们的积极性和创造性”[④]。意味着知识分子应该加强学习、提高自身，成为先进思想的传播者、科学技术的开拓者、“四有”公民的培育者、精神产品的生产

① 江泽民：《江泽民文选》（第二卷），人民出版社2006年版，第34页。
② 江泽民：《江泽民文选》（第二卷），人民出版社2006年版，第35页。
③ 江泽民：《江泽民文选》（第二卷），人民出版社2006年版，第35页。
④ 江泽民：《江泽民文选》（第二卷），人民出版社2006年版，第35页。

者，应同广大工农一起，为中华民族的振兴事业建功立业。

三、“有中国特色社会主义的文化”的社会意义

建设和发展“有中国特色社会主义的文化”的意义是什么？意义在于能够使社会主义物质文明和精神文明协调发展，使社会全面进步：“因为我们党是代表最广大人民的根本利益的，所以全党同志的一切工作都是全心全意为人民服务的，都是为了实现好、维护好、发展好人民的利益，任何脱离群众、任何违反群众意愿和危害群众利益的行为都是不允许的。”[①]

建设和发展“有中国特色社会主义的文化”的目的首先是加强党的领导和党的建设，继承党不断实践的历史任务和党为实现这些任务而提出的理论和路线：“以毛泽东为核心的第一代领导集体，以马克思列宁主义为指导，联系党的政治路线，成功地实施党的建设的伟大工程，建设了一支领导人民夺取新民主主义革命胜利、建设社会主义制度的工人阶级先锋队。以邓小平为核心的第二代领导集体，把马克思列宁主义、毛泽东思想创造性地运用于当代中国，围绕在改革开放和现代化建设条件下建设一个什么样的党、怎样建设党的问题，开创了党的建设新的伟大工程。面向新世纪，党中央领导全党正在继续推进这个新的伟大工程，就是要把党建设成为用邓小平理论武装起来、全心全意为人民服务、思想上政治上组织上完全巩固、能够经受住各种风险、始终走在时代前列、领导全国人民建设有中国特色社会主义的马克思主义政党。全党要按照新的伟大工程的总目标，从思想上、组

① 中共中央文献研究室编：《江泽民思想年编（一九八九——二〇〇八）》，中央文献出版社2010年版，第457、458页。

织上、作风上全面加强党的建设，不断提高领导水平和执政水平，不断增强拒腐防变的能力，以新的面貌和更强大的战斗力，带领人民完成新的历史任务。”[①]其次是为社会主义初级阶段的基本路线和纲领服务：“社会主义的根本任务是发展社会生产力。在社会主义初级阶段，尤其要把集中力量发展社会生产力摆在首要地位。”[②]“在社会主义初级阶段，围绕发展社会生产力这个根本任务，要把改革作为推进建设有中国特色社会主义事业各项工作的动力。改革是全面改革，是在坚持社会主义基本制度的前提下，自觉调整生产关系和上层建筑的各个方面和环节，来适应初级阶段生产关系和上层建筑的各个方面和环节，来适应初级阶段生产力发展水平和实现现代化的历史要求。”[③]“在社会主义初级阶段，正确处理改革、发展同稳定的关系，保持稳定的政治环境和社会秩序，具有极端重要的意义。”[④]

第二节　世纪之交中国共产党人的传统文化观

一、以江泽民为代表的中国共产党人传统文化观

2007年10月，中国共产党第十七次全国代表大会在北京举行。党的十七大创造性地提出并深刻阐述马克思主义中国化第二次飞跃的理论成果——“中国特色社会主义理论体系”，这是中国共产党的重大理

① 江泽民：《江泽民文选》（第二卷），人民出版社2006年版，第42、43页。
② 江泽民：《江泽民文选》（第二卷），人民出版社2006年版，第18页。
③ 江泽民：《江泽民文选》（第二卷），人民出版社2006年版，第18、19页。
④ 江泽民：《江泽民文选》（第二卷），人民出版社2006年版，第19页。

论贡献。从1991年7月1日首次创造性地提出“有中国特色社会主义的文化”概念，到1997年9月中国共产党第十五次全国代表大会第一次将“建设有中国特色社会主义的文化”列入党在社会主义初级阶段的基本纲领，再到2007年10月中国共产党第十七次全国代表大会创造性地提出并深刻阐述马克思主义中国化第二次飞跃的理论成果——“中国特色社会主义理论体系”，在这一系列阐述中，通过将中国传统文化置于有中国特色社会主义的文化、中国特色社会主义文化理论体系的总体框架之中，对传统文化在社会主义文化中的地位、价值、作用等作出了科学把握和准确定位，为深入理解并充分利用传统文化提供了基础前提和科学指导。

1991年7月1日，在庆祝中国共产党成立七十周年大会上的讲话中，江泽民同志在论述“有中国特色社会主义的文化”这一科学概念时指出：“有中国特色社会主义的文化……必须继承和发扬民族优秀文化传统而又充分体现社会主义时代精神，立足本国而又充分吸收世界文化优秀成果，不允许搞民族虚无主义和全盘西化。”[①]具体而言：“对民族传统文化要取其精华、去其糟粕，并结合时代的特点加以发展，推陈出新，使它不断发扬光大。我们还必须积极吸收人类所创造的一切优秀文化成果，把它熔铸于有中国特色社会主义的文化之中。只有深深植根于中国大地和依靠人民的力量，面向现代化、面向世界、面向未来，才能创造出无愧于伟大时代的社会主义文化。”[②]

1991年9月24日，江泽民在鲁迅诞辰一百一十周年纪念大会上发表讲话，意味着吸收优秀传统文化作为“有中国特色社会主义的文化”的养料：“鲁迅精神是中华民族精神的结晶。……面对错综复杂的国际

① 江泽民：《江泽民文选》（第一卷），人民出版社2006年版，第158页。
② 江泽民：《江泽民文选》（第一卷），人民出版社2006年版，第159、160页。

形势和艰难繁重的国内建设和改革任务，不仅文化战线的同志要义不容辞地学习鲁迅、宣传鲁迅，而且广大工人、农民、知识分子和各条战线的干部，都要进一步学习和发扬鲁迅精神。……要进一步学习和发扬鲁迅博采众长、勇于创新的精神。……毛泽东同志把鲁迅的没有丝毫奴颜和媚骨，称为殖民地半殖民地人民的最可宝贵的性格。应该看到，在我们已经取得民族独立、国家主权，正在集中力量进行社会主义现代化建设的今天，这同样是最可宝贵的性格。”[①]1993年2月26日，江泽民在同国务院侨务工作会议部分代表座谈时指出：“我们应当充分利用中华文化传统的优势，来加强弘扬中华文化和华文教育工作。”[②]1993年7月5日，江泽民在全国省、自治区、直辖市党委政策研究室主任会议上发表讲话时指出：“所以说，继承和发扬我们民族、我们党的优良传统，也是改革的题中应有之义。了解我们国家悠久的文明发展史和历经沧桑、饱经忧患的辛酸史，了解我们的先辈为国家的独立富强而进行的可歌可泣的斗争，了解我们的民族、我们党的优良传统，对于增强民族自尊、自信、自强精神，极为重要；对于坚定爱国主义、社会主义信念，极为重要；对于树立正确的人生观、价值观，极为重要；对于坚持两个文明建设一起抓，极为重要；对于坚定不移地执行党的基本路线，也极为重要。”[③]

1994年1月24日，江泽民在全国思想工作会议上指出：“要用科学的态度对待我们民族的传统文化和外来文化。我们民族历经沧桑，创造了人类发展史上灿烂的中华文明，形成了具有强大生命力的传统文

---

① 中共中央文献研究室编：《江泽民思想年编（一九八九——二〇〇八）》，中央文献出版社2010年版，第67页。

② 中共中央文献研究室编：《江泽民思想年编（一九八九——二〇〇八）》，中央文献出版社2010年版，第101页。

③ 中共中央文献研究室编：《江泽民思想年编（一九八九——二〇〇八）》，中央文献出版社2010年版，第121页。

化。我们要取其精华、去其糟粕，很好地继承这一珍贵的文化遗产。要认真研究和借鉴世界各国的文明成果，善于从其他国家和民族的文化中汲取营养，发展自己。我们讲继承、讲借鉴，目的是通过借鉴和继承，使民族传统文化、外来文化的精华，同我们党领导人民在长期革命和建设中形成的优良传统和革命精神有机地结合在一起，并在新的实践基础上不断创新，建设和发展有中国特色的社会主义文化。”①江泽民认为，古代传统文化和优良革命文化应该一起抓，此举拓展了中华民族优秀传统的内涵。

1994年7月20日，江泽民在中共中央、国务院召开的第三次西藏工作座谈会上的讲话中讲道：“在文化工作中，既要注意弘扬藏族的优秀传统文化，又要注意吸收其他民族的优秀文化，使优秀传统文化与现代文化成果结合起来，以利于在西藏更好地发展社会主义新文化。”②

1995年10月6日，在为《中国传统道德》题词时，江泽民写道：“弘扬中国古代优良传统和革命道德传统，吸取人类一切优秀道德成就，努力创建人类先进的精神文明。”③

1996年1月24日，在全国宣传部长会议上，时任中宣部部长丁关根化用江泽民的话指出：“在以江泽民同志为核心的党中央领导下，坚持以邓小平建设有中国特色社会主义理论为根本方针，坚持党的基本路线和基本方针，遵循宣传思想工作基本路线，以科学的理论武装人，以正确的舆论引导人，以高尚的精神塑造人，以优秀的作品鼓舞人，

---

① 中共中央文献研究室编：《十四大以来重要文献选编》（上），人民出版社1996年版，第658页。

② 江泽民：《江泽民文选》（第一卷），人民出版社2006年版，第392页。

③ 江泽民：《毛泽东邓小平江泽民论社会主义道德建设》，学习出版社2001年版，第70页。

团结鼓劲，务求实效，更好地为人民服务，为社会主义服务，为全党全国工作大局服务。这一指导思想是统揽今后五年工作的总纲。要长期坚持，认真贯彻。”[①]

1996年12月9日，江泽民在全国卫生工作会议上的讲话中，提到建设有中国特色的社会主义卫生事业，需要着重做到“中西医并重，发展中医药。党和政府历来既重视现代医药，又重视我国传统医药。中医药是中华优秀传统文化的瑰宝。经过广大中医药工作者勤奋工作，我国中医药事业有了很大发展。各级党委和政府要继续加强对中医药事业的领导。要正确处理继承和创新的关系，既要认真继承中医药的特色和优势，又要勇于创新，积极利用现代科学技术，促进中医药理论和实践的发展，实现中医药现代化，更好地保护和增进人民健康。中西医工作者要加强团结、相互学习、相互补充，促进中西医结合”[②]。

1997年9月，中国共产党第十五次全国代表大会将“建设有中国特色社会主义的文化”列入党在社会主义初级阶段的基本纲领，并着重指明中国特色社会主义文化“渊源于中华民族五千年文明史，又植根于有中国特色社会主义的实践，具有鲜明的时代特点”[③]。可以看出，建设有中国特色社会主义的文化，离不开对中华优秀传统文化的继承和发扬；有中国特色社会主义的文化渊源于传统文化、立足于本国文化，并使之与中国当代实践相结合，体现出鲜明的时代特征。

1997年11月1日，江泽民在美国哈佛大学所作题为《增进相互了解，加强友好合作》的演讲，集中体现了20世纪最后十年中国共产党

① 中共中央文献研究室编：《十四大以来重要文献选编》（中），人民出版社1997年版，第1703页。

② 江泽民：《江泽民文选》（第一卷），人民出版社2006年版，第602页。

③ 江泽民：《江泽民文选》（第二卷），人民出版社2006年版，第33页。

人对中国传统文化的看法。在演讲中，江泽民指出，“中国是一个有五千年文明历史的国家，从历史文化来了解和认识中国，是一个重要的视角”；“中国的历史文化始终处于发展进步之中。它是通过各种学科、各种学派的相互砥砺、相互渗透而发展的，也是通过同世界各国的相互交流、相互学习而进步的”，“中国在自己发展的长河中，形成了优良的历史文化传统”，这些“优良的历史文化传统”包括“团结统一的传统”“独立自主的传统”“爱好和平的传统”“自强不息的传统”。“这些传统随着时代变迁和社会进步获得扬弃和发展，对今天中国人的价值观念、生活方式和中国的发展道路，具有深刻的影响。”[①]在此，江泽民不仅详细梳理了中国传统文化的历史流变，系统总结了中华优秀传统文化在推动人类文明进步方面的积极贡献，而且着重强调了中华民族在长期发展进程中不断积累、持续沉淀而逐渐形成的许多优良历史文化传统，以及中国共产党人随着时代变迁和社会进步对它们的“扬弃和发展”。在此意义上，可以说“哈佛演讲”是中国共产党人有关中国传统文化的一篇重要文献和系统论述，集中体现了以江泽民为代表的中国共产党人的传统文化观。

1998年5月4日，江泽民在庆祝北京大学建校一百周年大会上，提出“继承和发扬五四运动的光荣传统”：“五四运动的精神，最根本的就是中华民族的爱国主义精神。当代中国的广大青年，要继续继承和发扬。”[②]还要传承“北大传统与精神”：“北大在长期发展和斗争历程中形成的爱国、进步、民主、科学的光荣传统，显示的不断钻研、求实、创新、向上的优良学风，生动地体现了中国人民自强不息、开拓进取的民族精神，也是北大永葆生机的重要动力。这种优良传统和精

① 江泽民：《增进相互了解，加强友好合作——在美国哈佛大学的演讲》，《中国高教研究》1997年第6期。

② 江泽民：《江泽民文选》（第二卷），人民出版社2006年版，第123、124页。

神动力，要永远发扬光大。”[①]

1998年12月18日，江泽民在纪念中共十一届三中全会召开二十周年大会上发表《二十年来我们党的主要历史经验》的讲话指出：“在我们这样一个人口众多的发展中的社会主义大国，任何时候都不能依靠别人搞建设，必须始终把独立自主、自力更生作为自己发展的根本基点，必须把立足国内、扩大国内需求作为经济发展的长期战略方针，同时又必须打开大门搞建设，必须大胆吸收和利用国外的资金、先进技术和一切进步的东西，大胆吸收和借鉴当今世界各国包括资本主义发达国家一切反映现代化社会化生产规律的先进经营方式、管理方法，把坚持弘扬我们民族的优秀传统文化同积极学习人类社会创造的一切文明成果结合起来，把开拓国内市场、利用国内资源同开拓国际市场、利用国外资源结合起来，把对内搞活同对外开放结合起来，这样就能不断为我国社会主义现代化建设提供强大动力。”[②]

2000年5月14日，江泽民在上海主持召开江苏、浙江、上海党建工作座谈会时，发表了《始终做到‘三个代表’是我们党的立党之本、执政之基、力量之源》的讲话，指出：“在文化上，要继承和发扬中华民族的优秀文化传统，借鉴世界各国的优秀文明成果，建设民族的科学的大众的社会主义文化，努力提高全民族的思想道德素质和科学文化素质。”[③]

2000年6月28日，江泽民在中央思想政治工作会议上发表讲话：“建设社会主义道德体系是一个系统工程，必须坚持正确处理公平和效率的关系，坚持先进性要求和广泛性要求相结合，坚持‘三个有利于’标准，坚持继承和发扬民族优秀传统文化并积极吸收外来优秀文化

① 江泽民：《江泽民文选》(第二卷)，人民出版社2006年版，第122页。
② 江泽民：《江泽民文选》(第二卷)，人民出版社2006年版，第255页。
③ 江泽民：《江泽民文选》(第三卷)，人民出版社2006年版，第10页。

成果。”[1]

2001年7月1日，江泽民在庆祝中国共产党成立八十周年大会上发表讲话：“我们不断发展社会主义文化，全国人民的精神生活日益丰富。我们坚持马克思主义的指导地位，用爱国主义、集体主义、社会主义教育人民，大力推进社会主义精神文明建设。我们坚持发扬全国各民族的优秀文化，积极吸收各国文明的先进成果，推动社会主义文化日益繁荣。全国人民思想道德素质和教育科学文化素质不断提高，向世界展现了中华民族新的精神风貌。”[2]

2002年11月，中国共产党第十六次全国代表大会在北京召开。党的十六大在全面总结改革开放以来社会主义文化建设经验的基础上，明确提出“当今世界，文化与经济和政治相互交融，在综合国力竞争中的地位和作用越来越突出”。另外，在中国传统文化方面，党的十六大提出的科学论断有：第一，要“继承民族文化优秀传统……为现代化建设提供强大的精神动力和智力支持”。第二，要“发扬民族文化的优秀传统，不断增强中国特色社会主义文化的吸引力和感召力”。第三，“在五千多年的发展中，中华民族形成了以爱国主义为核心的团结统一、爱好和平、勤劳勇敢、自强不息的伟大民族精神。……必须把弘扬和培育民族精神作为文化建设极为重要的任务，纳入国民教育全过程，纳入精神文明建设全过程”。[3]继承和发扬中华民族文化的优秀传统，将之作为社会主义文化建设的重要内容和社会主义现代化建设的精神支撑；不断结合时代和社会的发展要求，把丰富、弘扬和培育五千多年来中华民族形成的伟大民族精神作为文化建设的重要任务。

① 江泽民：《江泽民文选》（第三卷），人民出版社2006年版，第92页。

② 江泽民：《江泽民文选》（第二卷），人民出版社2006年版，第268页。

③ 江泽民：《全面建设小康社会，开创中国特色社会主义事业新局面——在中国共产党第十六次全国代表大会上的报告》，《学习月刊》2002年第12期。

党的十六大的这些论断，不仅有助于更加全面、科学地认识中国传统文化在增强中国特色社会主义文化、推动社会主义现代化建设方面的积极作用，而且使中国优秀传统文化得到了更高的重视、获得了更高的地位。

二、以胡锦涛为代表的中国共产党人传统文化观

党的十六大以后，以胡锦涛为总书记的党中央领导集体，继续把文化建设作为建设社会主义文化强国和社会主义现代化建设的重要环节和关键方面，尤为注重从中国传统文化这一宝贵的历史遗产中吸取营养、获得启迪。

2000年4月9日，胡锦涛在省部级领导干部国际经济贸易知识专题研究班结业式上发表《抓紧做好加入世贸组织的准备工作》的讲话，指出："我们一方面要切实加强管理，依法对文化产品进口进行筛选……另一方面，也是最根本的，还是要大力繁荣发展社会主义文化事业，弘扬我们民族的优秀传统文化。中华民族并不缺乏创新潜力，完全可以创作出一大批具有民族性、世界性、现代性的优秀作品，主动占领思想文化阵地。"①

2001年7月19日，胡锦涛在《庆祝西藏和平解放五十周年大会上的讲话》中指出："这五十年里，西藏社会主义精神文明建设不断发展，社会全面进步。教育、科技、文化、卫生等各项社会事业蓬勃发展，西藏各族人民思想道德素质和科学文化素质普遍提高。西藏优秀传统文化得到保护、继承、弘扬，并被赋予反映人民群众新生活和社

① 胡锦涛：《胡锦涛文选》（第一卷），人民出版社2016年版，第420页。

会发展新要求的时代内容。”①

2003年7月21日，胡锦涛会见来华访问的英国首相布莱尔并发表《谈谈中国的地区差别和民族关系》的讲话：“我们注重保护少数民族传统文化。中国维吾尔、藏、蒙古、朝鲜等民族都有自己的语言和文字。这些地区规定，学生要学习双语，既要学习本民族语言，还要学习国家通用语言，以便交流。此外，还要学习英语等其他语言。虽然这样会加重学生的课业负担，但对这些民族地区长远发展有好处。”②

2007年10月，中国共产党第十七次全国代表大会在北京举行。党的十七大第一次明确提出了“弘扬中华文化，建设中华民族共有精神家园”的命题，提出“中华文化是中华民族生生不息、团结奋进的不竭动力。要全面认识祖国传统文化，取其精华、去其糟粕，使之与当代社会相适应、与现代文明相协调，保持民族性，体现时代性”；“中华民族伟大复兴必然伴随着中华文化繁荣兴盛”。这表明中国共产党对中华文化与中华民族伟大复兴之间的关系有了更为清醒的认识。将“中华优秀传统文化”纳入“中国特色社会主义理论体系”的总体框架之中，深刻揭示二者之间的继承、发展关系，体现了中国共产党对中华优秀传统文化战略定位的精准把握与深刻理解。中国特色社会主义理论体系植根于中国古代文化传统，中华优秀传统文化是中国特色社会主义理论体系的重要源泉之一；中国特色社会主义理论体系是对中华优秀传统文化的继承、发展和弘扬，它在吸收中国传统文化中的优秀部分和精华所在的基础上，将中华优秀传统文化融会于中国特色社会主义文化实践之中，实现了中华优秀传统文化、马克思主义理论、中国特色社会主义建设实践的有机结合。

---

① 胡锦涛：《胡锦涛文选》（第一卷），人民出版社2016年版，第503页。

② 胡锦涛：《胡锦涛文选》（第二卷），人民出版社2016年版，第62页。

2011年10月召开的党的十七届六中全会，再次把“弘扬中华文化”纳入深化文化体制改革的指导思想，提出了“建设优秀传统文化传承体系”的历史任务，标志着我国社会主义文化建设进入新的发展阶段。会议指出，“中国共产党从成立之日起，就既是中华优秀传统文化的忠实传承者和弘扬者，又是中国先进文化的积极倡导者和发展者”[①]。这一科学论断，不仅深刻揭示了中国共产党与中华优秀传统文化之间的内在联系，体现了中国共产党对待传统文化理性、辩证、批判继承的态度，而且揭示了中华优秀传统的现代意义，为加强中华优秀传统文化思想价值的挖掘和阐释指明了方向。

2011年11月12日，胡锦涛在中国文联第九次全国代表大会上发表讲话，向全国广大文艺工作者致以崇高的敬意和诚挚的问候，同时强调了文艺事业是中国特色社会主义事业的重要组成部分，也是社会主义文化建设的重要内容，并列举了我国社会主义文艺的显著成就：“我国社会主义文艺以昂扬的精神、奔放的激情吸引和感染着亿万人民，对满足人民精神需求、丰富人民精神世界、增强人民精神力量、促进人的全面发展发挥着不可替代的作用。”[②]对此，胡锦涛对文艺工作者提出了几点希望：第一，“希望广大文艺工作者始终坚持正确方向，更加自觉、更加主动地承担起用社会主义先进文化引领社会进步的历史责任”[③]；第二，“希望广大文艺工作者始终坚持以人为本，更加自觉、

① 《中共中央关于深化文化体制改革推动社会主义文化大发展大繁荣若干重大问题的决定》(2011年10月18日中国共产党第十七届中央委员会第六次全体会议通过)，载《求是》2011年第21期。

② 胡锦涛：《在中国文联第九次全国代表大会、中国作协第八次全国代表大会上的讲话》，人民出版社2011年版，第2页。

③ 胡锦涛：《在中国文联第九次全国代表大会、中国作协第八次全国代表大会上的讲话》，人民出版社2011年版，第5页。

更加主动地承担起为人民抒写、为人民放歌的历史责任”[①]；第三，“希望广大文艺工作者始终坚持锐意创新，更加自觉、更加主动地承担起推进文化创造的历史责任”[②]，其中就包括“广大文艺工作者要适应时代变化和人民精神文化生活发展的要求，坚持古为今用、推陈出新，立足中华文化丰沃土壤，从源远流长的传统文化、激昂奋进的革命文化、争奇斗艳的民族民间文化中汲取养分，努力为中华文化书写新的篇章”[③]；第四，“希望广大文艺工作者始终坚持德艺双馨，更加自觉、更加主动地承担起弘扬文明道德风尚的历史责任”[④]。在此次讲话中，胡锦涛把振兴传统文化的使命寄托在了文艺工作者及他们的代表——中国文联、中国作协身上，“中国文联、中国作协是党领导的文艺界人民团体，是党和政府联系广大文艺工作者的桥梁和纽带”[⑤]，希望“全国广大文艺工作者要团结一心、开拓进取，为推动社会主义文化大发展大繁荣、建设社会主义文化强国，为全面建设小康社会、实现中华民族伟大复兴作出新的更大的贡献”[⑥]。

2012年11月8日，胡锦涛在中国共产党第十八次全国代表大会上作《坚定不移沿着中国特色社会主义道路前进，为全面建成小康社会而奋斗》的报告，再次强调：“坚持面向基层、服务群众，加快推进重

① 胡锦涛:《在中国文联第九次全国代表大会、中国作协第八次全国代表大会上的讲话》，人民出版社2011年版，第6页。

② 胡锦涛:《在中国文联第九次全国代表大会、中国作协第八次全国代表大会上的讲话》，人民出版社2011年版，第7页。

③ 胡锦涛:《在中国文联第九次全国代表大会、中国作协第八次全国代表大会上的讲话》，人民出版社2011年版，第8页。

④ 胡锦涛:《在中国文联第九次全国代表大会、中国作协第八次全国代表大会上的讲话》，人民出版社2011年版，第8页。

⑤ 胡锦涛:《在中国文联第九次全国代表大会、中国作协第八次全国代表大会上的讲话》，人民出版社2011年版，第10页。

⑥ 胡锦涛:《在中国文联第九次全国代表大会、中国作协第八次全国代表大会上的讲话》，人民出版社2011年版，第11页。

点文化惠民工程，加大对农村和欠发达地区文化建设的帮扶力度，继续推动公众文化服务设施向社会免费开放。建设优秀传统文化传承体系，弘扬中华优秀传统文化。推广和规范使用国家通用语言文字。”[①]

第三节 “发展先进文化”

一、什么是“先进文化”

“先进文化”是江泽民同志关于社会主义文化建设的又一富有独创性的理论成果。由于整个社会经济制度和政治制度的变化，中国共产党的执政地位及其面对的新的历史使命赋予文化建设以新的使命和作用，使坚持什么样的文化、推动建设什么样的文化，成为执政党在思想上精神上的一面旗帜。2000年2月25日，江泽民在广东省考察工作时，从全面总结党的历史经验和如何适应新形势新任务的要求出发，首次提出并阐述了“三个代表”重要思想，指出“党要始终代表中国先进文化的前进方向”。同年5月，江泽民在江苏、浙江、上海考察工作时，强调“三个代表”是中国共产党的立党之本、执政之基、力量之源，首次将“先进文化”提到党的性质的高度，重点突出了社会主义先进文化的战略地位和历史作用。2001年7月1日，在庆祝中国共产党成立八十周年大会的讲话中，江泽民对先进文化的科学内涵和战略地位等问题作了全面的阐述。他指出，中国共产党要“始终代表中国先进文化的前进方向”“高举中国先进文化的前进旗帜”。2002年11月

① 胡锦涛：《胡锦涛文选》（第三卷），人民出版社2016年版，第639页。

8日，江泽民在中国共产党第十六次全国代表大会上的报告中不仅把“三个代表”重要思想确立为我们党必须长期坚持的指导思想，而且进一步阐述了发展社会主义先进文化等一系列重大问题，他指出：“全面建设小康社会，开创中国特色社会主义事业新局面，就是要在中国共产党的坚强领导下，发展社会主义市场经济、社会主义民主政治和社会主义先进文化，不断促进社会主义物质文明、政治文明和精神文明的协调发展，推进中华民族的伟大复兴。”这种“三位一体”战略布局的形成，体现出了我们党对社会主义先进文化建设的高度重视。那么，我们该如何理解“先进文化”，又该如何“发展先进文化”呢？

何谓先进文化？江泽民同志在《在庆祝中国共产党成立八十周年大会上的讲话》中指出，“我们党要始终代表中国先进文化的前进方向，就是党的理论、路线、纲领、方针、政策和各项工作，必须努力体现发展面向现代化、面向世界、面向未来的，民族的科学的大众的社会主义文化的要求，促进全民族思想道德素质和科学文化素质的不断提高，为我国经济发展和社会进步提供精神动力和智力支持”[①]。2002年4月28日，江泽民在视察中国人民大学时指出：“希望大家坚持用马克思主义的立场、观点和方法来指导哲学社会科学的发展。是否体现了中国先进生产力的发展要求、中国先进文化的前进方向和中国最广大人民的根本利益，是衡量我国哲学社会科学性质、方向和水平的根本尺度。”[②]2002年5月21日，江泽民在四川考察工作时指出：“理论发展是在实践发展的基础上实现的，而我们取得的新认识、新思想、新观点，一定要落实到更好的指导实践上来，落实到发展中国的先进

① 江泽民：《江泽民文选》（第三卷），人民出版社2006年版，第276页。

② 中共中央文献研究室编：《江泽民思想年编（一九八九——二〇〇八）》，中央文献出版社2010年版，第598页。

生产力、先进文化，实现和维护中国最广大人民的根本利益上来。”[①] 2002年5月28日，江泽民在中国科学院第十一次院士大会、中国工程院第六次院士大会上发表了题为《全面贯彻“三个代表”要求，大力推进科学技术创新》的讲话，他指出：“要树立雄心壮志，弘扬创造精神；要根据国家发展需求，大力推动科技进步；要努力传播科学知识，积极弘扬先进文化；要全面创造条件，大力培养科技人才。”[②]

党的十六大报告指出，在当代中国，发展先进文化，就是发展面向现代化、面向世界、面向未来的，民族的科学的大众的社会主义文化，以不断丰富人们的精神世界，增强人们的精神力量。必须坚持马克思列宁主义、毛泽东思想和邓小平理论在意识形态领域的指导地位，用“三个代表”重要思想统领社会主义文化建设；“大力发展先进文化，支持健康有益文化，努力改造落后文化，坚决抵制腐朽文化”。可以看出，这里的“先进文化”是与“带有迷信、愚昧、颓废、庸俗等色彩的落后文化”和“腐蚀人们精神世界、危害社会主义事业的腐朽文化”[③]相对而言的，指的是“面向现代化、面向世界、面向未来的，民族的科学的大众的社会主义文化”[④]。其中，“三个面向”体现的是先进文化的时代特征：“面向现代化”是指社会主义先进文化建设要为经济建设这个中心工作、为社会的全面现代化服务，不能离开中心工作去搞文化建设。“面向世界”是说社会主义先进文化建设具有海纳百川的开放性，瞄准当代世界科学文化发展的先进水平，广泛吸取国外一切优秀的文化成果；注重开展多种形式的对外文化交流，注重在集

① 中共中央文献研究室编：《江泽民思想年编（一九八九——二〇〇八）》，中央文献出版社2010年版，第602页。

② 中共中央文献研究室编：《江泽民思想年编（一九八九——二〇〇八）》，中央文献出版社2010年版，第604页。

③ 江泽民：《江泽民文选》（第三卷），人民出版社2006年版，第278页。

④ 江泽民：《江泽民文选》（第三卷），人民出版社2006年版，第559页。

各国文化之所长的基础上，向世界展示中国文化建设的成就。“面向未来”是说社会主义先进文化建设旨在瞄准未来科学文化发展的方向，既吸取过去的经验教训，又不纠缠于历史问题，不是向后看，而是向前看。同时，先进文化还具有民族性、科学性、大众性的特征。其“民族性”在于，既渊源于中华民族五千年的文明史，又植根于有中国特色的社会主义实践；既要继承和发扬民族优秀文化传统和革命文化传统，又要具有人民群众喜闻乐见的民族形式。其“科学性”在于，社会主义先进文化要正确反映自然、社会和人类思维发展的客观规律，不仅要发展丰富多彩的哲学社会科学和各种文学艺术，要加快科学技术的发展步伐，而且要坚决同一切封建迷信和伪科学的腐朽思想文化进行斗争，为社会的全面进步提供思想文化保证。其“大众性”在于，社会主义先进文化事业是我国亿万民众的事业，源于人民，是人民群众建设社会主义现代化伟大实践的反映，同时又服务于人民，为人民群众所享用。

二、如何发展“先进文化”

江泽民指出，“在当代中国，发展先进文化，就是发展有中国特色社会主义的文化，就是建设社会主义精神文明”①；“不断发展健康向上、丰富多彩的，具有中国风格、中国特色的社会主义文化，满足人民群众日益增长的精神文化需求，引导广大人民群众从思想上精神上正确武装和不断提高起来。这也是我们党始终站在时代前列、保持先进性的根本体现和根本要求”②；“不断发展先进生产力和先进文化，

① 江泽民：《江泽民文选》(第三卷)，人民出版社2006年版，第276页。
② 江泽民：《江泽民文选》(第三卷)，人民出版社2006年版，第277页。

归根到底都是为了满足人民群众日益增长的物质文化生活需要，不断实现最广大人民的根本利益”[①]。

那么，又该如何发展先进文化呢？第一，以“二为”和“双百”作为发展先进文化的重要方针。“唱响社会主义文化的主旋律，坚持为人民服务、为社会主义服务，实行百花齐放、百家争鸣，是发展先进文化必须贯彻的重要方针。”[②]第二，将加强社会主义思想道德建设作为发展先进文化的重要内容和中心环节。“加强社会主义思想道德建设，是发展先进文化的重要内容和中心环节。……要把依法治国同以德治国结合起来，为社会保持良好的秩序和风尚营造高尚的思想道德基础。要在全社会倡导爱国主义、集体主义、社会主义思想，反对和抵制拜金主义、享乐主义、极端个人主义等腐朽思想，增强全国人民的民族自尊心、自信心、自豪感，激励他们为振兴中华而不懈奋斗。”[③] 第三，要牢牢把握中国先进文化的发展趋势和要求。“牢牢把握中国先进文化的发展趋势和要求，坚持以马克思列宁主义、毛泽东思想、邓小平理论为指导，立足于建设有中国特色社会主义实践，着眼于世界科学文化发展的前沿，不断发展健康向上、丰富多彩，具有中国风格、中国特色的社会主义文化，满足人民群众日益增长的精神文化需求，引导广大人民群众从思想上精神上正确武装和不断提高起来。这也是我们党始终站在时代前列，保持先进性的根本体现和根本要求。”[④] 第四，将各种思想文化阵地作为传播先进文化的重要阵地。“从上到下的一切思想文化阵地，包括理论、新闻、出版、报刊、小说、诗歌、音乐、绘画、舞蹈、戏剧、电影、电视、广播、网络等，

① 江泽民：《江泽民文选》（第三卷），人民出版社2006年版，第281页。

② 江泽民：《江泽民文选》（第三卷），人民出版社2006年版，第277页。

③ 江泽民：《江泽民文选》（第三卷），人民出版社2006年版，第278页。

④ 江泽民：《江泽民文选》（第三卷），人民出版社2006年版，第276、277页。

都应该成为我们宣传科学理论、传播先进文化、塑造美好心灵的阵地。”[①]第五，坚持古为今用、洋为中用，“努力继承和发扬中华民族的一切优秀文化传统，努力学习和吸收外国的一切优秀文化成果”[②]，“高举中国先进文化的前进旗帜，努力建设和弘扬反映革命、建设和改革要求的新文化，荡涤旧社会遗留下来的和国外渗透进来的腐朽没落的旧文化，从思想上精神上极大地解放和激励了广大干部群众，在全党全国人民心中形成了凝聚人心、统一意志的正确指导思想和共同理想”[③]，同时，“结合新的实践和时代的要求，结合人民群众精神文化生活的需要，积极进行文化创新”[④]，充分体现出文化的时代精神和创造精神。第六，积极借鉴和吸收其他民族的先进文化，要“随着时代发展和社会进步不断吸取新知识、树立新观念”[⑤]，同时，“要坚持在各民族干部群众中广泛开展马克思主义民族观、党的民族政策的宣传教育。防止发生违反民族政策、伤害民族感情的情况，坚决打击敌对势力和民族分裂主义分子的破坏分裂活动，维护民族地区稳定”[⑥]。

① 江泽民：《江泽民文选》（第三卷），人民出版社2006年版，第97页。
② 江泽民：《江泽民文选》（第三卷），人民出版社2006年版，第2页。
③ 江泽民：《江泽民文选》（第三卷），人民出版社2006年版，第277页。
④ 江泽民：《江泽民文选》（第三卷），人民出版社2006年版，第278页。
⑤ 江泽民：《江泽民文选》（第三卷），人民出版社2006年版，第150页。
⑥ 江泽民：《江泽民文选》（第三卷），人民出版社2006年版，第150页。

第四节 “发展社会主义教育”

一、“社会主义教育”为“建设有中国特色的社会主义文化”服务

为了普及和提高“有中国特色的社会主义文化”以建设社会主义现代化国家，需要落实到社会主义教育上。1989年9月29日，江泽民在庆祝中华人民共和国成立四十周年大会上，发表《发展教育和科学是百年大计》的讲话：“我们教育和科学还比较落后，更要采取有效措施，自觉地抓好这项工作。”[①]具体怎么做？第一，“要紧密结合现代化建设和改革开放的实际，结合人们的思想实际，大力加强和改进意识形态领域的工作，加强和改进思想政治工作，坚持不懈地向全国人民特别是青少年进行爱国主义、集体主义、社会主义和自力更生、艰苦奋斗的思想教育以及革命传统教育，对共产党员、共青团员和先进分子还要经常进行共产主义的思想教育”[②]。第二，“要用马克思主义和社会主义思想去指导理论、宣传、教育、新闻、出版、文学艺术等部门的工作，去占领思想文化阵地和舆论阵地，丰富群众的精神生活”[③]。第三，“要积极吸引广大群众自觉地抵制各种错误思潮和腐朽思想的影响，培养科学的健康的文明的生活方式，使他们真正成为奋

① 中华人民共和国教育部、中共中央文献研究室编：《毛泽东 邓小平 江泽民论教育》，中央文献出版社、人民教育出版社、北京师范大学出版社2002年版，第203页。

② 中华人民共和国教育部、中共中央文献研究室编：《毛泽东 邓小平 江泽民论教育》，中央文献出版社、人民教育出版社、北京师范大学出版社2002年版，第203页。

③ 中华人民共和国教育部、中共中央文献研究室编：《毛泽东 邓小平 江泽民论教育》，中央文献出版社、人民教育出版社、北京师范大学出版社2002年版，第203页。

发进取的社会主义劳动者和建设者”[①]。第四，“各级各类学校不仅要建立完备的文化知识传授体系，而且要把德育放在首位，确立正确的政治方向”[②]。第五，“要继续坚持为人民服务、为社会主义服务的方向和百花齐放、百家争鸣的方针，繁荣和发展科学文化事业”[③]。第六，“要积极吸收我国历史文化和外国文化中的一切优秀成果，坚决摒弃一切封建的、资本主义的文化糟粕和精神垃圾”[④]。

1991年7月1日，江泽民在庆祝中国共产党成立七十周年大会上发表了《百年大计，教育为本》的讲话，指出：“教育是社会主义物质文明和精神文明建设极为重要的基础工程。它对提高全体人民的思想道德和科学文化素质，对培养一代又一代社会主义事业的接班人，具有重大的战略意义。”[⑤]

江泽民在1992年10月12日的中国共产党第十四次全国代表大会上作了题为《加速科技进步，大力发展教育，充分发挥知识分子的作用》的报告，郑重提出了：“科学技术是第一生产力。”[⑥]同时，江泽民也发现科技的进步、经济的发展和社会的繁荣，从根本上来看，取决于提高劳动者的素质、培养大批人才，因此：“我们必须把教育摆在优先发展的战略地位，努力提高全民族的思想道德和科学文化水平，这是实

① 中华人民共和国教育部、中共中央文献研究室编：《毛泽东 邓小平 江泽民论教育》，中央文献出版社、人民教育出版社、北京师范大学出版社2002年版，第203页。

② 中华人民共和国教育部、中共中央文献研究室编：《毛泽东 邓小平 江泽民论教育》，中央文献出版社、人民教育出版社、北京师范大学出版社2002年版，第204页。

③ 中华人民共和国教育部、中共中央文献研究室编：《毛泽东 邓小平 江泽民论教育》，中央文献出版社、人民教育出版社、北京师范大学出版社2002年版，第204页。

④ 中华人民共和国教育部、中共中央文献研究室编：《毛泽东 邓小平 江泽民论教育》，中央文献出版社、人民教育出版社、北京师范大学出版社2002年版，第204页。

⑤ 中华人民共和国教育部、中共中央文献研究室编：《毛泽东 邓小平 江泽民论教育》，中央文献出版社、人民教育出版社、北京师范大学出版社2002年版，第217页。

⑥ 中华人民共和国教育部、中共中央文献研究室编：《毛泽东 邓小平 江泽民论教育》，中央文献出版社、人民教育出版社、北京师范大学出版社2002年版，第233页。

现我国现代化的根本大计。”[①]教育培养的是“四有”新人，1994年，江泽民在全国宣传思想工作会议上发表了《加强思想工作，培养“四有”新人》的演讲，“四有”是指：有理想、有道德、有文化、有纪律，对此：“要围绕这个目标，在人民群众特别是青少年中加强以爱国主义、集体主义、社会主义为核心内容的思想道德教育，开展艰苦奋斗、勤俭建国的教育，职业道德、社会公德的教育，基本国情的教育和普及法律基本知识教育。”[②]密切联系群众，是党的传家宝，深刻地体现在教育上：“善于做群众的思想工作，提高群众的觉悟，激励群众为实现自己的根本利益而奋斗……近年来，群众性的思想工作是有成绩的。”[③]

对于如何开展思想教育工作，江泽民也提出了自己的部署。首先，思想工作是全党范围内的工作：“不仅宣传部门要做，各级党委和企业、农村、学校、街道等基层党组织要做，各级行政部门和工会、共青团、妇联等也都有做群众思想工作的责任。”[④]其次，要注意引导：“树立人们特别是青少年的正确思想、信念、世界观、人生观和价值观，反对拜金主义、享乐主义、极端个人主义，抵御资本主义和封建主义腐朽思想的侵蚀。”[⑤]再次，政府要创新教育的方式：“适应新形势要求，思想工作要在继承优良传统的基础上，充分运用大众传媒和文

---

① 中华人民共和国教育部、中共中央文献研究室编：《毛泽东 邓小平 江泽民论教育》，中央文献出版社、人民教育出版社、北京师范大学出版社2002年版，第234页。

② 中华人民共和国教育部、中共中央文献研究室编：《毛泽东 邓小平 江泽民论教育》，中央文献出版社、人民教育出版社、北京师范大学出版社2002年版，第240页。

③ 中华人民共和国教育部、中共中央文献研究室编：《毛泽东 邓小平 江泽民论教育》，中央文献出版社、人民教育出版社、北京师范大学出版社2002年版，第240页。

④ 中华人民共和国教育部、中共中央文献研究室编：《毛泽东 邓小平 江泽民论教育》，中央文献出版社、人民教育出版社、北京师范大学出版社2002年版，第240页。

⑤ 中华人民共和国教育部、中共中央文献研究室编：《毛泽东 邓小平 江泽民论教育》，中央文献出版社、人民教育出版社、北京师范大学出版社2002年版，第241页。

化设施，采取容易为群众所接受、所欢迎的方式方法进行。”[①]最后，要发扬民主，鼓励群众自己动手：“尊重人、理解人、关心人，采取吸引群众广泛参与的方法、群众自己教育自己的方法、平等讨论的方法、批评和自我批评的方法。”[②]最终要达到“先进性同广泛性相结合”“思想教育同行为规范相结合”。

1994年6月14日，江泽民在全国教育工作会议上发表了“必须坚持教育优先的发展战略”的讲话，肯定了党的十一届三中全会以来，我国在教育领域所取得的杰出成就：“在各级党委和政府的领导下，经过广大教育工作者的辛勤努力，我国教育事业得到了迅速发展，教育改革逐步展开，教育工作取得显著成绩，提高了国民素质，培养了大量人才，对国家的经济建设、科技进步和社会发展做出了重大贡献。”[③]在此次会议上，江泽民鲜明地提出了教育工作的重要意义：“在我们这样一个有近十二亿人口、资源相对不足、经济文化比较落后的国家，依靠什么来实现社会主义现代化建设的宏伟目标呢？具有决定性意义的一条，就是把经济建设转到依靠科技进步和提高劳动者素质的轨道上来，真正把教育摆在优先发展的战略地位，努力提高全民族的思想道德和科学文化水平。这是实现我国现代化的根本大计。”[④]“十四届三中全会再一次向全党郑重指出：社会主义市场经济体制的建

① 中华人民共和国教育部、中共中央文献研究室编：《毛泽东 邓小平 江泽民论教育》，中央文献出版社、人民教育出版社、北京师范大学出版社2002年版，第241页。

② 中华人民共和国教育部、中共中央文献研究室编：《毛泽东 邓小平 江泽民论教育》，中央文献出版社、人民教育出版社、北京师范大学出版社2002年版，第241页。

③ 中华人民共和国教育部、中共中央文献研究室编：《毛泽东 邓小平 江泽民论教育》，中央文献出版社、人民教育出版社、北京师范大学出版社2002年版，第244页。

④ 中华人民共和国教育部、中共中央文献研究室编：《毛泽东 邓小平 江泽民论教育》，中央文献出版社、人民教育出版社、北京师范大学出版社2002年版，第246页。

立和现代化的实现，最终取决于国民素质的提高和人才的培养。”①

1999年6月15日，江泽民在第三次全国教育工作会议上发表了题为《教育必须以提高国民素质为根本宗旨》的讲话，再次强调了“社会主义教育培养人才”的关键性：“动员全党同志和全国人民，以提高民族素质和创新能力为重点，深化教育体制和结构改革，全面推进素质教育，振兴教育事业，实施科教兴国战略，为实现党的十五大确定的社会主义现代化建设宏伟目标而奋斗。”②立足全球视野，教育仍旧显示出自己贯彻始终的突出意义：“在当今世界上，综合国力的竞争，越来越表现为经济实力、国防实力和民族凝聚力的竞争。无论就其中哪一个方面实力的增强来说，教育都具有基础性的地位。”③

对何为教育，江泽民也有清晰的认知：“教育是知识创新、传播和应用的主要基地，也是培育创新精神和创新人才的重要摇篮。”④在教育的作用方面，江泽民指出：“在这里，我还要特别提醒同志们，必须高度重视教育在增强民族凝聚力方面的重大作用……同志们可以想一想，这种民族凝聚力来自何处？来自中华民族的优良传统，来自我们共产党人的崇高理想和社会主义制度的优越性，来自爱国主义、集体主义、社会主义和马克思主义教育。正确的世界观、人生观、价值观的确立，民族优良传统的发扬，共同理想和精神支柱的形成与巩固，科学文化水平的提高，都离不开教育工作，而这些都是我们民族凝聚

---

① 中华人民共和国教育部、中共中央文献研究室编：《毛泽东 邓小平 江泽民论教育》，中央文献出版社、人民教育出版社、北京师范大学出版社2002年版，第246页。

② 中华人民共和国教育部、中共中央文献研究室编：《毛泽东 邓小平 江泽民论教育》，中央文献出版社、人民教育出版社、北京师范大学出版社2002年版，第271页。

③ 中华人民共和国教育部、中共中央文献研究室编：《毛泽东 邓小平 江泽民论教育》，中央文献出版社、人民教育出版社、北京师范大学出版社2002年版，第272页。

④ 中华人民共和国教育部、中共中央文献研究室编：《毛泽东 邓小平 江泽民论教育》，中央文献出版社、人民教育出版社、北京师范大学出版社2002年版，第274页。

力的重要基础和内容。我们的各级各类教育机构，我们的全体教育工作者，对增强包括民族凝聚力在内的综合国力，承担着庄严的职责。”[①]

二、“社会主义教育”为“社会主义现代化建设的发展”服务

为了适应社会主义现代化建设的发展，江泽民提出了“教育改革”：“必须看到，面对当前国际国内新的形势，我们的教育思想、教育体制和结构、教育内容和方法，同社会主义现代化建设发展的需要不相适应的矛盾，已经和正在日益显露出来。”[②]第一，应该抓住青年的思想政治教育，“思想政治教育，在各级各类学校都要摆在重要地位，任何时候都不能放松和削弱。要说素质，思想政治要素是最重要的素质。不断增强学生和群众的爱国主义、集体主义、社会主义思想，是素质教育的灵魂”[③]。第二，普及九年义务教育，“满足基本学习需要和提高劳动者的整体素质，要作为教育工作的首要目标，努力提高绝大多数人的教育水准”[④]。第三，塑造创新精神和培养创新能力，“今天，面对世界科技飞速发展的挑战，我们必须把增强民族创新能力提到关系中华民族兴衰存亡的高度来认识。教育在培育民族创新精神

① 中华人民共和国教育部、中共中央文献研究室编：《毛泽东 邓小平 江泽民论教育》，中央文献出版社、人民教育出版社、北京师范大学出版社2002年版，第274、275页。

② 中华人民共和国教育部、中共中央文献研究室编：《毛泽东 邓小平 江泽民论教育》，中央文献出版社、人民教育出版社、北京师范大学出版社2002年版，第275页。

③ 中华人民共和国教育部、中共中央文献研究室编：《毛泽东 邓小平 江泽民论教育》，中央文献出版社、人民教育出版社、北京师范大学出版社2002年版，第275页。

④ 中华人民共和国教育部、中共中央文献研究室编：《毛泽东 邓小平 江泽民论教育》，中央文献出版社、人民教育出版社、北京师范大学出版社2002年版，第276页。

和培养创造性人才方面，肩负着特殊的使命”[①]。第四，扭转“象牙塔”式的教育，“教育同经济、科技、社会实践越来越紧密的结合，正在成为推动科技进步和经济、社会发展的重要力量……这就要求必须改革脱离社会实际的教育思想和教育方式，通过经济体制、科技体制和教育体制的配套改革，尽快建立教育与经济、科技密切结合的新机制”[②]。第五，营造终身学习的社会风气，“一次性的学校教育，已经不能满足人们不断更新知识的需要。我们要逐步建立和完善有利于终身学习的教育制度……为学习者提供多种多次受教育的机会……为各类社会成员提供多层次、多样化的教育服务。中华民族具有崇尚教育的优良传统，二十一世纪的中国应该成为人人皆学之邦”[③]。第六，要调动社会各方面的力量来办好教育事业，特别是各级各类的职业技术教育，“国运兴衰，系于教育；教育振兴，全民有责。全党同志和全国各族人民都要从实现祖国富强和民族振兴的角度，继续关心和支持我国教育的发展”[④]。第七，领导干部应该重视教育：“各级党委和政府，都要将教育纳入战略发展重点和现代化建设的整体布局之中，切实把教育作为先导性、全局性、基础性的知识产业和关键的基础设施，摆到优先发展的战略重点地位。”[⑤]并且，“各级党委和政府，要经常关心和帮助解决教育工作中遇到的困难问题。建立和健全目标管理责任制，

① 中华人民共和国教育部、中共中央文献研究室编：《毛泽东 邓小平 江泽民论教育》，中央文献出版社、人民教育出版社、北京师范大学出版社2002年版，第278页。

② 中华人民共和国教育部、中共中央文献研究室编：《毛泽东 邓小平 江泽民论教育》，中央文献出版社、人民教育出版社、北京师范大学出版社2002年版，第279页。

③ 中华人民共和国教育部、中共中央文献研究室编：《毛泽东 邓小平 江泽民论教育》，中央文献出版社、人民教育出版社、北京师范大学出版社2002年版，第280页。

④ 中华人民共和国教育部、中共中央文献研究室编：《毛泽东 邓小平 江泽民论教育》，中央文献出版社、人民教育出版社、北京师范大学出版社2002年版，第280页。

⑤ 中华人民共和国教育部、中共中央文献研究室编：《毛泽东 邓小平 江泽民论教育》，中央文献出版社、人民教育出版社、北京师范大学出版社2002年版，第281页。

层层明确目标和责任”[①]。第八，打造高质量的教师队伍，这是教育的一个基本条件。“教师是人类灵魂的工程师。在我国，人民教师是社会主义精神文明的传播者和建设者。我们要坚持继承中华民族的优良传统，在全社会大力弘扬尊师重教的良好风尚。各级党政领导要为教师多办实事，切实保障教师的合法权益，努力改善教师的待遇。”[②]第九，教育不仅要依靠各类各级学校的努力，还需要良好的社会环境，例如，“要加强社会综合治理和文化建设，坚决抵制各种封建迷信、腐朽思想文化对青少年的毒害；必须加强社区建设，积极创造有利于青少年健康成长的家庭、邻里和学校的环境。文化艺术部门和大众传播媒介，必须以内容健康向上、具有艺术魅力的精神产品教育青少年”[③]。此外，教育改革还需继承传统。2000年5月17日，江泽民在接受美国《科学》杂志主编埃利斯·鲁宾斯坦的专访时说道：“中国教育体系有不少好的传统，中国的基础教育培养了一大批世界公认的、优秀的科学家和工程技术人员，为世界文明进步作出了重要贡献。科学知识的积累是应该鼓励的，当然在前辈基础上的创新更应该鼓励。”[④]

2000年2月1日，江泽民明确提出了教育与经济发展息息相关：“坚持经济建设为中心不能动摇，同时要切实抓好社会主义精神文明建设，否则经济建设最终也搞不上去。”[⑤]2001年7月1日，江泽民在庆祝

---

① 中华人民共和国教育部、中共中央文献研究室编：《毛泽东 邓小平 江泽民论教育》，中央文献出版社、人民教育出版社、北京师范大学出版社2002年版，第281页。

② 中华人民共和国教育部、中共中央文献研究室编：《毛泽东 邓小平 江泽民论教育》，中央文献出版社、人民教育出版社、北京师范大学出版社2002年版，第282页。

③ 中华人民共和国教育部、中共中央文献研究室编：《毛泽东 邓小平 江泽民论教育》，中央文献出版社、人民教育出版社、北京师范大学出版社2002年版，第283页。

④ 中华人民共和国教育部、中共中央文献研究室编：《毛泽东 邓小平 江泽民论教育》，中央文献出版社、人民教育出版社、北京师范大学出版社2002年版，第291页。

⑤ 中华人民共和国教育部、中共中央文献研究室编：《毛泽东 邓小平 江泽民论教育》，中央文献出版社、人民教育出版社、北京师范大学出版社2002年版，第290页。

中国共产党成立八十周年大会上，对物质文明和教育的关系进行了补充："推进人的全面发展，同推进经济、文化的发展和改善人民物质文化生活，是互为前提和基础的。人越全面发展，社会的物质文化财富就会创造得越多，人民的生活就越能得到改善，而物质文化条件越充分，又越能推进人的全面发展。社会生产力和经济文化的发展水平是逐步提高、永无止境的历史过程，人的全面发展程度也是逐步提高、永无止境的历史过程。这两个历史过程应相互结合、相互促进地向前发展。"①

除了推动教育事业的发展，江泽民也积极解决教育问题："现在一些学生负担很重，结果形成了很大的心理压力。这不利于青少年学生的健康成长。还有一些学校和地方，对学生的知识教育和学校的设施建设抓得比较紧，而对学生的思想品德、纪律法制教育，对学生在校外活动的情况，抓得比较松，有些学生在社会上接受了不良影响，有的甚至走上了违法犯罪的道路。"②对此，江泽民强调，教育是一项系统性的工程，对于教育本身："要不断提高教育质量和教育水平，不仅要加强对学生的文化知识教育，而且要切实加强对学生的思想政治教育、品德教育、纪律教育、法制教育。"③该工程要落实到社会上："对教育事业，全社会都要来关心和支持。尤其是要加强对青少年学生进行爱国主义、集体主义、社会主义的思想教育，帮助他们树立正确的世界观、人生观、价值观。这项工作不仅教育部门要做，宣传思想部

① 中华人民共和国教育部、中共中央文献研究室编：《毛泽东 邓小平 江泽民论教育》，中央文献出版社、人民教育出版社、北京师范大学出版社2002年版，第299页。

② 中华人民共和国教育部、中共中央文献研究室编：《毛泽东 邓小平 江泽民论教育》，中央文献出版社、人民教育出版社、北京师范大学出版社2002年版，第287、288页。

③ 中华人民共和国教育部、中共中央文献研究室编：《毛泽东 邓小平 江泽民论教育》，中央文献出版社、人民教育出版社、北京师范大学出版社2002年版，第287页。

门、政法部门以及其他部门都要做，全党、全社会都要来做。”①

2001年4月29日，江泽民在庆祝清华大学建校九十周年大会上发表了讲话，结合我国社会主义发展的目标，他指出：“到本世纪中叶，我们要基本实现社会主义现代化，实现中华民族的伟大复兴。离开科学教育事业的发展，离开全民族科学文化水平的提高，这一光荣而艰巨的任务是不可能完成的。大学应该成为科教兴国的强大生力军。要继续提高高等教育的质量，加快高等教育事业的发展，努力在全国建设若干所具有世界先进水平的一流大学。”②

在教育问题视域下，围绕学生的成长和发展，江泽民也提出了若干意见。1989年10月13日，江泽民就少先队员和少先队工作者指出：“少先队是祖国社会主义现代化建设的预备队，也是少年儿童自己学习社会主义和共产主义的大学校。四十年来，在共青团组织的带领下，少先队在培养无产阶级革命事业接班人中做出了积极的贡献；还培养了像赖宁这样的值得大家学习的优秀少先队员。”③“我希望少先队按照党对下一代的要求，坚持不懈地对广大少年儿童进行基础的共产主义教育……希望全国的少先队员们……学好文化科学知识，锻炼强健体魄，按照邓小平同志的教导，成为有理想、有道德、有文化、有纪律的无产阶级革命事业的接班人。”④1990年3月23日，江泽民同北京大学的部分学生进行了谈话：“青年是我们的未来。对青年一代，我们

---

① 中华人民共和国教育部、中共中央文献研究室编：《毛泽东 邓小平 江泽民论教育》，中央文献出版社、人民教育出版社、北京师范大学出版社2002年版，第289页。

② 中华人民共和国教育部、中共中央文献研究室编：《毛泽东 邓小平 江泽民论教育》，中央文献出版社、人民教育出版社、北京师范大学出版社2002年版，第294页。

③ 中华人民共和国教育部、中共中央文献研究室编：《毛泽东 邓小平 江泽民论教育》，中央文献出版社、人民教育出版社、北京师范大学出版社2002年版，第205页。

④ 中华人民共和国教育部、中共中央文献研究室编：《毛泽东 邓小平 江泽民论教育》，中央文献出版社、人民教育出版社、北京师范大学出版社2002年版，第206页。

一贯主张既要热情爱护，又要严格要求。青年知识分子对新事物非常敏感，有现代科学文化知识……爱和严，都是为了促进他们将来更好地创造我们民族美好的未来。爱和严要结合起来。真正的爱必然体现在严格要求之中，只爱不严不是真正的爱，而是害。只有严格要求，青年一代才能挑起建设社会主义现代化的历史重担。”①在此基础之上，江泽民对青年提出了三点希望：“第一，珍惜安定团结的政治局面，成为维护社会稳定的积极力量……第二，勤奋读书，努力掌握马克思主义的基本理论和现代科技文化知识……第三，严格要求自己，更多地参加社会实践。”②

1993年5月31日，江泽民为全国少年儿童题词：“少年儿童是国家的未来，从小要立下热爱祖国、奋发图强的志向，养成求知不懈、热爱劳动的习惯。”③

1994年3月3日，江泽民在全国扶贫开发工作会议上发表了《扶贫开发要坚持不懈、锲而不舍地长期抓下去》的讲话：“‘八七扶贫攻坚计划’强调普及初等教育，积极扫除文盲，对青壮年进行职业技术教育，防治地方病，抓好计划生育，都很好，我都赞成。贫困地区一方面要稳住现有人才，另一方面要培养新的人才。很多地方的实践表明，启用一个优秀人才，就能带动一片，富裕一方。”④

1994年5月24日，江泽民为“跨世纪中国少年雏鹰行动”题词：

① 中华人民共和国教育部、中共中央文献研究室编：《毛泽东 邓小平 江泽民论教育》，中央文献出版社、人民教育出版社、北京师范大学出版社2002年版，第208页。

② 中华人民共和国教育部、中共中央文献研究室编：《毛泽东 邓小平 江泽民论教育》，中央文献出版社、人民教育出版社、北京师范大学出版社2002年版，第210、211、212页。

③ 中华人民共和国教育部、中共中央文献研究室编：《毛泽东 邓小平 江泽民论教育》，中央文献出版社、人民教育出版社、北京师范大学出版社2002年版，第236页。

④ 中华人民共和国教育部、中共中央文献研究室编：《毛泽东 邓小平 江泽民论教育》，中央文献出版社、人民教育出版社、北京师范大学出版社2002年版，第242页。

"自学、自理、自护、自强、自律，做社会主义事业的合格建设者和接班人。"[①]1998年5月29日，江泽民同志在北京儿童电影制片厂听取了《关于儿童电影事业的情况报告》，并作了"儿童教育至关重要"的批示："童年时代所受教育的好坏，往往影响一个人的一生，希望有关部门大力支持，齐心协力搞好儿童教育。"[②]

2001年4月29日，江泽民在庆祝清华大学建校九十周年大会上发表讲话："希望你们成为德才兼备、全面发展的人。要努力使自己既具有优良的思想政治素质，又具有过硬的科学文化本领，既有强硬的体魄，又有健全的心智。全面认识自己、提高自己，不断在学习中增长知识，不断在人生旅途中陶冶情操，不断在社会实践中磨炼意志，为承担起建设祖国的神圣职责做好一切准备。"[③]

第五节 "建设和谐文化"

一、什么是"建设和谐文化"

胡锦涛关于文化建设的论述，科学回答了"建设什么样的文化"的问题。在建设什么样的文化这个问题上，胡锦涛提出了"建设和谐

① 中华人民共和国教育部、中共中央文献研究室编：《毛泽东 邓小平 江泽民论教育》，中央文献出版社、人民教育出版社、北京师范大学出版社2002年版，第243页。

② 中华人民共和国教育部、中共中央文献研究室编：《毛泽东 邓小平 江泽民论教育》，中央文献出版社、人民教育出版社、北京师范大学出版社2002年版，第268页。

③ 中华人民共和国教育部、中共中央文献研究室编：《毛泽东 邓小平 江泽民论教育》，中央文献出版社、人民教育出版社、北京师范大学出版社2002年版，第296页。

文化”的新命题。“建设和谐文化”是“构建社会主义和谐社会”的重要组成部分和重要任务之一。2004年9月，中共十六届四中全会首次提出了“构建社会主义和谐社会”的历史任务。2005年2月19日，胡锦涛在中央党校省部级主要领导干部“提高构建社会主义和谐社会能力”专题研讨班上进一步阐明了构建社会主义和谐社会的基本内涵，他指出：“我们所要建设的社会主义和谐社会，应该是民主法治、公平正义、诚信友爱、充满活力、安定有序、人与自然和谐相处的社会。”在提出“构建和谐社会”的基础上，2006年5月15日，胡锦涛在《在云南考察工作结束时的讲话》中指出：“必须从树立共同理想、打牢共同思想基础、弘扬民族精神、开展道德建设等方面加强工作，促进和谐文化建设和发展。”这是党中央首次正式提出“和谐文化”这一科学概念。2006年10月11日，中国共产党十六届六中全会通过了《中共中央关于构建社会主义和谐社会若干重大问题的决定》（以下简称《决定》），对构建社会主义和谐社会作出了全面部署，而“要更好地构建和谐社会，就必须在社会主义先进文化引领下，大力建设和谐文化”。《决定》指出，“我们要构建的社会主义和谐社会，是经济建设、政治建设、文化建设、社会建设协调发展的社会，是人与人、人与社会、人与自然整体和谐的社会，这要贯穿于建设中国特色社会主义整个历史过程。在实际工作中，我们既要从‘大社会’着眼，把和谐社会建设落实到包括经济建设、政治建设、文化建设、社会建设和党的建设等在内的党和国家全部工作之中；又要从‘小社会’着手，以解决人民最关心最直接最现实的利益问题为重点，着力发展社会事业、促进社会公平正义、建设和谐文化、完善社会管理、增强社会创造活力，走共同富裕道路，推动社会建设与经济建设、政治建设、文化建设协调发展”[①]。“建设和谐文化，是构建社会主义和谐社会的重要任务。社会主义核心价值体系是建设和谐文化的根本。必须坚持马克思主义在意识形态领域的指导地位，牢牢把握社会主义先进文化的前进方向，弘扬民族优秀文化传统，借鉴人类有益文明成果，倡导和谐理念，培育和谐精神，进一步形成全社会共同的理想信念和道德规范，打牢全党全国各族人民团结奋斗的思想道德基础。”据此，刘云山在《人民日报》发表文章指出，“和谐文化以崇尚和谐、追求和谐为价值取向，融思想观念、思维方式、行为规范、社会风尚为一体，反映着人们对和谐社会的总体认识、基本理念和理想追求，是中国特色社会主义文化的重要组成部分”[②]。2006年11月10日，在中国文学艺术界联合会第八次全国代表大会、中国作家协会第七次全国代表大会上的讲话中，胡锦涛进一步就“和谐文化”的重要地位、“建设和谐文化”的重要意义及其与“构建社会主义和谐社会”的关系等方面进行了详细阐述。他指出，“和谐文化既是和谐社会的重要特征，也是实现社会和谐的精神动力”[③]。建设和谐文化，是“现阶段我国文化工作的主题”，是“构建社会主义和谐社会的重要任务，也是构建社会主义和谐社会的重要条件”。[④]

总体而言，“和谐文化”概念同“先进文化”“社会主义核心价值体系”等概念，并不是相互替代的关系。“社会主义先进文化”本身就是“和谐文化”；“建设社会主义核心价值体系”既是建设和谐文化的根本，也是建设社会主义先进文化的必然要求。“建设和谐文化”基于“构建和谐社会”的实践需要而生，它既是“和谐社会”的基本特征和

① 胡锦涛：《胡锦涛文选》（第二卷），人民出版社2016年版，第523页。
② 刘云山：《建设和谐文化，巩固社会和谐的思想基础》，《人民日报》2006年10月24日。
③ 胡锦涛：《胡锦涛文选》（第二卷），人民出版社2016年版，第539页。
④ 胡锦涛：《胡锦涛文选》（第二卷），人民出版社2016年版，第539、540页。

重要内容，又是实现社会和谐的文化源泉和精神动力。不仅如此，和谐文化还尊重文化多样性，包容价值多元化，善于吸收人类文明的优质成分，融合不同文明的异质冲突，在坚守民族特质中寻求世界共性，为解决当今世界多元文化的交融和碰撞，推动人类文明走向和谐新境界提供了一种全新的理论方向和发展前景。可以说，中国共产党关于“和谐文化”的论述，从新的角度回答了在新的历史条件和任务面前究竟要“建设什么样的文化”这个问题，进一步丰富了我们党关于“建设什么样的文化”的思想，体现了中国共产党对于人类文明发展规律认识的深化，是中国特色社会主义文化理论更具实践性的体现，充分反映了中国共产党对中国特色社会主义文化事业的高度自觉，是党在新的历史条件下关于中国特色社会主义文化建设的又一次理论创新。

二、如何“建设和谐文化”

在中国文学艺术界联合会第八次全国代表大会、中国作家协会第七次全国代表大会上的讲话中，胡锦涛提到，为了建设和谐文化，需要“广泛动员人民群众投身和谐社会建设”[①]，并且“我们要牢牢把握社会主义先进文化的前进方向，建设社会主义核心价值体系，弘扬民族优秀文化传统，发掘民族和谐文化资源，借鉴人类有益文明成果，倡导和谐理念，培养和谐精神，营造和谐氛围，进一步形成全社会共同的理想信念和道德规范，打牢全党全国各族人民团结奋斗的思想道德基础”[②]。“在当代中国，繁荣社会主义先进文化，建设和谐文化，是我国广大文艺工作者的庄严使命。文学、戏剧、电影、电视、音乐、

① 胡锦涛：《胡锦涛文选》（第二卷），人民出版社2016年版，第539页。
② 胡锦涛：《胡锦涛文选》（第二卷），人民出版社2016年版，第539、540页。

舞蹈、美术、摄影、书法、曲艺、杂技以及民间文艺、群众文艺等各方面文艺工作者，都应该坚持先进文化的前进方向，按照建设和谐文化的要求，自觉投身亿万人民创造幸福生活和美好未来的伟大实践，用自己熟悉和擅长的文艺形式，努力生产出为人民群众喜闻乐见的文艺作品，努力创作出符合时代要求的精品力作，积极推进我国文艺创新和繁荣，为全面建设小康社会、构建社会主义和谐社会作出自己的贡献”[①]。

2007年1月23日，胡锦涛主持中共十六届中央政治局第三十八次集体学习时指出：“加强我国网络文化建设和管理，必须从中国特色社会主义事业总体布局和文化发展战略出发，坚持以邓小平理论和‘三个代表’重要思想为指导，全面贯彻落实科学发展观，按照发展社会主义先进文化的要求，坚持积极利用、大力发展、科学管理，以先进技术传播先进文化，促进和谐文化建设，更好满足人民群众日益增长的精神文化需要，为全面建设小康社会提供有力的思想保证和舆论支持。”[②]2007年10月，在党的十七大报告中，胡锦涛从增强民族凝聚力和创造力、提高综合国力以及丰富人民的精神文化生活等方面，揭示了和谐文化建设在当今社会发展中的重要作用，提出了“建设和谐文化，培育文明风尚”的重大任务，强调“和谐文化是全体人民团结进步的重要精神支撑”。[③]2008年1月22日，胡锦涛在全国宣传思想工作会议上发表“开创宣传思想工作新局面”的讲话，就如何改革创新宣传思想工作指出：“加强思想道德建设，进一步培育文明风尚……要深入开展群众性精神文明创建活动，大力建设和谐文化，充分发挥道德

① 胡锦涛：《胡锦涛文选》（第二卷），人民出版社2016年版，第540页。

② 胡锦涛：《胡锦涛文选》（第二卷），人民出版社2016年版，第560页。

③ 胡锦涛：《高举中国特色社会主义伟大旗帜　为夺取全面建设小康社会新胜利而奋斗》，人民出版社2007年版，第33页。

模范的榜样作用，倡导爱国、敬业、诚信、友善等道德规范，发扬艰苦奋斗精神，提倡勤俭节约，反对拜金主义、享乐主义、极端个人主义，在全社会形成知荣辱、讲正气、促和谐的良好风尚。”[①]

此外，树立社会主义荣辱观是建设社会主义和谐文化的题中之义。2006年，胡锦涛在参加全国政协十届四次会议民盟、民进界委员联组讨论时提出：“全面建设小康社会、加快推进社会主义现代化，要求我们必须把发展社会主义先进文化放到十分突出的位置，着眼于提高人的素质、促进人的全面发展，加强思想道德建设，发展教育科学文化，培育有理想、有道德、有文化、有纪律的社会主义公民……要教育广大干部群众特别是广大青年树立社会主义荣辱观，坚持以热爱祖国为荣、以危害祖国为耻，以服务人民为荣、以背离人民为耻，以崇尚科学为荣、以愚昧无知为耻，以辛勤劳动为荣、以好逸恶劳为耻，以团结互助为荣、以损人利己为耻，以诚实守信为荣、以见利忘义为耻，以遵纪守法为荣、以违法乱纪为耻，以艰苦奋斗为荣、以骄奢淫逸为耻。”[②]胡锦涛同样也关注社会主义教育，2006年8月29日，在中共十六届中央政治局第三十四次集体学习时发表《办好让人民群众满意的教育》的讲话，他指出：“坚持把教育摆在优先发展的战略地位”[③]，“坚持以科学发展观统领教育事业发展全局”[④]，“加强和改进对教育工作的领导”[⑤]。

2010年7月13日，胡锦涛在全国教育工作会议上发表《推动教育事业科学发展》的讲话，他指出：“推动教育事业发展，必须高举中国

① 胡锦涛：《胡锦涛文选》（第三卷），人民出版社2016年版，第65页。
② 胡锦涛：《论构建社会主义和谐社会》，中央文献出版社2013年版，第86—88页。
③ 胡锦涛：《论构建社会主义和谐社会》，中央文献出版社2013年版，第113页。
④ 胡锦涛：《论构建社会主义和谐社会》，中央文献出版社2013年版，第114页。
⑤ 胡锦涛：《论构建社会主义和谐社会》，中央文献出版社2013年版，第118页。

特色社会主义伟大旗帜，以邓小平理论和‘三个代表’重要思想为指导，深入贯彻落实科学发展观，实施科教兴国战略和人才强国战略，优先发展教育，完善中国特色社会主义现代教育体系，办好人民满意的教育，建设人力资源强国。”①

对于促进“教育事业发展”的措施，胡锦涛也进行了规划：第一，始终坚持把教育摆在优先发展的战略地位，甚至“要把是否坚持优先发展教育、发挥教育重大作用作为检验各级党政领导班子是否真正贯彻落实科学发展观的重要内容”②；第二，必须坚持以人为本，“坚持以人为本、全面实施素质教育是教育改革和发展的战略主题，是贯彻党的教育方针的时代要求，核心是解决好培养什么人、怎样培养人的重大问题，重点是面向全体学生、促进学生全面发展，着力提高学生服务国家服务人民的社会责任感、勇于探索的创新精神、善于解决问题的实践能力”③；第三，必须坚持改革创新，“改革是教育事业发展的强大动力。要深化教育教学改革，重视改革的系统设计和整体安排，加快重要领域和关键环节改革步伐，以改革推动发展，以改革提高质量，以改革增强活力，进一步消除制约教育发展和创新的体制机制障碍，全面形成与社会主义市场经济体制和全面建设小康社会目标相适应的充满活力、富有效率、更加开放、有利于科学发展的教育体制机制”④。

---

① 胡锦涛：《论构建社会主义和谐社会》，中央文献出版社2013年版，第190页。

② 胡锦涛：《论构建社会主义和谐社会》，中央文献出版社2013年版，第191页。

③ 胡锦涛：《论构建社会主义和谐社会》，中央文献出版社2013年版，第192、193页。

④ 胡锦涛：《论构建社会主义和谐社会》，中央文献出版社2013年版，第195页。

第六节　文化市场与文化产业理论

一、作为社会主义市场经济组成部分的文化市场

什么是文化市场？“文化市场，是指按价值规律进行文化艺术产品交换和提供有偿文化服务活动的场所，是文化艺术产品生产和消费的中介。在我国，文化市场可以划分为娱乐市场、演出市场、艺术品市场、网络文化市场、电影市场、音像市场、书报刊市场、文物市场等多种类型。”[①]改革开放前，计划经济体制下的艺术生产是不需要市场化运作的。改革开放以来，我国逐步引入市场机制，文化市场合法性地位的确立，是这一阶段文化体制改革的重要内容之一。1988年，文化部、国家工商行政管理局颁布了《关于加强文化市场管理工作的通知》，正式提出了“文化市场”概念，并对文化市场的范围、管理原则、任务等进行了界定，标志着我国对“文化市场”地位的正式认可。1989年，国务院批准设立文化市场管理局，标志着文化市场管理体系的建立。进入20世纪90年代后，文化市场在数量、规模、档次、品位上都产生了质的飞跃。1991年，国务院批转《文化部关于文化事业若干经济政策意见的报告》，正式提出了“文化经济”的概念。1992年，党的十四大报告明确提出要“完善文化经济政策”。1997年，中国共产党第十五次全国代表大会提出要“一手抓繁荣，一手抓管理，促进文化市场健康发展”。21世纪以来，以加入世界贸易组织为标志，我国文化市场进一步融入国际文化大舞台，市场流通方式逐步走向连锁化、

① 全国干部培训教材编审指导委员会：《社会主义文化强国建设》，人民出版社、党建读物出版社2015年版，第105页。

规范化、集团化。

文化市场是我国社会主义市场经济的重要组成部分，是文化建设在社会主义市场经济条件下的一种重要运作形式。建立健全现代文化市场体系，必须坚持社会主义先进文化的前进方向、走中国特色社会主义文化发展道路。文化市场的要义是：一方面，强调文化产品的“市场”“商品”属性，即文化产品要同普通商品一样经历生产、分配、交换、消费等环节，各环节所需物质资源的配置都要通过市场机制来实现；文化产品要以满足文化消费需求作为根本出发点，遵循价值规律、市场规则和市场活动特点，充分发挥市场调节资源配置的主导作用，通过市场手段实现规模效益和资源整合。另一方面，文化市场需强调“文化”的特殊性，即要把社会效益放在首位，努力做到社会效益与经济效益相统一；要以文化的形式、市场的力量，塑造中国形象、讲好中国故事，弘扬中国精神、凝聚中国力量，形成中国风格、彰显中国气派，传承中华美学、传播中国文化，更好发挥文化“引领风尚、教育人民、服务社会、推动发展”的作用。

二、作为社会生产力产物的文化产业

市场经济模式将文化产品纳入大众消费领域，使文化产品的经济价值在产业化的过程中得到了最大程度的实现。文化产业是我国国民经济的重要支柱产业之一，大力发展文化产业，有利于产业结构的优化和社会的全面进步。与文化市场一样，文化产业的繁荣也是改革开放的产物，“产业性”即“它所具有的经济性质、市场运作方式和产业管理规范等一系列特征”；“文化性”即“它具有特定的观念性、精神性的特质”。[①]

1992年，国务院办公厅综合司编著的《重大战略决策——加快发展第三产业》一书，明确使用了“文化产业”的说法。1998年，文化部设立文化产业司，标志着我国政府正式将文化产业纳入政府工作体系。进入21世纪以来，随着文化娱乐支出比重的增加、文化消费时间的显著增多、文化消费总量的迅速提高，文化产业的概念逐渐走向成熟，并在理论和实践上取得突破。2000年10月，中国共产党第十五届五中全会通过的《中共中央关于制定国民经济和社会发展第十个五年计划的建议》，第一次在中央正式文件中提出了“文化产业”的概念，明确提出要“完善文化产业政策，加强文化市场建设和管理，推动有关文化产业发展”。2002年，党的十六大报告明确了文化产业发展方向，提出“积极发展文化事业和文化产业”，“完善文化产业政策，支持文化产业发展，增强我国文化产业的整体实力和竞争力”，把文化产业发展定性为“繁荣社会主义文化、满足人民群众精神文化需求的重要途径”。在此，不仅第一次把“文化事业”和“文化产业”作为两个相互关联的重要概念提出来，而且将发展文化产业作为党和政府的重要任务，并被确立为一项重要国策，这是中国共产党在文化产业上的重大理论突破和创新。2004年，国家统计局出台《文化及相关产业分类》，从统计学意义上对文化产业概念和范围进行了界定，将“文化及相关产业”界定为：为社会公众提供文化娱乐产品和服务的活动，以及与这些活动有关联的活动的集合，为建立科学、系统、可行的文化产业统计制度，推动当前文化体制改革和文化产业发展奠定了重要基础。

文化产业是社会生产力发展的必然产物，是随着我国社会主义市

① 张永清、陈奇佳主编：《当代批评理论》，人民出版社2013年版，第52页。

场经济的逐步完善和现代生产方式的不断进步而发展起来的新兴产业。具体来说，文化产业是指从事文化产品生产和提供文化服务的经营性行业，它是社会主义文化建设的重要组成部分，以市场机制为导向、以文化市场为基础、以营利为目的、以商业化运作方式为手段，主要包括文化艺术、文化出版、广播电视、文化旅游等四个领域。发展文化产业，就是要在文化建设中引入产业机制，实现文化的自我积累和长期稳定发展，形成文化发展中独立的扩大再生产机制。

文化市场与文化产业理论不断丰富。2007年，党的十七大提出了《文化产业振兴规划》："要积极发展公益性文化事业，大力发展文化产业，激发全民族文化创造活力，更加自觉、更加主动地推动文化大发展大繁荣。"[①]并对振兴文化市场和产业的"背景""指导思想、基本原则和规划目标""重点任务""政策措施"和"保障条件"进行了详细规定。

第七节　从"文化自觉"到"世界文化共同体"：费孝通的当代文化思想

费孝通（1910—2005），我国著名的社会学家、人类学家、民族学家、社会活动家，我国社会学和人类学的重要奠基人，曾任第七、八届全国人民代表大会常务委员会副委员长、中国人民政治协商会议第六届全国委员会副主席、中国民主同盟中央主席等。费孝通将毕生精

① 《文化产业振兴规划》，人民出版社2009年版，第1页。

力倾注于对中国社会的实地调查和对文化问题的深入思考上，是一位以社会人类学为职志、一生关注社会文化变迁的学者。

早在20世纪30年代初的求学时期[①]，费孝通即在《中国文化内部变异的研究举例》（1933）、《从“社会进化”到“社会平衡”》（1934）等论文中阐述了他对文化的实质、形态、功能等问题的见解。[②] 20世纪30年代末至新中国成立之前，费孝通先后在云南大学、西南联合大学、清华大学执教[③]，这期间完成了《土地里长出来的文化》（1946）、《文化的物质面与精神面》（1946）、《文化论与社会学》（1948）等论文，从更深层次上探讨了文化与社会的关系。[④]新中国成立后，费孝通先后被任命担任多项与民族学相关的职务[⑤]，自此，费孝通又开始着手民族学研究，写下了《关于对待民族民间文艺遗产的一些意见》《中华民族的多元一体格局》等一系列论著，论述了文化的民族性以及我国少数民族文化的特点等问题。

---

① 1928年，费孝通升入东吴大学，攻读医学预科。后受进步思想影响，于1930年转入燕京大学社会学系学习，获学士学位。1933年毕业后，考入清华大学社会学及人类学系读研究生，1935年毕业，成为中国最早在本土获得社会人类学硕士的青年学者。同年，取得清华大学公费留学资格。1936年秋，费孝通抵达英国，师从马林诺夫斯基完成博士学业。

② 比如，费孝通在《中国文化内部变异的研究举例》中，提出了“社会问题起于文化失调”，“现有的文化状态是过去社会变迁的结果，亦是未来社会变迁的开端，所以，研究中国社会变迁，势必从它的文化状态开始”等观点；在《从“社会进化”到“社会平衡”》中提出了“一切文化只是人类生活的办法，所以，离开了生活，文化和社会制度就无从说起”的观点。

③ 1938年，费孝通返回中国，任教于云南大学。1938年至1946年，任云南大学社会学系教授，主持云南大学和燕京大学合办的社会学研究室。1947年，到清华大学任教。

④ 比如，费孝通在《土地里长出来的文化》中提出“文化是人群的生活方式”，“传统的中国文化是土地里长出来的”，“‘知足常乐’是中国传统文化的基本精神”的观点；在《文化的物质面与精神面》中提出了“器物和习惯形成了文化的两大方面——物质的和精神的”等观点；在《文化论与社会学》中提出了“从发展的层次说，社会是基层，文化是上层”，“社会是群体生活本身，文化是群体生活持以进行的一种方式。社会和个人是可见的实体，文化是看不见的抽象的生活方式，是一种看不见的力量”的观点。

⑤ 如1950至1951年间，费孝通先后被任命为中央民族访问团副团长兼第三分团团长、中央民族学院副院长、中央人民政府民族事务委员会委员等职。

改革开放以来，特别是进入20世纪90年代以来，面对经济全球化的汹涌浪潮，进入耄耋之年的费孝通继续就如何建立中国特色社会主义新文化、如何正确处理东西方文化的关系、如何促进世界多元文化和平共处等问题进行了持续深入的探索与思考。这一时期，他对全球化时代中国国际地位进行了战略思考，提出了“文化自觉”理论以及“美美与共，天下大同”、建立“世界文化共同体”的和谐世界构想。费孝通晚年对文化问题的思考，是我国当代文化思想史上一笔重要的精神财富。

费孝通在论及如何建立中国特色的社会科学时曾提出过一个“三步走”的战略，即“第一步要认识和理解历史，了解传统，包括西方的、中国的，找出差别和差距。第二步对本土文化要批判地继承，留下好的东西作为发展的基础。对外来文化要选优去劣，还要有追赶和竞争意识。第三步才是创新，开拓前进，建立起中国特色的社会科学”①。这个“三步走”战略，既是建立中国特色社会科学所要走的步骤，同时也是建立中国特色社会主义文化所要走的步骤。我们可以将费孝通归纳的这三步具体细分为五个小步骤：第一，对自己历史和传统的认识与理解；第二，在第一步的基础上找出东西方文化的差别与差距；第三，批判地继承本土文化；第四，对外来文化选优去劣；第五，在前面四步的基础上开拓创新，以建立有中国特色的社会主义文化。下面，我们就顺着这“五个小步骤”的思路，以此串联起费孝通以“文化自觉”论为核心的当代文化思想。

---

① 费孝通：《重建社会学与人类学的回顾和体会》，载《文化与文化自觉》，群言出版社2010年版，第283页。

一、文化自觉：对历史和传统的认识与理解

费孝通指出，“任何文化它都是有根的，因此要了解一种文化，就是要从了解它的历史开始”[①]；“作为中华民族的成员，我们有责任先从自己的文化开始，在认真了解、理解、研究传统文化的基础上，参加现代中华新文化的创造，为新世纪的文化建设积极准备条件”[②]。费孝通所说的“认识和理解历史，了解传统”，至少包括对以下几个问题的回答：文化是怎样产生的？文化是用来干什么的？我们各个文化是哪里来的？怎样形成的？它的实质是什么？而这些问题，正是费孝通在20世纪90年代所提出的“文化自觉”论所面对的问题：“当前，世界各地多种文化的接触引起了人类心态的诸多反应，这些反应提出了这样的迫切要求，即人们要求知道：我们为什么这样生活？这样生活有什么意义？这样生活会为我们带来什么结果？也就是人类发展到现在已开始知道我们各个文化是哪里来的？怎样形成的？它的实质是什么？它将把人类带到哪里去？这些冒出来的问题就是我提出的‘文化自觉’的要求。”[③]“文化自觉”是费孝通最重要、最具有标识性的文化理论。这部分我们主要探讨：费孝通提出的“文化自觉”具体指的是什么？他是在什么样的时代背景下提出“文化自觉”理论的？他是在何种情况下首先接触到“文化自觉”这一问题的？“文化自觉”论的提出过程是怎样的？以及它有着怎样的思想渊源？

---

① 费孝通：《文化的传统与创造》，载《文化与文化自觉》，群言出版社2010年版，第259页。

② 费孝通：《中华文化在新世纪面临的挑战》，载《文化与文化自觉》，群言出版社2010年版，第253页。

③ 费孝通：《重建社会学与人类学的回顾和体会》，载《文化与文化自觉》，群言出版社2010年版，第291页。

1997年1月4日，费孝通在北京大学重点学科汇报会上作了题为《开创学术新风气》的讲话。在这次讲话中，费孝通最早提出了“文化自觉”的说法。他说：“当今世界各种文化有如欧美文化、伊斯兰文化、印度文化、中国文化等等，都在接触、在碰头。世界正在进入一个地球村，形成一个全球多元文化的时代。这是北京大学应当能够开创一代新风气的时机。开创什么新风气呢？我想用‘文化自觉’四个字来表达。……历史发展到一定时期就需要找到一个地方和一群人来发扬一种新风气。我想当前的新风气就是文化自觉，各民族开始要求自己认识自己的文化，提出一系列的问题：为什么我们这样生活？这样生活有什么意义？怎样发展下去？人文科学负有答复这一系列问题的重大责任。……以人文科学来说，就要看我们如何跟上时代，认真地各自认识自己的文化了。在中国开创学术风气，北大一直是带头的，五四时代北大出了个蔡元培。北大和清华作为一个学术中心，在马克思主义新的发展中，理应出现一个相适应的文化自觉，也就是认识文化的自觉行动。我感觉到这个风气不仅限于中国，而且正在许多先进国家中酝酿和展开。我们中国要抓住这个机遇，参与和推动这个学术的新风气。19世纪在西方出现了文艺复兴‘人的自觉’，看来21世纪将开始出现‘人类文化的自觉’了，人类开始要求认识自己的文化了。”①

1997年1月5日，第二届社会文化人类学高级研讨班在北京大学开幕，开幕式上，费孝通以其《重读〈江村经济〉序言》为引子，展开了对“文化自觉”概念和理论的阐述。他指出，“人类学向来借助泛文化的对照，达成对人生存本质的理解，促使文化中的人对其文化形成

① 费孝通：《开创学术新风气——在北京大学重点学科汇报会上的讲话》，《高校社会科学研究和理论教学》1997年第3期。

充分的‘自觉’（consciousness）。而文化的自觉表现为多维度的认同（identity），在相当长的历史过程中，人们一直以创设文化的自主体系为己任，尤其是在现代民族—国家（nation-state）时期中，与‘主权’‘公民权’‘认同’意识的形成同时，民族性及具有边界意义的文化认同成为时代的特点”。他强调，到21世纪，人类正在迈向一个文化边界逐步模糊的时代，因而未来的文化自觉将是一种全球性、泛文化的人文一致性的认识。在阐述中国未来发展中学术研究的重要角色时，他指出，社会文化人类学者应置身于“文化自觉”的建构之中，积极为人文世界多元性和一致性之间辩证关系的探讨作出新贡献。另外，在本届研讨班的多次讲演、评议和插话中，费孝通反复强调了学术反思、对话和文化自觉的重要性。①

可以说，在1997年1月初，“文化自觉”这一说法就已经明确提出来了。当然，费孝通提出“自觉”这样的说法在时间上还要更早一些。1992年6月21日，费孝通在《北京大学社会学系10周年纪念会上的讲话》基础上完成的《孔林片思》一文中已明确指出：“我们中国人讲人与人的相处讲了3000年了，忽略了人和物的关系，经济落后了，但是从全世界看人与人相处的问题却越来越重要了。人类应当及早有所自觉，既要充分认识人与环境的关系，更要明白人与人之间怎样相处才能共同生存下去。”这可以说是费孝通关于文化“自觉”思想的早期表述。

费孝通的“文化自觉”思想是在20世纪90年代初经济全球化的时代背景下提出来的，“通过学术对话和反复的思考，我提出了一个‘文

① 周星、王铭铭：《发扬文化自觉，坚持田野研究——第二届社会文化人类学高级研讨班综述》，《广西民族学院学报》（哲学社会科学版）1997年第2期。

化自觉’的看法，以表达当前思想界对经济全球化的一种反应”[①]；“这四个字正表达了当前思想界对经济全球化的反应，是人们希望了解为什么世界各地在多种文化接触中会引起人类心态发生变化的迫切要求”[②]。费孝通讲到，他是20世纪80年代末在对少数民族的实地研究中首先接触到“文化自觉”问题的。他说，“我在提出‘文化自觉’时，并非从东西文化的比较中，看到了中国文化有什么危机，而是在对少数民族的实地研究中首先接触到了这个问题。20世纪80年代末我去内蒙古鄂伦春聚居地区考察，这个民族是个长期在森林中生存的民族，世世代代传下了一套适合于林区环境的文化，以从事狩猎和饲鹿为生。近百年来由于森林的日益衰败，威胁到了这个现在只有几千人的小民族的生存。……中国10万人口以下的‘人口较少民族’就有22个，在社会的大变动中他们如何长期生存下去？特别是跨入信息社会后，文化变得那么快，他们就发生了自身文化如何保存下去的问题。我认为他们只有从文化转型上求生路，要善于发挥原有文化的特长，求得民族的生存与发展”[③]。

“文化自觉”尽管直到1997年初才正式提出，但“它的思想来源，可以追溯的历史相当长”。费孝通指出，其思想来源可以追溯到19世纪中叶，“在中西文化碰头时，他们（即当时清政府上层）认输了，这是一个大转折”。自那时起，中西文化比较就一直是中国知识分子关注的问题。19世纪中叶，最先开眼看世界的中国人看到了物和工具的重要性，要在技术上学习西方的长处，以求有所改进，此时流行的句子是

① 费孝通:《重建社会学与人类学的回顾和体会》，载《文化与文化自觉》，群言出版社2010年版，第291页。

② 费孝通:《关于“文化自觉”的一些自白》，载《文化与文化自觉》，群言出版社2010年版，第399页。

③ 费孝通:《关于“文化自觉”的一些自白》，载《文化与文化自觉》，群言出版社2010年版，第405页。

“中学为体、西学为用”，士大夫们还是“犹抱琵琶半遮面”地将西方文化视作能补充中国文化之“用”，人们对中国原有的那套政治伦理秩序尚未发生大的动摇。到“五四”时期，我们国家遭遇的问题已非借用一些“技”就能解决的了，此时的主流是要以西方现代化来代替中国的旧文化，不少人用西方启蒙运动以来的一些观念作为推翻和取代传统制度的目标，其中最重要的是民主与科学。这时，有关中西文化关系出现了“全盘西化论”“文化守成论”“折中论”等不同观点。抗战开始，国难当头，民族危机使文化争论暂时停顿下来，但战后应该建立怎样一种社会文化秩序，仍是知识界关心的主题。那时的主导思潮是否定传统的，当时即使有人提醒应该正视革新和传统的关系，也未引起人们的注意。抗战结束后，中国知识界的思想情况随着国内政治局势的变化迅速改变。新中国成立后，国内发生了翻天覆地的变化，知识界在马克思主义的指导下走上建设社会主义的道路。归结起来看，无论是维新变法、新文化运动，还是新中国成立后的历次政治运动，都是在破旧立新的口号下，把“传统”和“现代化”对立起来，把中国的文化传统当成“现代化”的敌人。至“文化大革命”达到顶点，要把传统的东西统统扫清，使人们认为中国文化这套东西都没有用了。“这种情况直到改革开放后开始有所反思，我们要搞清楚中国文化的特点是不可能割断历史的”，“不少人感兴趣的是怎样在‘传统’和‘现代化’之间找到接榫之处。说明文化不仅仅是‘除旧开新’，而且也是‘推陈出新’或‘温故知新’。‘现代化’一方面突破了‘传统’，另一方面也同时继续并更新了‘传统’”。[①]可以说，费孝通的“文化自觉”思想就源自近代以来中国知识界对传统与现代化关系问题所进行的长

① 费孝通：《关于“文化自觉”的一些自白》，载《文化与文化自觉》，群言出版社2010年版，第400、401页。

期争论和思考。

那么，什么是“文化自觉”呢？文化自觉是指生活在一定文化中的人对其文化的“自知之明”，明白它的来历、形成过程、所具有的特点以及它发展的趋向。文化自觉不带任何“文化复古”的意思，同时也不主张“全盘西化”或“全盘他化”。自知之明是为了加强对文化转型的自主能力，取得决定适应新环境、新时代的文化选择的自主地位。文化自觉是一个艰巨的过程，只有在认识自己的文化、理解所接触到的多种文化的基础上，才有条件在这个正在形成中的文化多元的世界中确立自己的位置，然后经过自主的适应，和其他文化一起，取长补短，共同建立一个有共同认可的基本秩序和一套各种文化都能和平共处、各抒所长、联手发展的共处守则。[①]可以说，费孝通的“文化自觉”既涉及对自己文化和其他文化的过去、现状、关系及优劣利弊的思考，也涉及对世界文化未来走向的思考，就像他所说的：“文化自觉指的是生活在一定文化中的人对其文化有‘自知之明’，并且对其发展历程和未来有充分的认识。同时，‘文化自觉’指的又是生活在不同文化中的人，在对自身文化有‘自知之明’的基础上，了解其他文化及其与自身文化的关系。”[②]正是有此“自知之明”，以及在对自身文化“自知之明”的基础上，我们才能了解其他文化及其与自身文化的关系，而这就过渡到了费孝通所说的第二步：“找出东西方文化的差别与差距。”

---

① 参见费孝通：《反思·对话·文化自觉》，载《文化与文化自觉》，群言出版社2010年版，第195页。

② 费孝通：《新世纪新问题新挑战》，载《文化与文化自觉》，群言出版社2010年版，第313页。

二、克己与扬己：东西方文化的差异

费孝通主要从人际关系、人与自然关系等方面思考东西方文化的差异。在处理人际关系方面，每个人、每个民族都是从自己出发来处理与他人、他民族的关系的。东西方对“己”的不同态度，使得东西方文化在对待人际关系方面呈现出截然不同的表现。对于“己”，中华文化讲究“推己及人”“己所不欲，勿施于人”“克己复礼为仁”，“己”是应当“克”的，是为他人的，“己”是被压抑的对象；只有不断约束自己、同时处处为他人着想，才能复礼，而复礼是取得进入社会、成为社会人的必要条件。西方的“己”，更多的是利己主义的“己”：“这个‘己’不等于生物人，更不等于社会人，是一个一切为它服务的‘个人’”，个人主义，或者说“这个‘己’正是西方文化的核心概念”，“己”不是用来“克”的，而是用来“扬”的。“扬己和克己正是东西方文化差别的一个关键。”①

在人与自然的关系方面，他认为，东方文化讲究“天人合一”，西方文化讲究“天人对立”，“这正是东西方文化区别的要害处”。“中华文化的传统里一直推崇《易经》这部经典著作，而《易经》主要就是讲阴阳相合而成统一的太极，太极就是我们近世所说的宇宙。二合为一是个基本公式，‘天人合一’就是这个宇宙观的一种说法。中华文化总的来说是反对分立而主张统一的，大一统的概念就是这‘天人合一’的一种表述。我们一向反对‘天人对立’，反对无止境地用功利主义态度片面地改造自然来适应人的需要，而主张人尽可能地适应自然。”与此相对应的是，“在西方文化里存在着一种偏向，就是把人和自然对立

---

① 费孝通：《文化论中人与自然关系的再认识》，载《文化与文化自觉》，群言出版社2010年版，第389页。

了起来。强调文化是人为和为人的性质，人成为主体，自然是成了这主体支配的客体，夸大了人的作用，以至有一种倾向把文化看成是人利用自然来达到自身目的的成就。这种文化价值观把征服自然、人定胜天视作人的奋斗目标。把推进文化发展的动力放在对人生活的功利上，文化是人用来达到人生活目的的器具，器具是为人所用的，它的存在决定于是否是有利于人的，这是现代西方的文化价值观念”。[①]

当然，这里的克己还是扬己、天人合一还是天人对立，都只是就东西方文化差别而言的，其中并不包含太多价值判断的内容，它们均是在一定时代和历史条件下的产物，都适应了当时的时代和社会要求。我们应该用历史的眼光、发展的眼光去审视它们在当代的适用性，分析它们对于当代的利弊优劣。下面，我们来看看费孝通认为应该怎样对本土文化和外来文化进行选优去劣、批判继承，以及本土文化和外来文化中，各有哪些精华值得作为我们建立、发展新文化的基础。

三、存其精华、去其糟粕：对本土文化和外来文化的选优去劣

费孝通主张对世界上的各种文化一视同仁，对每一种文化都要采取存其精华、去其糟粕的态度，并在此基础上，取其精华吸收融会：“在今天提出并且实践文化自觉的迫切课题时，我们要……一视同仁地看待包括中华文化在内的世界上的各种文化。我们相信，人类传下来的每一种文化都具有对人类的发展起积极作用的一面，同时也都有它消极的一面。我们应当在梳理和理解人类文化古今之变的过程中，对

① 费孝通：《文化论中人与自然关系的再认识》，载《文化与文化自觉》，群言出版社2010年版，第388页。

每一种文化都采取存其精华、去其糟粕的选择态度。”①

先来看费孝通对中国文化本质的认识。费孝通指出，“我们现在对中国文化的本质还不能说已经从理论上认识得很清楚，但是大体上说它确实是从中国人历来讲究的‘诚意、正心、修身、齐家、治国、平天下’的儒家所指出的方向发展出来的”②，它有两个来源，“一个来自北方，一个来自南方，它们互相补充、互相影响”③。以此为根据，费孝通提出了他的“中国文化发展多元一体理论”，这一理论主要包括以下几个方面：第一，新石器时期各地不同的文化区是认识中华民族多元一体格局的起点。“中华民族的先人在文明曙光时期，从公元前5000—前2000年之间的3000年中还是分散聚居在各地区，分别创造他们具有特色的文化。这是中华民族格局中多元的起点。”④ 第二，夏商周三代是华夏民族从多元形成一体的历史过程。夏禹时的地域总称“九州”，大体包括了黄河中下游和长江下游的地区，奠定了日益壮大的华夏族的核心。商代分全国为中东南西北五土，疆域包括今河南、山东、河北、辽宁、山西、陕西、安徽以及江苏、浙江的一部分，可能还有江西、湖南及内蒙古的某些地方。周继承了商的天下，又把势力扩大到长江中游。西周时松散联盟性质的统一体维持了约300年，后来列国诸侯割据兼并，进入东周的春秋战国时代。第三，汉族的形成是中华民族形成中的一个重要阶段，在多元一体的格局中产生了一个

---

① 费孝通：《中华文化在新世纪面临的挑战》，载《文化与文化自觉》，群言出版社2010年版，第253页。

② 费孝通：《关于“文化自觉”的一些自白》，载《文化与文化自觉》，群言出版社2010年版，第404页。

③ 费孝通：《更高层次的文化走向》，载《文化与文化自觉》，群言出版社2010年版，第275页。

④ 费孝通：《中华民族的多元一体格局》，载《文化与文化自觉》，群言出版社2010年版，第56页。

凝聚的核心。“在春秋战国的500多年里，各地人口的流动，各族文化的交流，各国的互相争雄，出现了中国历史上的一个文化高峰。这500年也是汉族作为一个民族实体的育成时期，到秦灭六国，统一天下而告一段落。”[①]第四，北方游牧区和中原地区两个统一体的汇合，是中华民族作为一个民族实体进一步的完成。秦汉时代，中原地区实现统一；与此同时，北方游牧区也出现了在匈奴人统治下的大一统局面，此即汉初所谓的“南有大汉，北有强胡”局面。在漫长的历史长河中，北方少数民族一次又一次大规模地进入中原农业地区而不断为汉族输入了新的血液，为后来的中华民族增加了新的多元因素。与此同时，各个层次的多元关系又存在着分分合合的动态和分而未裂、融而未合的多种情状。

我们应该采取怎样的态度、方式、标准去辨别中国传统文化中的精华和糟粕呢？中国传统文化的精华主要体现在哪些方面呢？费孝通指出，中国传统文化中包含着深厚的社会思想和人文精神理念，蕴藏着推动社会学发展的巨大潜力，是一个尚未认真发掘的文化宝藏，为此，首先“要承认我们中国文化里边有好东西”[②]，同时，也要认识到，“传统文化不一定都是好的，里面有很多糟粕”[③]。那么，对于中国传统文化，我们应该怎么对待，怎样决定取舍呢？按照费孝通的说法，要“用实证主义的态度，实事求是的精神来认识我们有悠久历史

① 费孝通：《中华民族的多元一体格局》，载《文化与文化自觉》，群言出版社2010年版，第58页。

② 费孝通：《关于“文化自觉”的一些自白》，载《文化与文化自觉》，群言出版社2010年版，第406、407页。

③ 费孝通、方李莉：《关于“多元化的西部文化”和“文化生态失衡问题”的谈话》，载《文化与文化自觉》，群言出版社2010年版，第351页。

的中国社会和文化”[①]，要“根据其对新环境的适应力决定取舍”[②]。

在对中华文化长期的观察和研究中，费孝通总结出了许多中华传统文化中的好东西。比如，中华文化的包容性，中国人对待历史上传下来的世界上的各种文化一视同仁，没有文化中心主义的思想和态度，“这是中华文化传下来的一个好传统”[③]：“中华文化的包容性和中国古代先哲提倡‘和而不同’的文化观有密切关系。‘和而不同’就是‘多元互补’。‘多元互补’是中华文化融合力的表现，也是中华文化得以连绵延续不断发展的原因之一。”[④]再比如，费孝通十分重视理学在中华文化中的地位：“理学堪称中国文化的精华和集大成者，实际上是探索中国人精神、心理和行为的一把不可多得的钥匙。中国传统思想演化的一个重要特点，就是它的实践性：理学的东西，并不是一般学者的思辨的结果，不是纯粹的理论探讨，它的所有概念，所有内在的逻辑，实际上都是紧扣社会现实中人与人关系的要义——地位、名分、权力等等，它是中国古代现实政治、社会文化运作的经验总结和指导方略，具有很强的实践性。理学的东西，说穿了就是直接谈怎样和人交往、如何对待人、如何治理人、如何塑造人的道理。”[⑤]

再看外来文化。费孝通认为，对于世界上各民族在历史中创造的文化和文明，“我们应该以一种开阔的心态，面向全人类各种文明中蕴

---

① 费孝通：《反思·对话·文化自觉》，载《文化与文化自觉》，群言出版社2010年版，第195页。

② 费孝通：《中华文化在新世纪面临的挑战》，载《文化与文化自觉》，群言出版社2010年版，第253页。

③ 费孝通：《中华文化在新世纪面临的挑战》，载《文化与文化自觉》，群言出版社2010年版，第253页。

④ 费孝通：《重建社会学与人类学的回顾和体会》，载《文化与文化自觉》，群言出版社2010年版，第294页。

⑤ 费孝通：《试谈扩展社会学的传统界限》，载《文化与文化自觉》，群言出版社2010年版，第427页。

藏的智慧，像印度文明、伊斯兰文明、希伯来文明、东正教文明、美洲土著人文明、非洲文明等等，这些文明中都包含着人类长期积累的高度智慧，值得我们去深入研究、借鉴和吸收”[①]。对于外来文化中的西方文化，费孝通指出，近二三百年来，西方文化在世界范围内起着主导作用，它们崇尚物质文化，强调人与自然的对立，这在一定的历史时期可以解决许多问题，具有进步意义。但我们同时也要认识到，西方的一些基本思路，在当今的全球化时代显现出很大的局限性，在解决某些问题的同时，又引发出一些新的矛盾，比如，一方面，它没有解决好人与自然的关系，“对自然资源的破坏，对环境的污染，都是目前西方国家难以解决的问题。……现在地球已经承受不了这种文明所带来的巨大负担，连自然界的生物圈也很难适应这种环境所带来的负面作用。它的这种发展状态，不是向着一个相互平衡的、相互融合的道路上行走，而是朝一个极端的、失衡的道路上前进”[②]。另一方面，“近百年来，随着西方强势文化的扩张，‘自我中心主义’在一些人的头脑里大大地膨胀起来，‘西方至上主义’‘殖民主义’‘极端国家民族主义’和‘种族主义’等思潮，成了20世纪两次世界大战的催化剂，也是造成很多国际性问题的重要原因”[③]。总的来说，对于外来文化，费孝通主张在深入研究的基础上，借鉴、吸收包括西方文明在内的全人类各种文明中蕴藏的智慧；同时，也要深切地认识到，人类传下来的每一种文化都有其消极的一面，对于其不好的、消极的方面，比如西方文化中强调人与自然的对立、推崇“西方中心主义”等方面，

① 费孝通：《试谈扩展社会学的传统界限》，载《文化与文化自觉》，群言出版社2010年版，第426页。

② 费孝通、方李莉：《关于“多元化的西部文化”和“文化生态失衡问题”的谈话》，载《文化与文化自觉》，群言出版社2010年版，第349页。

③ 费孝通：《“美美与共”和人类文明》，载《文化与文化自觉》，群言出版社2010年版，第447页。

则要坚决予以批判和抛弃。

四、从“美美与共，天下大同”到“世界文化共同体”

费孝通认为，“经济全球化后文化接触中的大波动必然会到来，迟早要发生的，我们要有准备地迎接这场世界性文化大论争”[①]。由此，在人类社会进入这新的历史阶段、新的人文世界和人文环境，我们要怎样去适应它，同时又不完全失去自己民族文化的根基，这的确是一个值得好好研究的问题。[②]面对全球化的趋势，费孝通的思路是，首先是本土化，然后是全球化，用他的话说，这个过程就是一个从“各美其美”到“美人之美”，最终走向“美美与共，天下大同”的发展历程。[③]

1989年7月，费孝通在21世纪婴幼儿教育与发展国际会议上所作的题为《从小培养二十一世纪的人》的讲话中，提出了“各美其美”和“美人之美”的说法。他认为，文化发展存在两条道路，一种是在自给自足的封闭状态下的文化，即各行其是，各美其美，泾渭分明；另一种是现代社会的多样化文化，即从“百家争鸣”进入“百花齐放”，人们不仅自美其美，而且能容忍各美其美，甚至进一步美人之美，也就是价值标准上容忍多样性的同时存在。[④]1990年，费孝通在日

① 费孝通：《关于“文化自觉”的一些自白》，载《文化与文化自觉》，群言出版社2010年版，第406、407页。

② 参见费孝通、方李莉：《关于“多元化的西部文化”和“文化生态失衡问题”的谈话》，载《文化与文化自觉》，群言出版社2010年版，第351页。

③ 参见费孝通：《关于“文化自觉”的一些自白》，载《文化与文化自觉》，群言出版社2010年版，第406、407页。

④ 参见费孝通：《从小培养二十一世纪的人》，载《文化与文化自觉》，群言出版社2010年版，第89页。

本东京参加朋友们为庆祝其80岁生日而举行的座谈会上，以“人的研究在中国——个人的经历”为主题发表演讲，就人类发展的过程问题，首次完整地提出了“各美其美，美人之美，美美与共，天下大同”[①]。随后，费孝通多次对这十六个字进行提及和讨论。比如，1993年7月14日，在印度新德里的英迪拉·甘地国际学术讨论会上的发言《对“美好社会”的思考》中，费孝通进一步探讨了“各美其美”和“美人之美”的内涵及其关系等；1996年2月7日，在“国际幼儿教育会议上”所作的题为《东方文明和二十一世纪和平》的讲话中，费孝通对这十六个字的内涵作了极为详细的阐述。费孝通提出的这十六个字，在学术界也被称作“十六字箴言”，它对于如何处理不同文明、不同国家、不同民族、不同文化之间的关系及其在世界范围内的相互理解和对话问题，具有重要的意义和价值。

费孝通指出，人类社会的发展是一个历史过程，不同群体经历了一个从各自封闭、逐步开放并走向全球化的过程。在这个过程的不同阶段，都会出现和当时的生态秩序相适应的心态秩序。进入现代社会之前，世界上各个群体大多处在封闭状态，自给自足，自我发展，互不关联，这是“各美其美”的经济和社会基础。各个群体各有各的传统价值标准，而且都认为只有自己的标准是美的，排斥别人的价值标准。随着人类社会的发展，不同群体相互间隔绝的状态渐渐被打破，群体间不断发生接触、交流乃至融合。费孝通认为，全球化肇始于15世纪末美洲新大陆的发现，“这个发现不仅是欧洲人新的地理知识，而实际上是欧洲甚至世界进入了一个新的历史时期的标志。以欧洲的文

① 费孝通在《东方文明和二十一世纪和平》一文中说：“6年前，在日本东京参加若干朋友为庆祝我80岁生日而举行的座谈会上，我在答词中关于人类发展的过程，依据上述的东方精神，说了四句话，‘各美其美，美人之美，美美与共，天下大同’。”详见费孝通：《东方文明和二十一世纪和平》，载《文化与文化自觉》，群言出版社2010年版，第172页。

艺复兴、宗教革命带来的现代科技和经济的发展，把整个地球上的各个大陆都紧密地联系了起来；原来分布在五大洲广大地域的无数人类群体却从此不再能相互隔绝，各自为生了”[①]。尤其是进入20世纪以来，全世界各个地方的人群，越来越紧密地被交通、通信等联系了起来，被捆成了一个休戚相关的整体。在这个阶段，如果还只抱着“各美其美”的心态就不相适应了。整个世界格局要求人们不应再唯我独美，不应要求别人按自己的标准行事，而应当学会像各群体自己的成员那样欣赏和领悟他们所爱好的价值体系。当前我们就身处这种处境。在这种处境下，必须从“各美其美”上升到“美人之美”，即要看到不同文化的长处，善于尊重和欣赏与自己不同的文化传统，包括不同的社会制度与发展模式；要容忍不同价值观点的并存，力求摆脱本位中心主义，至少要承认多元并存，求同存异，相互理解，日趋靠拢。

“美人之美”是和多元社会相适应的心态。费孝通认为，在跨入21世纪的前夕，世界已进入应当力求实行“美人之美”的阶段了。经过几百年来科学技术的发展，当前的人类确已具有绰绰有余的能力为全世界人类提供丰衣足食的物质条件。现在所缺的就是和这物质条件相适应的精神条件，包括普遍接受的道义感，共同遵守的价值标准，平等相待、和平共处的协作态度，这就是费孝通所说的“美人之美”的心态基础。“有了‘美人之美’为基础，我们还应当更进一步，通过加强群体之间的接触、交流和融合，在实践中筛选出一系列能为各群体自愿接受的共同价值标准，实现‘美美与共’。就是说已经被捆在一体中的人们能有一套大家共认的价值标准，人人心甘情愿地按这些标准主动地行事。这样的社会也就是我们中国前人遗留给我们的理想，即

---

① 费孝通：《对“美好社会”的思考》，载《文化与文化自觉》，群言出版社2010年版，第107页。

所谓‘天下大同’的美好世界。”[①]

这里，费孝通其实是在经济全球化的时代，呼唤与之相适应的一套需要人类共同遵守的基本法则、理念和秩序，即一种新的能够被全人类所共同接受和遵守的价值观。“美美与共，天下大同”，在当前的现实中依然很难做到，因为，“当今世界上，还没有一种思想或意识形态能够明确地、圆满地、有说服力地回答我们所面临的关于不同文明之间该如何相处的问题。不管是社会经济高度‘发达国家’，还是大多数‘发展中国家’，在这个问题上，都同样受到严峻的挑战。这并不是哪个单一的国家、民族或文明遇到的问题，而是一个全人类都要共同解决的问题”，只有“超越现有的一些思路，在一个更高的层次上重新构建自身文明和他人的文明的认识，只有当不同族群、民族、国家以及各种不同文明，达到了某些新的共识，世界才可能出现一个相对安定祥和的局面，这是全球化进程中不可回避的一个挑战”。[②]

如何应对这一挑战呢？中国传统文化资源中是否有这方面的经验，能够在全球化时代为世界的和平发展、为世界新秩序的建立做出新的贡献呢？费孝通在对中华文明形成过程的考察中，在他对中华文化包容性的理解中，看到了“和而不同”在中华民族多元一体格局形成中所扮演的重要角色。费孝通指出，“和而不同”是中国传统文化中的一个重要核心，“这种‘和而不同’的状态，是一种非常高的境界”，通过“和而不同”，世界各民族就能够建立起平等、宽容、友好相处的“多元一体”“多元互补”格局，也即他所提出和呼吁的“世界文化共同体”“世界文化统一体”“世界文化一体化”。

---

① 费孝通：《东方文明和二十一世纪和平》，载《文化与文化自觉》，群言出版社2010年版，第172、173页。

② 费孝通：《“美美与共”和人类文明》，载《文化与文化自觉》，群言出版社2010年版，第446、447页。

1998年6月15日，费孝通在北京大学提出了“文化共同体”的概念。他说：“21世纪会是个什么局面呢？这个话要从20世纪说起。我曾经用过一个比喻性的说法，说20世纪是一个世界性的战国世纪。意思是这样一个格局中有一个前景，就是一个个分裂的文化集团会联合起来，形成一个文化共同体，一个多元一体的国际社会。我觉得人类的文化现在正处在世界文化统一体形成的前夕。”[①]1999年8月，他又将“世界文化共同体”这一说法称作“全球文化一体化”。“我提出这样一个题目请大家想一想：在全球经济一体化的形势下，多元的世界文化怎样才能持续发展。换句话说，就是怎样实现全球文化的一体化。”[②]这一名词，主要着眼的是人类的未来，即“为了人类的未来，今天我们要做些什么？要创造些什么条件，才能使世界上多元的文化能和平共处、共同繁荣”[③]。

费孝通认为，要建立世界文化共同体，需要分几步走：第一步，各民族须认清自己的文化，即要有文化的反省。“为此，各民族需要认识清楚自己的文化，所以要提倡文化自觉，用科学的方法对自己的文化进行研究，这是一种文化的反省。”[④]第二步，改变对异文化的态度。按照费孝通的说法，历史上对待异文化，大约有三种态度：第一种是把异文化消灭掉，就像历史上在美洲和澳大利亚发生的屠杀印第安人和土著人那样，把异族人杀光。第二种是把别一族的人掳掠来当奴隶，

① 费孝通：《从反思到文化自觉和交流》，载《文化与文化自觉》，群言出版社2010年版，第228页。

② 费孝通：《必须端正对异文化的态度》，载《文化与文化自觉》，群言出版社2010年版，第271页。

③ 费孝通：《必须端正对异文化的态度》，载《文化与文化自觉》，群言出版社2010年版，第271页。

④ 费孝通：《必须端正对异文化的态度》，载《文化与文化自觉》，群言出版社2010年版，第272页。

如早期殖民者从非洲掠来大批黑人，运到美洲做庄园里的牛马。第三种是基督教传教的模式，即把文化分成高低优劣，并且要劣的跟着优的走。这三种对待异文化的态度，本质上都是以高对下、以优对劣的文化态度，而不是平等的态度。费孝通认为，在世界经济一体化的今天，这种对待异文化的错误态度必须改变，“我们应该揭穿它，告诉全世界的人们这种行为的危险性”。“人类不应该把不同文化的人分成对立的两部分”，“全世界各国、各族人民必须在和平共处的条件下，才能得到人类文化的持续发展”。①第三步，建立促进相互理解、宽容和共存的“跨文化交流”体系。“要形成一个世界文化统一体，首先要知道世界上有多少个文化集团，每个文化集团是什么样子，和平共处的关键在什么地方。”②“当世界上不同文化的人之间能够平等相待之后，还要建立起一套不同文化的人能够共同遵守的公约，做到大家在这个地球上能够和平共处。”③费孝通指出，“虽然第一次世界大战结束后成立了个国际联盟，第二次世界大战后又有了联合国，它们都是为争取世界各国能够和平相处的全球性的组织机构。但是，这个机构的权威性不够，美国又总想操纵它，致使联合国不能起到它应起的作用”④。那么，这个公约具体是什么呢？在“21世纪人类的生存发展国际学术研讨会”上所作的题为《新世纪　新问题　新挑战》的讲话中，费孝通指出，“21世纪要解决的主要问题是：各种不同文化的人，也就是怀

---

① 费孝通：《必须端正对异文化的态度》，载《文化与文化自觉》，群言出版社2010年版，第272、273页。

② 费孝通：《从反思到文化自觉和交流》，载《文化与文化自觉》，群言出版社2010年版，第228、229页。

③ 费孝通：《必须端正对异文化的态度》，载《文化与文化自觉》，群言出版社2010年版，第272页。

④ 费孝通：《必须端正对异文化的态度》，载《文化与文化自觉》，群言出版社2010年版，第272、273页。

着不同价值观念的人，怎样在这个经济和文化上越来越息息相关的世界上和平共处？人类在21世纪怎样才能和平地一起住在这个小小的地球上？我还指出，为了解决这些问题，我们在精神文化领域里需要建立起一套促进相互理解、宽容和共存的体系，我称这个体系为‘跨文化交流’（Cross-cultural Communication）。‘跨文化交流’牵涉到人对人、人对社会、人对自然的基本关系，而与文化的自觉和文化的相互尊重有着更为密切的关联”[①]。第四步，在前三步的基础上，建立起人类文化共同体。“全球化过程中的‘文化自觉’，指的就是世界范围内文化关系的多元一体格局的建立，指的就是在全球范围内实行和确立‘和而不同’的文化关系。”[②]

从“十六字箴言”到“文化自觉”，再到世界“文化共同体”，这是费孝通晚年对于文化问题研究的精髓所在，也是他对未来世界发展和人类命运的期许。费孝通寄希望于中华文明对世界未来的担当。“我们有理由认为，中华民族在新世纪中又将进入一个强盛时期，生活在新世纪的中国人，正面临着一个充分发扬中华文化特色的历史机遇。”[③]能否抓住这一机遇，一方面要看我们是否能真正做到“文化自觉”，另一方面也需要中国国力的上升。没有强大的国力，就难以担当世界文化发展的先锋。

① 费孝通：《新世纪　新问题　新挑战》，载《文化与文化自觉》，群言出版社2010年版，第313页。

② 费孝通：《新世纪　新问题　新挑战》，载《文化与文化自觉》，群言出版社2010年版，第314页。

③ 费孝通：《重建社会学与人类学的回顾和体会》，载《文化与文化自觉》，群言出版社2010年版，第292页。

第四章

文化自信：新时代条件下的文化思想（2012年至今）

第四个阶段指进入新时代以来，即“文化自信”阶段。在国际国内形势发生深刻变化和我国经济社会发展进入新的历史阶段这一时代和社会背景下，以什么样的视角认识文化，以什么样的态度对待文化，以什么样的思路推动中国特色社会主义文化继续繁荣发展，成为新阶段、新条件下我国文化建设必须解决的重大课题。2012年以来，党和国家领导人多次从社会主义现代化事业的发展全局，对文化问题作出了系列重要的论述。从“文化自信”的系列论述，到党的十九大正式将“四个自信”写入党章，文化自信成为新时代中国特色社会主义思想的重要组成部分。自此，“文化自信”成为国人思想话语场中最重要的关键词之一，成为观览未来中国文化走向必须涉足其间的“众妙之门”。此后，国内学术界、思想文化界对“文化自信”积极回应，取得了许多理论成果。其中，最具理论代表性的是金惠敏的“全球对话主义”“文化星丛共同体”理论以及对“文化自信”理解中重要误区的廓清，另外还有赵旭东对“文化自信”的系列论述等。可以说，经历了“文化自立”“文化自省”“文化自觉”诸阶段后的“文化自信”，是新时代条件下产生的对于当前中国自身文化价值的总判断，是一种发自内心的对自身文化具有深切清晰自觉之后而有的方向性把握，它讲究既有“自知之明”又有“知人之明”，既有“主体意识”又有“他者关怀”，既不“妄自菲薄”也不“妄自尊大”，坚持“古为今用”与“洋为中用”、“不忘本来”与“吸收外来”并举，是超越了之前“文化民族主义”“中华文化复兴论”“文化保守主义”之中西文化二元对立思维的全球对话主义新思维，必将为解决世界问题、全人类问题提供中国智慧和中国方案。

第一节　中国共产党人对“文化自信”的探索与实践

对于中国共产党探索中国特色社会主义文化发展道路的历史过程和根本成就，习近平同志有过深刻的阐述：“坚持和发展中国特色社会主义是一篇大文章，邓小平同志为它确定了基本思路和基本原则，以江泽民同志为核心的党的第三代中央领导集体、以胡锦涛同志为总书记的党中央在这篇大文章上都写下了精彩的篇章”，现在“我们这一代共产党人的任务，就是继续把这篇大文章写下去”[①]。此后，习近平在多次讲话中，从社会主义现代化事业的发展全局，对文化问题作出了系列重要的论述，形成了完整的文化自信理论。[②]党的十九大正式将“四个自信”写入党章，提出坚定文化自信，推动社会主义文化繁荣兴盛。文化自信成为习近平新时代中国特色社会主义思想的重要组成部分。在党的二十大报告中，习近平总书记提出了“推进文化自信自强，铸就社会主义文化新辉煌”的新论断、新命题。从“文化自信”到“文化自信自强”，充分彰显出中国共产党始终坚持守正创新、坚持自我革命，以历史主动精神回应时代化之问与现代化之需。“文化自信自强”是以中国式现代化全面推进中华民族伟大复兴的重要支撑和深厚底蕴，具有丰富的现实意义，必将产生深远的历史影响。

---

① 习近平：《毫不动摇坚持和发展中国特色社会主义》，《习近平谈治国理政》（第一卷），外文出版社2018年版，第23页。

② 参见中共中央文献研究室编：《十七大以来重要文献选编》（下），中央文献出版社2013年版，第562页。

一、党的十八大之前的“文化自信”论述

文化自信不是文化上的盲目自大，不是文化上的闭关锁国，更不是拒绝同其他民族的文化交流。中华民族自古就信奉“和而不同”，一向注重对外来文化的学习和吸取。汉唐时期如此，近代以来更是如此。

在当代中国，文化自信是一个具有时代性的重大命题。它既是一种文化上的自觉与自豪，也是对一段时间以来甚嚣尘上的“西方文化中心论”以及由于清朝中后期西方列强入侵、中国暂时落后于西方而产生的自卑感的反对，同时还是吹响推动中华民族复兴的精神号角。与“文化自信”意义相反的概念是“文化自卑”。我们认为，在中国历史上，从来就不存在“文化自卑”的问题。因为，即便是在180多年前，当西方列强以坚船利炮打开中国大门、连续对我国进行侵略和掠夺并迫使清政府同他们签订一系列丧权辱国的不平等条约的时候，深受中国文化精神孕育的朴实而坚韧的中国人民，也始终没有失去民族自信。鲁迅先生于九一八事变三周年之际所写的杂文《中国人失掉自信力了吗?》一文中，不仅指责、反驳了当时部分国人丧失民族自尊心、失掉自信力的消极言论和悲观论调，而且满怀热情和自信地指出：“我们有并不失掉自信力的中国人在。我们从古以来，就有埋头苦干的人，有拼命硬干的人，有为民请命的人，有舍身求法的人……虽是等于为帝王将相作家谱的所谓‘正史’，也往往掩不住他们的光耀，这就是中国的脊梁。这一类的人们，就是现在也何尝少呢？他们有确信，不自欺；他们在前仆后继的战斗，不过一面总在被摧残，被抹杀，消灭于黑暗中，不能为大家所知道罢了。说中国人失掉了自信力，用以指一部分人则可，倘若加于全体，那简直是诬蔑。要论中国人，必须不被搽在表面的自欺欺人的脂粉所诓骗，却看看他的筋骨和脊梁。自

信力的有无，状元宰相的文章是不足为据的，要自己去看地底下。”[①]

中国共产党的诞生和新中国的成立，是中国历史上开天辟地的大事情。马克思主义的传入，改变了中国文化的原有结构，并增添了许多新的科学元素。在以马克思主义为指导的中国共产党的领导下，中国革命取得了伟大胜利，中华民族重新恢复了生气勃勃的民族生命力和文化自信心。习近平总书记在2016年的“七一”讲话中说：“当今世界，要说哪个政党、哪个国家、哪个民族能够自信的话，那中国共产党、中华人民共和国、中华民族是最有理由自信的。”[②]总书记掷地有声的话，向我们道出了一个真理：只有在中国共产党的正确领导下，中华民族最终获得了民族独立和人民解放，才能满怀信心地自主选择自己的中国特色社会主义道路、中国特色社会主义理论体系、中国特色社会主义制度，最终实现中华民族的伟大复兴。

在中共十八大之前，从毛泽东到邓小平，以及部分中央领导同志，对文化自信问题或直接或间接地都有过一些论述。

毛泽东的文化理论，形成并发展于新民主主义革命、社会主义革命和建设的过程中。在毛泽东的文化理论中，始终包含和贯穿着强烈的文化自信，主要表现在以下方面：（一）坚定认为中华文明在世界文明中占据重要地位。毛泽东曾经说过：“世界文明分东西两流，东方文明在世界文明内，要占个半壁的地位。然东方文明可以说是中国文明。”[③]在此，毛泽东既没有像某些人那样主张中国本位、宣扬文化保守，也没有像某些人那样认为“中国事事不如人”而鼓吹全盘西化。相反，毛泽东是在认真研究、分析比较了中西文化之后，充分认识并肯定了中国文明在世界文明中占据半壁江山的举足轻重的地位。

① 鲁迅：《鲁迅全集》（第6卷），人民文学出版社1981年版，第118页。

② 《中国特色社会主义学习读本》，学习出版社2013年版，第163页。

③ 中共中央文献研究室编：《毛泽东传》（一），中央文献出版社2011年版，第47页。

（二）对中国传统文化的自信和自豪。我们知道，毛泽东对中国传统文化经典著作有过广泛而深入的研读，对中华优秀传统文化有着深刻而透彻的认知。也正是基于此，毛泽东始终深信，历史悠久、博大精深的中华文化不会消亡，更不会被取代。中华民族在数千年的历史发展过程中，创造了悠久而灿烂的文化，我们必须尊重、传承这些文化，而不能割断、丢弃这些文化。这是发展民族文化、提高民族自信心的必要条件和思想根基。（三）强调社会主义文化建设的重大意义。1949年9月21日毛泽东在著名讲话《中国人民站起来了》中说道："随着经济建设的高潮的到来，不可避免地将要出现一个文化建设的高潮。中国人被人认为不文明的时代已经过去了，我们将以一个具有高度文化的民族出现于世界。"这里，毛泽东不仅揭示了社会主义文化建设与经济建设的辩证关系，更重要的是强调了中华文化之于世界的重要意义，体现了毛泽东对社会主义文化以及中国发展前景的高度的文化自信。

改革开放后，我国进入中国特色社会主义建设时期。中国特色社会主义理论体系是马克思主义中国化的第二次历史性飞跃，是对马克思列宁主义、毛泽东思想的继承和发展，一脉相承又与时俱进。中国特色社会主义文化理论是中国特色社会主义理论体系的重要组成部分，邓小平理论中强调以发展高度的社会主义精神文明为核心的文化建设思想，"三个代表"重要思想中强调坚持社会主义先进文化前进方向的文化建设理论，科学发展观中强调推动社会主义文化大发展大繁荣的文化发展战略等，都是中国特色社会主义文化理论体系的重要内容。其中，关于中国特色社会主义文化的重要地位和作用，坚持文化领域的对外开放，推动中华文化走向世界等重要论述，都是这一时期有代表性的文化自信思想。

2010年，中共中央政治局委员、中宣部部长刘云山在《红旗文稿》

发表《文化自觉、文化自信、文化自强——对繁荣发展中国特色社会主义文化的思考》一文，对文化自信进行了界定，论述了文化自信在当前的意义以及做到文化自信的关键所在。文章指出，“文化自信，是一个国家、一个民族、一个政党对自身文化价值的充分肯定，对自身文化生命力的坚定信念。只有对自己文化有坚定的信心，才能获得坚持坚守的从容，鼓起奋发进取的勇气，焕发创新创造的活力”。今天，世界日益成为一个联系紧密的“地球村”，不同民族、国家、地区、文化之间的交流、交融、交锋比以往任何时候都更加频繁。因此，需要我们以更为科学、理性的姿态，对我们自己的文化进行反思、总结，对外来文化进行考辨、分析，对文化未来的发展进行展望、规划，进而坚定我们的文化信念和文化追求，即要做到“文化自信”。文章指出，“做到文化自信，关键是不忘本来、吸收外来、着眼将来”。“不忘本来”回答的是“文化从哪里来”的问题以及对“文化古今问题”的回应。也就是说，任何一个国家的文化都有其既有的传统。抛弃传统，就等于割断了自己的“根”和“魂”，就会丧失文化的根基。对于中国来说，中华民族的优秀传统文化、科学的马克思主义文化、百年中国共产党历程中打造出的革命文化，是我们的文化安身立命的根基，是我们在文化激荡中站稳脚跟的“定海神针”，必须始终不渝地坚持、千方百计地弘扬，既要避免文化保守主义，也要避免文化虚无主义，使其惠及当代、恩泽后人。“吸收外来”是对“文化中西问题”的回应，即我们应当以什么样的态度对待外来文化。任何一种文化都很难与世隔绝，尤其是在当今的“全球化”时代，一种文化几乎始终处于同其他文化的交流、交融中。以包容、开放的态度还是以拒绝、抵制的态度对待外来文化，考验着一个国家、一个民族的文化自信程度。越是自信，就越能够以积极、开放、包容的心态对待外来文化，越能够在同外来文化的互动、交流中得到丰富和发展。对待外来文化，既要避免一味推崇外来文化、倡导全盘吸收的“民族虚无主义”，也要避免拒绝接受新文化和一切外来文化的“封闭主义”，而应当以开阔的视野、博大的胸怀，积极参与世界文化的对话与交流，本着以我为主、为我所用的原则，学其精华、弃其糟粕，兼纳百家之精华，融合诸种文化之所长，最终目的是实现外来文化的中国化、本土化，以服务本国文化的发展，推动自己文化的繁荣兴盛。“着眼将来”主要回答的是“如何实现文化的发展与创新问题”。文化发展的实质在于文化创新。创新，是一个民族的灵魂，是一个国家兴旺发达的不竭动力，也是一个政党永葆生机的源泉。文化创新不是“抛弃传统”，而是在对传统文化进行批判性继承基础上进行的创新；文化创新也不是“闭门造车”，而是在同外来文化进行交流和对外来文化中的精华部分进行借鉴的基础上进行的创新；文化创新还需要“抬头看路”，只有同时结合了本国实际、市场需要、人民需求，才是切合时代的真正的创新。

2011年7月1日，在中国共产党成立九十周年庆祝大会上的讲话中，胡锦涛将“文化自信”提高到综合国力竞争和文化改革发展的层面。他指出：“面对当今文化越来越成为综合国力竞争重要因素的新形势，我们必须以高度的文化自觉和文化自信，着眼于提高民族素质和塑造高尚人格，以更大力度推进文化改革发展，在中国特色社会主义伟大实践中进行文化创造，让人民共享文化发展成果。”[①]高度的文化自信，不仅是提升综合国力竞争的重要因素，而且对于提高民族素质、塑造高尚人格、推动文化改革发展、进行文化创造等，都具有极为重要的战略性作用。

---

① 中共中央文献研究室编：《十七大以来重要文献选编》(下)，中央文献出版社2013年版，第447页。

2011年10月18日，中共十七届六中全会通过《中共中央关于深化文化体制改革推动社会主义文化大发展大繁荣若干重大问题的决定》，首次在国家战略层面提出“培养高度的文化自觉和文化自信”的时代命题，将其纳入“坚持中国特色社会主义文化发展道路，努力建设社会主义文化强国”的总体框架之中，将其作为我们推进文化改革发展的重要指导思想之一，这体现了中国共产党在总结我国文化改革发展的丰富实践和宝贵经验的基础上，对中国特色社会主义文化新形势的准确把握。

2012年11月8日，中国共产党第十八次全国代表大会在北京召开，胡锦涛在大会上作重要报告。在阐释中国特色社会主义建设，总结过去取得的工作成就时，胡锦涛指出：“中国特色社会主义道路，中国特色社会主义理论体系，中国特色社会主义制度，是党和人民九十多年奋斗、创造、积累的根本成就，必须倍加珍惜、始终坚持、不断发展”，“全党要坚定这样的道路自信、理论自信、制度自信”。[①]道路自信、理论自信、制度自信，这“三个自信”是对全党全国各族人民精神状态的新要求。“三个自信”源于对中国特色社会主义的坚定信念，体现了对我国国情的深刻把握、对民族命运的理性思考、对人民福祉的责任担当。报告第六部分“扎实推进社会主义文化强国建设”，论述了文化和建设社会主义文化强国的重要作用和意义。报告中指出，“文化是民族的血脉，是人民的精神家园。全面建成小康社会，实现中华民族伟大复兴，必须推动社会主义文化大发展大繁荣，兴起社会主义文化建设新高潮，提高国家文化软实力，发挥文化引领风尚、教育人民、服务社会、推动发展的作用”。报告中强调，“必须走中国特色社会主义文化发展道路”，“牢牢掌握意识形态工作领导权和主导权”。

① 《中国共产党第十八次全国代表大会文件汇编》，人民出版社2012年版，第11、15页。

在党的十八大报告中，再次明确提到了“文化自信”：“我们一定要坚持社会主义先进文化前进方向，树立高度的文化自觉和文化自信，向着建设社会主义文化强国宏伟目标阔步前进。”[①]此外，报告中还特别强调要“全面落实经济建设、政治建设、文化建设、社会建设、生态文明建设‘五位一体’总体布局”。可以说，党的十八大报告深刻阐述了文化在全面建成小康社会、实现中华民族伟大复兴中的重要作用，再次强调了中共十七届六中全会决议中提到的“高度的文化自觉和文化自信”的表述，同时再次将“文化建设”同经济建设、政治建设、社会建设、生态文明建设共同纳入中国特色社会主义“五位一体”总体布局。尽管如此，仍然需要说明的是，此时尚未将“文化自信”与另外“三个自信”——道路自信、理论自信、制度自信关联起来，尚未对它们之间的关系作更为清晰的阐明，亦尚未对“文化自信”的基础性地位、根本性作用、深远性影响进行明确。

二、党的十八大以来的“文化自信”论述

党的十八大以来，习近平总书记以深邃的历史视野、宽阔的世界眼光和辩证的理性思维，多次围绕“文化自信”作了一系列重要论述，极大地提升了广大人民群众认识和理解中华文化的境界和层次，极大地提振了中华儿女的文化自信心和文化自豪感。习近平总书记将“文化自信”同中国特色社会主义的道路自信、理论自信、制度自信联系起来，打通了中国特色社会主义文化与中华文化之间的联系，并着重强调了“文化自信”的基础性地位、根本性作用、深远性影响，展现

① 中共中央文献研究室编：《十八大以来重要文献选编》（上），中央文献出版社2014年版，第26页。

了极为深刻的思想内涵和极为深远的战略考虑。

2014年2月24日，中共中央政治局就“培育和弘扬社会主义核心价值观、弘扬中华传统美德”进行了第十三次集体学习。习近平在主持学习时发表的讲话中指出，“中华文化源远流长，积淀着中华民族最深层的精神追求，代表着中华民族独特的精神标识，为中华民族生生不息、发展壮大提供了丰厚滋养”，为此，“要讲清楚中华优秀传统文化的历史渊源、发展脉络、基本走向，讲清楚中华文化的独特创造、价值理念、鲜明特色，增强文化自信和价值观自信”。这是习近平总书记在党的十八大之后首次提出“文化自信”这一重大命题。

事实上，在此之前，习近平总书记已在不同场合就“中华文化”多次发表过重要论述，为正式提出“文化自信”重大命题，发出了思想的先声、作出了理论的铺垫。比如，2012年11月15日，中共十八届一中全会选举出了新一届中央领导机构之后，习近平首次以总书记身份同中外记者见面并发表题为《人民对美好生活的向往，就是我们的奋斗目标》的讲话，他指出，“在漫长的历史进程中，中国人民依靠自己的勤劳、勇敢、智慧，开创了各民族和睦共处的美好家园，培育了历久弥新的优秀文化”[①]。2013年3月17日，习近平总书记在第十二届全国人民代表大会第一次会议上的讲话中指出，“中华民族具有5000多年连绵不断的文明历史，创造了博大精深的中华文化，为人类文明进步作出了不可磨灭的贡献”[②]。2013年11月24日至28日，习近平在山东考察时强调，“一个国家、一个民族的强盛，总是以文化兴盛为支撑

① 中共中央文献研究室编：《十八大以来重要文献选编》（上），中央文献出版社2014年版，第70页。

② 习近平：《习近平谈治国理政》（第一卷），外文出版社2018年版，第39页。

的，中华民族伟大复兴需要以中华文化发展繁荣为条件”[①]。2013年8月19日，在党的十八大后首次召开的全国宣传思想工作会议上，习近平就中华文化作了精辟论述。他指出，“宣传阐释中国特色，要讲清楚每个国家和民族的历史传统、文化积淀、基本国情不同，其发展道路必然有着自己的特色；讲清楚中华文化积淀着中华民族最深沉的精神追求，是中华民族生生不息、发展壮大的丰厚滋养；讲清楚中华优秀传统文化是中华民族的突出优势，是我们最深厚的文化软实力；讲清楚中国特色社会主义植根于中华文化沃土、反映中国人民意愿、适应中国和时代发展进步要求，有着深厚历史渊源和广泛现实基础。中华民族创造了源远流长的中华文化，中华民族也一定能够创造出中华文化新的辉煌”[②]。2013年12月26日，习近平总书记在纪念毛泽东同志诞辰120周年座谈会上的讲话中指出，“站立在九百六十万平方公里的广袤土地上，吸吮着中华民族漫长奋斗积累的文化养分，拥有十三亿中国人民聚合的磅礴之力，我们走自己的路，具有无比广阔的舞台，具有无比深厚的历史底蕴，具有无比强大的前进定力。中国人民应该有这个信心，每一个中国人都应该有这个信心”[③]。在某种意义上，我们可以把习近平总书记对于中华文化的反复强调和重点阐释视为“文化自信”重大命题的早期孕育。

自2014年2月24日习近平总书记在党的十八大之后首次正式提出“文化自信”这一重大命题以来，总书记继续在多个场合就“文化自信”进行了更为深入、更加深刻的阐述。2014年3月，在十二届全国

① 中共中央文献研究室编：《习近平关于社会主义文化建设论述摘编》，中央文献出版社2017年版，第3、4页。

② 习近平：《论坚持党对一切工作的领导》，中央文献出版社2019年版，第26页。

③ 中共中央文献研究室编：《习近平关于社会主义文化建设论述摘编》，中央文献出版社2017年版，第4页。

人大二次会议、全国政协十二届二次会议上，习近平在参加贵州团审议政府工作报告时指出，“体现一个国家综合实力最核心的、最高层的，还是文化软实力，这事关一个民族精气神的凝聚。我们要坚持道路自信、理论自信、制度自信，最根本的还有一个文化自信”。这是习近平总书记首次明确地将文化自信同道路自信、理论自信、制度自信放到一起进行阐述，而且将文化自信放到了“最根本”的位置。

2014年3月下旬，习近平出席在荷兰海牙举行的第三届核安全峰会，对荷兰、法国、德国、比利时进行国事访问，并访问联合国教科文组织总部、欧盟总部。其间，习近平在荷兰威廉—亚历山大国王的私人午宴上曾动情地指出：“中国五千年没有断流的文化不能丢掉了，要有文化自信；我们业已形成的符合中国国情的道路不能走偏了，要有道路自信、理论自信、制度自信。”[①]另外，在出访期间参加的一场与汉学家和孔子学院代表的座谈中，习近平更是提到，“要保持自身文化的自信、耐力、定力”。这里，总书记不仅又一次将文化自信同道路自信、理论自信、制度自信关联到一起进行阐述，而且指出不仅文化上要自信，还要保持文化上的耐力和定力。

2014年10月15日，习近平在文艺工作座谈会上的讲话中，就中华民族伟大复兴与中华文化繁荣兴盛、文艺工作的关系，以及文化自信与“三个自信”的关系等作了深刻的理论阐释。习近平指出，一个民族的复兴需要强大的物质力量，也需要强大的精神力量。没有先进文化的积极引领，没有人民精神世界的极大丰富，没有民族精神力量的不断增强，一个国家、一个民族不可能屹立于世界民族之林。“历史和现实都证明，中华民族有着强大的文化创造力。每到重大历史关头，文化都能感国运之变化、立时代之潮头、发时代之先声，为亿万人民、

① 杜尚泽：《一桥飞架中欧——记习近平主席欧洲之行》，《解放军报》2014年4月3日。

为伟大祖国鼓与呼”；“中华优秀传统文化是中华民族的精神命脉，是涵养社会主义核心价值观的重要源泉，也是我们在世界文化激荡中站稳脚跟的坚实根基。增强文化自觉和文化自信，是坚定道路自信、理论自信、制度自信的题中应有之义”；“要从建设社会主义文化强国的高度，增强文化自觉和文化自信”。[①]在此，习近平不仅从建设社会主义文化强国的高度强调了增强文化自信的重要性，而且对文化自信与道路自信、理论自信、制度自信的内在关系作了初步阐释，即增强文化自信，是坚定道路自信、理论自信、制度自信的“题中应有之义”。

2014年12月20日，习近平到澳门大学新校区横琴校区考察，在参与大学生“中华传统文化与当代青年”座谈会时，再次提到“文化自信”：“五千多年文明史，源远流长。而且我们是没有断流的文化。要建立制度自信、理论自信、道路自信，还有文化自信。文化自信是基础”，“一定要通过学习树立对五千多年文明的自豪感，树立文化的自信、民族的自豪感”。这里，总书记强调了文化自信的“基础”地位。

2015年11月3日，习近平在北京会见第二届“读懂中国”国际会议外方代表，在会见现场，他对文化自信与“三个自信”的内在关系作了进一步阐释：“中国有坚定的道路自信、理论自信、制度自信，其本质是建立在5000多年文明传承基础上的文化自信。”[②]这里指出文化自信是其他“三个自信”的“本质”。

2016年5月17日，习近平在北京主持召开哲学社会科学工作座谈会并发表讲话，就坚定文化自信、中华优秀传统文化在构建中国特色哲学社会科学中的作用等重要问题作了系统论述。他强调，绵延几千

① 习近平：《在文艺工作座谈会上的讲话》(2014年10月15日)，载中共中央文献研究室编：《十八大以来重要文献选编》(中)，中央文献出版社2016年版，第135页。

② 杜尚泽：《阔步走在中华民族伟大复兴的历史征程上——记以习近平同志为总书记的党中央推进全方位外交的成功实践》，《人民日报》2016年1月5日。

年的中华文化，是中国特色哲学社会科学成长发展的深厚基础。中华民族有着深厚文化传统，形成了富有特色的思想体系，体现了中国人几千年来积累的知识智慧和理性思辨。这是我国的独特优势。“要坚定中国特色社会主义道路自信、理论自信、制度自信，说到底是要坚定文化自信。文化自信是更基本、更深沉、更持久的力量。”在此，习近平总书记用“说到底”对文化自信与“三个自信”的内在关系作了更为明确的阐释，用三个“更”（更基本、更深沉、更持久）进一步阐明了文化自信的地位。

至此，尽管“文化自信”尚未与“三个自信”完全并列、并置，但习近平总书记的一系列论断，不仅已经十分清楚地勾勒出了文化自信与“三个自信”之间的密切关联，而且突出地强调了文化自信在“三个自信”中的地位和作用。特别是使用的“基础”“本质”“最根本的”“题中应有之义”“高度”“事关”“说到底”“更基本、更深沉、更持久”等一系列醒目的字眼，事实上已经把要在“三个自信”之后提出“第四个自信”——文化自信——的缘由、意义、作用等阐述得十分透彻了。把文化自信放到“基础”的地位，提升到“建设社会主义文化强国”的高度，深化到“最根本”和“说到底”的内在“本质”层面，用一个“事关”（事关一个民族精气神的凝聚）、三个“更”（更基本、更深沉、更持久）、一个“题中应有之义”来阐述文化自信作为“三个自信”中的基础性、本质性、根本性的重要地位，从五千多年中华优秀传统文化的“精神命脉”“历史渊源”“重要源泉”“历史根基”等方面强调文化自信对于道路选择、理论创新、制度确立的影响，使文化自信的意义得到充分彰显。“第四个自信”和“四个自信”的全新论断即将“呼之欲出”。

2016年6月28日，习近平在中共中央政治局第三十三次集体学习时发表重要讲话，首次将“文化自信”与道路自信、理论自信、制度自信并列、并置、并提、并论。他指出：“要固本培元，把加强思想政治建设摆在首位，引导党员特别是领导干部筑牢信仰之基、补足精神之钙、把稳思想之舵，坚定中国特色社会主义道路自信、理论自信、制度自信、文化自信，增强党的意识、党员意识、宗旨意识，坚守真理、坚守正道、坚守原则、坚守规矩，做到以信念、人格、实干立身。”① 两日之后的7月1日，在庆祝中国共产党成立95周年大会上，习近平总书记三次提到了“文化自信”：一是“坚持不忘初心、继续前进，就要坚持中国特色社会主义道路自信、理论自信、制度自信、文化自信，坚持党的基本路线不动摇，不断把中国特色社会主义伟大事业推向前进”。二是“全党要坚定道路自信、理论自信、制度自信、文化自信。当今世界，要说哪个政党、哪个国家、哪个民族能够自信的话，那中国共产党、中华人民共和国、中华民族是最有理由自信的。有了‘自信人生二百年，会当水击三千里’的勇气，我们就能毫无畏惧面对一切困难和挑战，就能坚定不移开辟新天地、创造新奇迹”。三是“文化自信，是更基础、更广泛、更深厚的自信。相比于两天前首次将“四个自信”并置，这里更深入了一层，即道路自信、理论自信、制度自信、文化自信——“四个自信”共同构成了对于“中国特色社会主义伟大事业”的全局性把握。不仅如此，总书记还提出了不同于之前三个“更”（更基本、更深沉、更持久）的新的三个“更”（更基础、更广泛、更深厚）的说法，进一步凸显了文化自信在“四个自信”有机整体中的重要地位。同时，总书记还深刻地阐明了文化自信的主要来源，即中华优秀传统文化、革命文化、社会主义先进文化。或者

---

① 《习近平在中共中央政治局第三十三次集中学习时强调：严肃党内政治生活　净化党内政治生态　为全面从严治党打下重要政治基础》，新华社北京2016年6月29日电。

说，我们的文化自信，从历史传承中来（中华优秀传统文化）、从革命奋斗中来（革命文化）、从改革创新中来（社会主义先进文化）。在此，总书记从历史大视野、大趋势中把中华文化的过去、现在和未来有机贯通起来，赋予中国特色社会主义更为深厚的历史渊源和文化底蕴。自此，“文化自信”正式成为继道路自信、理论自信、制度自信“三个自信”之后，中国特色社会主义的“第四个自信”。“第四个自信”和“四个自信”全新论断的提出，突破了先前道路、理论、制度三者统一的逻辑框架，是对党的十八大提出的中国特色社会主义“三个自信”的创造性拓展和完善；进一步拓展了中国特色社会主义自信的广度和深度，丰富了中国特色社会主义理论体系，开拓了当代中国马克思主义的新境界，凸显了中国特色社会主义的文化根基、文化本质和文化理想，标志着我们党对中国特色社会主义有了更加明确而开阔的文化建构。

此后，在2016年11月30日召开的中国文联十大、中国作协九大开幕式上的讲话中，习近平对文化自信的底气、来源、地位、意义，及其与文艺创作的关系等作了更为详细、深入的阐述：“坚定文化自信，离不开对中华民族历史的认知和运用。……中华民族生生不息绵延发展、饱受挫折又不断浴火重生，都离不开中华文化的有力支撑。中华文化独一无二的理念、智慧、气度、神韵，增添了中国人民和中华民族内心深处的自信和自豪。”[①]这里讲的是，中国人民和中华民族之所以能够对自己的文化有着深深的自信和自豪，是因为我们中华文化有着“独一无二的理念、智慧、气度、神韵”，是因为我们对中华民族的历史有着清楚的认知和正确的运用。这是我们拥有“文化自信”的底气。因为“历史是一面镜子，从历史中，我们能够更好看清世界、参

① 习近平：《在中国文联十大、中国作协九大开幕式上的讲话》，《人民日报》2016年12月1日。

透生活、认识自己；历史也是一位智者，同历史对话，我们能够更好地认识过去、把握当下、面向未来。在5000多年文明发展中孕育的中华优秀传统文化，在党和人民伟大斗争中孕育的革命文化和社会主义先进文化，积淀着中华民族最深层的精神追求，代表着中华民族独特的精神标识”[①]。这里再次重申了文化自信的三个主要来源，即从历史传承中来（中华优秀传统文化）、从革命奋斗中来（革命文化）、从改革创新中来（社会主义先进文化）。“实现中华民族伟大复兴，必须坚定中国特色社会主义道路自信、理论自信、制度自信、文化自信。”[②]这里再次重申“四个自信”并将“四个自信”置于对“实现中华民族伟大复兴”的整体布局之中。“创作出具有鲜明民族特点和个性的优秀作品，要对博大精深的中华文化有深刻的理解，更要有高度的文化自信。……没有文化自信，不可能写出有骨气、有个性、有神采的作品。……中华民族文艺创造力是如此强大、创造的成就是如此辉煌，中华民族素有文化自信的气度，我们应该为此感到无比自豪，也应该为此感到无比自信。”[③]

总书记这里阐述的是文化自信与文艺创作之间的关系：从历史层面看，我们中华民族过去之所以拥有强大的文艺创作力、之所以取得了辉煌的文艺成就，得益于我们中华民族素有文化自信的气度；从当下和未来的层面看，我们要继续创作出具有鲜明民族特点、有骨气、有个性、有神采的优秀文艺作品，就更需要有高度的文化自信。“文化自信是更基础、更广泛、更深厚的自信，是更基本、更深沉、更持久的力量。坚定文化自信，是事关国运兴衰、事关文化安全、事关民族

① 习近平：《在中国文联十大、中国作协九大开幕式上的讲话》，《人民日报》2016年12月1日。
② 习近平：《在中国文联十大、中国作协九大开幕式上的讲话》，《人民日报》2016年12月1日。
③ 习近平：《在中国文联十大、中国作协九大开幕式上的讲话》，《人民日报》2016年12月1日。

精神独立性的大问题。”[①]在此，总书记将之前于2016年5月17日在北京主持召开哲学社会科学工作座谈会上的讲话中提到的“三个更”（更基本、更深沉、更持久）和2016年7月1日在庆祝中国共产党成立95周年大会上的讲话中新提到的“三个更”（更基础、更广泛、更深厚）联系起来，将两个“三个更”连用，更加突出了文化自信的独特地位；不仅如此，还将2014年两会期间提到的“一个事关”（事关一个民族精气神的凝聚）升级为“三个事关”（事关国运兴衰、事关文化安全、事关民族精神独立性），充分彰显了文化自信的战略功能。“六个更”和“三个事关”启迪我们：只有坚定文化自信，才能确保国运兴盛、国家安全和民族精神独立自主，才能为中国特色社会主义道路自信、理论自信、制度自信提供更为坚强有力的文化支撑。

2017年10月18日，在中国共产党第十九次全国代表大会上的报告中，习近平对“文化自信”问题进行了更为详细、深入、全面的阐述。报告第三部分，习近平总书记明确提出了新时代中国特色社会主义的十四条基本方略，在第七条方略“坚持社会主义核心价值体系”部分，他强调，“文化自信是一个国家、一个民族发展中最基本、最深沉、最持久的力量”[②]。必须坚持马克思主义，牢固树立共产主义远大理想和中国特色社会主义共同理想，培育和践行社会主义核心价值观，不断增强意识形态领域主导权和话语权，推动中华优秀传统文化创造性转化、创新性发展，继承革命文化，发展社会主义先进文化，不忘本来、吸收外来、面向未来，更好构筑中国精神、中国价值、中国力量，为人民提供精神指引。习近平总书记在报告中还指出，“文化是一个国家、一个民族的灵魂。文化兴国运兴，文化强民族强。没有高度的文

① 习近平：《在中国文联十大、中国作协九大开幕式上的讲话》，《人民日报》2016年12月1日。

② 习近平：《决胜全面建成小康社会　夺取新时代中国特色社会主义伟大胜利——在中国共产党第十九次全国代表大会上的报告》，人民出版社2017年版，第23页。

化自信，没有文化的繁荣兴盛，就没有中华民族伟大复兴”，因此，总书记用报告“第七部分”的整个篇幅，从牢牢掌握意识形态工作领导权、培育和践行社会主义核心价值观、加强思想道德建设、繁荣发展社会主义文艺、推动文化事业和文化产业发展等五个方面，对“坚定文化自信，推动社会主义文化繁荣兴盛”作了整体性战略部署；不仅如此，在这一部分的结尾，他又创造性地提出了“新的文化使命”这一重大命题，并对其作了高度提炼，即“中国共产党从成立之日起，既是中国先进文化的积极引领者和践行者，又是中华优秀传统文化的忠实传承者和弘扬者，当代中国共产党人和中国人民应该而且一定能够担负起新的文化使命，在实践创造中进行文化创造，在历史进步中实现文化进步”。提出“新的文化使命”这一重大命题，是习近平总书记从赓续中华文明的高度、从党和国家事业发展战略全局高度作出的庄严宣告，彰显了当代中国共产党人深沉的历史责任感、坚定的使命感和厚重的人民情怀。唯有担负起新的文化使命，赓续历史文脉，推动中华民族最基本的文化基因与当代文化相适应、与现代社会相协调，才能谱写出新时代新征程的文化华章。也正是在这次大会上，“文化自信”被写进了党章中，并作为习近平新时代中国特色社会主义思想的重要组成部分，极大地提升了文化的重要地位，强化了文化的社会政治功能。

此后，习近平总书记在一系列的重要讲话、论述中，从“两个结合”“九个坚持”等方面，对“文化自信”作了更为细化、更为具体、更为深入的阐发。比如，2018年5月4日，习近平在纪念马克思诞辰200周年大会上的讲话中，不仅再次提到“理论自觉、文化自信，是一个民族进步的力量；价值先进、思想解放，是一个社会活力的来源。国家之魂，文以化之，文以铸之”，而且对“两个结合”的基本内容作了初步阐明："只有把科学社会主义基本原则同本国具体实际、历史文化传统、时代要求紧密结合起来，在实践中不断探索总结，才能把蓝图变为美好现实。"这里，提出要将"科学社会主义基本原则"同"本国具体实际"紧密结合起来，要将"历史文化传统"这一"文化自信"的来源之一与科学社会主义基本原则紧密结合起来，可以看作是"两个结合"的雏形。2021年7月，习近平在庆祝中国共产党成立100周年大会上的讲话中，不仅正式提出了"两个结合"的重大理论论断，即"新的征程上，我们必须坚持马克思列宁主义、毛泽东思想、邓小平理论、'三个代表'重要思想、科学发展观，全面贯彻新时代中国特色社会主义思想，坚持把马克思主义基本原理同中国具体实际相结合、同中华优秀传统文化相结合，用马克思主义观察时代、把握时代、引领时代，继续发展当代中国马克思主义、21世纪马克思主义"，而且首次明确地提出了"第二个结合"，即"把马克思主义基本原理同中华优秀传统文化相结合"，突出强调了习近平新时代中国特色社会主义思想，不仅是马克思主义基本原理同中国具体实际相结合的产物，还是同"中华优秀传统文化"这一"文化自信"的主要来源之一相结合的产物，这是思想创新的最重大理论成果。此后，"两个结合"被写入了《中共中央关于党的百年奋斗重大成就和历史经验的决议》和党的二十大报告之中。

2018年8月21日至22日，习近平在全国宣传思想工作会议上不仅再次连用"三个更"强调了文化自信的独特地位，而且将文化自信纳入做好宣传思想工作的"九个坚持"之中。这是习近平总书记首次明确提出"九个坚持"，即"坚持党对意识形态工作的领导权""坚持思想工作'两个巩固'的根本任务""坚持用新时代中国特色社会主义思想武装全党、教育人民""坚持培育和践行社会主义核心价值观""坚持文化自信是更基础、更广泛、更深厚的自信，是更基本、更深沉、更持久的力量”“坚持提高新闻舆论传播力、引导力、影响力、公信力”“坚持以人民为中心的创作导向”“坚持营造风清气正的网络空间”“坚持讲好中国故事、传播好中国声音”。

2021年12月14日，中国文联十一大、中国作协十大在北京召开，习近平在开幕式上发表重要讲话，再次深刻论述了文艺工作者增强文化自觉、坚定文化自信、坚持“两个结合”、坚持中华文化“双创”的重要性。讲话指出，中国共产党是具有高度文化自觉的党，党的百年奋斗凝结着我国文化奋进的历史，中国共产党从成立之日起就把建设民族的科学的大众的中华民族新文化作为自己的使命，积极推动文化建设和文艺繁荣发展。一百年来，中国共产党把马克思主义基本原理同中国具体实际相结合、同中华优秀传统文化相结合，团结带领中国人民在这片广袤大地上绘就了人类发展史上波澜壮阔的壮美画卷，书写了中华民族几千年历史上最恢宏的史诗。“文化兴则国运兴，文化强则民族强。”推动社会主义文艺繁荣发展、建设社会主义文化强国，广大文艺工作者义不容辞、重任在肩、大有作为。广大文艺工作者要增强文化自觉、坚定文化自信，以强烈的历史主动精神，积极投身社会主义文化强国建设，坚持为人民服务、为社会主义服务方向，坚持百花齐放、百家争鸣方针，坚持创造性转化、创新性发展，聚焦举旗帜、聚民心、育新人、兴文化、展形象的使命任务，在培根铸魂上展现新担当，在守正创新上实现新作为，在明德修身上焕发新风貌，用自强不息、厚德载物的文化创造，展示中国文艺新气象，铸就中华文化新辉煌，为实现第二个百年奋斗目标、实现中华民族伟大复兴的中国梦提供强大的价值引导力、文化凝聚力、精神推动力。

2022年10月16日上午10时，中国共产党第二十次全国代表大会在北京人民大会堂开幕，习近平代表第十九届中央委员会向大会作了题为《高举中国特色社会主义伟大旗帜 为全面建设社会主义现代化国家而团结奋斗》的报告。在报告中，习近平将“文化自信”升级为“文化自信自强”，纳入“两个结合”等重大理论命题之中，同“历史自信”相并列，对“文化自信”作了进一步的深入论述。一是将“文化自信”与“历史自信”相并列。自习近平总书记在2021年11月11日党的十九届六中全会第二次全体会议上首次明确提出“历史自信”的论断后，该理论命题在一系列重要会议和讲话中屡被提及①，此次于报告中再度出现，并将之与“文化自信”相并置，意义非同寻常。文化是在历史中形成的，是随着历史的发展进程而积淀起来的，历史越悠久，文化积淀就越丰厚。中国有着5000多年的文明史积淀下来的中华优秀传统文化，这是我们文化自信的根源，历史给文化以底蕴和积淀，历史自信是文化自信的根基和支撑，使文化自信形成了历史、现实和未来的贯通，为“文化自信”提供了时空维度上更加宽阔的视野。二是再次将“文化自信”纳入“两个结合”特别是“第二个结合”的重大理论命题之中，并对此作了精辟的理论概括：“中国共产党人深刻认识到，只有把马克思主义基本原理同中国具体实际相结合、同中华优秀传统文化相结合，坚持运用辩证唯物主义和历史唯物主义，才能正确回答时代和实践提出的重大问题，才能始终保持马克思主义的蓬勃生机和旺盛活力。”“两个结合”特别是“第二个结合”的重大理论论

---

① 比如，2021年12月27—28日，中共中央政治局召开党史学习教育专题民主生活会，习近平主持会议并发表重要讲话，结合贯彻落实党的十九届六中全会精神，要求推进党史学习，“教育广大党员、干部和全体人民特别是广大青年坚定历史自信、筑牢历史记忆，满怀信心地向前进”。2022年1月11日，习近平在省部级主要领导干部学习贯彻党的十九届六中全会精神专题研讨班开班式上发表重要讲话时强调：“更好把握和运用党的百年奋斗历史经验，弘扬伟大建党精神，增加历史自信、增进团结统一、增强斗争精神，动员全党全国各族人民坚定信心、勇毅前行，为实现第二个百年奋斗目标而不懈努力。”

断，拓展了中国特色社会主义文化的发展道路。三是将“文化自信”升级为“文化自信自强”，并用“第八部分”的整个篇幅，从建设具有强大凝聚力和引领力的社会主义意识形态、广泛践行社会主义核心价值观、提高全社会文明程度、繁荣发展文化事业和文化产业、增强中华文明传播力影响力五个方面，对“推进文化自信自强、铸就社会主义文化新辉煌”作了整体部署。这五个方面，共同构成了“文化自信自强”的基本内容：“意识形态工作是为国家立心、为民族立魂的工作”，牢牢掌握党对意识形态工作领导权，是推进文化自信自强的核心内容之一；“社会主义核心价值观是凝聚人心、汇聚民力的强大力量”，深入开展社会主义核心价值观教育，用社会主义核心价值观铸魂育人，是推进文化自信自强的题中应有之义；“提高全社会文明程度”，“繁荣发展文化事业和文化产业”，是进一步提高文化自信、推进文化自强的必要措施；“增强中华文明传播力影响力”是彰显文化自信、推进文化自强的重要表现，为此，要“提炼展示中华文明的精神标识和文化精髓，加快构建中国话语和中国叙事体系，讲好中国故事、传播好中国声音，展现可信、可爱、可敬的中国形象”，要“加强国际传播能力建设，全面提升国际传播效能，形成同我国综合国力和国际地位相匹配的国际话语权”，要“深化文明交流互鉴，推动中华文化更好走向世界”。

2023年6月2日，习近平在文化传承发展座谈会上发表重要讲话。这次讲话深刻阐明了“文化自信”与“文化主体性”之间的关系，阐明了“新时代新的文化使命”与“文化自信”之间的关系，阐明了“第二个结合”对于“文化自信”的意义，阐明了“坚定文化自信”的内涵和首要任务，阐明了“文化自信”的显著标志，将“文化自信”这一重大命题提升到了一个全新的高度。其一，文化主体性是文化自信的来源和根本依托。在谈到文化主体性是文化自信的来源时，习近平指出："文化自信就来自我们的文化主体性。这一主体性是中国共产党带领中国人民在中国大地上建立起来的；是在创造性转化、创新性发展中华优秀传统文化，继承革命文化，发展社会主义先进文化的基础上，借鉴吸收人类一切优秀文明成果的基础上建立起来的；是通过把马克思主义基本原理同中国具体实际、同中华优秀传统文化相结合建立起来的。创立新时代中国特色社会主义思想就是这一文化主体性的最有力体现。"在讲到文化主体性是文化自信的根本依托时，习近平指出："有了文化主体性，就有了文化意义上坚定的自我，文化自信就有了根本依托，中国共产党就有了引领时代的强大文化力量，中华民族和中国人民就有了国家认同的坚实文化基础，中华文明就有了和世界其他文明交流互鉴的鲜明文化特性。"其二，"坚定文化自信"是"新时代新的文化使命"的重要内容。前面提到，习近平在2017年10月18日中国共产党第十九次全国代表大会上的报告中首次创造性地提出了"新的文化使命"这一重大论题。在此次讲话中，习近平将"新的文化使命"升级为"新时代新的文化使命"，并将"坚定文化自信""秉持开放包容""坚持守正创新"作为"新时代新的文化使命"的内容。其三，"第二个结合"对于"文化自信"的意义。我们知道，"第二个结合"即把马克思主义基本原理同中华优秀传统文化相结合，它是又一次的思想解放，让我们能够在更广阔的文化空间中，充分运用中华优秀传统文化的宝贵资源，探索面向未来的理论和制度创新。在此次讲话中，习近平总书记则直接点明了"第二个结合"对于"文化自信"的意义："'第二个结合'……表明我们党的历史自信、文化自信达到了新高度。"也就是说，"第二个结合"与"文化自信"的关系是，"第二个结合"需要充分运用"文化自信"的主要来源之一——

“中华优秀传统文化的宝贵资源”；而成功实现“第二个结合”，则标志着中国共产党的文化自信达到了全新的高度与水平。其四，习近平总书记还对“坚定文化自信”的内涵和首要任务进行了阐述。他指出，“坚定文化自信，就是坚持走自己的路。坚定文化自信的首要任务，就是立足中华民族伟大历史实践和当代实践，用中国道理总结好中国经验，把中国经验提升为中国理论，既不盲从各种教条，也不照搬外国理论，实现精神上的独立自主”。其五，开放包容是文化自信的显著标志。习近平指出，“开放包容始终是文明发展的活力来源，也是文化自信的显著标志”。那么，如何秉持开放包容呢？就是要更加积极主动地学习借鉴人类创造的一切优秀文明成果，以此为基础，融通中外、贯通古今，进而产生一批熔铸古今、汇通中西的文化成果。

2023年10月7日至8日，全国宣传思想文化工作会议在北京召开，会上传达了习近平总书记对宣传思想文化工作的重要指示，会议最重要的成果是首次提出了“习近平文化思想”。在“习近平文化思想”与“文化自信”的关系方面，会议提出，“习近平文化思想既有文化理论观点上的创新和突破，又有文化工作布局上的部署要求，明体达用、体用贯通，明确了新时代文化建设的路线图和任务书，标志着我们党对中国特色社会主义文化建设规律的认识达到了新高度，表明我们党的历史自信、文化自信达到了新高度，并在我国社会主义文化建设中展现出了强大伟力，为做好新时代新征程宣传思想文化工作、担负起新的文化使命提供了强大思想武器和科学行动指南”。也就是说，“习近平文化思想”与“文化自信”的关系是，“习近平文化思想……表明我们党的文化自信达到了新高度”。

从“文化自信是更基本、更深沉、更持久的力量”到“文化自信是更基础、更广泛、更深厚的自信”，再到“文化自信”是“新时代新的文化使命”的重要内容，是对“文化自信”之作用、地位的不断提升，是合乎理论逻辑的不断演进。从阐明文化的作用到强调文化自信的意义、坚定文化自信的首要任务，从“三个自信”拓展到“四个自信”，是合乎实践逻辑的不断延伸。中国特色社会主义之“特色”，不仅体现在我们的道路、理论、制度上，也体现在文化上。今天，我们所坚持和发展的中国特色社会主义，说到底是在中华文明大道上开拓马克思主义中国化的新境界，创造中华文明的新辉煌。

第二节 不忘本来：新时代中国共产党人的传统文化观

2012年11月，党的十八大实现了中央领导集体的新老交替。自此，包括如何对待中国传统文化在内的一系列理论和实践创新相继展开，中国特色社会主义新时代的大幕徐徐拉开。党的十八大以来，以习近平同志为核心的党中央，不仅将“文化自信”作为中国特色社会主义“四个自信”之一，将“文化建设”列入“五位一体”的发展战略和总体布局之中，而且将中国传统文化视作“中华民族最深沉的精神追求”“中华民族的突出优势”“我们最深厚的软实力”。按照习近平总书记系列重要讲话的精神，要正确对待中国传统文化，必须把“两有”“两相”“两创”结合起来。“两有”即对中国古代传统文化要“有鉴别地加以对待，有扬弃地予以继承”；“两相”即中华优秀传统文化必须与当代文化相适应、与现代社会相协调；“两创”即对中国传统文化要实现创造性转化、创新性发展。“两有”是基础，“两相”是现实需要，“两创”是努力的方向和目标。

一、中华优秀传统文化的思想精髓与历史地位

中华民族博大精深、源远流长的优秀传统文化，积淀着中华民族最深层的精神追求，不仅为中华民族生生不息、发展壮大提供了丰厚的滋养，而且成为今天中国人民和中华民族文化自信的底蕴和底气所在。2014年10月13日，习近平在中共中央政治局第十八次集体学习时提出："怎样对待本国历史？怎样对待本国传统文化？这是任何国家在实现现代化过程中都必须解决好的问题。"[①]党的十八大以来，习近平总书记在不同场合、围绕不同主题就"中华优秀传统文化"进行过一系列论述，总结其思想精髓，探讨其对中华民族伟大复兴所具有的文化底蕴和精神根基的重要地位和现实作用。

（一）中华优秀传统文化中的思想精髓

文化是一个国家、一个民族的灵魂，文化兴则国运兴，文化强则民族强。在中华大地上，肥沃广袤的土地、四季分明的气候，孕育了中华民族绵延数千年的灿烂历史与文化硕果。自夏商以来，在五千多年的历史长河中，数十个王朝在这块土地上先后谱画着属于自己的历史文化和悲欢离合；不同时期、不同地域的文化，通过代际传承和相互渗透，留下了丰富的文化遗产，形成了源远流长、博大精深的中华优秀传统文化，包含着丰富的哲学思想、道德情操、价值观念、审美品格、艺术情趣、辩证思维和科学智慧，是中华民族的宝贵精神矿藏。对于这些"宝贵的精神矿藏"，习近平总书记如数家珍。他在哲学社会科学工作座谈会上的讲话中说："中华文明历史悠久，从先秦子学、两汉经学、魏晋玄学，到隋唐佛学、儒释道合流、宋明理学，经历了数个学术思想繁荣时期。在漫漫历史长河中，中华民族产生了儒、释、

① 转引自田学斌：《弘扬优秀传统文化　增强国家软实力》，《求是》2015年第14期。

道、墨、名、法、阴阳、农、杂、兵等各家学说，涌现了老子、孔子、庄子、孟子、荀子、韩非子、董仲舒、王充、何晏、王弼、韩愈、周敦颐、程颢、程颐、朱熹、陆九渊、王守仁、李贽、黄宗羲、顾炎武、王夫之、康有为、梁启超、孙中山、鲁迅等一大批思想大家，留下了浩如烟海的文化遗产。”2014年9月24日，习近平在《在纪念孔子诞辰二千五百六十五周年国际学术研讨会暨国际儒学联合会第五届会员大会开幕会上的讲话》中指出：“中国优秀传统文化的丰富哲学思想、人文精神、教化思想、道德理念等，可以为人们认识和改造世界提供有益启迪，可以为治国理政提供有益启示，也可以为道德建设提供有益启发。”[①]那么，中国传统文化包含着哪些丰富的哲学思想、人文精神、文化思想、道德理念，可以拿来为今天所用呢？

1. 优秀的思想道德资源。习近平总书记在讲话中指出，“中华优秀传统文化，蕴含着丰富的思想道德资源”[②]；“中华优秀传统文化中很多思想理念和道德规范”[③]。我们仅从习近平总书记的系列讲话中，来看看我国古代文化中所包含的思想道德资源：（1）在坚守道德底线方面，我国古代特别“强调‘己所不欲，勿施于人’‘与人为善’‘以己度人’‘推己及人’‘君子忧道不忧贫’，要恪守‘良知’，做到‘俯仰无愧’”[④]。（2）在树立道德理想方面，我国古代“强调‘大道之行也，天下为公’，人要‘止于至善’，有社会责任感，追求崇高理想和完美

① 中共中央文献研究室编：《习近平关于社会主义文化建设论述摘编》，中央文献出版社2017年版，第143页。

② 中共中央文献研究室编：《习近平关于社会主义文化建设论述摘编》，中央文献出版社2017年版，第141页。

③ 习近平：《在文艺工作座谈会上的讲话》，载中共中央文献研究室编：《十八大以来重要文献选编》（中），中央文献出版社2016年版，第136页。

④ 中共中央文献研究室编：《习近平关于社会主义文化建设论述摘编》，中央文献出版社2017年版，第141页。

人格，倡导‘兼善天下’‘利济苍生’‘修身齐家治国平天下’‘见贤思齐焉，见不贤而内自省也’，做君子、成圣贤”[①]。(3) 在思想传统美德方面，我国古代“有讲仁爱、重民本、守诚信、崇正义、尚和合、求大同等思想，有自强不息、敬业乐群、扶正扬善、扶危济困、见义勇为、孝老爱亲等传统美德”[②]。(4) 在劝导人们向上向善方面，我国古代有大量的警句名言，如“‘大道之行也，天下为公’‘见善如不及，见不善如探汤’‘见贤思齐焉，见不贤而内自省也’‘不义而富且贵，于我如浮云’‘言必信，行必果’‘德不孤，必有邻’‘人而无信，不知其可也’‘勿以善小而不为，勿以恶小而为之’”[③]。总的来说，在优秀的思想道德资源方面，大致包括“自强不息”的奋斗精神，“精忠报国”的爱国情怀，“天下兴亡，匹夫有责”的担当意识，“舍生取义”的牺牲精神，“革故鼎新”的创新思想，“扶危济困”的公德意识，“国而忘家，公而忘私”的价值理念等，这是中华民族奋发进取的精神动力。

2. 治国理政的思想精髓。在几千年的历史演进中，中华民族形成了关于国家制度和国家治理的丰富思想。2019年10月31日，习近平总书记在党的十九届四中全会第二次全体会议上的讲话中指出：“在几千年的历史演进中，中华民族创造了灿烂的古代文明，形成了关于国家制度和国家治理的丰富思想，包括大道之行、天下为公的大同理想，六合同风、四海一家的大一统传统，德主刑辅、以德化人的德治主张，民贵君轻、政在养民的民本思想，等贵贱均贫富、损有余补不足的平

① 中共中央文献研究室编：《习近平关于社会主义文化建设论述摘编》，中央文献出版社2017年版，第141页。

② 习近平：《在文艺工作座谈会上的讲话》，载中共中央文献研究室编：《十八大以来重要文献选编》(中)，中央文献出版社2016年版，第136页。

③ 中共中央文献研究室编：《习近平关于社会主义文化建设论述摘编》，中央文献出版社2017年版，第148、149页。

等观念，法不阿贵、绳不挠曲的正义追求，孝悌忠信、礼义廉耻的道德操守，任人唯贤、选贤与能的用人标准，周虽旧邦、其命维新的改革精神，亲仁善邻、协和万邦的外交之道，以和为贵、好战必亡的和平理念，等等。这些思想中的精华是中华优秀传统文化的重要组成部分，也是中华民族精神的重要内容。”习近平总书记的这段论述，高度概括了中华优秀传统文化中关于治国理政的十一条思想精髓：（1）大道之行、天下为公的大同理想。《礼记》中有言：“大道之行也，天下为公”；“是故谋闭而不兴，盗窃乱贼而不作，故外户而不闭，是谓大同”。依此，谋闭不兴、盗贼不作、夜不闭户等社会稳定有序、人们安居乐业的状况，是大同社会的具体表现，而要达到这种大同局面，必须行大道、公天下。这其中的关键词是“公”。天下为公，是治理国家和社会的大道，是实现大同的必然要求。这是中国古人对理想社会状态和国家治理最高目标的描绘。（2）六合同风、四海一家的大一统传统。《荀子》中有“四海一家”的表述：“四海之内若一家。”《公羊传》中有“大一统”的表述：“何言乎王正月？大一统也。”《汉书》中则有：“大一统者，六合同风，九州共贯也。”这是关于处理中央与地方、民族与民族关系的思想智慧。（3）德主刑辅、以德化人的德治主张。荀子有言：“明礼仪以化之，起法正以治之，重刑法以禁之，使天下皆出于治。”这是关于处理德治与法治关系的思想智慧。（4）民贵君轻、政在养民的民本思想。荀子曰：“天之生民，非为君也。天之立君，以为民也”；孟子进一步提出，“民为贵，社稷次之，君为轻”。这是关于处理君与民、国与民关系的思想智慧。（5）等贵贱均贫富、损有余补不足的平等观念。所谓“等贵贱均贫富”，讲的是人人平等，没有高下之分，社会财富要公平分配，使贫富有度；所谓“损有余补不足”，是指减损有余、增补不足。这是关于处理人们之间社会地位和社会财富关系的思想智慧。（6）法不阿贵、绳不挠曲的正义追求。“法不阿贵，绳不挠曲”出自《韩非子》，意思是说，法律不偏袒有权势的人，墨线不向弯曲的地方倾斜。这是关于法律执行和实施的思想智慧。（7）孝悌忠信、礼义廉耻的道德操守。孝悌忠信、礼义廉耻，俗称“八德”，是对中华传统美德精髓要义的凝练概括。这里讲的是关于重视个人道德修养和社会道德教育的思想智慧。（8）任人唯贤、选贤与能的用人标准。《尚书》中说，“任官惟贤材，左右惟其人”；《礼记》中说，“选贤与能，讲信修睦”，这是关于选人用人标准的思想智慧。（9）周虽旧邦、其命维新的改革精神。“周虽旧邦，其命维新”，语出《诗经》。意思是说，周虽然是古老的邦国，但承担着革新的使命，简言之就是“旧邦新命”。这是关于处理守正与创新、继承与发展关系的思想智慧。（10）亲仁善邻、协和万邦的外交之道。“亲仁善邻”出自《左传》，意思是说，亲近仁者、与邻为善。这里的关键词是“仁”。孔子说，“夫仁者，己欲立而立人，己欲达而达人”。这里说的是关于处理国与国关系的思想智慧。（11）以和为贵、好战必亡的和平理念。“以和为贵”语出《论语》：“礼之用，和为贵。先王之道，斯为美。小大由之，有所不行。知和而和，不以礼节之，亦不可行也。”“好战必亡”语出《司马法》：“国虽大，好战必亡；天下虽安，忘战必危。”这里讲的是关于处理战争与和平关系的思想智慧。

总的来说，在治国理政的思想精髓方面，大致包括“天人合一”“天下为公”的社会理想，“以人为本”“民惟邦本”的治国理念，“载舟覆舟”“居安思危”的忧患意识，“止戈为武”“协和万邦”的和平思想，“与人为善”“己所不欲，勿施于人”的处世之道，“儒法并用”“德刑相辅”的治理思想，“和为贵”“和而不同”的东方智慧等。

（二）中华优秀传统文化的重要地位

千百年来，中华优秀文化的思想精髓已浸润于每个国人心中，成为日用而不觉的价值观，构成中国人的独特精神世界。那么，对于我们今天来说，传统文化具有怎样的地位、意义和价值呢？我们在习近平总书记的一系列重要讲话和党中央的一系列重要文件中去找一找答案。

2013年8月19日，习近平在全国宣传思想工作会议上提出了“四个讲清楚”，其中与中国传统文化密切相关的是中间“两个讲清楚”，即“讲清楚中华文化积淀着中华民族最深沉的精神追求，是中华民族生生不息、发展壮大的丰厚滋养；讲清楚中华优秀传统文化是中华民族的突出优势，是我们最深厚的文化软实力”。2013年12月11日，中共中央办公厅在印发的《关于培育和践行社会主义核心价值观的意见》中指出：“中华优秀传统文化积淀着中华民族最深沉的精神追求，包含着中华民族最根本的精神基因，代表着中华民族独特的精神标识，是中华民族生生不息、发展壮大的丰富滋养。”[①]2014年2月24日，习近平在中共十八届中央政治局第十三次集体学习时的讲话中指出：“抛弃传统、丢掉根本，就等于割断了自己的精神命脉。对我们来说，博大精深的中华优秀传统文化是我们在世界文化激荡中站稳脚跟的根基。”[②]2014年10月15日，习近平在文艺工作座谈会上的讲话中再次强调：“中华优秀传统文化是中华民族的精神命脉，是涵养社会主义核心价值观的重要源泉，也是我们在世界文化激荡中站稳脚跟的坚实

① 《中共中央办公厅印发〈关于培育和践行社会主义核心价值观的意见〉》，《党建》2014年第1期。

② 中共中央文献研究室编：《习近平关于社会主义文化建设论述摘编》，中央文献出版社2017年版，第107、108页。

根基。”[①]

上述一系列论述中，使用了“最深沉的精神追求”“最根本的精神基因”“最深厚的文化软实力”“精神命脉”“坚实根基”“丰厚滋养”“突出优势”等术语，阐述了中华优秀传统文化的地位。概括来说，主要包括以下三个方面：

1. 中华优秀传统文化积淀着中华民族最深沉的精神追求。习近平总书记多次指出：“人无精神则不立，国无精神则不强。唯有精神上站得住、站得稳，一个民族才能在历史洪流中屹立不倒、挺立潮头。”[②]中华优秀传统文化是激励民族不断进步、永续发展的重要力量。比如在宇宙观上，倡导万物一体、天人合一，注重从整体上把握人与宇宙万物的关系；在社会观上，强调与人为善、推己及人，注重用仁爱和谐原则促进群体与个体、秩序与自由的内在平衡；在道德观上，主张厚德载物、内圣外王，注重通过修身明德、克己复礼，进而达济天下；在处世观上，推崇自强不息、刚健有为，注重以积极进取、向上向善的态度对待个人价值的实现。这些价值观念，共同塑造了中华民族自尊、自爱、自信、自强的集体文化品格，成为海内外中华儿女共同的文化符号和精神标识，是增强全体人民文化自信的根本。

2. 中华优秀传统文化是中华民族的突出优势。党的十八大以来，以习近平同志为核心的党中央把文化建设摆在全局工作的重要位置，不断深化对文化建设的规律性认识，提出一系列新思想、新观点、新论断。2023年6月2日，习近平总书记在文化传承发展座谈会上鲜明提出中华文明的五个“突出特性”，即连续性、创新性、统一性、包容性、和平性。中华文明的这五个“突出特性”，互为整体、相互联系、

① 习近平：《在文艺工作座谈会上的讲话》，《美术》2015年第11期。

② 习近平：《论中国共产党历史》，中央文献出版社2021年版，第41页。

相互依存，共同构成了中华民族的突出优势。连续性是指中华文明是世界上唯一绵延不断且以国家形态发展至今的伟大文明，具有文化底蕴深厚的精神特质，这种特质从根本上决定了中华民族必然走自己的路。创新性是指中华文明是革故鼎新、辉光日新的文明，在漫长的历史长河中，中华民族始终以“苟日新，日日新，又日新”的精神，不断创造自己的物质文明、精神文明和政治文明，在很长的历史时期内作为最繁荣最强大的文明体屹立于世。创新性是中华文明源远流长的内生动力，体现了中华民族不惧挑战、勇于超越的精神特质，决定了中华民族守正不守旧、尊古不复古的进取精神，决定了中华民族不惧新挑战、勇于接受新事物的无畏品格。统一性是指中华文明有着长期的大一统传统，中华民族是一个统一的大家庭，各民族守望相助，密不可分，体现了中华民族多元一体、团结集中的精神特质。统一性这种特质“从根本上决定了中华民族各民族文化融为一体，即使遭遇重大挫折也牢固凝聚，决定了国土不可分、国家不可乱、民族不可散、文明不可断的共同信念，决定了国家统一永远是中国核心利益的核心，决定了一个坚强统一的国家是各族人民的命运所系”[①]。包容性是指中华文明从来不用单一文化代替多元文化，而是由多元文化汇聚成共同文化，化解冲突，凝聚共识；中华文化认同超越地域乡土、血缘世系、宗教信仰等，把内部差异极大的广土巨族整合成多元一体的中华民族；中华民族具有开放的宽广胸怀，始终坚持和而不同，美美与共，能够容纳世界各种文明，体现了中华民族海纳百川的精神特质。包容性特质“从根本上决定了中华民族交往交流交融的历史取向，决定了中国各宗教信仰多元并存的和谐格局，决定了中华文化对世界文明兼收并

① 习近平：《在文化传承发展座谈会上的讲话》，《求是》2023年第17期。

蓄的开放胸怀”[1]。和平性是指中华民族热爱和平，崇尚“和为贵”，体现了中华民族追求秩序、稳定内敛、友善和睦的精神特质。和平性特质“从根本上决定了中国始终是世界和平的建设者、全球发展的贡献者、国际秩序的维护者，决定了中国不断追求文明交流互鉴而不搞文化霸权，决定了中国不会把自己的价值观念与政治体制强加于人，决定了中国坚持合作、不搞对抗，决不搞‘党同伐异’的小圈子”[2]。中华优秀传统文化是中华文明的智慧结晶和精华所在，是中华民族的根和魂，它们构成了中华民族的突出优势，也是我们区别于其他民族的独特标识。

3. 中华优秀传统文化是中华民族的精神命脉。习近平总书记将中华优秀传统文化作为中华民族的“精神命脉”来强调，立意极为高远、内涵非常深刻，具有特别重要的理论意义和现实作用。我们知道，文化之所以被称为民族的精神命脉，是由于任何一个民族的思想灵魂都是在该民族自己创造的文化滋养中逐渐形成的，任何一个民族的精神力量都是在自己的文化不断被认同中得到强化的。五千多年历史传承下来的中华优秀文化，是中华民族宝贵的精神财富，是我们增强文化自信的基础所在。在漫长的历史演进中，中华民族始终对自己的文化有强烈的认同感和自豪感，无论经历怎样的战乱离合，遇到怎样的冲击挑战，中华文化的精神血脉不曾被割断过，中华民族的精神家园始终被坚守着，这是中华民族能够生生不息、不断发展，始终立于不败之地的精神密码。在薪火相传的过程中，中华优秀传统文化已经固化为中华民族的精神基因，内化为中华民族的思想灵魂，转化为中华民族的思想品格，形成了中华民族独特的精神世界。

---

① 习近平:《在文化传承发展座谈会上的讲话》,《求是》2023年第17期。

② 习近平:《在文化传承发展座谈会上的讲话》,《求是》2023年第17期。

二、“两有”：有鉴别地对待，有扬弃地继承

2014年2月24日，习近平在中共十八届中央政治局第十三次集体学习时的讲话中指出：“对历史文化特别是先人传承下来的价值理念和道德规范，要坚持古为今用、推陈出新，有鉴别地加以对待，有扬弃地予以继承。”①在此，习近平总书记提出了对待传统文化的“两有”方针。有鉴别地加以对待，有扬弃地予以继承，是说“我们既不要片面地讲厚古薄今，又不要片面地讲厚今薄古，而是要本着科学的态度，继承和弘扬中华优秀传统文化”。也就是说，今天对待历史和传统文化，不能一味地赞扬和否定，而是要用辩证的方法、科学的态度，从历史走向未来。“两有”强调了继承要坚持区别原则。

（一）有鉴别地加以对待

“有鉴别地加以对待”，突出的是“辩证的方法”，指对传统的东西既不能全盘肯定，也不能全盘否定，既不能持文化虚无主义，也不能持文化复古主义；要求在对待中国传统文化上，必须旗帜鲜明地反对以及防止文化虚无主义和文化复古主义两种错误倾向。

一是要旗帜鲜明地反对文化虚无主义。文化虚无主义始自近代，以否定中华民族文化传统、主张全盘西化为主要特征，把文化看作“想象的主体的想象活动”的产物，以假设研究和主观臆断改写甚至否定中国历史及发展成就，以“破”的方式认为中国文化不能代表现代化发展方向，进而以“立”的方式主张“全盘西化”，其本质是“矮化中华优秀传统文化，质疑革命文化，消解社会主义先进文化，妄图达到动摇中华文化立场、销蚀社会主义核心价值观、兜售西方价值观的

① 中共中央文献研究室编：《习近平关于社会主义文化建设论述摘编》，中央文献出版社2017年版，第140页。

目的”[1]。文化虚无主义主要表现在：其一，对我国优秀传统文化进行虚无宣传，尤其是对支撑我国文化和民族自信的史实、人物、事件进行歪曲宣传。比如，北宋政治家、家喻户晓的“清官”典型——包拯，被某些网文恶搞成好色之徒；古代巾帼英雄、因忠孝节义、代父从军而被唐代皇帝追封为“孝烈将军”的花木兰，被某些剧目恶搞成贪吃、不孝、胸无大志、贪生怕死的傻大妞形象；部分网络漫画和网络游戏则将三国人物关羽、刘备、曹操、孙权等恶搞成了女性。这种诬蔑、恶搞、戏说历史英雄人物，抹杀他们的历史功绩，抹黑他们正面形象的行为，是文化虚无主义的重要表现之一，会对人们的历史观、价值观、文化观产生巨大的误导作用。其二，对革命文化的虚无，突出表现在对党的领导人、革命领袖、革命烈士、革命榜样的丑化和抹黑上，企图通过丑化抹黑和侮辱恶搞，抹杀英勇无畏、艰苦奋斗的革命精神，消解国人的精神动力。比如，一些历史虚无主义者置历史事实和定论于不顾，无限夸大毛泽东同志在晚年的某些失误，主次倒置，全盘抹杀毛泽东对中国革命和社会主义建设的丰功伟绩，从根本上丑化、抹黑和妖魔化党的领袖，其本质是企图通过否定党的领袖来否定中国共产党，进而否定中国走社会主义道路的正确性。再比如，被毛泽东亲笔题词“生的伟大，死的光荣”的著名革命先烈、优秀共产党员刘胡兰，在网络上被恶语诬蔑；更恶劣者，甚至有人质疑黄继光、邱少云等革命烈士英勇事迹的真实性，造谣狼牙山五壮士偷老百姓的萝卜等，破坏革命英雄光辉形象，挑战主流意识形态。对英雄、模范、先烈、领袖的肆意侮辱，本质上是对社会主义核心价值观的公然挑衅和蓄意背叛。这种否定传统、与传统彻底决裂的做法，危害巨大。如果说一个民族的历史是这个民族的根，那么，一个民族的文化就是这个民族

---

① 孙丽珍、李泽泉:《文化虚无主义的表现、本质及治理》,《红旗文稿》2018年第9期。

的魂。抛弃灵魂、丢掉根本，就等于自绝精神命脉，就会丧失自己文化的特质。传承中华优秀传统文化，必须旗帜鲜明地反对文化虚无主义。

二是要旗帜鲜明地反对文化复古主义，包括极端的华夏文化优越论和极端的文化保守主义。文化复古主义也是产生于近代的一种文化思潮，早期著名代表人物是康有为和梁启超。文化复古主义强调对“中华优秀传统文化”的坚持，但它往往抽象地理解“中华优秀传统文化”，不能具体地将中华优秀传统文化与当时的时代和社会实际结合起来，而是囿于一些保守的理念，希望在文化上全面恢复中国传统文化，更有甚者，用传统文化去否定长期积累起来的革命文化和社会主义先进文化。具体来说，文化复古主义的错误倾向主要表现在：其一，忽视具体的社会历史状况，片面强调“传统文化”的实践意义。不可否认，在风云激荡的革命年代，梁启超在晚年持保守主义立场，提出了一些带有复古主义性质的文化主张。今天，有的人罔顾百年来中国的发展历程和当前实际，狭隘地认为晚年梁启超的保守主义主张在今天值得提倡。这种认识，实质上是一种“厚古薄今、以古非今”。其二，用儒学正统观否定现代革命观。在儒学正统观中，中国共产党和中国人民伟大而光荣的百年奋斗历程，被所谓的儒学“正统”否定掉了；在持儒学正统观的人看来，中国共产党只有回到“孔孟之道”，才能成为“正统”。实际上，历史进程毋庸置疑，中国共产党和中国人民用自己的奋斗和牺牲积淀了自己的“道统”，即马克思主义之道、社会主义之道，我们已经走在并将持续走在这条正道和大道上，任何企图否定马克思主义之道、社会主义之道的人，必然被历史所淘汰。其三，否定新文化运动和五四运动。新文化运动和五四运动是20世纪初我国一大批先进知识分子发起的反对封建主义的进步的思想解放和社会运动，它们为马克思主义在中国的传播创造了有利条件，使广大青年受到了一次西方民主和科学思想的洗礼，推动了进步社会阶层的政治觉醒。但是，一些文化复古主义者将新文化运动和五四运动的“反封建”同“反传统”相等同，认为新文化运动向封建复古势力的冲击等同于断绝中国文化命脉，因此得出必须否定新文化运动和五四运动的荒谬结论。这种观点和结论，脱离了新文化运动和五四运动的社会背景和历史动因，同样是历史虚无主义的典型体现。其四，否定社会主义现代化道路的历史必然性。中国共产党领导中国人民进行的革命、建设和改革进程，是一个完整的统一体。三者之间有机联系，联系的关键是中国共产党的领导。但是，有些人从文化复古主义立场出发，否定中国共产党领导的社会主义现代化道路。人类历史上的矛盾、斗争与革命的产生都有其历史必然性，中国共产党领导的新民主主义革命和社会主义革命也是这样，这个革命进程是中国走上社会主义现代化道路的必经阶段。因此，否定了革命进程的中国现代化道路是不存在的，它只能存在于一些人的主观想象之中。

此外，极端的华夏文化优越论和极端的文化保守主义，还过分强调中华传统文化的优势和价值，主张不加反省地盲目继承甚至全盘回归传统文化，忽略了时代的发展和社会的进步，同时还以褊狭的心态反对学习世界现代文化的优秀成果，其结果只能是中国文化走向枯萎，失去生命力。

（二）有扬弃地予以继承

“有扬弃地予以继承”，突出的是“科学的态度”，是指要“本着择其善者而从之、其不善者而去之的科学态度，牢记历史经验、牢记历史教训、牢记历史警示”，在科学分析鉴别的基础上，剔除其落后过时的糟粕，继承吸收其合理优秀的成分。科学的态度是要在马克思主义的指导下，在弘扬民族文化主体性的基础上，立足于中国特色社会主义的实践，根据中华民族伟大复兴的需要，进行科学梳理、精心萃取、取其精华、去其糟粕，深入挖掘和提炼有益的思想价值，使之不断发扬光大。坚持“有扬弃地予以继承”，要做到以下两点：

第一，要明确精华与糟粕的区分标准。毛泽东同志最早提出对传统文化要“取其精华，去其糟粕”。他说:“中国的长期封建社会中，创造了灿烂的古代文化。清理古代文化的发展过程，剔除其封建性的糟粕，吸收其民主性的精华，是发展民族新文化提高民族自信心的必要条件；但是决不能无批判地兼收并蓄。必须将古代封建统治阶级的一切腐朽的东西和古代优秀的人民文化即多少带有民主性和革命性的东西区别开来。……我们必须尊重自己的历史，决不能割断历史。但是这种尊重，是给历史以一定的科学的地位，是尊重历史的辩证法的发展，而不是颂古非今，不是赞扬任何封建的毒素。对于人民群众和青年学生，主要地不是要引导他们向后看，而是要引导他们向前看。”[①] 在这里，毛泽东将清理古代文化、剔除其封建性的糟粕、吸收其民主性的精华、区分“古代优秀的人民文化”与“古代封建统治阶级的一切腐朽的东西”的工作，放在“新民主主义的文化是科学的”里面来论述，其用意是深远的，对于今天运用马克思主义立场、观点、方法确立精华与糟粕的评判标准具有重要的指导意义。具体来说，区分何为精华，何为糟粕，要坚持以下几个标准：其一，人民性标准。凡是能体现人民本位的思想文化，反映人民的意愿、代表人民利益的文化，就是中华传统文化中的精华部分。其二，历史性标准。凡是符合历史发展的进步趋势，符合历史发展的基本规律，能够推动生产力发展，代表着社会前进方向的文化，即为精华。相反，那些阻碍社会历史发

① 毛泽东：《新民主主义论》，载《毛泽东选集》（第二卷），人民出版社1991年版，第707、708页。

展进步、违背历史发展规律、代表落后生产力的思想文化，就是糟粕。其三，时代性标准。反思传统的目的，是要找到未来的道路，而不是为了简单地把传统的东西搬到今天来。因此，辨别精华与糟粕，也要看其对现在还有没有积极的价值与意义。传统文化精华应该是与当代文明相适应、与现代社会相协调的文化，如果与当代文明、现代社会不协调不适应，那就是今天不能弘扬的糟粕。其四，普适性标准。传统文化精华应该是符合人类文明理念、与人类共同价值相契合的精神文明。弘扬的精华是那些跨越时空、富有永恒魅力、具有当代人类共同文明价值的优秀文化精神，体现的是中华民族为人类文明作出的独具特色的卓越贡献。其五，实践性标准。实践是检验真理的唯一标准，传统文化精华不仅是在社会实践中产生、适应社会实践需要、回答社会实践课题的文化，而且是能够经得起社会实践检验的文化，并且是对于今天的社会实践具有启示意义的文化。

第二，要坚持辩证唯物主义的扬弃原则。德国古典哲学家黑格尔明确提出并把“扬弃”作为辩证法的重要概念来使用。在黑格尔那里，扬弃包含“双重意义，这种双重意义是我们在否定物里所经常看见的，即扬弃是否定并且同时又是保存”[①]；“它既意谓保存、保持，又意谓停止、终结”[②]。概括来说，黑格尔的扬弃概念对我们的启示在于：其一，扬弃是一种发展。按照黑格尔的说法，扬弃是褪去旧的皮囊，实现脱胎换骨的升华和自觉。扬弃之后的阶段，必然高于前一阶段。其二，发展是否定的否定。第一次否定是差别和转化，还不是扬弃。真正的扬弃是在第二次否定中实现的。否定的否定是对自身的更高层次的回复，是褪去易变的外在性而回复到内在的稳定根据。其三，扬弃

① 黑格尔：《精神现象学》（上卷），贺麟、王玖兴译，商务印书馆1979年版，第84页。
② 黑格尔：《逻辑学》（上卷），杨一之译，商务印书馆1976年版，第98页。

是矛盾双方统一融合，这一融合“不是抽象地消失了，而是解决了，调和了；思想不仅是完全的，而且也是融化在一起的了”[①]，对立面的统一、融合就是扬弃。总的来说，扬弃就是既“扬”又“弃”，既保留又否定，所“扬”的、保留的是积极的方面，所“弃”的、否定的是消极的方面。扬弃概念所反映的是辩证的否定观，它要求我们在分析问题的时候，不能片面，不能绝对，而是辩证分析。

中国传统文化是中华文明演化而汇集成的一种反映民族特质和风貌的民族文化，有着悠久的历史。在马克思主义中国化过程中，我们逐渐形成了对待中国传统文化的一套话语系统。“五四”时期，在特定的历史文化背景下，以“打倒孔家店”为代表的否定传统文化的话语一度成为人们对待传统文化的流行态度。随着马克思主义在中国的传播，尤其是我们党对辩证唯物主义有了较为深入的认识之后，我们逐渐形成了批判地继承、辩证地否定的以“扬弃”原则对待中华传统文化的话语系统。习近平在《在纪念孔子诞辰二千五百六十五周年国际学术研讨会暨国际儒学联合会第五届会员大会开幕会上的讲话》中强调对待传统文化，“要坚持古为今用、以古鉴今，坚持有鉴别的对待、有扬弃的继承，而不能搞厚古薄今、以古非今，努力实现传统文化的创造性转化、创新性发展”[②]。

继承和弘扬中华优秀传统文化，必须在正确区分传统文化精华与糟粕的基础上，坚持辩证唯物主义的扬弃原则，对传统文化进行科学分析，本着择其善者而从之，其不善者而去之的科学态度，既结合新时代中国特色社会主义的实践需要，也结合当今人类面临的共同问题，古为今用、以古鉴今、辩证取舍，有鉴别地对待、有批判地继承，“以

① 黑格尔：《逻辑学》（上卷），杨一之译，商务印书馆1976年版，第152、153页。

② 习近平：《习近平谈治国理政》（第二卷），外文出版社2017年版，第313页。

古人之规矩，开自己之生面”，推陈出新，创造中华文化在当今时代的新辉煌。

三、“两相”：与当代文化相适应、与现代社会相协调

中华民族历史悠久、中华文化源远流长，这是任何其他民族和国家都无可比拟的。作为中华儿女，我们在为自己拥有这份“丰厚家底”而倍感骄傲和自豪的同时，如何把这份家底接续过来，使这笔丰厚的文化财富为今天的我们、为中华民族伟大复兴所借鉴、所使用，成为摆在所有中华儿女面前的一道时代课题。2016年5月17日，习近平总书记在哲学社会科学工作座谈会上的讲话中指出：“要加强对中华优秀传统文化的挖掘和阐发，使中华民族最基本的文化基因与当代文化相适应、与现代社会相协调，把跨越时空、超越国界、富有永恒魅力、具有当代价值的文化精神弘扬起来。”在此，习近平总书记为这个时代课题提供了答案——那就是中华优秀传统文化必须“与当代文化相适应、与现代社会相协调”，也就是我们所说的“两相”。

（一）“与当代文化相适应、与现代社会相协调”的必要性

中华优秀传统文化是承载着丰富的历史和文化内涵，是中华民族的独特标识，代表了中华儿女的历史、文化、习俗和价值观念。将传统文化与当代文化相适应、与现代社会相协调，可以有效地保护和传承传统文化。

中华传统文化中内含许多有价值的思想观念、道德传统和精神理念，对现代社会仍然具有重要的指导意义。然而，由于它们成长于当时的社会条件和历史土壤，相对于当下的社会文化现实，已属于“过去式”，所以许多方面在今天看来已经过时，或为糟粕。所以，只有将

传统文化与当代文化相适应、与现代社会相协调，才能让中华优秀传统文化在现代社会中绽放出新的光彩。比如，“孝”是中华民族的传统美德，孝道一直是中国古人为人处世的重要准则。但在传统的“孝”文化中，也存在不少封建落后的内容，就像过去儒家提倡的“父为子隐，子为父隐”，这不符合今天的善恶判断。只有辩证看待、剥离糟粕、吸取精华，才能同当代社会生活相适应。再比如，我国古代重视以德治国，这一原则在现代社会仍有重要的借鉴意义。但现代社会是法治社会，仅有德治是远远不够的，国家和社会治理需要道德与法治协同发力，需要法治和德治两手齐抓，也就是说，传统文化中的“以德治国”必须与当今社会的“依法治国”结合起来。同样的还有古代的民本思想。我国古代的民本思想，经历了从重天敬鬼到敬德保民，从重民轻天到民贵君轻的发展历程，主张把人当人看待，提倡重视民意、与民同乐，这在本质上与现代民主精神是相通的，但古代“以民为本”的价值观立足在血缘关系基础上，且与君主制相联系，虽有重民、贵民内涵，但始终没有“公民和政治权利”，即没有赋予人民发表意见的自由、生命安全和财产的权利等，因此，我国古代民本思想就需要在现代社会落实、转化为一套民主制度的建设和社会意识。总之，将传统文化与当代文化相适应、与现代社会相协调，可以帮助现代社会建立正确的价值观念，引导人们秉持传统文化的智慧和美德，去面对和解决现代社会中的问题。

（二）“与当代文化相适应、与现代社会相协调”的实现途径

将传统文化与当代文化相适应、与现代社会相协调，是一项重要的文化建设任务。在新的时代条件下，找到传统文化与当代文化、现代社会的契合之处，将文化创新和人民对美好生活的需求结合起来，是推动中华优秀传统文化创造性转化、创新性发展的必由之路。

第一，进行创新融合，链接现代社会。随着人们物质生活的极大改善，人们精神文化生活需求的范围显著扩大，生活质量明显提高，满足人们日益增长的文化与审美需求成为美好生活的重要组成部分。中国传统文化是具有历史积淀和美学精髓的文化载体，其丰富的文化内涵、多元的文艺形式，使其有条件、有基础满足现今时代人们的精神需求。但有条件、有基础满足需求不等于就能满足需求，对于传统文化，我们不能简单地死守，而要紧跟时代潮流，通过创新融合，使之与当代文化相适应、与现代社会相协调。当前，以技术创新驱动的数字化转型正为我国经济社会高质量发展注入新动能。传统文化必须借助于新技术、新媒体，在表现形式、传播方式上进行大力创新，实现新创意，创造新体验，使人们真正喜爱、自发认同传统文化，自觉将传统文化融入自己的日常生活，提升文化自信。

第二，融入公共生活，让传统文化“活”起来。近年来，融入了中国传统文化元素的美国好莱坞电影《花木兰》《功夫熊猫》等，上映后获得了巨大成功。这使我们深思：为什么中国文化元素经外国人包装后，能红遍全球？为什么耳熟能详的中华优秀文化资源，我们自己却没有用好，反而成为他人争抢的“新娇娘”？我们认为，优秀传统文化要重新焕发生机，要“活”起来，首先就要融入人们的日常生活、公共生活中去，要能够结合当下中国人的现实需求和每寸土地上的人们脉搏跳动的声音，要能够与人们的生活“有共鸣”“接地气”。就像习近平主席在联合国教科文组织总部的演讲中所指出的：“让收藏在博物馆里的文物、陈列在广阔大地上的遗产、书写在古籍里的文字都活起来。”近些年来，我们在举办传统文化节日庆典、拍摄具有传统文化元素的影视剧集、开展传统文化体验活动等方面，逐渐积累了一些成功经验，让一批带有传统特色的产品真正进入了人们的生活空间，受到了人们的欢迎和喜爱，提高了传统文化在现代社会中的地位和影响力。比如电视纪录片《舌尖上的中国》堪称让传统文化重焕生机的典型案例：它以人们喜闻乐见、具有广泛参与性的方式把之前在宫廷里、古籍中的“美味佳肴”推广开来，让它们通过电视与人们见面，带给了人们温馨的“烟火气”，让人们感受到了家的温暖。再比如，河南卫视在端午、七夕、中秋等重要传统节日，打造了一系列现象级节目，从灵动曼妙的《唐宫夜宴》，到翩若惊鸿的水下洛神舞《祈》，再到中秋月圆之夜从《瑞鹤图》中飞出来的《鹤兮归来舞》，为日渐走入审美疲劳的晚会注入了全新的形式和传统文化隽永的内涵。这些深受人民群众好评的节目，说明传统文化与现代生活并非格格不入，让传统文化鲜活起来、生动起来，不仅能够使中华文明的灿烂成就具体可感，同时也能极大丰富人民的物质和精神生活。

在努力让传统文化重焕生机的同时，也要对近年来各地以文化古迹、名人故里为依托而兴起的文化旅游热有所警惕。比如，为了争抢“梁祝故里”，十几个城市虎视眈眈；为了争抢“诸葛亮故里”，临沂、襄阳和南阳三地网友进行了多次“激辩”，各自引经据典，互相不服。此外，六省十地参加了“董永与七仙女”发源地的争夺战；山西、河北、山东、江苏等11个省向中国民间文艺家协会递交申请，表示自己是“牛郎织女”传说的发祥地；四川江油、湖北安陆、甘肃天水等城市先后参与了“李白故里”的争夺战；安徽凤阳、滁州嘉山、江苏盱眙都说自己是“朱元璋的老家”。各地在争夺名人文化资源时论战不止。但在如何用活、用好文化古迹、神话故事、名人故里等文化资源方面，要么急功近利，商业味道太浓；要么急于求成，缺乏文化根基。这提醒我们，让传统文化重焕生机，既要融入人们的日常生活、公共生活，同时也要辩证地看待保护和发展的关系，避免舍本逐末。

第三，通过现代阐释，发挥传统文化的教育引领功能。教育是传承和传播传统文化的有效途径。通过教育，能够使年轻一代在接受现代知识的同时，更好地了解和尊重传统文化。要将传统文化中的精华链接到现代生活，就必须重视教育引领。党的二十大报告指出，“育人的根本在于立德”。当前，我们的教育正遭遇多元文化、多元价值观等挑战，社会上的各种思潮通过各种信息媒体向青少年奔涌而来，拜金主义、享乐主义、极端个人主义等不良思潮给青少年带来消极影响。如果我们不能用正确的人生观、世界观、价值观加以引导，青少年就可能会迷失方向、丧失信念。习近平总书记强调：“要深入挖掘和阐发中华优秀传统文化讲仁爱、重民本、守诚信、崇正义、尚和合、求大同的时代价值。”①中国传统文化所提倡的美德如“仁、义、礼、智、信”等，通过现代阐释和教育，可以为青少年培养提供精神资源，也能切实转化为百姓日常工作生活中的践履准则。总之，在最广泛的社会实践中，在家庭教育、学校教育、职业教育、社会教育中，贯彻中华传统美德，阐发中国价值、中国精神，可以为奏响时代的最强音添加来自中华传统文化根源的音符。

四、“两创”：创造性转化、创新性发展

“两创”即对中国传统文化要实现创造性转化、创新性发展。在一系列重要讲话中，习近平总书记深刻阐发了中华优秀传统文化在今天的重要意义，提出了创造性转化和创新性发展的重要方针。2014年2月24日，习近平在主持十八届中央政治局第十三次集体学习时指出，

① 习近平：《培养德智体美劳全面发展的社会主义建设者和接班人》，载《求是》2024年第17期。

“弘扬中华优秀传统文化，要处理好继承和创造性发展的关系，重点做好创造性转化和创新性发展”[①]。2014年10月15日，习近平在文艺工作座谈会上强调，“传承中华文化，绝不是简单复古，也不是盲目排外，而是古为今用、洋为中用，辩证取舍、推陈出新，摒弃消极因素，继承积极思想，‘以古人之规矩，开自己之生面’，实现中华文化的创造性转化和创新性发展”[②]。2016年5月17日，习近平在哲学社会科学工作座谈会上指出：“要推动中华文明创造性转化、创新性发展，激活其生命力，让中华文明同各国人民创造的多彩文明一道，为人类提供正确精神指引。”[③]此后，习近平在中国共产党第十九次全国代表大会上的报告（2017年10月18日）、第十三届全国人民代表大会第一次会议上的讲话（2018年3月20日）、纪念马克思诞辰200周年大会上的讲话（2018年5月4日）、庆祝改革开放40周年大会上的讲话（2018年12月18日）、敦煌研究院座谈时的讲话（2019年8月19日）中都强调要“推动中华优秀传统文化创造性转化、创新性发展”。

（一）什么是创造性转化和创新性发展

“创造性转化和创新性发展”不是抛弃传统，不是与传统文化决裂，而是在继承传统的基础上，对之进行转化、创新，以谋求新的发展。其本质是“推陈出新”“继往开来”，用古人的话说即“承百代之流，而汇乎当今之变”。继承是转化与发展的前提，转化和发展是对继承传统的积极、自觉态度。继承意味着肯定，转化和发展意味着现实的需要。具体来说，“所谓创造性转化，就是要按照时代特点和要求，

① 习近平：《习近平谈治国理政》，外文出版社2014年版，第164页。

② 中共中央文献研究室编：《十八大以来重要文献选编》（中），中央文献出版社2016年版，第136页。

③ 中共中央文献研究室编：《习近平关于社会主义文化建设论述摘编》，中央文献出版社2017年版，第83页。

对那些至今仍有借鉴价值的内涵和陈旧的表现形式加以改造，赋予其新的时代内涵和现代表达形式，激活其生命力。所谓创新性发展，就是要按照时代的新进步新进展，对中国优秀传统文化的内涵加以补充、拓展、完善，增强其影响力和感召力”[①]。

（二）为什么要实现传统文化的创造性转化和创新性发展

习近平在《在纪念孔子诞辰二千五百六十五周年国际学术研讨会暨国际儒学联合会第五届会员大会开幕会上的讲话》中指出，“传统文化在其形成和发展过程中，不可避免会受到当时人们的认识水平、时代条件、社会制度的局限性的制约和影响，因而也不可避免会存在陈旧过时或已成为糟粕性的东西。这就要求人们在学习、研究、应用传统文化时坚持古为今用、推陈出新，结合新的实践和时代要求进行正确取舍，而不能一股脑儿都拿到今天来照套照用”。

（三）如何实现创造性转化和创新性发展

第一，坚持马克思主义的立场、观点和方法，是实现创造性转化和创新性发展的前提。中国共产党人是马克思主义者，坚持马克思主义的科学学说，因此，对中国共产党人而言，要实现创造性转化和创新性发展，就要坚持马克思主义的立场、观点和方法，对传统文化的内容进行具体分析，分辨出哪些内容已经随着时代的发展失去了原有的价值，哪些内容在当代仍然具有现实意义，厘清哪些内容依然是我们今天可以汲取的精华，哪些内容是必须予以剔除的糟粕。第二，实现中华文化的创造性转化和创新性发展，关键在于做好顶层文化设计。党的十八大以来，习近平在一系列讲话中多次强调，“一个国家、一个民族的强盛，总是以文化兴盛为支撑，中华民族伟大复兴需要以中华

① 王艺霖：《习近平对中国传统文化的创造性转化和创新性发展——以知行关系为例》，《党的文献》2016年第1期。

文化发展繁荣为条件。只要中华民族一代接着一代追求美好崇高的道德境界，我们的民族就永远充满希望”[①]。这是从国家的文化意志层面、从政策和决策层面对传承、创新中华优秀传统文化所作的最好诠释与说明。这些论述意味深长、发人深省。它昭示我们：在顶层文化设计中，中华优秀传统文化已成为中国特色社会主义文化的重要思想资源，已被视作国家主流文化意识形态的重要组成部分，反映出中国未来的施政纲领，体现了中国共产党在思想文化建设特别是复兴中华优秀传统文化方面所展示出的前所未有的主动性和能动性，因此对于国人从当前过分追求物质功利向信仰高尚的文化过渡产生积极的引领作用。

习近平指出：“不忘本来才能开辟未来，善于继承才能更好创新。”[②]唯有实现中华优秀传统文化的创造性转化和创新性发展，社会主义先进文化才能“登高而招见者远”“顺风而呼闻者彰”，才能使中华民族伟大复兴的中国梦植根于厚重的文化土壤之中。

第三节　吸收外来：新时代中国共产党人的外来文化观

传承和弘扬中华优秀传统文化绝不意味着封闭自大，对中华优秀传统文化的传承弘扬也绝不是中国当代文化建设的全部。当代中国文化的建设和发展还包括广泛吸收、借鉴世界文明中的有益经验、成果。

---

① 《认真贯彻党的十八届三中全会精神汇聚起全面深化改革的强大正能量》，《人民日报》2013年11月29日，第001版。

② 习近平：《习近平谈治国理政》，外文出版社2014年版，第164页。

在历史上，中华民族一向兼收并蓄、海纳百川。文明因交流而多彩，因互鉴而丰富，对世界人民创造的优秀文明成果，我们必须要认真学习借鉴，在不断汲取各种文明养分中丰富和发展中华文化。

一、“有益滋养”：外来文化对于我们的意义

多年来的历史和实践表明，一个国家、一个民族的文化，只有在坚守本国优秀传统文化的同时，广泛吸取外来文化的有益成分为我所用，才会不断丰富、壮大，具有更为旺盛的生命力；反之，如果在对待外来文化时保守封闭、妄自菲薄，就容易导致思想僵化、文化倒退。就像习近平主席所指出的：“如果各国重新回到一个个自我封闭的孤岛，人类文明就将因老死不相往来而丧失生机活力。”①

既然如此，外来文化对于我们的意义是什么呢？对此，习近平提出了以下论断：

（一）“交流互鉴是文明发展的本质要求。只有同其他文明交流互鉴、取长补短，才能保持旺盛生命活力。……世界文明历史揭示了一个规律：任何一种文明都要与时偕行，不断吸纳时代精华。”②

（二）“国外哲学社会科学的资源，包括世界所有国家哲学社会科学取得的积极成果，这可以成为中国特色哲学社会科学的有益滋养。”③

“保持旺盛生命活力”“成为有益滋养”——这两个基本论断，构成了以习近平为代表的中国共产党人关于外来文化对于我们的意义的

---

① 习近平：《深化文明交流互鉴　共建亚洲命运共同体》，《人民日报》2019年5月16日。

② 习近平：《深化文明交流互鉴　共建亚洲命运共同体》，《人民日报》2019年5月16日。

③ 习近平：《在哲学社会科学工作座谈会上的讲话》，载中共中央文献研究室编：《习近平关于社会主义文化建设论述摘编》，中央文献出版社2017年版，第82页。

基本判断。

第一，保持旺盛生命活力。人类社会的发展是一个从封闭逐渐走向开放的过程，文明交流推动了中国与世界的对话，同时为中华民族的发展注入了许多新的生机和活力。当今世界有200多个国家和地区、2500多个民族，每一个群体都在历史发展中沉淀了独特的智慧。尊重每一种文明的独特价值，不轻视、不贬损其他文明，是我们中国和中华民族的一贯做法。从历史层面看，从魏晋南北朝时期的佛教东传到隋唐时期通过“丝绸之路”接受西方和中亚文明，从明清时期开始的基督教入华和“伊儒会通”到近代以来的“西学东渐”、新文化运动、马克思主义和社会主义思想等传入中国，再到改革开放以来全方位对外开放，中华文化和中华文明始终在兼收并蓄中历久弥新，在推陈出新中保持着旺盛的生命活力。从现实层面看，今天，我们要建设文化强国，作为可以“交流”“对话”的外来文化，同样是让我们的中国特色社会主义文化继续保持旺盛生命活力的重要参照、灵感启迪和思想来源。因此，在建设文化强国的今天，更加不能故步自封，更要承认和尊重文化多元性、文明多样性，秉持开放包容、互学互鉴的理念，通过开展领域广泛、形式多样的文化交流与文明互鉴，加深对自身文明和其他文明差异性的认知，以更加自信的心态、更加宽广的胸怀，让世界人民更好了解中国，让中国人民更好了解世界。

第二，成为有益滋养。中华民族是一个善于吸收、借鉴外来优秀文化和经验，善于在交流交往中取长补短、完善自己的伟大民族。就像毛泽东所说：“我们这个民族，从来就是接受外国的先进经验和优秀文化的。……我们这个民族，从来不拒绝接受别的民族的优良传统。”[①]同样，伟大的中国共产党自成立之日起，也是在不断借鉴苏联

① 中共中央文献研究室编：《毛泽东文集》（第六卷），人民出版社1999年版，第264页。

革命经验、学习马克思主义等外来文化的基础上，逐步结合中国实际确定自己的革命纲领、路线、方略、政策，最终取得革命胜利的政党。纵观中国共产党诞生以来的百余年历程，在中国革命、建设、改革和复兴的不同时期、不同阶段，中国共产党始终以开放包容、兼收并蓄的胸怀看待不同文明与不同文化，尤其重视从外来文化中“汲取营养”。早在新中国成立之初，毛泽东就告诫全党“世界各国，什么地方有好东西，统统学来。这是件好事。外国好东西为什么不学？……是学他们的好经验，学我们用得着的东西”[①]；“中国应该大量吸收外国的进步文化，作为自己文化食粮的原料，这种工作过去还做得很不够。……还有外国的古代文化，例如各资本主义国家启蒙时代的文化，凡属我们今天用得着的东西，都应该吸收”[②]。毛泽东这里提出的“作为自己文化食粮的原料”，同习近平所说的“成为有益滋养”，是同样的意思。

这些“文化食粮的原料”或者说“有益滋养”，包含的空间范围、涉及的内容领域都极为广阔，涵盖了一切民族、一切国家在政治、经济、科学、技术、文学、艺术等方面的一切长处、先进经验、优良传统以及一切真正好的东西和对我们有用的东西。对此，毛泽东说，“我们的方针是，一切民族、一切国家的长处都要学，政治、经济、科学、技术、文学、艺术的一切真正好的东西都要学”[③]；“自然科学方面，我们比较落后，特别要努力向外国学习。……在技术方面，我看大部分先要照搬，因为那些我们现在还没有，还不懂，学了比较有利”[④]；

① 中华人民共和国外交部、中共中央文献研究室编：《毛泽东外交文选》，中央文献出版社、世界知识出版社1994年版，第313页。

② 中共中央文献研究室编：《毛泽东选集》（第二卷），人民出版社1991年版，第706、707页。

③ 中共中央文献研究室编：《毛泽东文集》（第七卷），人民出版社1999年版，第41页。

④ 中共中央文献研究室编：《毛泽东文集》（第七卷），人民出版社1999年版，第42页。

“我们去学习资本主义国家的先进的科学技术和企业管理方法中合乎科学的方面。工业发达国家的企业，用人少，效率高，会做生意，这些都应当有原则地好好学过来，以利于改进我们的工作”[①]。邓小平说：“我们要向资本主义发达国家学习先进的科学、技术、经营管理方法以及其他一切对我们有益的知识和文化。”[②]习近平说：“我们应该从不同文明中寻求智慧、汲取营养，为人们提供精神支撑和心灵慰藉。”[③]从上述党和国家领导人的讲话中可以看出，让国外文化这些“文化食粮的原料”成为我们的“有益滋养”，在空间范围上，需要向一切国家、一切民族学习，博采众家之长，补自己之短；在内容领域上，需要学习从经济基础到上层建筑、从自然科学到社会科学等方方面面对我们有用的好东西。

二、“开放”：当代中国的鲜明标识

任何一种文化都不可能与世隔绝，都需要从其他文化中汲取养分。文化因互鉴而繁荣，因交融而生辉。鉴于外来文化能够为我们的文化提供“有益滋养”，能够让我们的文化保持“生命活力”，以习近平同志为代表的中国共产党人始终强调“中国开放的大门永远不会关上”，不仅要“坚持对外开放”，而且要“全方位对外开放”。“开放”，成为中国共产党人面对新形势的一个核心概念。这种开放、开门，引进、学习、汲取的是包括思想文化资源在内的、一切有利于中国特色社会主义经济建设、政治建设、文化建设、社会建设、生态文明建设的文明成果。

---

① 中共中央文献研究室编：《毛泽东文集》（第七卷），人民出版社1999年版，第43页。

② 邓小平：《邓小平文选》（第三卷），人民出版社1993年版，第43、44页。

③ 习近平：《论党的宣传思想工作》，中央文献出版社2020年版，第67页。

2015年9月23日，习近平在美国西雅图出席侨界举行的欢迎招待会时说，“深化改革必然进一步促进对外开放，为外资进入中国提供更为开放、宽松、透明的环境，为我们同包括美国在内的世界各国开展合作开辟更广阔的空间”[①]。2015年12月16日，习近平在第二届世界互联网大会开幕式上的讲话中指出，“中国开放的大门永远不会关上，利用外资的政策不会变，对外商投资企业合法权益的保障不会变，为各国企业在华投资兴业提供更好服务的方向不会变”[②]。2016年1月18日，习近平在省部级主要领导干部学习贯彻党的十八届五中全会精神专题研讨班上的讲话中指出，“实践告诉我们，要发展壮大，必须主动顺应经济全球化潮流，坚持对外开放，充分运用人类社会创造的先进科学技术成果和有益管理经验”[③]。2016年8月17日，习近平在推进“一带一路”建设工作座谈会上的讲话中指出，“一个国家强盛才能充满信心开放，而开放促进一个国家强盛”，因此，我们要“更加自觉地统筹国内国际两个大局，全面谋划全方位对外开放大战略，以更加积极主动的姿态走向世界”[④]。2017年5月14日，习近平在“一带一路”国际合作高峰论坛开幕式上的演讲中指出，“历史告诉我们：文明在开放中发展，民族在融合中共存”[⑤]，“开放带来进步，封闭导致落后。对一个国家而言，开放如同破茧成蝶，虽会经历一时阵痛，但将换来新生”[⑥]。2018年4月，习近平在博鳌亚洲论坛年会开幕式上发表题为《开放共创繁荣　创新引领未来》的主旨演讲，他指出：“中国坚持对外开放的基本国策，坚持打开国门搞建设。”2018年11月，在首届中

① 习近平:《习近平谈治国理政》(第二卷)，外文出版社2017年版，第27页。
② 习近平:《习近平谈治国理政》(第二卷)，外文出版社2017年版，第535页。
③ 习近平:《习近平谈治国理政》(第二卷)，外文出版社2017年版，第211页。
④ 习近平:《习近平谈治国理政》(第二卷)，外文出版社2017年版，第504页。
⑤ 习近平:《习近平谈治国理政》(第二卷)，外文出版社2017年版，第507页。
⑥ 习近平:《习近平谈治国理政》(第二卷)，外文出版社2017年版，第512页。

国国际进口博览会开幕式上，习近平主席向世界豪迈宣示中国扩大开放的决心："中国推动更高水平开放的脚步不会停滞！中国推动建设开放型世界经济的脚步不会停滞！中国推动构建人类命运共同体的脚步不会停滞！"

2019年11月5日，在第二届中国国际进口博览会开幕式上，习近平再次将"开放"作为解决世界发展难题的"钥匙"。当前，人类来到了一个新的十字路口。"黑天鹅"层出不穷，"灰犀牛"时常出没。保护主义、单边主义、贸易壁垒再次抬头，"退群""筑墙"行为不时冒头。世界经济和未来发展该怎么办？是该回到封闭的旧时代，还是开启开放的新蓝图？习近平给出了坚定的答案。他指出，"我们应该坚持以开放求发展，深化交流合作，坚持'拉手'而不是'松手'，坚持'拆墙'而不是'筑墙'，坚决反对保护主义、单边主义，不断削减贸易壁垒，推动全球价值链、供应链更加完善，共同培育市场需求"；"以更加开放的心态和举措，共同把全球市场的蛋糕做大、把全球共享的机制做实、把全球合作的方式做活，共同把经济全球化动力搞得越大越好、阻力搞得越小越好"。

开放是40多年来中国发展的主线之一，开放已经成为当代中国的鲜明标识。中国文化中本身就有开放的基因。"和而不同"的哲学，"有容乃大"的智慧，"天下一家"的胸怀，让中华文化数千年来海纳百川，融汇成源远流长的文明谱系。今天的中国和中国共产党人，秉承了中华优秀传统文化中的开放基因，适应着经济全球化的时代特征。习近平在众多国际国内场合多次阐明推动开放合作的中国方案，展现了中国与世界互利共赢、携手前行的胸怀与担当。以更高水平的开放推动全球共同开放，以更高质量的发展助力世界各国共同发展，这是更加主动、更为自觉的开放，目的在于为人类作出新的更大的贡献。

三、“吸收借鉴”：对外来文化所取之态度

“开放”是当代中国的鲜明标识。对待外来文化，我们应采取何种态度？2016年5月17日，习近平在哲学社会科学工作座谈会上的讲话，代表了中国共产党人对外来文化所取的态度。他指出，要坚持“洋为中用，融通各种资源，不断推进知识创新、理论创新、方法创新”①，要“吸收外来”“开门搞研究。对人类创造的有益的理论观点和学术成果，我们应该吸收借鉴”②。但这种吸收，不是对全部内容的全盘吸收，不是不加鉴别分析地吸收，不是囫囵吞枣式地照搬套用，前者强调的是吸收借鉴的“内容”层面，中间强调的是吸收借鉴的“方法”层面，后者强调的是吸收借鉴的“目的”层面。

（一）内容层面：不是对全部内容的全盘吸收

那么，对于外来文化，可以被我们吸收、拿来所用的是哪些方面呢？我们先来看习近平总书记的几段论述：

1. “我们积极学习借鉴人类文明的一切有益成果，欢迎一切有益的建议和善意的批评。”③

2. “我们应该从不同文明中寻求智慧、汲取营养，为人们提供精神支撑和心灵慰藉，携手解决人类共同面临的各种挑战。”④

3. “对人类创造的有益的理论观点和学术成果，我们应该吸收借鉴。……对一切有益的知识体系和研究方法，我们都要研究借鉴。……

---

① 中共中央文献研究室编：《习近平关于社会主义文化建设论述摘编》，中央文献出版社2017年版，第82页。

② 中共中央文献研究室编：《习近平关于社会主义文化建设论述摘编》，中央文献出版社2017年版，第83、84页。

③ 习近平：《在庆祝中国共产党成立100周年大会上的讲话》，《人民日报》2021年7月2日。

④ 习近平：《论党的宣传思想工作》，中央文献出版社2020年版，第67页。

对现代社会科学积累的有益知识体系，运用的模型推演、数量分析等有效手段，我们也可以用，而且应该好好用。”①

4.“国外哲学社会科学的资源，包括世界所有国家哲学社会科学取得的积极成果，这可以成为中国特色哲学社会科学的有益滋养。”②

从习近平的一系列讲话中可以看出，对于外来文化，可供我们学习、汲取、拿来的，是“人类文明的一切有益成果”，是“人类创造的有益的理论观点和学术成果”，是“一切有益的知识体系和研究方法”，是“现代社会科学积累的有益知识体系，运用的模型推演、数量分析等有效手段”，是“世界所有国家哲学社会科学取得的积极成果”。在这些表述中，“有益”“有效”“积极”是三个核心关键词。也就是说，我们要学习的，不是“全部”外来文化，而是外来文化中那些积极的、正面的，且对我们有用、有益、有效的方面。

（二）方法层面：不是不加鉴别分析地吸收

对于外来文化，我们总体原则是“吸收外来”。那么，要怎么“吸收外来”呢？在学习、吸收、汲取外来文化的方法方面，至少要努力做到以下两点：

第一，要有分析、有鉴别地“吸收外来”。不能不加分析地把国外学术思想和学术方法奉为圭臬，也“不能采取不加分析、一概排斥的态度”，“不能把一种理论观点和学术成果当成‘唯一准则’，不能企图用一种模式来改造整个世界，否则就容易滑入机械论的泥坑。……对国外的理论、概念、话语、方法，要有分析、有鉴别，适用的就拿来

① 习近平：《在哲学社会科学工作座谈会上的讲话》，载中共中央文献研究室编：《习近平关于社会主义文化建设论述摘编》，中央文献出版社2017年版，第83、84页。

② 习近平：《在哲学社会科学工作座谈会上的讲话》，载中共中央文献研究室编：《习近平关于社会主义文化建设论述摘编》，中央文献出版社2017年版，第82页。

用，不适用的就不要生搬硬套。哲学社会科学要有批判精神，这是马克思主义最可贵的精神品质”，“不要失去了科学判断力”。[①]在习近平总书记的讲话中，我们能够看到，“有分析”“有鉴别”“有批判精神”“适用”“科学判断力”等是其中的关键词。也就是说，面对外来文化，我们既要坚决摒弃心胸狭窄的排外主义和妄自尊大的自我中心主义，也不能美丑不辨、善恶不分地一股脑儿完全照搬，而要秉持“批判精神”，不断提升“科学判断力”，“在比较、对照、批判、吸收、升华的基础上”，进行科学“分析”、谨慎“鉴别”，去粗取精、去伪存真，将那些“适用的”“拿来”为我所用。

第二，要从我国实际出发，进行“合理”吸收。“一些理论观点和学术成果可以用来说明一些国家和民族的发展历程，在一定地域和历史文化中具有合理性，但如果硬要把它们套在各国各民族头上、用它们来对人类生活进行格式化，并以此为裁判，那就是荒谬的了。”[②]外来文化和文明成果能不能为我所用，前提是它是“好”的，其次是它得是“适合”我们的，是能够贴合我国实际的。如果单纯只是好的，但不适合我们，也不能拿来使用，一切都要“以我国实际为研究起点”。另外，合理吸收还指的是，在对“好”的、“善”的世界文明成果进行吸收、借鉴过程中，如何进行中国化、合理化改造，使其适应我国的环境，放弃对我无用之处，保存为我所用之处。所谓“橘生淮南则为橘，生于淮北则为枳”，每一种国外的理论、制度，均有其产生的土壤，只是“在一定地域和历史文化中具有合理性”。

---

① 习近平：《在哲学社会科学工作座谈会上的讲话》，载中共中央文献研究室编：《习近平关于社会主义文化建设论述摘编》，中央文献出版社2017年版，第83、84页。

② 习近平：《在哲学社会科学工作座谈会上的讲话》，载中共中央文献研究室编：《习近平关于社会主义文化建设论述摘编》，中央文献出版社2017年版，第84页。

（三）目的层面：不是囫囵吞枣式的照搬套用

我们学习外来文化和文明成果的目的是“拿来用”，是“洋为中用”。

第一，一切有用的，都要拿来为我所用。“用”，不是不加分辨地一切拿来，不是囫囵吞枣式的、不讲原则和是非的“照搬套用”。而是只有“有用”的，才要拿来为我所用。毛泽东说：“不是套用外国的东西。……外国有用的东西，都要学到”①；“我们应该在中国自己的基础上，批判吸收西洋有用的成分”②；“凡属我们今天用得着的东西，都应该吸收”③。

第二，拿来后不能束之高阁，而是要用之改进和发扬中国的东西，最终目的是“创新”，创造出中国独特的新东西。毛泽东说：“一切外国的东西，如同我们对于食物一样，必须经过自己的口腔咀嚼和胃肠运动，送进唾液胃液肠液，把它分解为精华和糟粕两部分，然后排泄其糟粕，吸收其精华，才能对我们的身体有益”④；“学外国织帽子的方法，要织中国的帽子。外国有用的东西，都要学到，用来改进和发扬中国的东西，创造中国独特的新东西”⑤。对待外来文化，要始终立足于中国实际和既有国情，始终以自身民族文化作为根基。在不割断与传统文化的血脉联系、不丧失我们的文化之根、不动摇我们的文化之基的基础上，对外来文化进行中国化、本土化改造，使外来文化中优秀的、有生命力的要素在中国大地上生根发芽、开花结果，成为中华文化的有机组成部分。

---

① 中共中央文献研究室编：《毛泽东文集》（第七卷），人民出版社1999年版，第82页。
② 中共中央文献研究室编：《毛泽东文集》（第七卷），人民出版社1999年版，第82、83页。
③ 中共中央文献研究室编：《毛泽东选集》（第二卷），人民出版社1991年版，第707页。
④ 中共中央文献研究室编：《毛泽东选集》（第二卷），人民出版社1991年版，第707页。
⑤ 中共中央文献研究室编：《毛泽东文集》（第七卷），人民出版社1999年版，第82页。

“吸收外来”既不是简单的拿来主义、全盘西化、全面移植、囫囵吞枣、照抄照搬，也不是把外来文化当主流、把自己文明当支流，或把自己的文明当主流、把外来文化当支流。正确的做法是：既要积极吸收借鉴，也要加以甄别，有选择地吸收和转化，真正做到“选择不盲目，借鉴不照搬”，既不自大排外，也不屈膝媚外，坚持以我为主、为我所用、综合创新，为自己的发展也为全人类和平繁荣作贡献。

四、构建人类命运共同体

构建人类命运共同体，是以习近平同志为代表的新一代中国共产党人“美美与共，天下大同”的文化自信在对外关系上的生动体现。“人类命运共同体”是中国共产党第十八次全国代表大会首次提出的概念，强调“合作共赢，就是要倡导人类命运共同体意识”。在接下来的两年时间里（2013—2014），在党和国家领导人的公开讲话和各类官方文件中，均以“命运共同体”的说法出现，没有出现“人类命运共同体”的表述。2015年3月28日，习近平在博鳌亚洲论坛2015年年会上的主旨演讲中重提“人类命运共同体”：“通过迈向亚洲命运共同体，推动建设人类命运共同体。”之后，“人类命运共同体”的说法开始在习近平的公开讲话中频频出现：2015年4月22日在亚非领导人会议上的讲话中三次提到“建设人类命运共同体”；2015年10月16日在减贫与发展高层论坛的主旨演讲、2015年11月7日在新加坡国立大学的演讲、2015年11月30日在气候变化巴黎大会开幕式上的讲话、2016年9月3日在中美气候变化《巴黎协定》批准文书交存仪式上的讲话中均提到“建设人类命运共同体”。2015年9月28日，习近平在第七十届联合国大会一般性辩论时的讲话中两次提到“打造人类命运共同体”；2015

年10月12日在主持中共十八届中央政治局第二十七次集体学习时的讲话、2016年1月21日在阿拉伯国家联盟总部的演讲、2016年4月28日在亚信第五次外长会议开幕式上的讲话、2016年6月6日在第八轮中美战略与经济对话和第七轮中美人文交流高层磋商联合开幕式上的讲话、2016年9月27日主持中共十八届中央政治局第三十五次集体学习时的讲话中均提到“打造人类命运共同体”。

“构建人类命运共同体”的说法最早是2015年10月21日，习近平在英国伦敦金融城市长晚宴上的演讲中提出的：“中国倡导国际社会共同构建人类命运共同体，建立以合作共赢为核心的新型国际关系。”自2016年起，“构建人类命运共同体”越来越多地出现在国家领导人的讲话和官方正式文件中。如2016年1月16日，习近平在亚洲基础设施投资银行开业仪式上的致辞中说：“亚投行一定能成为专业、高效、廉洁的21世纪新型多边开发银行，成为构建人类命运共同体的新平台”；2016年9月3日，在二十国集团工商峰会开幕式上的主旨演讲中倡导“携手构建人类命运共同体”。2017年1月18日，习近平在联合国日内瓦总部发表题为《共同构建人类命运共同体》的演讲，正式提出了应对当前人类面临层出不穷的挑战和日益增多的风险的“中国方案”，即“构建人类命运共同体，实现共赢共享”。自此，“构建人类命运共同体”这一动宾结构的表达开始成为我国党和国家领导人在公开讲话以及各类官方文件中的规范性表述；2017年10月、2018年3月，“构建人类命运共同体”先后被写入《中国共产党章程》和《中华人民共和国宪法》，标志着“构建人类命运共同体”作为中国共产党、中国人民之集体意志和奋斗目标的完全确立。2017年2月，“构建人类命运共同体”理念首次写入联合国决议，随后被陆续写入联合国大会、安理会、人权理事会及其他国际组织的重要文件，获得了国际社会的广泛关注和积极回应，不少国外学者和国际智库对该理念的科学性和创新性给予了充分肯定和高度赞扬。

什么是“构建人类命运共同体”？如何理解“构建人类命运共同体”？构建人类命运共同体，是以习近平同志为代表的新一代中国共产党人，应对中华民族伟大复兴之战略全局和世界百年未有之大变局所提出的中国方案，是对“世界怎么了、我们怎么办”这一当今重大时代问题自信而科学的回答。可以说，正是基于对人类历史的深刻分析、对当今世界的深刻洞察、对时代大势的深刻把握，习近平创造性地提出了“构建人类命运共同体”的理念。

当今，人类正处在一个大发展大变革大调整的时期。一方面，随着世界多极化、经济全球化的深入发展，随着社会信息化、文化多样化的持续推进，当今世界，各国相互联系、相互依存日益紧密，全球命运与共、休戚相关，人类越来越成为你中有我、我中有你的命运共同体。如马克思所指出的：“各民族的原始封闭状态由于日益完善的生产方式、交往以及因交往而自然形成的不同民族之间的分工消灭得越是彻底，历史也就越是成为世界历史。”[①]与此同时，人类也正处在一个挑战层出不穷、风险日益增多的时代。霸权主义、强权政治依然存在，单边主义、贸易保护主义、孤立主义、民粹主义不断滋长，恐怖主义、网络安全、重大传染性疾病、气候变化等非传统安全威胁持续蔓延，新冷战、脱钩、逆全球化思潮愈演愈烈，人类面临的共同挑战有增无减。面对当今世界如此复杂的形势和人类面临的各种挑战，以习近平同志为代表的中国共产党人，不“因现实复杂而放弃梦想”，不“因理想遥远而放弃追求”，倡导“建设相互尊重、公平正义、合作共赢的新型国际关系”，“建设持久和平、普遍安全、共同繁荣、开放包

① 习近平：《论党的宣传思想工作》，中央文献出版社2020年版，第331页。

容、清洁美丽的世界”，体现了中国和中国共产党人将自身发展与世界发展相统一的全球视野、世界胸怀和大国担当。中国人民大学国际关系学院教授王义桅指出，人类命运共同体的内涵经历了不同的发展阶段，有一个不断深入的递进过程。当今的“构建人类命运共同体”已经成为解决人类问题的共同智慧与共同方案。人类命运共同体，不能是消极而应该是积极的命运共同体。构建人类命运共同体，不是自然的过程，而需要包括发展中国家、新兴国家、发达国家在内的各国人民和合作伙伴自觉地努力和行动。正如习近平所指出的，“大道至简，实干为要。构建人类命运共同体，关键在行动”①。

怎样“构建人类命运共同体”？这需要各国人民同心协力、共同奋斗，从伙伴关系、安全格局、经济发展、文明交流、生态建设等方面作出努力。在“伙伴关系”方面，要坚持对话协商，建设一个持久和平的世界。“国家之间要构建对话不对抗、结伴不结盟的伙伴关系。大国要尊重彼此核心利益和重大关切，管控矛盾分歧，努力构建不冲突不对抗、相互尊重、合作共赢的新型关系。……大国对小国要平等相待，不搞唯我独尊、强买强卖的霸道。任何国家都不能随意发动战争，不能破坏国际法治，不能打开潘多拉的盒子。……要秉持和平、主权、普惠、共治原则，把深海、极地、外空、互联网等领域打造成各方合作的新疆域，而不是相互博弈的竞技场。”②在“安全格局”方面，要坚持共建共享，建设一个普遍安全的世界。“世上没有绝对安全的世外桃源，一国的安全不能建立在别国的动荡之上，他国的威胁也可能成为本国的挑战。……各方应该树立共同、综合、合作、可持续的安全观。……当事各方要通过协商谈判，其他各方应该积极劝和促

① 习近平：《习近平外交演讲集》（第二卷），中央文献出版社2022年版，第19页。

② 习近平：《习近平外交演讲集》（第二卷），中央文献出版社2022年版，第19、20页。

谈，尊重联合国发挥斡旋主渠道作用。”[①]在“经济发展”方面，要坚持合作共赢，建设一个共同繁荣的世界。“发展是第一要务，适用于各国。各国要同舟共济，而不是以邻为壑。各国特别是主要经济体要加强宏观政策协调，兼顾当前和长远，着力解决深层次问题。要抓住新一轮科技革命和产业变革的历史性机遇，转变经济发展方式，坚持创新驱动，进一步发展社会生产力、释放社会创造力。要维护世界贸易组织规则，支持开放、透明、包容、非歧视性的多边贸易体制，构建开放型世界经济。如果搞贸易保护主义、画地为牢，损人不利己。经济全球化是历史大势，促成了贸易大繁荣、投资大便利、人员大流动、技术大发展。……”[②]在“文明交流”方面，要坚持交流互鉴，建设一个开放包容的世界。“‘和羹之美，在于合异。’人类文明多样性是世界的基本特征，也是人类进步的源泉。世界上有二百多个国家和地区、二千五百多个民族、多种宗教。不同历史和国情，不同民族和习俗，孕育了不同文明，使世界更加丰富多彩。文明没有高下、优劣之分，只有特色、地域之别。文明差异不应该成为世界冲突的根源，而应该成为人类文明进步的动力。……不同文明要取长补短、共同进步，让文明交流互鉴成为推动人类社会进步的动力、维护世界和平的纽带。”[③]在“生态建设”方面，要坚持绿色低碳，建设一个清洁美丽的世界。“人与自然共生共存，伤害自然最终将伤及人类。空气、水、土壤、蓝天等自然资源用之不觉、失之难续。工业化创造了前所未有的物质财富，也产生了难以弥补的生态创伤。我们不能吃祖宗饭、断子孙路，用破坏性方式搞发展。绿水青山就是金山银山。我们应该遵循天人合一、道法自然的理念，寻求永续发展之路。我们要倡导绿色、

① 习近平：《习近平外交演讲集》（第二卷），中央文献出版社2022年版，第20、21页。

② 习近平：《习近平外交演讲集》（第二卷），中央文献出版社2022年版，第21页。

③ 习近平：《习近平外交演讲集》（第二卷），中央文献出版社2022年版，第22页。

低碳、循环、可持续的生产生活方式，平衡推进2030年可持续发展议程，不断开拓生产发展、生活富裕、生态良好的文明发展道路。”①

第四节 面向未来：新时代中国共产党人的文化建设观

2016年5月17日，习近平在哲学社会科学工作座谈会上的讲话中提出，发展中国特色的哲学社会科学，要坚持“不忘本来、吸收外来、面向未来”。2016年11月30日，在中国文联十大、中国作协九大开幕式上的讲话中，习近平再次强调，“我们要坚持不忘本来、吸收外来、面向未来，在继承中转化，在学习中超越，创作更多体现中华文化精髓、反映中国人审美追求、传播当代中国价值观念、又符合世界进步潮流的优秀作品，让我国文艺以鲜明的中国特色、中国风格、中国气派屹立于世”②。“不忘本来”是回头看，是对“我们的文化从哪里来”的回应和回答。对于中华民族和中国共产党来说，中华优秀传统文化、科学的马克思主义文化、百年中国共产党历程中打造出的革命文化，是我们安身立命的根基，是我们在文化激荡中站稳脚跟的“定海神针”，必须始终不渝地坚持、千方百计地弘扬。“不忘本来”体现了新时代中国共产党人对既有的文化传统的态度。“吸收外来”是向外看，是对“文化中西问题”的回应，正确的态度和方法是以开阔的视野、博大的胸怀，积极参与世界文化的对话与交流，本着以我为主、为我

① 习近平：《习近平外交演讲集》（第二卷），中央文献出版社2022年版，第22、23页。

② 中共中央文献研究室编：《习近平关于社会主义文化建设论述摘编》，中央文献出版社2017年版，第176页。

所用的原则，学其精华、弃其糟粕，兼纳百家之精华，融合诸种文化之所长，最终目的是实现外来文化的中国化、本土化，以服务中国特色社会主义文化发展的需要，推动中国特色社会主义文化的繁荣兴盛。“吸收外来”体现了新时代中国共产党人对待外来文化的包容、开放姿态。“面向未来”就是向前看，是对“如何实现文化的发展与创新问题”的回答，是登高望远，瞄准、攀登和占领文化发展的制高点，推动中华文化的发展与创新。“面向未来”体现了新时代中国共产党人不断“抬头看路”、推动中国特色社会主义文化繁荣兴盛的基本思路。

一、建设“面向未来”的文化的必要性

中国特色社会主义事业的长期性、艰巨性，以及中国特色社会主义进入新时代后文化建设面临的新挑战和新问题，都需要建设“面向未来”的中国特色社会主义文化。建设有中国特色的社会主义事业是中国共产党带领全国各族人民开创的一项前无古人的崭新事业，没有现成的道路可走，没有现成的经验可循，也没有现成的理论可以照搬，其最终实现必然要经历一个长期而艰巨的过程。前途光明，但绝非坦途；前景广阔，但无法一蹴而就，需要几代人甚至几十代人坚持不懈地在实践中摸索前进。新中国的成立、社会主义改造的完成、社会主义制度的建立，为中国特色社会主义建设奠定了政治基础。改革开放以来，中国更是取得了举世瞩目的发展成就。党的十八大以来，在以习近平同志为核心的党中央的领导下，中国特色社会主义事业进入质的提升阶段，中国特色社会主义迈入新时代。当今世界正处于大发展、大变革、大调整时期，我国发展仍处于重要战略机遇期。从国内形势看，我国正处在从大国迈向强国的关键期，增强道路自信、理论自信、

制度自信和文化自信依然在路上，增强国家文化软实力任重道远。从国际形势看，外部环境更加复杂多样，一些国家对我国的遏制、施压、忧虑等有所增大。同时，信息化与全球化合流，我国发展同外部世界的交融性、关联性及互动性日益增强。因此，中国特色社会主义是一条长征路。我们的社会实践是不断向前发展的，作为政治经济反映的文化也必然是向前发展的。在前进的征程中，增强文化自信、提升文化软实力、建设社会主义文化强国、推进社会主义文化繁荣发展，面临的风险会很多，应对的挑战会很大，要承担的任务会更多更重。

不忘本来和吸收外来，只是基础；只有面向未来，站在历史和时代的制高点上，同经济社会发展的要求、丰富多彩的生活和人民群众的实践结合起来，才能开拓出新境界，达到新水平。中国共产党作为中华优秀传统文化的忠实传承者和弘扬者、中国先进文化的积极引领者和践行者，在不同历史时期，都高度重视运用文化引领前进方向、凝聚奋斗力量。党的十九大报告在对决胜全面建成小康社会作出部署的同时，明确了到21世纪中叶把我国建成社会主义现代化强国的新目标。为实现这一宏伟目标，以习近平同志为核心的党中央确立了“分两个阶段”的战略安排，并明确了每一个阶段的目标。在从2020年到2035年的第一个阶段性目标中，有“社会文明程度达到新的高度，国家文化软实力显著增强，中华文化影响更加广泛深入”的要求；从2035年到21世纪中叶的第二个阶段性目标中，有“我国物质文明、政治文明、精神文明、社会文明、生态文明将全面提升”的要求。可见，文化繁荣兴盛，始终是中国共产党人不懈奋斗的重要目标和动力。

习近平同志指出，文化兴国运兴，文化强民族强。没有中国特色社会主义文化的繁荣兴盛，中华民族伟大复兴是不完全的。建设中国特色社会主义文化，必须始终服从服务于实现“两个一百年”奋斗目标和中华民族伟大复兴的中国梦。纵观人类历史，文化的繁荣发展与国家、民族的繁荣发展总体上是相互对应、彼此支撑的。这启示我们：面向未来，就是要紧紧围绕“两个一百年”奋斗目标和中华民族伟大复兴的中国梦，在继承优秀传统文化和吸收有益外来文化的基础上，不断推进文化创新发展，推动文化由“大”变“强”，使中国特色社会主义文化屹立于世界民族文化之林。这也是坚定文化自信、建设社会主义文化强国的必由之路。

二、建设“面向未来”的文化自信

在以习近平同志为代表的新一代中国共产党人那里，“面向未来”出现在两个文化“三重性”的表述之中。第一个是“不忘本来、吸收外来、面向未来”，即“我们要坚持不忘本来、吸收外来、面向未来，在继承中转化，在学习中超越，创作更多体现中华文化精髓、反映中国人审美追求、传播当代中国价值观念、又符合世界进步潮流的优秀作品，让我国文艺以鲜明的中国特色、中国风格、中国气派屹立于世”[①]；第二个是“面向现代化、面向世界、面向未来”，党的十九大报告指出，“发展中国特色社会主义文化，就是以马克思主义为指导，坚守中华文化立场，立足当代中国现实，结合当今时代条件，发展面向现代化、面向世界、面向未来的，民族的科学的大众的社会主义文化，推动社会主义精神文明和物质文明协调发展”。建设“面向未来”的文化自信，应当在两个文化“三重性”的视域中进行思考和实践。

第一，“面向未来”是“不忘本来、吸收外来”基础之上的面向未

① 中共中央文献研究室编：《习近平关于社会主义文化建设论述摘编》，中央文献出版社2017年版，第175、176页。

来；“面向未来”要以“不忘本来、吸收外来”为基础。“不忘本来、吸收外来”基础之上的面向未来，最根本的就是要处理好文化中的“古今关系”和“中外关系”，明确无论是古代优秀传统文化，还是世界其他国家和民族的文明成果，都是我们建立新的文化形态的基础。面向未来的文化，不是对古代优秀传统文化的照抄照搬，也不是对世界其他文明成果的全盘接受，而是在融会二者基础上的综合创新。在处理文化的古今关系上，以习近平同志为代表的中国共产党人，在对中华优秀传统文化予以积极倡导和发掘的同时，对革命文化和社会主义先进文化予以了大力阐发和高扬。在谈到社会主义核心价值观时，习近平肯定了其中“传承着中国优秀传统文化的基因”，同时又指出其中“寄托着近代以来中国人民上下求索、历经千辛万苦确立的理想和信念”。习近平对中华优秀传统文化、革命文化、社会主义先进文化三者之间关系的论述表明，实现中华传统文化的创造性转化、创新性发展，不是传统文化在自身范围内的改进、完善和演变，而是与革命文化、社会主义先进文化密切相关联的文化再创造，是以由“古”而“今”为发展方向的中国文化的新开展。在处理文化的中外关系上，很长一段时期以来，由于历史等多方面的原因，我们将文化上的中外关系处理为先进与落后的关系。改革开放以来，特别是进入21世纪以来，对中国而言，文化上的中西关系早已不再是落后与先进的关系，而成为一种双向交流的关系。我们学习西方不再是追求西方化、西学化，而是追求国际化、世界性等。学习西方文化，我们不再是只点头，当然也不能只反对，而是要吸收、利用和超越西方文化，以形成自己更高水平的民族文化。我国著名哲学家贺麟先生既不主张全盘西化，也反对中体西用，而是提倡“化西”，当是我们今天对待西方文化之态度。“立时代之潮头、通古今之变化、发思想之先声”，这是习近平对中国哲学社会科学工作者提出的殷殷期待。在看待中国文化的古今关系时，我们也应当以此为指导思想。

第二，“面向未来”是在“面向现代化、面向世界”过程中的面向未来：“面向未来”要贯穿于“面向现代化、面向世界”的整体过程之中。“面向现代化、面向世界”过程中的面向未来，很重要的一个方面是“讲好中国故事”。习近平指出，“落后就要挨打，贫穷就要挨饿，失语就要挨骂。形象地讲，长期以来，我们党带领人民就是要不断解决‘挨打’‘挨饿’‘挨骂’这三大问题。经过几代人不懈奋斗，前两个问题基本得到解决，但‘挨骂’问题还没有得到根本解决”[①]。习近平提出要“讲好中国故事、发出中国声音”，从根本上说，就是中国共产党要带领中国人民在基本解决了“挨打”“挨饿”问题后对“挨骂”问题的解决。党的十八大以来，习近平围绕“讲好中国故事”发表了一系列重要论述，对“为什么要讲好、讲好哪些、怎么讲好”等作了持续深入的探索、思考和回答。

在回答“为什么要讲好中国故事”上，习近平指出，“六十五年来，我们党带领人民成功开创和拓展了中国特色社会主义道路，创造了一个个举世瞩目的中国奇迹。我们六十五年的成就是实打实的，十三亿多中国人民看得见、摸得着，没有人否定得了。中国为什么能？中国共产党为什么能？国内外不少人都在思考这个问题。我们现在有底气、也有必要讲好中国故事，这对激励广大干部群众继续沿着中国道路前进的信心和勇气、对加深国际社会对中国道路的认识至为重要”[②]；与此同时，“随着我国经济社会发展和国际地位提高，国际社会对中国发展道路和发展模式的理性认识逐步加深，同时对我们的误

① 习近平：《论党的宣传思想工作》，中央文献出版社2020年版，第159页。

② 中共中央文献研究室编：《习近平关于社会主义文化建设论述摘编》，中央文献出版社2017年版，第207、208页。

解也还不少，‘中国威胁论’‘中国崩溃论’等论调不绝于耳”[①]，加之目前“中国在世界上的形象很大程度上仍是‘他塑’而非‘自塑’，我们在国际上有时还处于有理说不出、说了传不开的境地，存在着信息流进流出的‘逆差’、中国真实形象和西方主观印象的‘反差’、软实力和硬实力的‘落差’”[②]，“对国际话语权的掌握和运用，我们总的是生手，在很多场合还是人云亦云，甚至存在舍己芸人现象”[③]。讲故事，是国际传播的最佳方式。讲好中国故事，发出中国声音，不仅有助于向世界展现真实、立体、全面的中国，促进中外民众相互了解和理解，澄清国际社会对我们的误解，而且有助于“加快提升中国话语的国际影响力，让全世界都能听到并听清中国声音”[④]，彻底改变当前仍然存在的信息流进流出“逆差”，打破中国真实形象和西方主观印象的“反差”，减小软实力和硬实力“落差”，让我们真正做到有理说得出、说出传得开。

在“讲好哪些中国故事”的回答上，应当满怀对中国特色社会主义道路、理论、制度、文化的高度自信，讲好中国特色社会主义的故事、中国共产党治国理政的故事、中国人民奋斗圆梦的故事、中国和平发展合作共赢的故事、中华优秀传统文化的故事以及新中国70多年发生了怎样的变化、中国经济奇迹是如何创造的、中国式民主为什么符合中国国情、中国共产党为什么能、中国道路为什么好、中国未来为什么前景可期的故事。正如习近平所指出的，“对外既要展现中华民

---

① 中共中央文献研究室编：《习近平关于社会主义文化建设论述摘编》，中央文献出版社2017年版，第197页。

② 中共中央文献研究室编：《习近平关于社会主义文化建设论述摘编》，中央文献出版社2017年版，第212页。

③ 中共中央文献研究室编：《习近平关于社会主义文化建设论述摘编》，中央文献出版社2017年版，第203页。

④ 中共中央文献研究室编：《习近平关于社会主义文化建设论述摘编》，中央文献出版社2017年版，第212页。

族五千多年的悠久文明，又要传播当代中国蓬勃发展的多彩文化”[①]；“要讲好中国特色社会主义的故事，讲好中国梦的故事，讲好中国人的故事，讲好中华优秀文化的故事，讲好中国和平发展的故事”[②]。

在“怎么讲好中国故事”上，要努力做好以下方面：第一，加强对外话语体系建设，切实做到用中国理论阐释中国实践，用中国实践升华中国理论，更加鲜明地展现中国思想，更加响亮地提出中国主张。对此，习近平指出，“我们提出的‘五位一体’总体布局[③]、‘四个全面’战略布局[④]、五大发展理念[⑤]、经济发展新常态[⑥]，我们倡导的正确

---

① 中共中央文献研究室编：《习近平关于社会主义文化建设论述摘编》，中央文献出版社2017年版，第215页。

② 中共中央文献研究室编：《习近平关于社会主义文化建设论述摘编》，中央文献出版社2017年版，第212页。

③ “五位一体”总体布局是指经济建设、政治建设、文化建设、社会建设和生态文明建设五位一体，全面推进。“五位一体”总体布局是一个有机整体，其中经济建设是根本，政治建设是保证，文化建设是灵魂，社会建设是条件，生态文明建设是基础。2012年11月17日至11月23日，党的十八大站在历史和全局的战略高度，对推进新时代“五位一体”总体布局作了全面部署。2017年10月18日至10月24日，党的十九大在全面总结经验、深入分析形势的基础上，从经济、政治、文化、社会、生态文明五个方面，制定了新时代统筹推进“五位一体”总体布局的战略目标，作出了战略部署。

④ “四个全面”，即全面建设社会主义现代化国家、全面深化改革、全面依法治国、全面从严治党。“四个全面”战略布局是以习近平同志为核心的党中央治国理政战略思想的重要内容，闪耀着马克思主义与中国实际相结合的思想光辉，饱含着马克思主义的立场观点方法。

⑤ “五大发展理念”指党的十八届五中全会确立的创新、协调、绿色、开放、共享的发展理念。坚持创新发展，就是把创新摆在国家发展全局的核心位置，解决发展动力问题。坚持协调发展，就是实现辩证发展、系统发展、整体发展，解决发展不平衡问题。坚持绿色发展，就是在中国发起一次生态革命，解决人与自然和谐问题。坚持开放发展，就是深度融入世界经济，积极参与全球经济治理，解决发展内外联动问题。坚持共享发展，就是着力增进人民福祉，增强获得感，解决社会公平正义问题。五大发展理念相互贯通、相互促进，是具有内在联系的集合体。五大发展理念缺一不可，哪一个发展理念贯彻不到位，发展进程都会受到影响。

⑥ 2014年5月9日至10日，习近平在河南省考察工作时首次明确提出经济发展“新常态”这一重大论断：“我国发展仍处于重要战略机遇期，我们要增强信心，从当前我国经济发展的阶段性特征出发，适应新常态，保持战略上的平常心态。”“经济发展新常态”，即经济增长从高速转向中高速，经济结构不断优化升级，动力从要素驱动、投资驱动转向创新驱动。

义利观、命运共同体、新型大国关系、共建‘一带一路’等重大理念，就要加大传播力度，使其成为世界表达中国故事的源头、读懂中国的标识”[①]。第二，要创新对外话语表达方式，把我们想讲的和国外受众想听的结合起来，把讲事实、讲形象、讲情感、讲道理结合起来，把“陈情”和“说理”结合起来，把“自己讲”和“别人讲”结合起来，使中国故事更多为国际社会和海外受众所认同。对此，习近平指出，“不要为了讲故事而讲故事，要把‘道’贯通于故事之中，通过引人入胜的方式启人入‘道’，通过循循善诱的方式让人悟‘道’”[②]；“讲故事就是讲事实、讲形象、讲情感、讲道理，讲事实才能说服人，讲形象才能打动人，讲情感才能感染人，讲道理才能影响人。要组织各种精彩、精练的故事载体，把中国道路、中国理论、中国制度、中国精神、中国力量寓于其中，使人想听爱听，听有所思，听有所得”[③]。第三，要加强统筹协调，整合各类资源，打造中央媒体和地方媒体互为补充、传统媒体和新兴媒体协同并进，与我国综合国力和国际影响力相匹配的多层次、多形态、立体化国际传播格局。对此，习近平指出，“讲好中国故事，不仅中央的同志要讲，而且各级领导干部都要讲；不仅宣传部门要讲、媒体要讲，而且实际工作部门都要讲、各条战线都要讲。……要动员各方面一起做思想舆论工作，加强统筹协调，整合各类资源，推动内宣外宣一体发展，奏响交响乐、大合唱，把中国故

① 中共中央文献研究室编：《习近平关于社会主义文化建设论述摘编》，中央文献出版社2017年版，第213、214页。

② 中共中央文献研究室编：《习近平关于社会主义文化建设论述摘编》，中央文献出版社2017年版，第213页。

③ 中共中央文献研究室编：《习近平关于社会主义文化建设论述摘编》，中央文献出版社2017年版，第212页。

事讲得愈来愈精彩，让中国声音愈来愈洪亮”[①]；“要用好新闻发布机制，用好高端智库交流渠道，用好重大活动和重要节展赛事平台，用好中华传统节日载体，用好海外文化阵地，用好多种文化形式，让中国故事成为国际舆论关注的话题，让中国声音赢得国际社会理解和认同”[②]。

2018年4月10日，习近平出席博鳌亚洲论坛2018年年会开幕式并发表《开放共创繁荣　创新引领未来》演讲，进一步就如何构建“面向未来”的人类命运共同体，共创和平、安宁、繁荣、开放、美丽的亚洲和世界，提出了“面向未来”的五个建议[③]，体现了中国共产党人“面向未来”的和谐世界观，是文化自信在中国共产党人对外交往思想中的体现。

① 中共中央文献研究室编：《习近平关于社会主义文化建设论述摘编》，中央文献出版社2017年版，第211页。

② 中共中央文献研究室编：《习近平关于社会主义文化建设论述摘编》，中央文献出版社2017年版，第213页。

③ 2018年4月10日，习近平在出席博鳌亚洲论坛2018年年会开幕式上所做的主旨演讲中提出了五个“面向未来”：第一，面向未来，我们要相互尊重、平等相待，坚持和平共处五项原则，尊重各国自主选择的社会制度和发展道路，尊重彼此核心利益和重大关切，走对话而不对抗、结伴而不结盟的国与国交往新路，不搞唯我独尊、你输我赢的零和游戏，不搞以邻为壑、恃强凌弱的强权霸道，妥善管控矛盾分歧，努力实现持久和平。第二，面向未来，我们要对话协商、共担责任，秉持共同、综合、合作、可持续的安全理念，坚定维护以联合国宪章宗旨和原则为核心的国际秩序和国际体系，统筹应对传统和非传统安全挑战，深化双边和多边协作，促进不同安全机制间协调包容、互补合作，不这边搭台、那边拆台，实现普遍安全和共同安全。第三，面向未来，我们要同舟共济、合作共赢，坚持走开放融通、互利共赢之路，构建开放型世界经济，加强二十国集团、亚太经合组织等多边框架内合作，推动贸易和投资自由化便利化，维护多边贸易体制，共同打造新技术、新产业、新业态、新模式，推动经济全球化朝着更加开放、包容、普惠、平衡、共赢的方向发展。第四，面向未来，我们要兼容并蓄、和而不同，加强双边和多边框架内文化、教育、旅游、青年、媒体、卫生、减贫等领域合作，推动文明互鉴，使文明交流互鉴成为增进各国人民友谊的桥梁、推动社会进步的动力、维护地区和世界和平的纽带。第五，面向未来，我们要敬畏自然、珍爱地球，树立绿色、低碳、可持续发展理念，尊崇、顺应、保护自然生态，加强气候变化、环境保护、节能减排等领域交流合作，共享经验、共迎挑战，不断开拓生产发展、生活富裕、生态良好的文明发展道路，为我们的子孙后代留下蓝天碧海、绿水青山。

文化自信是一个国家、一个民族发展中最基本、最深沉、最持久的力量，直接关系着国家的前途命运、关系着民族的复兴伟业。面对百年未有之大变局，在新时代的新征程上，文化自信不仅是一个厚重的历史命题，更是一个重要的时代课题和鲜活的实践问题。如何从民族文化复兴的高度、文化强国建设的维度、民众文化自信增强的角度，继续秉承强烈的问题意识、坚持科学的研究方法，将文化自信问题持续深入、系统地研究下去，让文化自信的精神力量在新时代文化发展中持续发力，为全面加强中国特色社会主义文化建设提供更加坚强有力的学术支撑，是中国共产党人应当担负起的历史使命和时代重任。

参考文献

一、学术专著（含论文集）类

龚育之：《党史札记》，人民出版社2014年版。

董一冰：《刘少奇社会主义思想研究》，中共党史出版社2007年版。

李达：《李达文集》（第一卷），人民出版社1980年版。

李新等主编：《中国新民主主义革命时期通史》（第一卷），人民出版社1962年版。

曹泳鑫、赵平之：《先进文化与现代化：中国共产党的文化历程》，上海人民出版社2005年版。

方克立：《方克立文集》，上海辞书出版社2005年版。

方克立：《现代新儒学与中国现代化》，天津人民出版社1997年版。

方克立主编：《走向二十一世纪的中国文化》，山西教育出版社1999年版。

费孝通：《论人类学与文化自觉》，华夏出版社2004年版。

费孝通：《全球化与文化自觉——费孝通晚年文选》，外语教学与研究出版社2013年版。

费孝通：《文化与文化自觉》，群言出版社2010年版。

费孝通：《乡土中国》，生活·读书·新知三联书店1985年版。

费孝通：《中华文化的重建》，华东师范大学出版社2013年版。

封祖盛编：《当代新儒家》（港台海外中国文化论丛），生活·读书·新知三联书店1989年版。

甘阳主编:《八十年代文化意识》,上海人民出版社2006年版。

郭太风:《文化的主流和支流》,学林出版社2002年版。

贺麟:《文化与人生》,上海人民出版社2011年版。

黄凯峰:《变量共生、组合创新与意识形态——多维视野下的中国特色社会主义文化》,学林出版社2012年版。

季羡林:《传统文化之美》,电子工业出版社2015年版。

季羡林:《季羡林谈义理》,人民出版社2010年版。

季羡林:《季羡林作品珍藏本》,外语教学与研究出版社2009年版。

李良玉:《思想启蒙与文化重建》,吉林人民出版社2001年版。

李冉:《启蒙·濡化·创新——中国共产党与文化现代化》,东方出版中心2011年版。

李泽厚:《中国现代思想史论》,东方出版社1987年版。

李宗桂:《当代中国文化探讨》,花城出版社2012年版。

厉平编:《解冻年代:中国三次思想解放备忘录1978—1997》,经济日报出版社1997年版。

梁漱溟:《东西文化及其哲学》,中华书局2013年版。

梁漱溟:《梁漱溟全集》,山东人民出版社1990年版。

梁漱溟:《人心与人生》,上海人民出版社2018年版。

梁漱溟:《中国文化的命运》,中信出版社2016年版。

梁漱溟:《中国文化要义》,上海人民出版社2018年版。

林毓生:《中国传统的创造性转化》,生活·读书·新知三联书店2011年版。

刘辉:《中国共产党人的文化自觉——新民主主义文化思想再研究》,中共党史出版社2008年版。

刘祖云:《从传统到现代:当代中国社会转型研究》,湖北人民出版社2000年版。

楼宇烈：《中国文化的根本精神》，中华书局2016年版。

罗荣渠：《从“西化”到现代化——五四以来有关中国的文化趋向和发展道路论争文选》，北京大学出版社1997年版。

罗荣渠：《现代化新论：中国的现代化之路》，华东师范大学出版社2013年版。

陆卫明、李红：《中国文化精神与现代社会》，中国社会科学出版社2015年版。

牟钟鉴：《中国文化的当下精神》，中华书局2016年版。

庞朴：《文化的民族性与时代性》，中国和平出版社1988年版。

钱穆：《两汉经学今古文平议》，商务印书馆2001年版。

钱穆：《钱穆致徐复观信札》，中华书局2020年版。

钱穆：《文化与教育》，生活·读书·新知三联书店2021年版。

钱穆：《现代中国学术论衡》，生活·读书·新知三联书店2021年版。

钱穆：《中国思想史》，九州出版社2017年版。

钱穆：《中国文化精神》，九州出版社2012年版。

孙隆基：《中国文化的“深层结构”》，华岳文艺出版社1988年版。

孙正聿：《人的精神家园》，江苏人民出版社2014年版。

汤一介：《当代学者自选文库·汤一介卷》，安徽教育出版社1999年版。

汤一介：《汤一介学术文化随笔》，中国青年出版社1996年版。

汤一介：《中国传统文化的特质》，上海教育出版社2019年版。

汤一介：《瞩望新轴心时代》，中央编译出版社2014年版。

唐君毅：《唐君毅新儒学论集》，南京大学出版社2008年版。

唐君毅：《文化意识与道德理性》，中国社会科学出版社2005年版。

王晓明编：《人文精神寻思录》，文汇出版社1996年版。

王征国：《思想解放论：解放思想与观念变革研究》，湖南人民出版社1998年版。

武国友：《交锋与转折》，解放军文艺出版社1999年版。

辛文斌：《〈新民主主义论〉与中国文化现代化》，中央编译出版社2007年版。

熊十力：《熊十力全集·读经示要》，湖北教育出版社2001年版。

徐复观：《儒家思想与现代社会》，九州出版社2014年版。

许嘉璐：《中华文化的前途和使命》，中华书局2017年版。

许明：《新意识形态批评》，首都师范大学出版社2001年版。

许明、花建主编：《文化发展论》，北京大学出版社2005年版。

许明等：《当代中国的文化发展》，中国大百科全书出版社2008年版。

衣俊卿：《现代化与文化阻滞力》，人民出版社2005年版。

严复：《严复集》（第一册），中华书局1986年版。

张岱年：《宇宙与人生》，上海文艺出版社1999年版。

张岱年：《心灵与境界》，陕西师范大学出版社2008年版。

张岱年：《张岱年全集》（第一卷），河北人民出版社1996年版。

张岱年：《晚思集》，新世界出版社2002年版。

张岱年：《张岱年学术自传》，巴蜀书社1993年版。

张岱年：《张岱年自选集》，重庆出版社1999年版。

张岱年、程宜山：《中国文化精神》，北京大学出版社2015年版。

张岱年、程宜山：《中国文化与文化论争》，中国人民大学出版社1990年版。

张静等：《马克思主义中国化与中国文化现代化》，南开大学出版社2012年版。

郑师渠：《中国共产党文化思想史研究》，中共中央党校出版社2007年版。

郑永廷：《社会主义意识形态发展研究》，人民出版社2002年版。

中国孔子基金会编：《儒学与二十一世纪》，华夏出版社1996年版。

中华孔子学会编：《儒学与现代意义国际学术讨论会论文集：儒学与现代化》，人民教育出版社1994年版。

周熙明、李文堂主编：《中国共产党的文化使命》，江苏人民出版社2006年版。

朱育和等主编：《当代中国意识形态情态录》，清华大学出版社1997年版。

朱育和：《民族复兴与中国共产党》，人民出版社2014年版。

二、学术论文类

张岱年：《关于新儒学研究的信》，《哲学研究》1990年第6期。

张岱年：《关于中国本位的文化建设》，《国闻周报》第12卷第10期（1935年3月18日）。

张岱年：《世界文化与中国文化》，《大公报·世界思潮》第42期（1933年6月15日）。

张岱年：《西化与创造——答沈昌晔先生》，《国闻周报》第12卷第19期、20期（1935年5月20日、27日）。

张岱年：《综合、创新，建立社会主义新文化》，《清华大学学报》1987年第2期。

张岱年：《综合创新文化观的运用》，《光明日报》2003年4月

22日。

张岱年、王东：《中华文明的现代复兴和综合创新》，《教学与研究》1997年第5期。

杜运辉、周德丰：《从张岱年的“创造的综合”论到方克立的“马魂、中体、西用”论》，《现代哲学》2008年第2期。

方克立：《“马魂、中体、西用”是习近平文化思想的宗纲》，《思想理论教育导刊》2015年第5期。

方克立：《大力宣传我们的文化主张——“综合创新”论——〈中国文化与文化论争〉读后》，《光明日报》1992年1月27日。

方克立：《当代中国文化的“魂”、“体”、“用”关系》，《中国社会科学院研究生院学报》2012年第1期。

方克立：《关于文化体用问题》，《社会科学战线》2006年第4期。

方克立：《深化对“综合创新文化观”的研究》，《哲学动态》2002年第4期。

方克立：《综合创新之路的探索与前瞻》，《哲学动态》2008年第3期。

费孝通：《开创学术新风气——在北京大学重点学科汇报会上的讲话》，《高校社会科学研究和理论教学》1997年第3期。

费孝通：《孔林片思》，《读书》1992年第9期。

关东：《现代新儒学研究的回顾与展望——访方克立教授》，《哲学研究》1990年第3期。

季羡林：《传统文化与现代化》，《北京大学学报》（哲学社会科学版），1987年第5期。

季羡林：《从宏观上看中国文化》，《高校社会科学》1989年第2期。

季羡林：《东方文化三题》，《新湘评论》2008年第1期。

季羡林：《东方文化要重现辉煌》，《南亚研究》1992年Z2期。

季羡林：《东方文化与东方文学》，《文艺争鸣》1992年第4期。

季羡林：《东学西渐与东化——为〈东方论坛〉“东学西渐”栏目而作》，《东方论坛》2004年第5期。

季羡林：《批判民族文化虚无主义，建设社会主义新文化——“如何正确对待中国传统文化”学术座谈会发言摘编》，《高等理论战线》1991年第1期。

季羡林：《卅年河东，卅年河西——〈东方文化集成〉丛书总序》，《岭南文史》1999年第2期。

季羡林：《文化交流与比较文学——〈中国比较文学年鉴〉前言》，《国外文学》1986年第3期。

季羡林：《我国文化发展战略问题》，《群言》1987年第7期。

季羡林：《西方不亮，东方亮》，《中国文化研究》1995年冬之卷。

季羡林：《再谈东方文化》，《群言》1991年第5期。

季羡林、林在勇：《东方文化复兴与中国文艺理论重建》，《文艺理论研究》1995年第6期。

季羡林、周一良、庞朴：《放眼宇宙识文化——〈东方文化丛书〉总序》，《读书》1990年第8期。

周星、王铭铭：《发扬文化自觉，坚持田野研究——第二届社会文化人类学高级研讨班综述》，《广西民族学院学报》（哲学社会科学版）1997年第2期。

孙丽珍、李泽泉：《文化虚无主义的表现、本质及治理》，《红旗文稿》2018年第9期。

田学斌：《弘扬优秀传统文化　增强国家软实力》，《求是》2015年第14期。

金惠敏：《价值星丛——超越中西二元对立思维的一种理论出路》，《探索与争鸣》2015年第7期。

金惠敏：《差异即对话：一份研究纲领》，《中国比较文学》2016年第4期。

金惠敏：《文化民族主义不是文化自信——重访季羡林的“河东河西论”与汤因比的世界主义》，《人文杂志》2018年第3期。

金惠敏：《人类文化共同体与中国文化复兴论》，《人文杂志》2019年第2期。

邹赞、金惠敏：《自觉·交流·互鉴——关于文化理论与文化自信的对话》，《文艺研究》2019年第8期。

王艺霖：《习近平对中国传统文化的创造性转化和创新性发展——以知行关系为例》，《党的文献》2016年第1期。